성공적인 실습을 위한

사회복지현장실습과 세미나

주석진

YANGSEOWON
양서원

현장실습은 전문적인 교육을 실시하는 분야에서 가장 중요한 교육과정 중 하나이다.

사회복지현장실습은 사회복지실천현장에서 다양한 경험을 통해 사회복지사로서 요구받는 전문성을 갖추기 위한 필수적인 과정으로 실습생들은 이 과정을 통해 사회복지사로 준비된다. 하지만 실습을 앞둔 많은 실습생들은 실습을 어떻게 준비해야 할지, 실습과 과제수행을 과연 잘할 수 있을지 등 실습에 대한 걱정과 부담을 크게 느끼게 된다. 사실 이 부분은 저자가 이 책을 집필하게 된 가장 큰 동기이기도 하다.

더욱이, 사회복지사업법 시행규칙 개정 및 시행으로 2020학년도 학번부터는 개정된 사회복지현장실습 기준이 적용되어 160시간의 현장실습과 30시간의 실습세미나를 이수하여야 한다. 이처럼 사회복지현장실습에 대한 상황과 조건이 변화하였고 실습교육의 중요성도 더욱 강조되고 있다.

저자는 오랜 기간 실습지도 교수로 활동하면서 사회복지현장실습을 하고자 하는 학생들이 그동안 교육기관에서 배웠던 내용을 다시금 정리하고 실제 실습을 하면서 도움이 필요한 부분을 해결해 줄 수 있는 참고도서의 필요성을 크게 느껴 본 교재를 집필하게 되었다.

본 교재는 크게 3부 15장으로 구성되어 있다. 예비사회복지사들이 실습을 준비하면서부터 실습을 마치기까지 꼭 알아야 할 내용을 담고 있으며, 실습생들이 실질적으로 활동해 볼 수 있는 내용도 포함하고 있다.

1부는 사회복지현장실습의 이해를 돕는 내용으로 구성되었으며 사회복지현장실습의 기본적 이해, 사회복지실습현장에 대한 이해, 사회복지현장실습기준에 대한 이해, 사회복지현장실습의 주요 주체에 대한 이해, 사회복지현장실습 수퍼비전의 이해를 다루고 있다.

2부는 사회복지현장실습에 필요한 기초지식에 관한 내용으로 구성되었으며 사회복지실천윤리, 대상별 사회복지실천, 사례관리, 사회복지 프로그램 기획, 사회복지기록 등의 내용을 다루고 있다.

3부는 사회복지현장실습의 실제에 관한 내용으로 구성되었으며 사회복지현장실습 진행과정에 대한 이해, 실습 전 단계 수행과제의 작성, 실습 초기단계 수행과제의 작성, 실습 중간단계 수행과제의 작성, 실습 종결 및 평가단계 수행과제의 작성에 대해 다루고 있다.

부록에서는 실습을 하는 데 있어 참고가 되거나 활용할 수 있는 사회복지사 윤리강령, 사업계획서 작성 안내(사회복지공동모금회), 사회복지현장실습 서식을 소개하였다.

끝으로 이 책의 발간을 위해 적극적인 지원과 배려를 해주신 양서원 박철용 회장님 이하 모든 출판사 직원분들께 깊은 감사의 마음을 전한다. 또한 책이 출판되기까지 늘 격려해 주었던 사랑하는 아내와 두 아들 은총이와 찬양이에게도 고마움을 표한다. 아무쪼록 이 책이 사회복지현장실습에 임하는 실습생과 교육기관의 실습지도교수 및 실습기관 실습지도자분들께 조금이나마 도움이 되길 바란다.

2024년 1월
제주도 신비마을에서
주석진

CONTENTS

PART 01 사회복지현장실습의 이해

PART 02 사회복지현장실습에 필요한 기초지식

PART 03 사회복지현장실습의 실제

PART 부록

사회복지현장실습 서식

〈교육기관〉

〈실습기관〉

〈실습생〉

PART 01

사회복지현장실습의 이해

제 1 장 사회복지현장실습의 기본적 이해

학습목표

1. 사회복지현장실습의 개념에 대해 설명할 수 있다.
2. 사회복지현장실습의 필요성에 대해 설명할 수 있다.
3. 사회복지현장실습의 목적과 목표에 대해 설명할 수 있다.
4. 사회복지현장실습의 기대효과에 대해 설명할 수 있다.

현장실습은 전문적인 교육을 실시하는 분야에서 가장 중요한 교육과정 중 하나이다. 사회복지학뿐만 아니라 의학, 간호학, 교육학 등의 다양한 전문직 분야에서 핵심적인 교육과정으로 다루고 있다. 사회복지현장실습은 실습생, 실습기관, 교육기관이 함께 참여하는 교육과정으로, 사회복지사를 양성하기 위한 필수 교과목 중 하나이다. 이 과목은 사회복지 관련 지식과 기술을 실천현장에 적용해 보며 사회복지사로서의 역량을 키우는 것을 목표로 한다. 사회복지학 전공 또는 사회복지사 자격을 취득하려는 학생들은 사회복지현장실습을 통해 이론과 기술을 현장에서 실제로 적용해 보고, 사회복지사로서의 역할과 적합성을 경험하게 된다. 이러한 경험을 통해 사회복지사로의 직업 선택에 도움을 받을 수도 있다(박미정, 2000, 한국사회복지교육협의회, 2006). 따라서 이 장에서는 사회복지현장실습의 개념과 필요성, 목적과 목표, 기대효과에 대해 알아봄으로써 사회복지현장실습에 대한 개괄적인 이해를 돕고자 한다.

1. 사회복지현장실습의 개념

사회복지현장실습은 현장실습(field-work), 현장경험(field-experience), 실습교육(field-instruction), 실습(practice), 현장교육(field-education) 등 다양한 용어로 불리는데(김선희 · 조휘일, 2000), 2003년 사회복지사 국가자격시험 도입과 함께 사회복지학 교과목 지침이 마련된 이후 그 필요성과 중요성이 더욱 강조되고 있다(김미옥 외, 2014). 최근에는 「사회복지사업법」 개정을 통해 기존 사회복지현장실습시간이 120시간에서 실습세미나 수업이 30시간, 실습시간이 160시간으로 강화되었다. 더불어 사회복지사 자격을 취득하기 위한 과목이수 또한 필수교과목 10과목과 선택교과목 4과목에서 필수교과목 10과목과 선택교과목 7과목으로 변경됨으로써 자격을 취득하기 위한 이수조건이 보다 강화되었다(사회복지사업법 시행규칙, 2019.8.12.).

사회복지현장실습은 예비사회복지사가 사회복지현장에서 다양한 클라이언트와 사회복지실천 분야의 전문가들, 그리고 지역사회와의 만남을 통해 전문 사회복지실천의 문화, 규범, 가치 등을 경험하는 교육과정(김윤나, 2012)으로, 실습생들에게 가장 생산적인 경험을 제공한다(Fortune, 1994). 또한 전문 사회복지실천가로서의 사명감과 실천능력을 갖춘 사회복지사로 양성하는 데 있어 매우 중요한 역할을 한다(한국사회복지교육협의회, 2012). 이 교육과정을 통해 실습생들은 사회복지전문직의 가치와 윤리를 바탕으로 이론과 기술을 현장에서 실제로 적용해 보며 전문성을 확립하고, 실천적인 지식, 기술, 가치관을 배양하여 유능한 사회복지사로 성장할 수 있다(이경아 · 서홍란, 2011, 이정미 · 이해경, 2016).

2. 사회복지현장실습의 필요성

사회복지현장실습은 사회복지실천현장에서 다양한 경험을 통해 사회복지사로서 요구받는 전문성을 갖추기 위한 필수적인 과정이다. 이 과정을 통해 실습생은 사회복지실천현장을 이해하고, 선택한 진로의 적합성을 고민할 수 있다. 또한 실습을 통해 사회복지사로서의 정체성을 형성하게 된다. 이 밖에도 실습생은 클라이언트와 동료들, 그리고 다른 전문직과의 만남을 통해 사회복지사의 문화, 규범, 가치를 익히게 된다(이원주 · 우병훈, 2021). 사회복지현장실습의 필요성에 대해 구체적으로 살펴보면 다음과 같다(이원식 · 김성준, 2021). 첫째, 사회복지사에게 필요한 필수능력은 교과과정만으로 익힐 수 없으며 사회복지실천현장에서의 경험을 통해서 얻을 수 있다. 둘째, 실습생들은 교과과정에서 배운 사회복지 이론들을 실습을 통하여 사회복지실천현장에서 직접 실천할 수 있는 기회를 갖게 된다. 셋째, 실습생들은 실습과정을 통하여 다른 활동으로는 발견하지 못했던 자신의 적성 및 장·단점과 같은 자아인식을 경험할 수 있다. 넷째, 실습생들은 실습과정을 통하여 사회복지에 대한 지식을 얻을 수 있을 뿐만 아니라 기초적인 제반 사무능력을 배양할 수 있는 기회를 갖게 된다.

[활동해 봅시다]

- 여러분은 사회복지현장실습이 왜 필요하다고 생각하십니까? 각자의 의견을 함께 나누어 봅시다.
- "사회복지현장실습은 [   ](이)다"에서 [   ]에 들어갈 말과 의미를 적어봅시다.

3. 사회복지현장실습의 목적과 목표[1)]

1) 사회복지현장실습의 목적

사회복지교육의 핵심은 전문적인 사회복지실천을 할 수 있도록 훈련하는 것이다. 사회복지현장실습은 교육기관에서 학습한 사회복지실천의 가치와 윤리, 실천지식 및 실천기술을 사회복지실천현장(실습기관)에서 적용하는 것을 목적으로 한다. 따라서 사회복지현장실습의 궁극적 목적은 사회복지실천의 질적 향상을 위해 실습생, 실습기관, 교육기관이 협력하여 전문적인 사회복지사를 양성하는 것이라 할 수 있다(이정미·이해경, 2016).

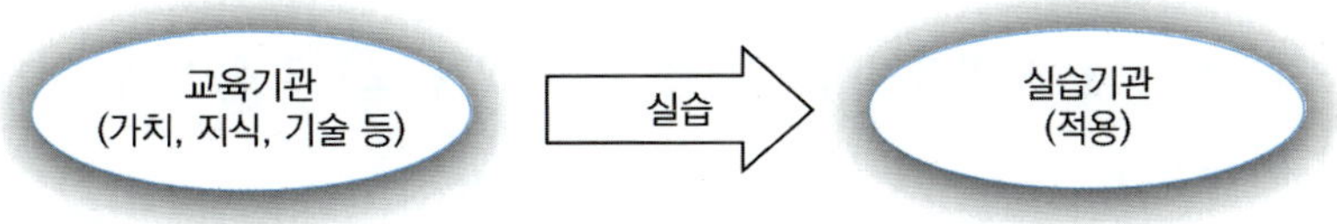

[그림 1-1] 사회복지현장실습의 목적

1) 목적(goal)은 실현하려고 하는 일이나 나아가는 방향을 의미하고, 목표(objective)는 어떤 목적을 이루려고 지향하는 실제적 대상으로 삼는 것이나 또는 그 대상을 의미함. 즉, 목적이 '왜'라는 질문에 대한 답변으로 그것이 필요한 이유에 관한 것이라면 목표는 '어떻게'라는 질문에 대한 답변으로 목적을 달성하기 위한 수단에 관한 것이라고 할 수 있음

한편 사회복지현장실습의 목적은 대상주체별로 다를 수 있는데 김영호 외(2008)는 이를 실습생과 실습기관, 교육기관으로 나누어 다음과 같이 제시하였다.

① 실습생의 실습목적

- 실습생은 실습을 통해 교육기관에서 학습한 이론과 기술을 실습기관에서 적용하고 습득하는 기회를 얻는다.
- 실습생은 실습을 통해 자신의 사회복지실천 역량과 한계를 인식하며 사회복지전문직에 대한 동기와 이상을 확인하는 기회를 가진다.
- 실습생은 실습을 통해 각 복지 관련 기관의 구체적인 기능과 그 기능이 어떻게 수행되고 있는지를 학습함으로써 사회복지 관련 기관들에 대해 이해한다.
- 실습생은 실습을 통해 클라이언트 체계(개인, 가족, 집단, 지역사회)의 욕구를 이해하게 되고, 다양한 복지 관련 기관이나 시설에서의 원조과정을 경험하며, 실천과정에서 구체적인 사회복지실천기술과 전문성을 습득한다.
- 실습생은 실습을 통해 다른 교육기관의 실습생들과 사회복지 관련 정보를 교환하고 실습경험을 공유하며, 보다 폭넓은 사회복지사로서의 정체성을 형성한다.

② 실습기관의 실습목적

- 실습기관은 실습생을 통해 사회복지의 새로운 경향과 기술 및 지식을 접하는 기회로 실습을 활용한다.
- 실습기관은 실습생을 통해 클라이언트에게 더욱 다양하고 새로운 형태의 서비스를 제공할 수 있으며, 이를 통해 기관 및 지역적 특성에 맞는 새로운 영역의 서비스를 개발한다.
- 실습기관은 전문 사회복지사 양성을 위한 교육 프로그램의 개발 기회로 실습을 활용한다.
- 실습기관은 실습생이 교육기관에서 습득한 기술, 지식 등을 실천현장에서 접할 수 있는 기회를 제공한다.
- 실습기관은 교육기관과의 지속적 연계로 이론과 실무에 대한 정보교환의 기회를 갖는다.

③ **교육기관의 목적**

- 교육기관은 실습기관과 산학협력을 통해 교육현장과 실천현장 간의 교량역할을 수행한다.
- 교육기관은 실습을 통해 사회복지 교육과정의 효율성과 효과성을 평가하는 기회로 활용한다.
- 교육기관은 실습생을 통해 간접적으로 다양한 사회복지실천현장에 대한 이해를 증진시킬 수 있는 기회로 활용한다.

2) 사회복지현장실습의 목표

사회복지현장실습의 목표를 이정미와 이해경(2016)은 크게 사회복지사로서의 가치 확립, 사회복지 지식과 기술의 습득 및 개발, 전문인으로서의 태도 발달을 도모하는 것으로 제시하였는데 구체적인 내용은 다음과 같다.

① **사회복지현장실습을 통해 사회복지사로서의 가치를 확립한다.**

실습생은 사회복지현장실습을 통해 사회복지전문직의 가치와 윤리를 확립하고, 사회복지전문직의 가치와 실습생 자신의 가치와의 관계를 이해할 수 있어야 한다. 또한 자신의 가치관을 사회복지전문직과 비교하고 고찰하여 사회복지사로서의 사명감과 정체성을 형성해야 한다. 실습생은 사회복지전문직의 가치와 윤리를 준수하여 실습업무를 수행해야 하며, 윤리적 갈등 상황에서 사회복지실천의 지침이 되는 가치, 원칙, 기준을 지켜 의사결정을 할 수 있도록 끊임없이 노력해야 한다. 실습생은 스스로를 분석하고 꾸준한 노력으로 자기 인식을 증진해야 하며, 자신의 능력과 한계에 대한 통찰력을 향상해야 한다. 또한, 실습생은 실습을 사회복지사로서 자신의 진로를 탐색하는 소중한 기회로 활용해야 한다.

② **사회복지현장실습을 통해 사회복지사에게 필요한 지식을 습득하고 개발한다.**

실습생은 사회복지현장실습을 통해 교육과정에서 학습한 전문적 이론들을 구체적인 상황에 적용할 수 있는 능력을 키운다. 실습현장에서 다양한 체계에 효과적으로 개입하는 새로운 실천기술과 지식을 익히며, 다양한 자료를 수집 · 분석하고 종합하여 현장에 적용하는 능력을 키운다. 실습과정을 통한 현장에서의 경험은 인간행동과 사회환경에 대한 이해와 사회복지현장에 대한 이해를 높인다. 실습생은 사회복지실천의 기본 원칙에 대한 지식을 습득하고, 프로그램 개발 및 평가에 대한 실제적인 적용과 사회복지정책과 서비스 전달체계에 대해 이해한다. 더불어 인접 학문에 대한 이해와 상호관련성에 대한 지식을 습득할 수 있는 기회를 갖는다.

③ 사회복지현장실습을 통해 사회복지사에게 필요한 기술을 습득하고 개발한다.

사회복지현장실습은 사회복지실천의 기초기술들을 익히는 기회가 된다. 실습생은 실천과정에서 요구되는 의사소통기술을 배우고 익히며, 사회자원에 대한 이해를 높이고, 지역사회 내 이용 가능한 자원들을 개발하고 활용하는 방법을 배운다. 실습생은 거시적인 관점에서 공공정책과 제도 등을 분석 · 평가하는 기술을 발전시키며, 자신의 동료 및 서비스를 제공하는 사람들과 전문적 관계를 발전시키고 유지하는 기술을 배운다. 또한 기관 내 서비스의 장 · 단점을 분석하여 서비스 개선방안을 제시하는 능력을 발전시킨다. 참고적으로 사회복지사에게 필요한 사회복지실천의 기초기술들에 대해 살펴보면 다음과 같다.

〈사회복지실천의 기초기술〉

- **면접기술**: 의사소통 및 관여기술
- **사정기술**: 개인과 환경의 상호작용 맥락에서 문제나 욕구 발견
- **개입기술**: 문제나 어려움 해결기술
- **팀워크 기술**: 문제해결을 위해 다른 전문직과 합동으로 노력하는 기술
- **지지망 구축 기술**: 개입효과의 지속성을 유지함으로써 클라이언트의 자립 유도
- **협상기술**: 클라이언트의 복지와 관련된 주변체계와의 협상기술
- **평가 및 종결기술**: 클라이언트와 사회복지사의 협력적 노력의 결과를 평가하고 클라이언트의 자립생활을 위해 종결하는 기술

④ 사회복지현장실습을 통해 사회복지사에게 필요한 태도를 기른다.

예비사회복지사로서 실습생은 실습기관에서 성실하게 활동하며, 클라이언트의 최상의 이익을 목표로 실천한다. 실습과정에서 자신의 감정과 태도를 인식하고 전문직으로서 책임감 있는 태도를 갖추도록 노력한다. 실습생은 사회문제를

거시적인 관점에서 이해하고 접근하는 자세를 가지며, 수퍼바이저, 실무자, 그리고 다른 실습생들의 의견을 경청하고 적절히 대응하여 실습업무를 책임감 있게 수행한다. 실습생은 지속적인 학습과 자기성찰을 통해 전문가로 성장하도록 노력하며, 도전을 통해 자기 능력을 발전시키고 한계를 극복하는 기회를 갖는다. 또한 다양한 사람들과 소통하며 정보를 교환하고, 대인관계기술을 향상시키며, 사회관계망을 넓혀가야 한다.

참고 **사회복지현장실습 교육목적과 교과목 목표**

1. 사회복지현장실습 교육목적

① 대학에서 습득한 사회복지에 관한 가치, 지식 및 기술을 실천현장에 적용해 본다.
② 사회복지실습현장에서 클라이언트 체계의 문제를 확인하고 정보를 수집하며, 조직화, 분석, 개입계획의 수립과 이행, 개입노력에 대한 평가과정을 경험하게 함으로써 새로운 지식과 기술을 습득한다.
③ 지역사회 대상의 특성과 자원에 대한 지식을 활용할 수 있는 능력을 기른다.
④ 사회복지시설 및 기관의 조직, 정책, 절차에 적응할 수 있는 경험적 이해를 증진시키고 능력을 함양한다.
⑤ 사회복지실천에 대한 자신의 적성을 점검해 볼 수 있는 기회를 제공한다.
⑥ 사회복지사로서의 자아인식을 증진시키고 전문직 정체감을 형성한다.

2. 사회복지현장실습 교과목 목표

① 사회복지현장에서 예비사회복지사로서 사회복지 가치 및 윤리강령, 지식 및 기술을 적용할 수 있다.
② 클라이언트 체계의 욕구와 어려움 확인, 정보수집 및 사정, 개입계획 수립 및 실행, 그리고 평가의 모든 과정을 수행할 수 있다.
③ 지역사회 내 위험집단 및 표적집단의 특성 그리고 강점과 자원을 파악하고 이를 활용할 수 있다.
④ 사회복지시설 및 조직의 사명, 관련 정책 및 행정을 이해하고 이를 실천에 적용할 수 있다.
⑤ 실천현장과 관련된 중앙정부 및 지방자치단체의 사회복지정책 및 전달체계를 분석하고 실천에 적용할 수 있다.
⑥ 전문 사회복지 인력으로서 적성을 점검하고 자신에 대한 이해를 높이는 과정을 통해 전문적 자기인식과 전문가로서의 정체성을 형성한다.
⑦ 사회복지실천 현장 및 분야에 대한 이해를 높이고 실습한 내용을 학문적으로 이해하고 통합할 수 있다.
⑧ 사회복지사로서 자신의 진로를 결정하는 기회를 갖는다.

출처: 한국사회복지사협회(2010), 한국사회복지교육협의회(2022) 참조.

활동해 봅시다

• 여러분의 사회복지현장실습의 세 가지 목표를 작성해 봅시다.

구분	내용	비고
목표 1.		
목표 2.		
목표 3.		

• 위의 목표를 달성하기 위한 활동(또는 과제)을 세 가지 이내로 적어봅시다.

구분	목표 1.	비고
활동 1.		
활동 2.		
활동 3.		

구분	목표 2.	비고
활동 1.		
활동 2.		
활동 3.		

구분	목표 3.	비고
활동 1.		
활동 2.		
활동 3.		

〈작성팁〉

• 실습에서 어떤 목표를 이루어 내고자 하는지 구체적으로 작성한다.

[예시] 나의 사회복지사로서의 정체성을 확인한다.

• 실습목표를 달성하기 위해 어떤 활동(과제)을 할 것인지 명료하게 작성한다.

[예시] 내가 되고 싶은 사회복지사의 모습을 세 가지 정리해 본다.
사회복지사가 되는 데 필요한 역량을 확인하고 나의 부족한 점을 정리해 본다.
나의 부족한 점을 보완할 수 있는 방법을 정리해 본다.

4. 사회복지현장실습의 기대효과

사회복지현장실습 학습과정의 실습 주체인 실습생, 실습기관 그리고 교육기관은 사회복지현장실습을 통해 다음과 같은 기대효과를 얻을 수 있다(서진환, 2001).

① 사회복지이론 적용의 기회를 가진다.

사회복지현장실습은 교육기관에서 배운 이론을 실제의 상황에 적용할 수 있는 기회를 제공하여 학문을 실제와 연결시킨다. 이를 통해 장애인, 노숙인, 아동학대나 가정폭력의 가해자나 피해자 등 다양한 클라이언트 집단을 만나면서 교육기관에서 배운 사회복지실천지식을 확고히 하고 자신의 관심 대상이나 영역을 발견할 수 있다.

② 전문적 역할에 대한 간접적인 학습기회를 가진다.

사회복지전문직은 클라이언트의 욕구와 문제를 파악하여 적절한 개입계획을 세우고 옹호자, 중개자, 임상가, 지역사회 계획과 조직자, 행정가 등 다양한 역할을 수행해야 한다. 실습생이 한 학기 동안의 실습경험을 통해 이러한 역할들을 모두 직접 수행해 볼 수는 없지만, 한 기관에서 실습을 하면서 다른 사회복지사들과 다른 전문직의 역할 수행을 관찰할 수 있는 간접적인 학습의 기회를 가질 수 있다.

③ 전문직으로서의 사회화 과정에 참여하는 기회를 가진다.

실습생은 현장실습지에서의 실습경험을 통해 전문직의 하위문화 속으로 사회화된다. 이 과정에서 전문가 집단의 성원으로 수용되어 성원들이 공유하고 있는 기대에 동조하며, 역할모델과 일치하는 전문가적인 자아개념을 발달시킨다. 현장실습 기간 동안 클라이언트, 동료, 전문가 집단과의 소통과 상호작용을 통해 사회복지의 문화, 규범, 가치를 배우고 내면화하게 된다. 이러한 과정을 통해 실습생은 수동적인 학습자에서 능동적인 전문가로 성장하게 된다.

④ 미래 직업계획을 위한 기회를 가진다.

사회복지현장실습은 실습생이 사회복지직이 자신에게 맞는 직업인지를 판단할 수 있는 기회를 제공하여 미래계획을 세우는 데 중요한 역할을 한다. 직업의 선택이 실습생에게 중요한 결정이지만 사회복지직이 모든 실습생에게 적합한 것은 아니다. 교육기관과 실습기관, 실습지도교수 그리고 실습지도자는 실습생들에게 사려 깊은 지도, 감독, 평가를 받을 수 있도록 지원하여 실습생이 실습을 통해 자신의 장·단점을 알아보고 사회복지직이 최선의 선택인지를 판단할 수 있도록 도움을 줄 수 있다.

⑤ 예비사회복지사로서 정체성 확립을 위한 기회를 가진다.

사회복지현장실습 기간은 사회복지사로서의 정체성을 확고히 하는 시기이다. 이 기간 동안 실습생은 의사결정의 순간에서 윤리적 갈등을 경험하고, 다른 전문가들과의 관계 속에서 서비스 전달에 참여하는 등 전문적인 경험을 얻게 된다. 실습은 사회복지실천의 지식과 기술을 기반으로 하여 실습생 자신에게 의미를 만들어낼 수 있는 기간이 되기도 한다. 즉, 실습은 실습생의 개인적인 성장과 발전에 영향을 미칠 수 있으며, 지식과 기술이 내면화되어 개인적으로나 사회복지직으로서의 자신감을 얻을 수 있게 한다.

활동해 봅시다

- 여러분이 사회복지현장실습을 통해 얻을 수 있는 기대효과를 세 가지 이상 미리 작성해 봅시다.
  1.
  2.
  3.

〈작성팁〉

- 실습을 마쳤을 때 자신이 어떻게 바뀔 것 같은지를 상세히 작성해 본다.

제 2 장 사회복지실습현장에 대한 이해

학습목표

1. 사회복지실천현장의 개념에 대해 설명할 수 있다.
2. 사회복지실천현장의 분류에 대해 설명할 수 있다.
3. 사회복지시설의 법적 정의 및 종류에 대해 설명할 수 있다.
4. 사회복지실천분야에 대해 설명할 수 있다.

사회복지서비스를 직접 또는 간접적으로 제공하는 사회복지실천현장은 점차 세분화되고 있다. 실습생이 사회복지현장실습을 준비할 때 사회복지실천현장의 특성을 이해하는 것은 매우 중요하다. 그 이유는 사회복지실천현장의 특성을 이해하고 각 현장에서 요구되는 사회복지사의 역할과 기능을 제대로 이해할 때 실습의 기대효과를 극대화할 수 있기 때문이다. 따라서 이 장에서는 사회복지실습현장이 되는 사회복지실천현장의 개념과 분류, 사회복지시설의 법적 정의 및 종류 그리고 사회복지실천분야에 대해 알아보고자 한다.

1. 사회복지실천현장의 개념

사회복지실천현장은 '사회복지실천이 이루어지는 곳', '클라이언트에게 사회복지서비스를 직접적으로 또는 간접적으로 제공하는 장'을 의미한다(김혜영 외, 2020). 이는 장소(place)의 의미뿐만 아니라 사회복지실천의 장(setting), 문제(problem), 대상자(client)를 포함하는 개념이기도 하다. 사회복지실천현장은 사회의 변화에 따라 달라지고 있고, 종류도 매우 다양하며, 분류 방법 또한 복잡하다.

① 광의의 개념

광의의 개념에서의 사회복지실천현장은 분야(field)나 영역(area)을 뜻한다. 물리적인 공간이나 장소만을 뜻하는 것이 아니라 사회복지실천이 이루어지고 있는 실천분야 혹은 사회복지서비스를 제공하기 위해 직·간접적으로 관련되는 모든 분야를 말한다. 따라서 이 개념에서의 사회복지실천현장은 병원, 학교, 산업현장, 교도소 등 장소별로뿐만 아니라 아동, 청소년, 노인, 여성, 장애인과 같은 대상별 분야나 약물남용, 의료분야, 정신건강 등의 문제 혹은 서비스 영역별로도 분류할 수 있다.

② 협의의 개념

협의의 개념에서의 사회복지실천현장은 사회복지기관을 뜻한다. 즉, 사회복지서비스를 직접적으로 또는 간접적으로 제공하는 장소(setting)인 사회복지기관을 의미한다. 사회복지기관은 클라이언트의 문제를 해결하는 과정에 중요한 영향을 미치며 사회복지사의 활동을 규정하는 환경으로 이해해야 한다.

2. 사회복지실천현장의 분류

Bartlett(1971)은 사회복지실천현장의 분류기준으로 서비스 체계, 관심의 주 대상문제, 클라이언트 집단, 사용되는 지식, 가치, 기술의 형태로 제시하였는데, 실제 사회복지실천현장의 분류는 기관의 운영목적이나 기관의 설립 주체 및 재원조달 방식, 서비스 제공방식이나 서비스 내용에 따라 다양하게 분류할 수 있다(최세영, 2017).

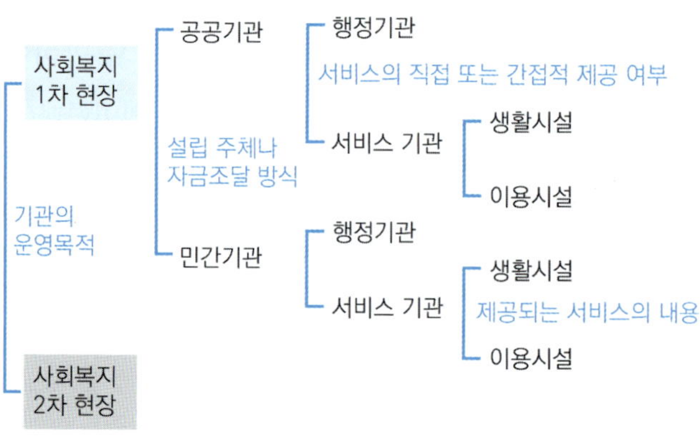

[그림 2-1] 사회복지실천현장의 분류

〈표 2-1〉 사회복지실천현장의 분류

분류 기준	기관의 운영목적	기관의 설립 주체/재원(자금)조달 방식	서비스 제공방식	서비스 내용
유형	• 1차 현장 • 2차 현장	• 공공기관 • 민간기관	• 서비스 기관 • 행정기관	• 이용시설 • 생활시설

1) 기관의 기능 또는 운영목적에 따른 분류

① 1차 현장

사회복지실천의 1차 현장은 기관의 주된 기능과 목적이 사회복지서비스를 제공하기 위해 설립된 기관으로 사회복지사들이 중심이 되어 활동하는 실천현장을 말한다.

[예시] 종합사회복지관, 노인복지관, 여성복지관, 사회복귀시설, 지역아동센터 등

② 2차 현장

사회복지실천의 2차 현장은 사회복지서비스를 전달하기 위해 설립되고 운영되는 사회복지 전문기관은 아니지만 기관의 운영과 서비스의 효과성을 위해 사회복지서비스가 부분적으로 제공되는 현장을 의미한다.

[예시] 의료기관, 교정시설, 학교, 기업, 읍 · 면 · 동 행정복지센터 등

2) 기관 설립 주체 및 재원(자금)조달 방식에 따른 분류

① 공공기관

공공기관은 정부의 지원에 의해 운영되는 기관으로 사회복지사의 업무는 정부 규정이나 지침에 따라 지도 · 감독을 받는다. 공공기관의 체계는 서비스를 계획, 관리, 지원하는 행정체계와 관련된 서비스를 직접 제공하는 집행체계로 구분된다.

[예시] 보건복지부, 시 · 도 사회복지과, 구 · 군 사회복지과, 읍 · 면 · 동 행정복지센터 등

② 민간기관

민간기관은 순수 자원봉사적인 활동과 공공과 민간의 파트너십을 통해 행해지는 활동을 목적으로 하는 기관으로 기부금이나 후원금, 재단전입금, 기타 서비스

이용료 등을 주요 재원으로 하며, 서비스를 직접 제공하는 사회서비스기관과 간접 서비스나 행정지원을 위해 조직된 협의체로 구분된다.

[예시] 시민사회단체, 종교단체, 사회복지법인 및 재단 등

3) 서비스 제공방식에 따른 분류

① **서비스 기관**(직접 서비스 제공)

서비스 기관은 클라이언트에게 직접 서비스를 제공하는 것을 목적으로 하며 주요 대상자나 문제의 영역에 따라 다양하다.

[예시] 아동상담소, 지역사회복지관, 보육시설, 여성복지시설, 장애인복지시설, 정신건강사회복지시설 등

② **행정기관**(간접 서비스 제공)

행정기관은 사회복지실천을 위한 지원기관으로 간접적인 실천의 장이며, 행정업무와 기관들을 연계하고 협의하는 업무를 담당한다. 행정기관은 사회복지서비스 전달체계를 효율적으로 운영하기 위해 행정업무를 수행하고 기관 간 연계 및 협의 업무를 담당한다.

[예시]
- 정부의 사회복지행정조직: 보건복지부(주무부서), 행정안전부, 고용노동부, 여성가족부, 교육부 등의 중앙 정부조직과 시 · 도청, 시 · 군 · 구청 등과 같은 지방 정부조직 등
- 민간 사회복지행정조직: 사회복지공동모금회, 사회복지기관협의회(한국사회복지관협회, 한국장애인복지관협회 등), 한국사회복지협의회, 전문분야 협의회(한국학교사회복지사협회, 한국정신건강사회복지사협회, 대한의료사회복지사협회 등)

4) 서비스 내용에 따른 분류

① **이용시설**

이용시설은 주거서비스를 제외한 사회복지 관련 서비스를 제공하는 기관으로 자신의 집에 거주하는 클라이언트(일반적인 지역주민도 될 수 있음)에게 일시적으로 사회복지서비스를 제공하는 실천현장이다.

[예시] 폭력피해상담소, 노인복지관, 재가노인복지시설, 장애인복지관, 장애인직업재활시설, 장애인지역사회재활시설, 지역자활센터, 정신질환자 사회복귀시설, 종합사회복지관, 입양기관, 지역아동센터 등

② 생활시설

생활시설은 주거서비스를 포함한 사회복지 관련 서비스를 제공하는 기관으로 아동, 노인, 장애인, 모자가정, 부자가정 등에 의식주 등 제반 사회복지서비스를 24시간 제공하는 실천현장이다.

[예시] 아동양육시설, 모 · 부자보호시설, 정신요양시설, 노숙인 쉼터, 장애인 생활시설 등

3. 사회복지시설의 법적 정의 및 종류

사회복지시설이란 「사회복지사업법」 제2조에 따른 "사회복지사업"을 할 목적으로 설치된 시설을 의미한다. 여기서 사회복지사업법은 사회복지사업에 관한 기본법으로 노인복지법, 아동복지법 등 개별 법령에 별도의 규정이 있을 경우 개별 법령을 우선 적용한다. 사회복지시설 여부는 시설운영자가 주관적으로 판단하는 것이 아니라 실질적으로 사회복지사업을 행하는지에 따라 판단한다.

사회복지사업법 제2조(정의)

사회복지사업이란 「사회복지사업법」 제2조 제1호에 규정된 개별법령에 의한 "보호 · 선도 또는 복지에 관한 사업"과 "사회복지상담 · 직업지원 · 무료 숙박 · 지역사회복지 · 의료복지 · 재가복지 · 사회복지관 운영 · 정신질환자 및 한센병력자 사회복귀에 관한 사업" 등 각종 복지사업과 이와 관련된 "자원봉사활동 및 복지시설의 운영 또는 지원을 목적으로 하는 사업"을 말한다.

출처: 국가법령정보센터(www.law.go.kr).

〈표 2-2〉 소관부처별 사회복지시설의 세부종류

소관부처	시설종류	세부종류		관련법령
		생활시설	이용시설	
보건복지부	노인복지시설	• 노인주거복지시설 • 노인의료복지시설 • 학대피해노인전용쉼터	• 재가노인복지시설 • 노인여가복지시설 • 노인보호전문기관 • 노인일자리지원기관	「노인복지법」
보건복지부	복합노인복지시설	• 농어촌 지역에 한해 「노인복지법」 제31조 노인복지시설을 종합적으로 배치한 복합노인복지시설을 설치 · 운영 가능		「농어촌주민의 보건복지 증진을 위한 특별법」
보건복지부	아동복지시설	• 아동양육시설 • 아동일시보호시설 • 아동보호치료시설 • 자립지원시설 • 공동생활가정 • 학대피해아동센터	• 아동상담소 • 아동전용시설 • 지역아동센터 • 아동보호전문기관 • 가정위탁지원센터 • 자립지원전담기관	「아동복지법」
보건복지부	장애인복지시설	• 장애유형별 거주시설 • 중증장애인 거주시설 • 장애영유아 거주시설 • 장애인단기 거주시설 • 장애인공동생활가정 • 피해장애인쉼터 • 피해장애아동쉼터	• 장애인지역사회재활시설 • 장애인직업재활시설 • 장애인의료재활시설 • 장애인생산품판매시설	「장애인복지법」
보건복지부	어린이집		• 어린이집	「영유아보육법」
보건복지부	정신건강증진시설	• 정신요양시설 • 정신재활시설 중 생활시설	• 정신재활시설 중 이용시설	「정신건강증진 및 정신질환자 복지서비스 지원에 관한 법률」
보건복지부	노숙인시설	• 노숙인자활시설 • 노숙인재활시설 • 노숙인요양시설	• 노숙인종합지원센터 • 노숙인일시보호시설 • 노숙인급식시설 • 노숙인진료시설 • 쪽방상담소	「노숙인 등의 복지 및 자립지원에 관한 법률」
보건복지부	사회복지관		• 사회복지관	「사회복지사업법」
보건복지부	지역자활센터		• 지역자활센터	「국민기초생활 보장법」
보건복지부	다함께돌봄센터		• 다함께돌봄센터(학교돌봄터 포함)	「아동복지법」
질병관리청	결핵·한센시설	• 결핵·한센시설		「사회복지사업법」
여성가족부	성매매피해지원시설	• 일반지원시설 • 청소년지원시설 • 외국인지원시설 • 자립지원공동생활시설	• 자활지원센터 • 성매매피해상담소	「성매매방지 및 피해자 보호 등에 관한 법률」
여성가족부	성폭력피해보호시설	• 성폭력피해자보호시설	• 성폭력피해상담소	「성폭력방지 및 피해자 보호 등에 관한 법률」
여성가족부	가정폭력보호시설	• 가정폭력피해자보호시설	• 가정폭력상담소 • 긴급전화센터디지털	「가정폭력 방지 및 피해자 보호 등에 관한 법률」
여성가족부	한부모가족복지시설	• 출산지원시설 • 양육지원시설 • 생활지원시설 • 일시지원시설	• 한부모가족복지상담소	「한부모가족지원법」
여성가족부	다문화가족지원센터		• 다문화가족지원센터	「다문화가족지원법」
여성가족부	건강가정지원센터		• 건강가정지원센터	「건강가정기본법」
여성가족부	청소년복지시설	• 청소년쉼터 • 청소년자립지원관 • 청소년치료재활센터 • 청소년회복지원시설		「청소년복지 지원법」

출처: 보건복지부(2024).

〈표 2-3〉 보건복지부 소관 사회복지시설의 세부종류

대상자별	형태	시설종류		소관부서	관련법령
노인	생활	• 의료	• 노인요양시설 • 노인요양공동생활가정	요양보험운영과	「노인복지법」 제31조
		• 주거	• 양로시설, 노인공동생활가정 • 노인복지주택	노인정책과	
		• 학대피해노인전용쉼터			
	이용	• 재가	• 재가노인복지시설(방문요양, 주·야간보호, 단기보호, 방문목욕, 방문간호)	요양보험운영과	
			• 재가노인복지시설(재가노인지원)	노인정책과	
		• 여가	• 노인복지관 • 경로당, 노인교실	노인지원과	
		• 노인보호전문기관		노인정책과	
		• 노인일자리지원기관		노인지원과	
아동	생활	• 아동양육시설, 공동생활가정 • 아동일시보호시설 • 아동보호치료시설 • 자립지원시설		아동권리과	「아동복지법」 제52조
		• 공동생활가정(학대피해아동쉼터로 지정된 곳에 한함)		아동학대대응과	
	이용	• 아동상담소, 아동전용시설 • 가정위탁지원센터, 자립지원전담기관		아동권리과	
		• 지역아동센터		인구정책총괄과	
		• 아동보호전문기관		아동학대대응과	
		• 다함께돌봄센터		인구정책총괄과	「아동복지법」 제44조의2
장애인	생활	• 거주시설	• 장애유형별 거주시설 • 중증장애인 거주시설 • 장애영유아 거주시설 • 장애인단기 거주시설 • 장애인공동생활가정	장애인권익 지원과	「장애인복지법」 제58조
		• 쉼터	• 피해장애인쉼터 • 피해장애아동쉼터		
	이용	• 지역사회 재활시설	• 장애인복지관 • 장애인주간보호시설 • 장애인체육시설, 장애인수련시설, 장애인생활이동지원센터 • 수어통역센터, 점자도서관, 점서 및 녹음서 출판시설 • 장애인재활치료시설	장애인정책과	「장애인복지법」 제58조
		• 장애인의료재활시설		장애인건강과	
		• 직업재활 시설	• 장애인보호작업장, 장애인근로사업장, 장애인직업적응훈련시설	장애인자립 기반과	
		• 장애인생산품판매시설			
영유아	이용	• 어린이집	• 국공립, 법인, 직장, 가정, 부모협동, 민간	보육기반과	「영유아보육법」 제10조
정신 질환자	생활	• 정신요양시설, 정신재활시설 중 생활시설		정신건강정책과	「정신건강증진 및 정신질환자 복지서비스 지원에 관한 법률」 제22조 및 제26조
	이용	• 정신재활시설 중 이용시설			
노숙인 등	생활	• 노숙인자활시설 • 노숙인재활시설 • 노숙인요양시설		자활정책과	「노숙인 등의 복지 및 자립지원에 관한 법률」
	이용	• 노숙인종합지원센터 • 노숙인일시보호시설 • 노숙인급식시설 • 노숙인진료시설 • 쪽방상담소			
지역주민	이용	• 사회복지관		지역복지과	「사회복지사업법」
기타시설	이용	• 지역자활센터		자활정책과	「국민기초생활 보장법」

출처: 보건복지부(2024).

4. 사회복지실천분야

실습을 위한 사회복지실천분야를 선택하기 위해서는 우선 사회복지실천분야에 대한 이해가 필요하다. 이를 위해 이 절에서는 사회복지실천분야의 개념과 해당 분야의 기관 및 시설 그리고 사회복지사의 역할을 간략히 살펴보기로 한다.

① 아동복지

아동복지는 보호자 또는 양육자에 의한 아동양육이 불가능한 경우에 아동과 그 가족을 위해 공공 및 민간기관에서 제공하는 사회복지서비스의 분야이다. 이 분야는 아동의 기본적 생활의 보장, 미래인력의 보호와 육성, 사회문제의 예방적 측면이라는 3가지 측면에서 중요한 의미를 가진다. 이 분야의 기관 및 시설로는 아동양육시설, 아동일시보호시설, 아동보호치료시설, 공동생활가정, 아동단기보호시설, 자립지원시설, 아동상담소, 지역아동센터, 아동보호전문기관, 가정위탁지원센터, 입양기관 등이 있다. 이 분야의 사회복지사들은 효과적인 조력자의 역할을 수행하기 위해 아동의 욕구에 적합한 태도와 기술이 요구된다. 아동발달단계에 적합한 언어와 행동을 이해하고 효과적인 면접기술과 놀이를 통한 의사소통방법을 개발하고 필요한 도구를 준비해야 한다. 또한 아동기에 꼭 필요한 안정감을 줄 수 있는 지지자로서의 역할이 중요하며, 중재자, 사례관리자, 교사 등의 역할을 수행할 수도 있다.

② 청소년복지

청소년복지는 모든 청소년의 삶의 질 향상에 관심을 갖고, 청소년의 문제해결 · 예방과 함께 청소년의 기능과 잠재력을 개발하고 실현시키기 위해 공공 및 민간기관에서 제공하는 사회복지서비스의 분야이다. 청소년기는 아동기나 성인기와는 다른 특성을 가지고 있으며, 청소년의 문제는 가족의 문제를 넘어 사회적 문제와 연결되어 중요한 의미를 가진다. 이 분야의 기관 및 시설로는 청소년쉼터, 청소년복지시설, 청소년지원시설, 청소년진흥시설, 청소년자립지원관, 청소년상담복지센터 등이 있다. 이 분야의 사회복지사들은 청소년의 발달과 복지 향상을 위해 상담, 프로그램과 자원 제공, 교육과 직업훈련, 효과적인 네트워크 구축 등의 역할을 수행한다.

③ 노인복지

노인복지는 노인의 고통과 빈곤을 완화시키기 위해 공공 및 민간기관에서 제공하는 사회복지서비스의 분야로 노인의 고통과 빈곤을 완화시키기 위해 중요한 역할을 한다. 이 분야는 노인인구의 증가에 대응하여 사회적 공정성과 인간성을 추구하고, 건강과 안녕을 촉진한다. 또한 사회적 연결성과 고립을 예방하고, 경제적 안정과 자립성을 유지하기 위해 가족 및 돌봄지원을 제공하는 측면에서 중요한 의미를 가진다. 이 분야의 기관 및 시설로는 노인복지관, 노인보호전문기관, 노인요양시설, 재가노인복지시설, 노인요양공동생활가정 등이 있다. 이 분야의 사회복지사들은 노인에 대한 부정적인 이미지를 극복하고, 노인들이 성공적인 노화과정을 경험할 수 있도록 도와주며, 노인의 사회적 기능을 향상시킬 수 있어야 한다. 또한 이들은 상담, 집단활동, 노인교육, 지역사회 자원 연결, 취업알선, 노인환자케어, 가정방문서비스, 일상생활 동작훈련, 여가활동 지원 등의 역할을 수행한다.

④ 장애인복지

장애인복지는 장애인의 완전한 사회참여를 목적으로 신체적 · 정신적 · 사회적 장애로 인한 곤란을 느끼지 않도록 공공 및 민간기관이 원조하는 사회복지서비스의 한 분야이다. 이 분야는 장애인의 인구 증가와 장애 종류의 다양화로 인해 중요한 역할을 하며, 사회적 부담을 경감하고, 장애가 사회환경에 미치는 영향을 최소화하기에 인간의 존엄성과 국민의 권리보장적인 측면에서 큰 의미를 가진다. 이 분야의 기관 및 시설로는 장애인복지관, 장애인보호작업장, 장애인주간보호시설, 장애인단기 거주시설, 중증장애인 거주시설, 장애인직업적응훈련시설, 장애인재활치료시설, 장애인생활이동지원센터 등이 있다. 이 분야의 사회복지사들은 장애인과 가족의 욕구를 이해하고, 이들이 가지는 문제를 위해 상담, 자원연계, 사례관리 등을 담당한다. 필요에 따라서는 장애인의 인권보장과 사회통합을 위한 사회행동, 정책 및 프로그램 개발 등에 관여하기도 한다.

⑤ 여성복지

여성복지는 모든 여성이 인간다운 삶을 누리기 위해 여성의 건강, 재산, 행복의 조건들이 만족스러워지도록 하며, 여성을 억압하는 가부장제와 자본주의와 같은 기제를 제거하고 양성평등을 실현하는 것을 목적으로 하는 사회복지서비스의 한 분야이다. 여성의 건강, 교육, 경제적 권한 부여, 그리고 안전을 지원함으로써, 모두를 위한 더 공평하고 정의로운 사회를 만들 수 있다는 점에서 중요한 의미를 가진다. 이 분야의 기관 및 시설로는 여성보호시설, 성폭력피해상담소, 성매매피해상담소, 가정폭력상담소 등이 있다. 이 분야의 사회복지사들은 여성의 삶의 질 향상을 위한 다양한 정책 및 프로그램 개발과 서비스 전달 업무의 역할을 수행한다.

⑥ 가족복지

가족복지는 가족 전체를 사회복지의 대상으로 삼아 통합적이고 예방적인 사회복지서비스를 제공하기 위한 사회복지서비스의 한 분야이다. 이 분야의 기관 및 시설로는 가족센터(건강가정지원센터, 다문화가족지원센터), 한부모가족복지시설 등이 있다. 이 분야의 사회복지사들은 가족 내의 변화를 도모하기 위해 가족들의 강점을 강화시키는 역할을 수행한다. 이를 위해 가족이 상호존중하고 동반자적인 관계를 형성할 수 있도록 돕고, 가족이 필요로 하는 지식과 기술을 습득할 수 있도록 지원하며, 가족이 직면한 문제에 대한 조언과 갈등 조정, 정보제공 및 자원연계를 통해 가족문제를 해결하는 데 도움을 준다.

⑦ 지역사회복지

지역사회복지는 특정 지역사회의 주민들이 풍요롭고 만족스러운 삶을 추구할 수 있도록 돕기 위해 공공 및 민간기관이 제공하는 사회복지서비스 분야이다. 정보화, 지방화, 세계화와 같은 변화에 따라 이 분야에 대한 관심이 증가하고 있다. 이 분야의 기관 및 시설로는 지역사회복지관, 사회복지협의회, 사회복지공동모금회, 자원봉사센터, 지역사회자활센터 등이 있다. 이 분야의 사회복지사들은 특정 지역사회의 특성과 주민들의 복지 요구를 이해하고, 필요한 정보와 교육을 제공하여 주민들이 자기 생활과 지역사회의 주체적인 역할을 할 수 있도록 지원한다. 또한, 주민 개인과 지역사회의 상호작용과 협업을 촉진하며, 지역사회의 발전과 주민의 복지를 위해 활동한다.

⑧ 의료사회복지

의료사회복지는 병원에서 제공하는 의료적 치료를 보완하고 사회경제적 · 정서적 문제를 해결하여 환자의 병원 퇴원 후 가정이나 지역사회에서 원활한 사회적 기능을 발휘할 수 있도록 지원하는 사회복지서비스 분야이다. 이 분야의 기관 및 시설로는 병 · 의원, 종합병원, 대학병원, 보건소, 요양원, 주간보호소, 재활센터 및 호스피스 기관 등이 있다. 의료사회복지사는 환자와 가족이 마주하는 심리적 문제와 생활문제(의료비, 생활비)에 대해 지원하고, 사회복지제도와 자원을 활용할 수 있도록 안내하여 문제를 해결하는 역할을 한다. 또한 이들은 의료팀과 협력하여 환자와 가족이 안심하고 의료서비스를 받을 수 있도록 도움을 준다.

⑨ 정신건강사회복지

정신건강사회복지는 정신적이고 정서적인 질환을 가진 환자와 그 가족을 위해 필요한 정서적, 정신적 문제뿐만 아니라 심리사회적 문제를 해결하여 사회적 기능 회복, 재활 및 사회복귀를 돕는 사회복지서비스 분야이다. 이 분야의 기관 및 시설로는 정신건강복지센터, 정신의료기관(국 · 공립, 민간), 정신재활시설, 정신요양시설, 중독관리통합지원센터 등이 있다. 정신건강사회복지사는 해당 분야에서 정신질환 또는 정신장애를 가진 클라이언트의 다양한 문제를 해결하기 위해 활동하며 재활훈련, 생활훈련, 직업훈련 등을 통해 사회적 기능을 원활하게 수행할 수 있도록 지원한다.

⑩ 학교사회복지

학교사회복지는 학교에서 발생하는 학생들의 심리적이고 사회적인 문제들을 예방하고 해결하기 위해 학생, 학교, 가정, 지역사회 간의 연계를 통해 지원하는 사회복지서비스 분야이다. 이 분야의 기관 및 시설로는 학교와 교육청(교육복지안전망센터) 등이 있다. 학교사회복지사는 학교사회복지 실천을 위한 환경을 조성하고, 개별사회복지실천, 집단사회복지실천, 가족지원활동, 지역사회자원 구축 및 연계 서비스 등을 제공하여 학생들이 자신의 잠재력과 능력을 최대한 발휘할 수 있는 최상의 교육환경과 공평한 교육기회를 제공하며, 교육의 본질적인 목적을 달성하고, 학생복지를 실현하는 데 도움을 준다.

⑪ 교정복지

교정복지는 범죄자나 비행청소년의 재활과 정상인으로서의 사회복귀를 돕고, 지역사회에서의 범죄 및 비행예방과 문제해결을 위한 전문적인 사회복지서비스 분야이다. 이 분야의 기관 및 시설로는 구치소, 교도소, 소년원, 보호관찰소 등이 있다. 이 분야의 사회복지사들은 범죄자와 비행청소년의 사회적응과 재활을 지원하기 위해 인간의 존엄성과 권리에 중점을 두며 복지 차원에서 다양한 서비스를 제공한다. 여기에는 범죄인과 비행청소년의 가족갈등 중재와 범죄인 가족에 대한 낙인문제 해결, 가족 간의 유대관계 증진, 사후관리 등이 포함된다. 또한, 다양한 전문적인 프로그램을 제공하고 유관기관과의 연계를 통해 종합적인 지원을 실시한다.

활동해 봅시다

- 여러분이 관심을 가지고 있는 실습분야에 대해 조사해 봅시다.
- 여러분이 실습지로 생각하고 있는 실습기관과 기관 선택 이유를 생각한 후 정리해 보고 이야기 나눠봅시다.
- 여러분이 선택한 실습분야(또는 실습기관)에서 요구되는 실천지식과 실천기술이 무엇인지 생각해 보고 정리해 봅시다.
- 여러분이 선택한 실습기관에서 실습을 하기 위해 준비해야 할 것들이 무엇인지 생각해 보고 정리해 봅시다.

제 3 장 사회복지현장실습기준에 대한 이해

학습목표

1. 사회복지현장실습의 적용기준에 대해 설명할 수 있다.
2. 사회복지현장실습의 운영기준에 대해 설명할 수 있다.
3. 사회복지현장실습 전 실습생 이수과목 기준에 대해 설명할 수 있다.

실습을 나가고자 하는 학생이 사회복지현장실습의 적용기준과 운영기준을 이해하고 준수하는 것은 매우 중요하다. 그 이유는 실습 관련 기준을 준수하지 않고 실습을 진행할 경우, 실습이 인정되지 않아 자격증을 받지 못할 수도 있기 때문이다. 따라서 이러한 위험을 미리 방지하기 위해서 실습을 준비하는 학생은 사회복지현장실습의 적용기준과 운영기준에 대해 철저히 이해한 상태에서 실습에 임해야 한다. 또한, 실습을 준비하는 학생은 실습 전 이수과목 기준에 대해 미리 숙지하고 실습을 준비하는 것이 필요하다. 그 이유는 실습기관에 따라 기관의 특성을 고려하여 일정 수준의 이수과목 수와 특정 과목 이수를 요구할 수 있기 때문이다. 따라서 이 장에서는 사회복지현장실습의 적용기준과 운영기준 그리고 사회복지현장실습 전 실습생 이수과목 기준에 대해 자세히 살펴보고자 한다.

1. 사회복지현장실습 적용기준

보건복지부령이 정하는 사회복지현장실습 적용기준은 크게 2010년 이후 입학생으로 2019년 12월 31일까지 사회복지학 전공교과목과 사회복지 관련 교과목 중 1개 과목이라도 이수한 경우와 2020년 1월 1일 이후부터 사회복지학 전공교과목과 사회복지 관련 교과목을 이수한 경우로 구분된다. 2019년 8월 12일 개정된 「사회복지사업법 시행규칙」 제3조 [별표 1]의 적용에 따르면 크게 변경된 사항은 실습시간이 기존보다 40시간 늘어나고 30시간 이상의 실습세미나를 15회 이상(1회당 2시간) 실시해야 한다는 것이다. 사회복지사 자격증을 받기 위해서는 법령에서 정한 사회복지현장실습 적용기준은 모두 충족해야 하며, 기준을 충족하지 못할 경우 자격증을 받을 수 없다.

〈표 3-1〉 사회복지현장실습 적용기준

구분	실습시간	실습기관	실습세미나
① 2010년 이후 입학생으로 2019년 12월 31일까지 사회복지학 전공교과목과 사회복지 관련 교과목 중 1개 과목이라도 이수한 경우1)	120시간	종전기준에 따른 실습기관	-
② 2020년 1월 1일 이후부터 사회복지학 전공교과목과 사회복지 관련 교과목을 이수한 경우	160시간	2020년 이후 보건복지부장관 선정기관	30시간 (1회당 2시간, 총 15회 이상)

출처: 보건복지부 · 한국사회복지사협회(2021).

① 2010년 입학생~2020년 이전 보건복지부령이 정하는 「사회복지학 전공교과목과 사회복지 관련 교과목」 중 1개 과목이라도 이수한 자

〈필수과목 중 사회복지현장실습의 기준〉

가. 실습기관: 법 제2조 제1호에 따른 사회복지사업과 관련된 법인 · 시설, 기관 및 단체로 한다.

나. 실습지도자: 사회복지사 1급 자격증을 소지한 자로서 3년 이상 또는 사회복지사 2급 자격증을 소지한 자로서 5년 이상 사회복지사업의 실무경험이 있는 자가 실습을 지도하여야 한다.

다. 실습시간: 현장실습시간은 120시간 이상으로 한다.

출처: 사회복지사업법 시행규칙 제3조 [별표 1] (2008. 11. 5. 개정).

1) 2019년 12월 31일까지 사회복지관련 교과목 중 1개 과목이라도 이수하였고, 사회복지현장실습 교과목을 2020년 1월 1일 이후 수강하고 있는 경우에는 실습시간 120시간에 2020년 이후 보건복지부장관 선정기관을 실습기관으로 정해야 함(한국사회복지사협회, 2022.4.18.)

② 2020년부터 보건복지부령이 정하는 「사회복지학 전공교과목과 사회복지 관련 교과목」을 이수한 자

〈필수과목 중 사회복지현장실습의 기준〉

가. 기관실습
1) 기관실습 시간은 160시간 이상으로 할 것
2) 기관실습 실시기관은 다음의 요건을 모두 갖추었을 것
가) 사회복지사업을 수행하는 기관, 법인, 시설 또는 단체일 것
나) 보건복지부장관으로부터 선정되었을 것
다) 다음의 요건을 모두 갖춘 기관실습 지도자가 2명 이상 상근할 것
(1) 1급 사회복지사 자격증을 취득한 이후 3년 이상의 사회복지사업 실무경험이 있거나 2급 사회복지사 자격증을 취득한 이후 5년 이상의 사회복지사업 실무경험이 있을 것
(2) 기관실습이 실시되는 연도의 전년도에 8시간 이상의 보수교육을 받았을 것
3) 기관실습 지도자 1명이 동시에 지도할 수 있는 학생 수는 5명 이내일 것

나. 실습세미나
1) 1회당 2시간 이상의 실습세미나를 총 15회 이상 실시할 것. 이 경우 정보통신망을 이용한 온라인 교육을 실시하는 교육기관의 실습세미나에는 대면 방식의 세미나가 총 3회 이상 포함되어야 한다.
2) 학사, 석사, 박사 학위 중 2개 이상의 학위를 사회복지학 전공으로 취득한 사람으로서 3년 이상의 사회복지학 교육경험 또는 3년 이상의 사회복지사업 실무경험이 있는 교수가 지도할 것
3) 한 세미나에 참여하는 학생 수는 30명 이내일 것

다. 기관실습 지도자가 부여한 평가점수와 실습세미나 교수가 부여한 평가점수를 합산한 최종 평가점수를 실습세미나 교수가 부여한다.

라. 가목부터 다목까지에서 규정한 사항 외에 기관실습 실시기관의 선정·선정취소, 사회복지현장실습의 내용 및 방법 등에 관한 구체적인 사항은 보건복지부장관이 정하여 고시한다.

출처: 사회복지사업법 시행규칙 제3조 [별표 1] (2019. 8. 12. 개정).

2. 사회복지현장실습 운영기준

보건복지부와 한국사회복지사협회(2021)에서 제시하고 있는 사회복지현장실습 운영기준을 일반적인 실습 운영기준, 교육기관의 실습 운영기준, 실습기관의 실습 운영기준으로 구분하여 살펴보면 다음과 같다.

1) 일반적인 실습 운영기준

① 사회복지현장실습은 교육기관에서 진행하는 실습세미나와 실시기관에서 진행하는 기관실습의 과정으로 구성되었으며, 교육기관과 실시기관은 각각 법적 요건에 맞도록 실습과정을 운영하여야 한다.

② '사회복지학 전공교과목과 사회복지 관련 교과목' 이수 시점에 따라 120~160시간의 실습을 실시한다.

③ 기관실습 지도자가 부여한 평가점수와 실습세미나 교수가 부여한 평가점수를 합산한 최종 평가점수를 실습세미나 교수가 부여하는 과정을 거쳐야 한다(교과목이수 완료 후 기관실습 진행 시 자격증 발급 불가).

④ 사회복지현장실습 교과목은 학과 수업의 하나로서 교과 이수 시 부여되는 학점당 이수시간에 따라 기관실습이 해당 학기 내에 이루어지는 것이 원칙이며, 일반 원칙과 달리 학기 외 기간에 운영되는 사회복지현장실습[2]은 학칙 등으로 운영 근거를 명확히 규정하여 이루어져야 한다.

⑤ 고등교육법에 따른 교육기관은 2021학년도 1학기부터 개설되는 '사회복지현장실습' 교과목 이수를 위해 교과목 개설 전(前) 기관실습을 실시할 경우, 학칙 등에 근거를 마련[3]하고, 기관실습의 시기, 세미나교수(지도교수) 지정, 교과 운영과 관리방법 등 관련 사항을 규정해야 한다.

2) (학기 외 기관실습) 학기 외 기관실습은 '사회복지현장실습' 교과목 개설학기 직전 방학 중 실시한 실습을 뜻함. 예를 들어, 3학년 여름방학(7~8월)에 사회복지시설에서 기관실습 후, 3학년 2학기에 세미나 등의 형식으로 교과목 개설 및 학점 이수한 경우가 이에 해당함

3) 학기 외 실습을 진행한 학생의 경우 자격증 신청 시 해당 교과목과 관련된 학칙 제출 필요

2) 교육기관의 실습 운영기준

① 교육기관은 사회복지현장실습 교과목 운영을 위한 행정총괄 및 실시기관과의 연락을 지원하고, 실습세미나 교수는 기관실습 지도자와 협력하여 사회복지현장실습기관 선정 현황과 실시기관별 사회복지현장실습 운영계획서에 따라 실습이 운영되도록 교과목을 총괄 운영하고 최종 평가한다.

② 온라인 교육을 실시하는 교육기관의 대면방식 세미나는 총 3회 이상으로 주 1회를 초과하여 실시할 수 없다.

③ 사회복지현장실습 교과목의 학점이 부여된 후 기관실습(사후실습)을 진행한 경우 자격증 발급이 불가하다.

④ 실습세미나를 통해 실습내용에 대한 피드백, 정기적인 수퍼비전 제공, 실습 중간평가 진행 및 평가내용의 반영, 종결평가 진행 및 실습평가서 작성 등을 진행하여야 한다. 이때 다음의 기준을 준수하여야 한다.

- 1회당 2시간 이상의 실습세미나를 총 15회 이상 실시하여야 한다. 이 경우 정보통신망을 이용한 온라인 교육을 실시하는 교육기관의 실습세미나에는 대면방식의 세미나가 총 3회 이상 포함되어야 한다.
- 학사, 석사, 박사 학위 중 2개 이상의 학위를 사회복지학 전공으로 취득한 사람으로서 3년 이상의 사회복지학 교육경험 또는 3년 이상의 사회복지사업 실무경험이 있는 교수가 지도하여야 한다.
- 한 세미나에 참여하는 학생 수는 30명 이내여야 한다.

3) 실습기관의 실습 운영기준

① 기관실습은 실습지도자의 근로시간 내에 실시하며, 하루에 이수 가능한 시간은 최소 4시간 이상 최대 8시간 이하로 한다.

② 실습지도자는 실습기간 중 실습기관에 상근으로 재직하는 자이어야 한다. 만약 실습지도자가 대표자인 경우에는 반드시 상근임을 증명하여야 하고, 실습지도자는 1개의 기관실습 실시기관에 등록되어야 한다. 만약 실습생의 실습지도자와 실습세미나교수가 동일 인물인 경우에는 인정되지 않는다.

③ 실습지도자의 사회복지사 실무 경력인정은 다음과 같다.

- 사회복지사 경력자의 경우: 「사회복지사업법」 제2조 제1호 각 목의 법률에 따라 "사회복지사업법"을 행할 목적으로 신고된 시설에서 사회복지사 직종으로 근무한 경력을 인정한다. 동법에 따라 신고된 시설이 아닌 곳에서 근무할 경우, 경력증명서상 직종이 '사회복지사'이거나 또는 채용 시 사회복지사 자격증이 필수 자격이어야 한다.
- 공무원 또는 사단법인 재직 및 경력자의 경우: 채용 시 사회복지사 자격증 소지가 필수 조건이었음을 확인할 수 있는 채용공고문 또는 해당 기관의 공문이 필요하다.

④ 적정실습비는 실습생 1인당 10만원 이내가 권고되고 있다. 이때 실습생 식비는 별도 부과 가능하나, 실습비 이외의 '후원금', '실습 이외의 교육비' 등을 명목으로 추가비용을 요구해서는 안 된다.

⑤ 기관실습 지도자 1명이 동시에 지도할 수 있는 학생 수는 5명 이내이어야 한다.

※ 기관실습 실시기관은 사회복지현장실습 관련 법적 규정 및 자격관리 지침을 준수하여야 하며, 이를 준수하지 않는 사항이 확인될 경우 이에 대한 증빙자료(실습생 명단, 실습일지, 실습지도자 명단, 실습비 수령 내역 등) 제출을 보건복지부 또는 협회로부터 요청받을 수 있다.

⑥ 실습내용은 아래의 내용을 포함하여야 한다(보건복지부고시 2022-319호, 2022. 12. 30. 일부개정).

- 기관, 지역사회, 클라이언트에 대한 이해
- 기관과 관련된 정책 및 제도(지침), 자원 네트워킹에 대한 이해
- 기관의 사회복지실천(또는 정책 및 행정 분야)에 대한 직·간접적인 경험
- 기관의 행정 및 기록에 관한 교육
- 사회복지사로서의 윤리적 실천 및 가치, 안전지침에 대한 교육
- 실습내용에 대한 피드백 및 정기적인 수퍼비전 제공, 실습 중간평가 진행 및 평가내용의 반영, 종결평가 진행 및 실습평가서 작성

⑦ **(등록된 실습지도자의 인사변동[4])이나, 실습비 변경, 실습지도자 추가, 소재지 변경, 기관명 변경 등 변경사항이 발생한 경우)** 변경신청을 하고 승인을 받은 후 실습지도가 가능하다.

4) 퇴사, 인사발령, 휴직, 질병 등의 사유로 상근하지 못하게 된 상황을 의미함

⑧ **(실습이수 중 실습지도자를 중간에 변경할 경우)** 법적 기준에 맞는 실습지도자(실습지도자로 등록된 자)가 지도하여야 하며 실습확인서는 변경 전·후 지도자에게 각각 발급받은 각각의 확인서를 제출해야 한다.

> ※ 2명의 실습지도자가 등록된 기관실습 실시기관에서 지도자 1명이 퇴사하는 경우: 실습지도자 1명이 퇴사하기 전 지도 중인 실습생의 경우에 한해 재직 중인 실습지도자가 5명을 초과하여 지도할 수 있으나, 대체 지도자가 1명 이상 추가되기 전까지는 신규 실습생을 모집하거나 지도할 수 없다. 대체 지도자를 추가하기 위해서는 실습지도자 변경신청을 통해 30일 이내에 대체지도자를 추가해야 하며, 승인을 받은 후에 신규 실습생을 모집하고 지도할 수 있다.

⑨ **(실습기간 중 실습지도자가 장기간 휴가 및 출장 등으로 부재한 경우)** 기관실습 운영계획서의 교육계획으로 기관 내 실습지도자 자격기준을 충족한 다른 지도자(실습지도자로 등록된 자)가 대리하여 지도하지 않은 경우 실습은 인정되지 않는다.

⑩ 동일 직장(동일 기관) 내에서 진행되는 실습은 인정되지 않는다. 단, 동일 법인이지만 기관별 시설신고증이 분리되었고, 증빙서류(시설신고증, 건강보험자격득실확인서, 등기부등본 등)를 제출하여 동일 직장(동일 기관)이 아님이 확인될 경우에는 인정된다.

⑪ 사회복지현장실습 교과목의 학점이 부여된 후 기관실습을 진행한 경우(사후실습) 실습은 인정되지 않는다(자격증 발급 불가).

⑫ 자원봉사활동이나 단순 기관방문, 마을 축제 방문 등은 사회복지현장실습에 포함되지 않으며, 실습생이 실습기관에 출석하지 않고 알선업체를 통한 허위 실습을 하거나 인터넷 등을 통한 실습은 인정되지 않는다.

⑬ 해외 사회복지시설에서의 실습은 인정되지 않는다.

3. 사회복지현장실습 전 실습생 이수과목 기준

① **실습 전 선수과목은 학생이 소속된 교육기관에서 지정하는 과목을 이수하면 된다.** 다만 한국사회복지교육협의회(2020)에서는 필수과목으로 사회복지학개론, 인

간행동과 사회환경, 사회복지실천론, 사회복지실천기술론 4과목과 법정 필수 및 선택과목 중 3과목, 특정 영역 실습을 위한 분야별 과목들을 선 이수과목으로 권고하고 있다. 또한, 신민선 외(2020)는 법정 과목들 중 필수과목은 4과목 이상, 선택과목은 실습기관의 기준에 따라 아래 과목들 중 2과목 이상 이수하는 것을 권장하였다. 이 밖에도 한국사회복지사협회(2017)에서는 교육기관과 실습기관의 기준을 고려하여 6과목 이상을 이수할 것을 권장하고 있다.

〈표 3-2〉 사회복지현장실습 전 권장되는 이수과목 수

<table>
<tr><th colspan="2"></th><th>교과목</th><th>이수과목 수</th></tr>
<tr><td rowspan="3">한국사회복지교육협의회(2020)</td><td>필수과목</td><td>사회복지학개론, 사회복지실천론, 사회복지실천기술론, 인간행동과 사회환경</td><td>4과목</td></tr>
<tr><td>선택과목</td><td>법정 필수(사회복지현장실습 제외) 및 선택과목 중 3개 교과목</td><td>3과목</td></tr>
<tr><td>특정영역실습</td><td colspan="2">• 의료분야 실습: 의료사회복지론, 정신건강사회복지론, 정신건강론
• 정신건강분야 실습: 정신건강사회복지론, 정신건강론
• 아동/청소년분야 실습: 학교사회복지론, 아동복지론, 청소년복지론
• 노인분야 실습: 노인복지론
• 장애인분야 실습: 장애인복지론
• 여성분야 실습: 여성복지론
• 다문화분야 실습: 사회복지와 문화다양성</td></tr>
<tr><td rowspan="2">신민선 외(2020)</td><td>필수과목</td><td>사회복지학개론, 인간행동과 사회환경, 사회복지정책론, 사회복지법제와 실천, 사회복지실천론, 사회복지실천기술론, 사회복지조사론, 사회복지행정론, 지역사회복지론</td><td>4과목 이상</td></tr>
<tr><td>선택과목</td><td>아동복지론, 청소년복지론, 노인복지론, 장애인복지론, 여성복지론, 가족복지론, 산업복지론, 정신건강사회복지론, 의료사회복지론, 학교사회복지론, 교정복지론, 사회보장론, 정신건강론, 사회문제론, 자원봉사론, 사회복지지도감독론, 사회복지자료분석론, 프로그램 개발과 평가, 사회복지역사, 사회복지윤리와 철학, 복지국가론, 가족상담 및 가족치료, 사회복지와 문화다양성, 사례관리론, 국제사회복지론, 빈곤론, 사회복지와 인권</td><td>2과목 이상</td></tr>
<tr><td colspan="2" rowspan="2">한국사회복지사협회(2017)</td><td>사회복지학개론, 인간행동과 사회환경, 사회복지실천론, 사회복지실천기술론, 지역사회복지론, 사회복지정책, 사회복지윤리와 철학, 사회복지조사론, 프로그램 개발과 평가 등</td><td>4과목 이상</td></tr>
<tr><td>노인복지론, 장애인복지론, 아동복지론, 청소년복지론, 가족복지론, 여성복지론, 학교사회복지론, 의료사회복지론, 정신건강사회복지론 등</td><td>2과목 이상</td></tr>
</table>

② **학기 외 기관실습이 진행된 경우 참여한 학생은 다음 학기에 사회복지현장실습 교과목을 수강함으로써 연속성 있게 기관실습과 실습세미나를 학습하여야 한다**(한국사회복지교육협의회, 2022).

참고 사회복지사 자격취득 관련 이수과목 기준

사회복지현장실습 적용기준과 마찬가지로 사회복지사 자격취득 관련 이수과목 기준도 시기별로 차이가 있다. 보건복지부령이 정하는 사회복지사 자격취득 관련 이수과목은 크게 2010년 이후 입학생으로 2019년 12월 31일까지 사회복지학 전공교과목과 사회복지 관련 교과목 중 1개 과목이라도 이수한 경우와 2020년 1월 1일 이후부터 사회복지학 전공교과목과 사회복지 관련 교과목을 이수한 경우로 구분된다. 사회복지사업법 시행규칙 부칙 제1조 및 제2조(제663호, 2019.8.12.)에 따라 선택과목 중 이수과목(학점)이 3과목(9학점) 늘어나고 일부 교과목명이 변경(볼드체 표기)되었으며, 선택과목이 보다 확대(이탤릭체 표기)되었다. 구체적인 내용은 〈표 3-3〉, 〈표 3-4〉에서 확인할 수 있다.

① 2010년 입학생~2020년 이전 사회복지 교과목 중 1개 과목이라도 이수한 자

〈표 3-3〉 사회복지사 자격취득 관련 이수과목 기준(2010~2019)

구분	교과목	이수과목(학점)	
		대학원	대학 · 전문대학
필수과목	**사회복지개론**, 인간행동과 사회환경, 사회복지정책론, **사회복지법제**, 사회복지실천론, 사회복지실천기술론, 사회복지조사론, 사회복지행정론, 지역사회복지론, 사회복지현장실습	6과목 18학점 (과목당 3학점) 이상	10과목 30학점 (과목당 3학점) 이상
선택과목	아동복지론, 청소년복지론, 노인복지론, 장애인복지론, 여성복지론, 가족복지론, 산업복지론, **정신보건사회복지론**, **의료사회사업론**, **학교사회사업론**, 교정복지론, 사회보장론, 정신건강론, 사회문제론, 자원봉사론, 사회복지지도감독론, 사회복지자료분석론, 프로그램 개발과 평가, **사회복지발달사**, 사회복지윤리와 철학	2과목 6학점 (과목당 3학점) 이상	4과목 12학점 (과목당 3학점) 이상

출처: 보건복지부 · 한국사회복지사협회(2021).

② 2020년부터 보건복지부령이 정하는 사회복지 교과목을 이수한 자

〈표 3-4〉 사회복지사 자격취득 관련 이수과목 기준(2020~현재)

구분	교과목	이수과목(학점)	
		대학원	대학 · 전문대학
필수과목	**사회복지학개론**, 인간행동과 사회환경, 사회복지정책론, **사회복지법제와 실천**, 사회복지실천론, 사회복지실천기술론, 사회복지조사론, 사회복지행정론, 지역사회복지론, 사회복지현장실습	6과목 18학점 (과목당 3학점) 이상	10과목 30학점 (과목당 3학점) 이상

구분	교과목	이수과목(학점)	
		대학원	대학 · 전문대학
선택과목	아동복지론, 청소년복지론, 노인복지론, 장애인복지론, 여성복지론, 가족복지론, 산업복지론, **정신건강사회복지론, 의료사회복지론, 학교사회복지론**, 교정복지론, 사회보장론, 정신건강론, 사회문제론, 자원봉사론, 사회복지지도감독론, 사회복지자료분석론, 프로그램 개발과 평가, **사회복지역사**, 사회복지윤리와 철학, *복지국가론, 가족상담 및 가족치료, 사회복지와 문화다양성, 사례관리론, 국제사회복지론, 빈곤론, 사회복지와 인권*	2과목 6학점 (과목당 3학점) 이상	7과목 21학점 (과목당 3학점) 이상

출처: 보건복지부 · 한국사회복지사협회(2021).

활동해 봅시다

- 사회복지현장실습 전 권장되는 이수과목을 고려하여 어떤 과목을 이수하고 어떤 과목을 이수하지 않았는지를 점검해 봅시다.
- 사회복지현장실습 전 권장되는 이수과목 중 이수한 과목 중에 재학습이 필요하거나 이수하지 않은 과목 중에 추가 학습이 필요한지를 생각해 보고 실천해 봅시다.

제 4 장

사회복지현장실습의 주요 주체에 대한 이해

학습목표

1. 사회복지현장실습의 주요 주체에 대해 설명할 수 있다.
2. 사회복지현장실습의 주요 주체별 역할과 책임에 대해 설명할 수 있다.
3. 사회복지현장실습 전 실습생이 알아야 할 사항들에 대해 설명할 수 있다.

사회복지현장실습의 주요 주체는 실습생, 실습기관(실습지도자), 교육기관(실습지도교수)으로 구성되며 상호 유기적으로 협조, 보완 및 기능할 때 효과적인 사회복지현장실습이 이루어질 수 있다. 이에 이 장에서는 사회복지현장실습의 주요 주체와 주체별 역할과 책임에 대해 살펴보고 사회복지현장실습 전 실습생이 꼭 알아두어야 할 사항들에 대해 알아보고자 한다.

1. 사회복지현장실습의 주요 주체

한국사회복지사협회에서는 사회복지현장실습 주체에 대해 다음과 같이 정의하고 있다(한국사회복지사협회, 2017 일부 수정 및 보완).

1) 실습생

실습생은 교육기관에서의 교과목으로 사회복지현장실습을 수강하는 학생이며, 실습에 참여하여 수퍼비전(supervision)을 받는 사람으로서 사회복지현장실습에 있어 가장 중요한 역할을 한다. 실습생은 사회복지현장실습을 통해 서비스 및 프로그램을 개발하고 클라이언트를 직접 접촉하여 서비스를 전달하며, 교육기관에서 배운 많은 내용들을 직접 경험하게 된다. 실습생은 실습지도를 통해 발전된 서비스를 클라이언트에게 전달하는 책임이 있으며, 진실한 보고자료를 제공하고 실습기관의 구조에 맞춰 성실히 실습지도에 따르는 의무가 있다.

2) 실습기관(실습지도자)

사회복지실천이 기관(조직) 내에서 이루어지는 것처럼, 사회복지현장실습도 기관(조직) 내에서 행정적으로 처리될 때 공식적으로 이루어진다. 사회복지현장실습을 담당하는 실습기관은 다양한 형태로 존재하지만, 실습기관으로서 갖추어야 할 요건은 대체로 다음과 같다(강철희 · 최소연, 2005). 첫째, 실습기관은 사회복지현장실습을 공식적인 업무로 규정해야 한다. 즉, 실습기관에서는 사회복지현장실습을 실시하기 위해 정책, 규정, 내규, 지침 등을 마련해야 한다. 둘째, 실습기관은 실습에 대한 명확한 목적을 전 직원과 공유해야 한다. 셋째, 실습기관은 실습지도자에 대한 업무조정을 통해 체계적인 실습을 구성해야 한다. 넷째, 실습기관은 실습지도자에게 실습 관련 교육기회를 제공해야 한다. 다섯째, 실습기관은 실습지도를 위한 공간을 확보해야 한다. 마지막으로 실습기관은 기관(조직)의 특성 및 목적, 비전 및 미션과 맞물려 있는 실습지도를 제공해야 한다.

실습지도자는 사회복지현장실습을 수행하는 학생에게 실습지도를 제공하는 핵심적인 역할을 한다. 실습생이 업무를 수행하는 동안 가장 가까이에서 가장 직접적으로 지도해 주는 사람이며, 실습생을 가장 잘 아는 사람이다. 실습지도를 위해 실습지도자는 말하기, 듣기, 읽기, 보기, 쓰기 등 다섯 가지 기본 행동을 잘 해야 한다(Munson, 1996). 실습지도자가 역할과 과제를 적절하게 수행하기 위해서는 이러한 기본 행동에 정통해야 적절한 실습지도가 가능하다. 즉, 실습지도자는 실습생의 활동을 관찰하고, 구두로 보고하는 것을 듣고, 기록한 보고서를 읽으며, 말이나 글로 코멘트를 하면서 지도해야 한다. 또한 실습생이 실습지도를 요구하기 전에 실습생을 지도할 책임이 있다. 실습지도자는 관리자, 연결자, 멘토로서의 역할 외에도 리더로서 실습생의 성장에 관심을 갖고 서비스와 행정, 정책을 조화롭게 조정하는 역할을 수행해야 한다(Lewis, Scott, & Hendricks, 2014).

3) 교육기관(실습지도교수)

교육기관은 실습생이 속해 있는 곳으로, 실습생에 대한 일차적인 책임이 있다. 교육기관은 사회복지의 이론적 교육이 실천현장에서 어떻게 이루어지고 적용되는지를 보조할 수 있어야 하며, 실습의 기회를 통해 다양한 사회복지실천현장을 간접적으로 경험할 수 있도록 지원해야 한다(김희성 · 나용성, 2008). 또한, 실습기관과 상호 유기적인 관계 속에서 사회복지현장실습이 효과적으로 이루어질 수 있도록 노력해야 한다(강철희 · 최소연, 2005).

실습지도교수는 사회복지현장실습 교과목을 기획하고 운영하며 실습기관과 협의하여 사회복지현장실습을 전체적으로 진행한다. 또한, 실습 전반에서 실질적인 지도와 지원을 제공하며 교과목의 성적을 최종적으로 평가한다. 그러나 실습생의 현장실습 내용에 대한 평가는 실습지도교수뿐만 아니라 실습현장에서 직접 실습지도를 담당했던 실습지도자도 진행한다. 따라서 실습지도교수는 실습지도자가 평가한 실습평가서가 학생의 성적평가에 잘 반영될 수 있도록 해야 한다.

2. 사회복지현장실습의 주요 주체별 역할과 책임

사회복지현장실습을 시행하기 위해서는 기본적으로 실습생, 실습기관(실습지도자), 교육기관(실습지도교수)이 필요하다. 사회복지현장실습은 이러한 주요 주체들이 상호보완적인 관계를 유지할 때 효과적으로 진행될 수 있다. 즉, 각 주체들이 자신의 역할과 책임을 잘 수행할 때 효과적인 실습이 될 수 있다. 이에 이 절에서는 사회복지현장실습의 주요 주체인 실습생, 실습기관(실습지도자), 교육기관(실습지도교수)의 역할과 책임에 대해 자세히 살펴보기로 한다.

1) 실습생의 역할과 책임

실습생은 사회복지현장실습을 통해 사회복지사로서의 자질과 기술을 습득하게 되기 때문에 사회복지현장실습은 사회복지교육에서 가장 중요한 부분이라고 할 수 있다. 효과적인 실습을 위해 실습생은 자신의 역할과 책임을 성실히 수행하며 실습지도자의 지도에 개방적이고 자발적인 태도로 따라야 한다. 실습생의 역할과 책임을 구체적으로 살펴보면 다음과 같다(오혜경 · 하지영, 2007, 이경아 · 서홍란, 2011 참고하여 수정).

(1) 실습생의 역할

① 실습생은 교육기관에서 학습한 사회복지 지식과 기술을 실천현장에서 적용하며 실무경험을 쌓는다.
② 실습생은 사회복지현장실습을 통해 새로운 지식과 기술을 습득한다.
③ 실습생은 실습기관의 기능과 운영을 경험적으로 익힌다.
④ 실습생은 사회복지실천 능력을 개발하고 향상시킨다.
⑤ 실습생은 사회복지사로서의 전문적 자아인식을 향상시킨다.

(2) 실습생의 책임

① 실습생은 클라이언트를 존중하고 클라이언트와 기관의 비밀을 준수해야 한다.
② 실습생은 실습일정을 엄수해야 한다.
③ 실습생은 모든 실습업무를 실습기간 및 실습시간 내에 완료해야 한다(클라이언트와의 만남, 기록 작성, 직원 회의, 수퍼비전 시간, 학습경험을 위한 모임 등).
④ 실습생은 업무내용과 장소에 적합한 복장을 착용해야 한다.
⑤ 실습생은 학습경험을 최대화하기 위해 토의가 필요한 부분을 미리 파악하고 실습과제와 참고자료를 준비해야 한다.
⑥ 실습생은 실습일지 및 모든 과제물을 기한 내에 제출해야 한다.
⑦ 실습생은 실습지도자의 수퍼비전 시간에 성실하게 참여하며 교육내용을 메모하고 필요한 자료는 제출해야 한다. 시간을 엄수하고, 겸손하고 긍정적인 태도로 실습지도자의 수퍼비전을 수용하며 수퍼비전 내용을 실천에 반영해야 한다.
⑧ 실습생은 학습경험과 발전을 검토하기 위해 실습일지에 당일 실습내용과 과정 그리고 자신이 배운 점과 느낀 점, 차기계획, 수퍼비전 내용 등을 구체적으로 기록해야 한다.

⑨ 실습생은 실습지도교수로부터 정서적 지지와 실질적인 수퍼비전을 받기 위해 규칙적이고 정기적인 개별 및 집단 수퍼비전을 받아야 한다.

⑩ 실습생은 자신의 교육욕구와 관심사를 실습지도자와 자유롭게 의논해야 한다(과다하거나 부족한 업무내용, 단순업무의 과도한 할당, 실습생이 참여하지 않거나 수행하지 않는 다른 서비스에 대한 관심 등).

⑪ 실습생은 구체적인 실습목표를 설정하고 이를 달성하기 위해 긍정적인 태도로 최선을 다해 실습에 임해야 한다.

⑫ 실습생은 아직 배우는 학생으로서 자신의 지식과 능력의 한계를 인식하고 실습지도자 및 기관직원들로부터의 조언과 가르침을 기꺼이 받아들여야 한다.

⑬ 실습생은 자신의 역할한계를 정확히 인식하고 업무상 중요한 결정이 필요할 경우 반드시 실습지도자와 상의해야 한다.

⑭ 실습생은 실습지도자, 기관직원 및 동료 실습생들과 원만한 관계를 구축하고 상호 도움이 되도록 노력해야 한다.

⑮ 실습생은 현장실습 시 발생된 갈등이나 문제에 대해 실습지도자나 실습지도교수와 협의하여야 한다.

참고 실습생이 가져야 할 태도와 자세

1. 실습생이 가져야 할 태도

① 꾸지람을 잘 소화하여 긍정적 기회로 삼는다.
② 성의와 남을 배려할 줄 아는 마음으로 사람을 대한다.
③ 실습기관 내에서는 개인 간 금전적인 관계를 삼가도록 한다.
④ 거절할 땐 정중하게 거절한다.
⑤ 자신의 시간을 잘 관리한다.
⑥ 새로운 아이디어나 지식에 대해 사려 깊고 비판적인 태도로 반응하며, 이러한 지식을 클라이언트의 업무에 적용하려고 자발적으로 노력한다.
⑦ 강의와 독서에서 습득한 이론을 실무에 통합하려고 노력한다.
⑧ 자신의 아이디어를 공유하기 위해 실습지도자나 다른 직원들에게 질문하고 자문을 구하는 노력을 한다.

2. 실습생이 가져야 할 자세

① 실습의 목적과 중요성을 충분히 이해하고 실습계약 사항을 이행하기 위하여 최선의 자세로 실습에 임한다.

② 실습은 교육기관에서 학습된 이론을 구체적으로 적용하는 과정임을 인식하여 이에 최선을 다한다.
③ 실습교육기관의 구성원이라는 생각으로 타 구성원과 협력하며 친화적인 태도를 취한다.
④ 기관의 정책을 이해하고 수용하며 실습과정에서 준수하도록 한다.
⑤ 근무시간은 기관의 규정에 준하며 직원과 동일한 자세로 근무시간에 임하도록 한다.
⑥ 실습시작 최소 10분 전에 출근하여 출근을 확인하며, 업무에 관계된 사항을 사전에 준비하도록 한다.
⑦ 결근, 조퇴, 지각 등 근태와 관련된 사항은 반드시 실습지도자에게 사전에 보고하여 허락을 받도록 한다.
⑧ 실습지도자의 지시뿐 아니라 타 직원의 지도를 잘 이행하여 실습효과를 최대화하도록 한다.
⑨ 직무에 강한 책임감과 열의를 갖고 적극적으로 임하며 타인에게 책임을 전가하거나 태만하게 행동하지 않는다.
⑩ 실습으로 인하여 알게 된 클라이언트의 사적인 정보를 교육적 목적 이외에는 절대 발설하지 않으며, 교육적 목적이라 하더라도 가명을 사용하여 개인의 비밀이 침해되지 않도록 한다. 실습종료 후, 실습 관련 내용을 학회지 등에 게재하고자 할 때는 반드시 실습지도자와 상의하여 허락을 받아야 한다.
⑪ 실습지도자의 지도 혹은 타 실습생의 실습을 견학, 관찰할 경우 배우는 자세로 진지한 태도를 취한다.
⑫ 기관의 직원, 클라이언트 등에 대해 예의를 지킨다.
⑬ 복장, 소지품은 실습기관의 특성과 상황에 맞게 선택하되, 가능한 화려한 것을 피하고 검소하며 단정한 것으로 착용하도록 한다.
⑭ 안전사고를 최소화하기 위해 만반을 기하도록 노력하며, 안전사고와 관련된 기관의 규정을 사전에 숙지하고 그에 준수하여 처리하도록 한다.
⑮ 실습일지를 비롯한 각종 실습기록은 사실에 근거하여 정확하고 구체적으로 정리하여, 실습 시 실습지도자와 실습지도교수의 평가를 받는다.
⑯ 과제에 관하여 연구하고 그 결과물에 대해 실습지도자의 평가를 받는다.
⑰ 실습과정 중 어떤 경우라도 사례금 등의 금품을 절대 주거나 받지 않는다.
⑱ 과제물은 정해진 기일에 제출하고 출근 전에 작성을 마친다.
⑲ 기관의 명칭을 사적으로 활용하지 않으며 실습생의 신분을 지킨다.
⑳ 기관을 대표한다는 자세로 실습교육기관의 직원들과 동일한 업무 태도와 자세를 취한다.

출처: 윤철수 · 김정진(2010), 최세영 · 박경수(2021), 한국사회복지사협회(2010) 참고하여 수정.

2) 실습기관과 실습지도자의 역할과 책임

실습기관은 실습교육에 있어 핵심적인 역할을 수행하는데 기본적으로 실습생들이 학습할 수 있는 분위기를 조성하여 이들이 전문가로서의 가치와 목표를 확인하고 경험할 수 있는 기회를 제공해 주어야 한다. 실습기관의 최우선적인 역할은 실습생에 대한 실습을 체계적이며 내실 있는 교육내용으로 수행하는 것이다. 한편 실습생과 실습지도자의 관계는 실습교육과정에서 가장 중요한 부분이다. 실습생에게 있어 실습지도자는 현장의 교육자이면서 사회복지사로서의 역할모델이자 실습생들의 성장과 발전에 대한 평가자이기도 하다. 실습지도자 자신도 실습생을 교육하면서 실습생과 함께 새로운 사실들을 배울 수 있기에 실습생으로부터 배울 수 있다는 마음가짐을 갖는 것이 중요하다. 실습기관과 실습지도자가 수행하는 역할과 책임을 구체적으로 살펴보면 다음과 같다(서진환, 2001, 신민선 외, 2013, 오혜경 · 하지영, 2007).

(1) 실습기관의 역할

① 실습기관은 미래의 사회복지사를 훈련시킨다.

② 실습기관은 클라이언트에게 서비스 제공의 기회를 넓히고, 서비스 영역을 확장하는 데 기회를 제공한다.

③ 실습기관은 사회복지실천의 질적 향상과 사회복지분야를 발전시키는 매개역할을 한다.

④ 실습기관은 실습지도자의 선발 및 여건을 조성한다.

⑤ 실습기관은 실습공간을 확보하고 시설을 제공한다.

⑥ 실습기관은 교육기관과 긴밀한 연락을 유지한다.

⑦ 실습기관은 학습환경을 조성 · 유지한다.

⑧ 실습기관은 실습지도를 준비하고 실습생 오리엔테이션을 실시한다. 실습생의 지도를 맡기 전에 실습지도목적과 실습지도방법, 과제 등을 구체적으로 설정하고 이를 위한 준비(비품, 공간, 예산 등)를 충분히 하여 실습 초기에 학습계획서 및 실습교육계획서를 작성할 수 있도록 하며, 실습의 시작과 함께 수행될 수 있도록 한다. 또한 실습의 시작 전에 실습기관과 직원들에

게 실습일정을 알려주고, 실습생에게 실습수행과 관련된 오리엔테이션을 제공한다.

⑨ 실습기관은 사회복지의 가치 및 지식의 전수와 적절한 학습과제를 제공한다.
⑩ 실습기관은 사회복지실천가의 역할모델을 제공한다.
⑪ 실습기관은 실습생의 실습내용을 평가한다.
⑫ 실습기관은 다양한 실습생의 문제해결을 위한 원조를 제공한다.
⑬ 실습기관은 전문가적 정체성 형성을 위한 원조를 제공한다.

(2) 실습기관의 책임

① 실습기관은 사회복지 가치와 윤리를 기반으로 사회복지서비스를 제공하는 곳이어야 한다.
② 실습기관은 클라이언트와 직원들이 서로 존중하고 클라이언트 중심의 서비스를 수행하는 곳으로 지역사회와 사회복지현장에 기여하는 곳이어야 한다.
③ 실습기관은 자격을 갖춘 실습지도자를 확보하고 실습지도자가 실습교육에 대한 시간과 노력에 대한 책임을 다할 수 있도록 제반 여건을 조성해야 한다.
④ 실습기관은 효과적인 실습경험이 이루어질 수 있도록 실습생을 위한 적절한 물리적 공간과 시설을 제공해야 한다.
⑤ 실습기관은 실습생들이 사회복지전문직의 가치와 윤리를 준수하도록 지도해야 한다.
⑥ 실습기관은 기관과 기관이 위치한 지역사회에 대해, 주요 사업과 서비스 등에 대해 공식적인 오리엔테이션을 제공해야 한다.
⑦ 실습기관은 실습계획안을 실습생들에게 제시하고 이를 준수해야 한다.
⑧ 실습기관은 클라이언트와의 직접적인 서비스 경험을 포함하여 적절한 학습경험을 제공해야 한다.
⑨ 실습기관은 실습교육과 학습목표에 적합한 과제를 부여하고 이에 대한 수퍼비전을 실시해야 한다.
⑩ 실습기관은 기관 내 사정으로 현장실습진행에 문제가 발생할 경우 빠른 시일 내에 교육기관과 협의하여 이에 대한 대책을 마련해야 한다.

⑪ 실습기관은 실습생의 안전을 보장하는 데 최선을 다해야 한다.

⑫ 실습기관은 교육기관과 긴밀한 협조관계를 유지해야 한다. 특히 실습생에게 문제상황이 발생했을 경우 실습지도교수와 의논해야 한다.

⑬ 실습기관은 주요 변동 사항(예: 실습지도자 변동, 실습일정에 제시된 주요 사항의 조정 등)이 생겼거나 실습생이나 실습지도자에게 근태문제(실습지도자의 경우 한 주 이상의 결근, 실습생은 3일 이상의 장기결석)가 발생했을 때 교육기관에 바로 알려야 한다.

(3) 실습지도자의 역할

① 실습지도자는 실습생에게 보다 개방적이고 자유롭게 대함으로써 실습생의 심리적 불안을 감소시켜 준다.

② 실습지도자는 실습생을 위한 교육계획과 평가를 실시한다.

③ 실습지도자는 실습생과의 규칙적인 자문회의를 통해 개별 또는 집단 지도감독을 통해 실습활동상의 장·단점을 파악하고 단점에 대해서는 학습할 기회를 가질 수 있도록 적절히 환류시킨다.

④ 실습지도자는 실습생의 이론적 배경을 이해하고 실습지도자 자신의 이론적 지식의 향상을 위해 지속적으로 노력한다.

⑤ 실습지도자는 실습생의 학습 향상과 사회복지기술의 적응 능력, 지도·감독에 대한 태도 등을 실습담당교수에게 전달하고 실습평가에도 반영한다.

(4) 실습지도자의 책임

① 실습지도자는 실습생 교육에 대한 책임을 인식하고 이를 성실히 수행해야 한다.

② 실습지도자는 자신이 사회복지실천가로서 실습생의 귀감이 되어야 한다. 이를 위해 실습지도자는 사회복지실천 가치와 윤리강령을 준수하고 사회복지 전문지식과 실천기술을 갖추고 이를 현장에서 적용할 수 있어야 한다.

③ 실습지도자는 실습교육 전에 실습지도의 목적과 지도 방침을 설정해야 한다. 이와 관련하여 기관의 목적, 일정, 업무에 관한 '실습교육계획안'을 작성하고, 이를 실습생들에게 제시하고 교육기관의 실습지도교수에게도 전

달해야 한다.

④ 실습지도자는 실습예정자와의 사전면접을 통해 예비실습생의 욕구를 이해하고 이에 적합한 교육이 이루어질 수 있도록 준비해야 한다.

⑤ 실습지도자는 실습교육에 요구되는 물품, 공간, 예산 등이 준비되었는지 사전에 점검해야 한다.

⑥ 실습지도자는 실습이 시작되기 전에 오리엔테이션, 실습생을 위한 학습공간, 업무의 선정, 실습교육을 위한 협조인력 등을 미리 준비해야 한다.

⑦ 실습지도자는 기관 내 직원들에게 실습계획 및 일정을 공지하고 실습생을 공식적으로 소개시켜야 한다.

⑧ 실습지도자는 실습교육을 위해 업무시간을 할애할 수 있도록 기관의 지원을 받아야 한다.

⑨ 실습지도자는 관련 이론이나 지침에 대한 교육 그리고 정기적이고 구체적인 수퍼비전을 제공해야 한다.

⑩ 실습지도자는 동료나 타 기관의 사회복지현장실습과 자신이 지도하는 실습을 비교·분석하여 가장 바람직한 교육을 제공하도록 노력해야 한다.

⑪ 실습지도자는 사회복지 교과과정 내용에 대한 포괄적인 이해가 있어야 한다. 만약 교육기관에서 교육받지 못한 지식이나 기술과 관련된 부분이라면 이에 대한 부수적인 교육을 수행해야 한다.

⑫ 실습지도자는 실습생을 위해 실무지도뿐 아니라 정서적 지지 또한 제공해야 한다.

⑬ 실습지도자는 실습생들이 현장을 경험하면서 겪는 어려움과 딜레마, 자기 능력의 한계 등을 실습지도자에게 개방할 수 있도록 지원하고 이를 해결할 수 있도록 도움을 주어야 한다.

⑭ 실습지도자는 실습생이 이론을 실습현장에 적용할 수 있도록 적절한 학습 기회를 제공해야 한다.

⑮ 실습지도자는 실습목표에 적합한 과제를 제시하고 과제물에 대한 적절한 피드백을 제공해야 한다.

⑯ 실습지도자는 실습교육목표에 부합하는 실습지도를 수행할 수 있도록 교육기관과 협조체계를 유지해야 한다.

⑰ 실습지도자는 실습생을 파견한 교육기관에서 주최하는 실습지도자 간담회 또는 실습지도교수와의 세미나 등에 참여해야 한다.

⑱ 실습지도자는 실습과정 중 발생할 수 있는 모든 문제에 관해 실습지도교수와 협의할 수 있는 시간을 가져야 한다.

⑲ 실습지도자는 실습생의 업무수행능력과 태도를 평가해야 한다.

⑳ 실습지도자는 실습평가서를 작성하고, 실습종결 후 밀봉하여 해당 교육기관에 우편 발송해야 한다.

3) 교육기관과 실습지도교수의 역할과 책임

교육기관은 전체 사회복지 교육과정 내에서 현장실습을 기획하고 운영하는 주체로 실습교육을 위한 강의, 토의, 수퍼비전, 기관방문 등을 통해 실습지도를 진행해야 하며, 실습교육 시 실습조교를 배치하여 실습기관 및 실습학생에 대한 연락, 실습상황 검토, 실습보고서와 평가서 정리 등의 업무를 처리해야 한다. 교육기관의 역할은 중요하기 때문에, 교육기관은 현장실습에 대한 관심과 준비 그리고 지원, 학생과 기관 간의 중재, 질 높은 현장실습을 위한 기관과의 협의, 학생에 대한 지속적인 수퍼비전 제공 등에 관한 역할을 적절히 수행해야 한다. 이와 같은 역할에 있어 실습지도교수는 교육기관의 실습교과목을 기획·운영하고 기관과 협의하에 현장실습을 진행하며 학생들에게 실질적인 수퍼비전을 제공하는 등 중요한 역할을 담당한다. 교육기관과 실습지도교수가 수행하는 역할과 책임을 구체적으로 살펴보면 다음과 같다(서진환, 2001, 신민선 외, 2013, Rosenbaum & Raphael, 1983).

(1) 교육기관의 역할

① 교육기관은 실습생의 실습기관 선정 및 배정을 지도한다. 교육기관의 실습준비를 위한 가장 중요한 역할은 학생들에게 충분한 정보를 제공하고, 실습생의 교육욕구 및 학습목표에 부합되며, 동시에 실습기관 업무에도 기여할 수 있도록 기관과 실습생을 연결해 주는 것이다.

② 교육기관은 강의, 토의, 수퍼비전, 기관방문 등을 통해 실습지도를 진행한

다. 실습지도과정에서는 실습보고서 작성 및 평가, 그리고 실습세미나를 진행한다.

③ 교육기관은 실습기관의 교육에 대한 평가를 실시하고 지원한다. 평가결과는 실습종료 후 실습기관에 대한 평가를 거쳐 다음 실습기관의 선정 및 배치계획을 수립할 때 주요 자료로 활용한다.

(2) 교육기관의 책임

① 교육기관은 효과적인 실습교과목을 기획할 수 있도록 교수진을 선정하고 지원해야 한다. 실습교육을 위한 교과과정을 수립하고 실습교육의 목표와 내용, 기준을 제시할 수 있도록 지원해야 한다.

② 교육기관은 실습담당교수와 담당조교를 선정하고 실습교과 및 현장실습 운영을 위임해야 한다.

③ 교육기관은 실습학기 전 학생들의 자원봉사를 격려하고 실습에 대해 대비할 수 있도록 해야 한다.

④ 교육기관은 사전 오리엔테이션을 통해 학생들이 실습에 대해 준비할 수 있도록 해야 한다.

⑤ 교육기관은 실습 가능 기관을 섭외하고 실습지 선정 여부를 결정해야 한다.

⑥ 교육기관은 공개된 적합한 과정을 통해 학생들을 실습지에 배치해야 한다.

⑦ 교육기관은 현장실습과 관련된 행정적인 지원을 수행해야 한다.

⑧ 교육기관은 예산에서 현장 실습비, 담당교수의 실습기관 방문비, 기관 선물비 등을 지원해야 한다.

⑨ 교육기관은 실습생에 대한 정보를 실습기관과 실습지도자에게 발송해야 한다.

⑩ 교육기관은 실습교육의 목적을 달성하기 위해 기관 행정가, 실습지도자 등과 함께 협의하고 기관의 실습계획안을 점검해야 한다.

⑪ 교육기관은 현장실습교육의 내용과 수준에 대해 파악해야 한다. 실습담당교수가 최소 1회 이상 실습기관을 방문하여 기관의 실습지도에 대해 평가할 수 있도록 해야 한다.

⑫ 교육기관은 실습교육을 통해 이론과 실천의 통합이 이루어질 수 있도록 기

관과 유기적인 관계를 맺고 협의해야 한다. 학생의 현장실습을 지도한 기관의 평가를 반영하여 교과과정과 교육내용을 수정·보완하려는 노력을 수행해야 한다.

⑬ 교육기관은 실습기관의 실습지도자와의 의견 교환과 협의를 위해 매 학기 1회 이상 간담회를 실시해야 한다.

⑭ 교육기관은 학생과 유기적인 접촉을 통해 현장실습과정에서 문제가 발생할 경우 즉각적으로 개입해야 한다.

⑮ 교육기관은 학생들이 실습교육에서 얻은 경험들을 확장할 수 있도록 지원해야 한다. 정기적인 실습세미나를 실시하고 실습수행과정에 대해 실습생 스스로가 평가·수정할 수 있도록 한다. 또한 다른 교육기관의 실습생들(또는 동료)과 협의과정을 경험할 수 있도록 한다.

⑯ 교육기관은 실습생의 실습수행과정 및 결과에 대해 평가해야 한다.

⑰ 교육기관은 현장실습지침서를 발간하여 실습생과 기관이 실습목표를 달성하는 데 활용할 수 있도록 지원해야 한다.

(3) 실습지도교수의 역할

① 실습지도교수는 학생이 실습기관을 선택하고 충분한 학습경험을 가질 수 있도록 원조한다.

② 실습지도교수는 실습교육에서 학생들의 이론과 실천의 통합을 촉진시킨다.

③ 실습지도교수는 실습기관에서 제공하는 교육적인 기회와 학생들의 발전 정도를 모니터링한다.

④ 실습지도교수는 교육기관과 현장 간의 상호작용을 촉진한다.

⑤ 실습지도교수는 실습과정 중에 발생할 수 있는 갈등이나 문제해결을 위한 원조를 제공한다.

⑥ 실습지도교수는 실습기관과 실습지도자의 노력과 학생들의 성취 정도를 평가한다.

(4) 실습지도교수의 책임

① 실습지도교수는 사회복지현장실습의 목표, 규정, 실습과정 및 교육내용,

교육방법 등을 담고 있는 실습교육과정을 개발해야 한다.

② 실습지도교수는 실습 가능 기관을 확보해야 한다.

③ 실습지도교수는 한국사회복지사협회, 한국사회복지교육협의회의 실습교과목 운영지침을 숙지하고 이를 반영하여 실습교육을 수행해야 한다.

④ 실습지도교수는 실습 오리엔테이션을 기획하고 운영해야 한다.

⑤ 실습지도교수는 실습전담 조교를 통솔하며 현장실습과 관련된 행정적 절차를 진행해야 한다.

⑥ 실습지도교수는 실습교육의 질적인 향상을 위해 기관과 실습지도자의 의견을 수렴하고 협의할 수 있도록 간담회 및 세미나를 주최해야 한다.

⑦ 실습지도교수는 실습교육과정의 지속적인 평가와 개발에 있어 실습지도자들을 참여시켜야 한다.

⑧ 실습지도교수는 실습생을 실습기관과 실습지도자에게 위임하고 적극적으로 지원해야 한다.

⑨ 실습지도교수는 실습에 참여하는 학생들에게 정서적 지지를 제공하고 현장에서 부딪히는 어려움을 해결할 수 있도록 수퍼비전을 제공하여 효과적으로 과업을 수행하도록 지원해야 한다.

⑩ 실습지도교수는 실습생이 실습기관이나 실습지도자와의 갈등으로 어려움을 겪을 경우 이를 중재해야 한다.

⑪ 실습지도교수는 실습기간 중 최소 1회 이상 기관 방문을 실시해야 한다.

⑫ 실습지도교수는 기관방문 시에는 실습생의 학습 진전 여부, 실습생이 겪는 어려움, 기관실습지도자의 고충, 추후 현장실습 방향에 대한 논의, 교육기관 내 실습교육에서 보완해야 할 사항, 기관과의 협조사항 등을 파악해야 한다.

⑬ 실습지도교수는 직접적인 방문 외에도 전화통화, 실습기관에서의 만남(세미나, 간담회 등), 실습생의 과정기록 등을 통해 실습지도자와 수시로 의사소통을 해야 한다.

⑭ 실습지도교수는 실습일지와 과제 점검, 피드백 제공 등을 포함하여 정기적인 수퍼비전을 실시해야 한다.

⑮ 실습지도교수는 실습교과목 강의 시 학생들의 실습내용 및 과업에 대한 발

표, 이에 대한 수퍼비전, 토론, 실습내용 및 과업과 관련된 이론 강의 등을 함께 진행해야 한다.

⑯ 실습지도교수는 실습생 스스로 실습경험에 대해 평가할 수 있도록 기회를 제공해야 한다.

⑰ 실습지도교수는 새로운 사회복지 프로그램 또는 정책에 대해 실습기관의 행정가 및 실습지도자 그 외의 실무자들과 논의해야 한다.

⑱ 실습지도교수는 실습지도자와 협의하여 학기 중간과 학기 말에 실습생의 성적을 평가해야 한다. 만약, 실습생의 성취도가 낮다면 이에 대해 실습지도자와 토의하고 실습교육 경험을 더욱 효과적으로 활용할 수 있도록 지원해야 한다.

⑲ 실습지도교수는 매 학년 말, 실습기관에 관한 문서화된 평가를 작성하고 이를 차기 실습기관 배치과정에 반영해야 한다.

⑳ 실습지도교수는 실습기관의 피드백을 반영하여 교육과정과 내용을 수정·보완해야 한다.

3. 사회복지현장실습 전 실습생이 알아야 할 사항들

1) 실습생이 경험할 수 있는 문제들

사회복지현장실습은 교육기관에서 배운 이론과 지식을 실제 현장에 적용하여 사회복지사로서 필요한 경험을 쌓고 진로계획을 세우는 소중한 시간이다. 그러나 때로는 한 번도 다뤄보지 못했던 다양한 문제상황에 직면할 수 있다. 이러한 문제상황은 실습생, 실습기관, 교육기관의 특성에 따라 다양하게 나타날 수 있다. 따라서 실습하기를 희망하는 학생은 가능한 문제상황에 대비하여 충분히 준비함으로써 실습 중 발생할 수 있는 갈등을 최소화하고 적절한 학습경험을 얻을 수 있도록 해야 한다. 실습생이 경험할 수 있는 다양한 문제와 대처방안을 살펴보면 다음과 같다(이경아·서홍란, 2011 수정 및 보완).

① **지각이나 결석**: 근태문제는 실습생 평가(성실성)에 있어 기본적이면서 중요

한 요소로 간주된다. 만약 지각으로 인해 클라이언트와의 면담 등을 취소 또는 연기해야 할 경우, 실습생은 적절한 조치를 취하여 변동사항을 정확하게 연락해야 한다. 또한 질병이나 가족 사고, 사망 등으로 인해 부득이한 결석 사유가 발생할 경우, 실습생은 반드시 사전에 실습지도자와 상의하고 허락을 받아야 하며, 결석으로 인한 빈 시간은 추후 반드시 보충해야 한다.

② **실습업무량의 문제**: 과다 업무나 부족한 업무는 실습생의 의욕과 동기를 저해하는 요인이다. 실습기간 동안 업무가 지나치게 많거나 부족한 경우, 실습생은 이에 대해 실습지도자와 논의하고, 이후에도 개선되지 않을 경우 실습지도교수에게 보고해야 한다.

③ **실습생의 업무내용**: 가장 바람직한 실습은 현장실습 기간 동안 실습생이 실습기관의 업무를 직접 경험해 보고 클라이언트에게 직접 서비스를 제공해 보는 것이다. 그럼에도 불구하고 실습기관에서 직접 서비스보다는 교육만 실시하거나 자원봉사자와 구분 없이 보조인력 수준의 업무수행만을 진행한다면 실습생은 이에 대해 실습지도자와 논의하고, 이후에도 개선되지 않을 경우 실습지도교수에게 보고해야 한다.

④ **적절한 실습지도의 부재**: 업무로 인해 실습지도가 원활히 이루어지지 않을 수 있다. 그러나 실습지도는 정당한 권리이며 계약이므로, 실습생에 대한 수퍼비전이 불성실하게 이루어지거나 실습지도자의 부재로 실습지도가 이루어지지 않는 경우, 실습생은 실습지도교수와의 긴밀한 연락을 유지하며 조치를 취해야 한다.

⑤ **실습기관의 변경**: 특별한 이유 없이 적절한 실습지도를 받지 못하는 경우나 비윤리적 또는 인격적·성적으로 수치심을 경험한 경우 그리고 실습지도자의 문제 또는 실습생 개인의 문제로 인해 실습진행이 더 이상 어려운 경우에는 실습기관의 변경을 고려할 수 있다. 이때 실습생은 먼저 실습지도교수에게 구체적인 상황을 보고해야 한다. 실습지도교수는 실습기관, 실습지도자, 실습생과 충분한 대화를 하고 상황을 개선하려는 노력을 하되, 그럼에도 불구하고 개선이 어려운 경우에는 실습지도교수의 판단에 따라 실습기관에 충분한 양해를 구하고 변경하도록 한다.

⑥ **윤리적 갈등문제**: 실습생은 윤리적 갈등상황(예: 클라이언트가 기관 후원물품을

매매하여 술을 사마시는 것을 알게 된 경우, 실습기관이나 실습지도자의 비윤리적 행위를 목격하거나 발견한 경우)에 직면할 때, 사회복지실천윤리에 기반한 결정을 내릴 수 있어야 한다. 이를 위해 실습생은 사안에 따라 실습지도자나 실습지도교수에게 적절한 수퍼비전을 요청할 수 있다.

⑦ **실습생의 개인정보 노출**: 클라이언트가 실습생의 개인적 정보에 관심을 가지는 경우, 실습생은 클라이언트의 질문 의도에 대해 고려해야 한다. 클라이언트는 실습생과 더 친밀해지고 싶거나 실습생이 과연 자신을 도울 수 있는 사람인지를 파악하기 위해 정보를 요청할 수도 있다. 이러한 상황에서 실습생은 너무 방어적인 태도를 취하지 않고, 클라이언트와의 관계형성에 어려움이 생기지 않도록 충분히 공감하되 기관의 지침이나 입장을 고려하여 대응하는 것이 좋다.

⑧ **실습생의 위치**: 클라이언트가 사적인 친밀감을 요구한다면, 실습생은 클라이언트와의 관계가 전문적인 관계로 제한되어 있음을 알려야 한다. 또한, 클라이언트가 실습생의 경험 부족이나 미숙함을 우려한다면, 실습생은 클라이언트의 불안에 대해 충분히 공감하며 자신이 어떻게 노력할 것인지를 구체적으로 설명하는 것이 좋다.

⑨ **성희롱 문제**: 실습생과 실습지도자 사이의 성적인 관계는 항상 비윤리적이고 불법적인 활동이다. 따라서 실습생은 실습 전에 직장 내 성희롱 대응절차에 대해 정확히 숙지해야 하며, 실습지도자를 비롯한 기관의 직원들이나 클라이언트와는 항상 윤리적이고 전문적인 관계를 유지해야 한다. 만약 성희롱 문제가 발생한다면, 실습생은 즉시 이를 실습지도교수에게 알리고 상담을 요청할 수 있어야 한다.

⑩ **실습생의 안전문제**: 실습기관은 실습생에게 안전한 환경을 제공해야 한다. 만약 실습생이 자살이나 폭력 위험이 있는 클라이언트를 접촉해야 한다면, 실습지도자로부터 충분한 대처방안과 위험가능성에 대해 설명을 듣고 주의 깊게 대응해야 한다. 또한 실습기관은 기관 외부에서의 업무에도 실습생의 안전을 보장해야 하며, 실습생에게 운전을 맡기거나 가정방문 시 실습생만 보내는 결정은 피해야 한다.

⑪ **실습기관의 직원 파업**: 실습이 원활히 이루어질 수 있도록 실습지도교수는

실습지도자, 실습생과 함께 신중히 상의해야 한다. 실습생은 시위에 참여하거나 실무자 역할을 대신 수행해서는 안 된다.

⑫ **실습생 자신의 정서적 문제**: 클라이언트의 문제나 상황이 악화되었더라도, 실습생은 자신의 기분이 저조해지지 않도록 노력해야 한다. 상담을 받기 위해 실습지도자에게 도움을 요청하고, 문제해결을 위해 적극적으로 노력하는 것도 좋은 방법이다. 종결 시에도 클라이언트와 함께 문제에 대해 부정적인 감정을 표현하고 해결할 수 있도록 도와주며, 클라이언트와 자신의 감정을 다루는 데 집중하는 것이 중요하다.

2) 실습생의 관심사와 스트레스

실습생은 실습교육 공간과 실습업무의 양, 그리고 실습업무의 내용을 잘 파악하고 기관을 선정해야 한다. 단순히 자격증을 취득할 목적으로 실습을 쉽게 할 수 있는 기관을 찾게 되면 배우는 것이 별로 없거나 자원봉사활동과 크게 구분되지 않는 경험으로 나중에 후회하게 될 수도 있다. 실습생이 실습지를 정하고 나면 이후 실습비를 일정 정도 납부하고 실습에 임하게 된다. 이때 약간 보수적인 옷차림과 시간을 엄수하여 실습기관에 좋은 인상을 주며 일에 대한 진지한 관심으로 성실하게 활동을 한다. 실습업무가 너무 많거나 능력수준 이상으로 주어진다면 실습생은 학습 계약의 삼자 협의를 하거나 개인면담을 통해 솔직하게 의논하여 실습기간을 충실히 보낼 수 있도록 하며, 있는 그대로의 상황에서 현장 학습을 할 수 있도록 한다. 이때 실습생은 자원봉사자와는 달리 실무를 이론과 연계시켜 과업에 대해 분석하고 비판할 것이 요구된다. 만약 업무 중에 실수를 하더라도 실습지도자와 즉시 상의하여 해결방법을 찾도록 하며 현장에서 부딪히는 가치갈등 또한 선택을 위한 대안을 탐색하는 과정임을 주지하고 동료 실습생 또는 실습지도자와 충분한 고민과 논의를 한다. 클라이언트와의 면접 시에는 개인의 사생활을 지키려 노력하고 가정방문 시에도 클라이언트와의 관계형성 및 가족 내 기능 파악에 중점을 둔다. 클라이언트와의 이성관계는 철저히 금지되어 있음을 명심하고 클라이언트로부터의 선물 또한 실습지도자와의 상의를 통해 일정한 규칙을 정해두도록 한다.

한편 실습생은 실습시작 전 자신의 역량부족이나 자신감 저하 등으로 막연하게 불안해하거나 긴장하며, 실습을 진행하는 동안에 실습환경과 실습지도자와의 관계, 실습생 간의 관계, 클라이언트와의 관계 및 활동내용 등에서 오는 스트레스를 경험할 수 있다. 또한 실습을 마친 후에도 자신의 역량부족, 역할갈등 및 사전기대에 부응하지 못하는 만족도로 사회복지사로서의 자신감을 상실하거나 위축됨으로써 좌절감을 경험할 수도 있다. 사회복지현장실습에 참여하는 학생들이 실습을 통해 경험하는 스트레스에 대해 적절히 대응하지 못하는 경우, 실습활동에 부정적인 영향을 미칠 수 있으며, 이러한 부정적인 영향은 스트레스 증상을 유발하여 실습을 중도 포기하게 하거나 사회복지에 대한 부정적인 인식을 가지게 할 수 있다. 따라서 실습생은 사회복지현장실습 과정에서 경험할 수 있는 스트레스에 대해 자신만의 스트레스 대처법으로 적절하게 관리하려는 노력이 필요하다.

참고 사회복지현장실습 과정에서 경험할 수 있는 스트레스 상황 예시

- 전문지식 및 기술의 부족에서 오는 프로그램 준비 및 주도적으로 실행해야 하는 부분에서의 어려움
- 클라이언트에 대한 지식 부족으로 클라이언트 문제 대처능력 및 해결능력의 부족
- 클라이언트와의 의사소통 기술 부족
- 실습일지 기록의 어려움
- 사회복지에 관한 지식의 부족
- 실습환경에서 교육받은 내용을 적용하는 데 있어서의 어려움
- 실습생을 위한 공간 부재 및 휴게시간 부족
- 실습생 역할의 불분명과 수퍼바이저의 실습지도 내용의 모호함
- 실습업무의 과중으로 인한 부담과 잠재된 돌발 상황에 대한 대처능력 부족
- 실습기간 중 지나치게 많은 실습과제 등

출처: 최세영 · 박경수(2021).

3) 실습생의 권리

실습생이 사회복지현장실습을 하는 과정에서 가질 수 있는 권리는 실습생의 인권과 학습권이 대표적이다. 실습생은 기본적으로 사회복지를 배우는 학생의 신분을 가지므로 실습기관은 실습생에게 실천업무를 책임지거나 실습지도자의

업무를 보조하도록 하면 안 된다. 학생으로서 실습생은 모든 실습과 관련된 업무 및 실천관계에서 누구에게도 평등한 대우를 받아야 하며, 실습지도계획에 따라 실습이 진행되어야 한다. 실습생도 실습평가에 신경을 쓰면서 자신의 위치와 실습생으로서의 역할과 책임을 간과하지 않는 것이 중요하다.

참고 사회복지현장실습 과정에서 실습생이 가질 수 있는 학습권리

- 실습지도자로부터 전문적인 지식과 기술을 교육받을 권리
- 실천현장에서만 학습할 수 있는 업무나 사례를 제공받을 권리
- 쾌적한 환경에서 학습할 권리
- 안전한 환경에서 학습하고 활동할 권리
- 인간다운 대우를 받을 권리(예: 인격적 모멸감을 줄 수 있는 발언이나 행동)
- 윤리적인 대우를 받을 권리(예: 동료 실습생과의 차별 금지)
- 성추행이나 성폭력으로부터 자유로울 권리
- 사회복지기관에서 사용하고 필요한 모든 행정적 절차에 대해 학습할 권리
- 규칙적으로 정해진 시간에 실습지도를 받을 권리
- 학습기회가 보장될 수 있도록 충분하고 다양한 사례를 맡게 될 권리
- 이론과 기술뿐만 아니라 발전지향적인 학습경험을 가질 권리
- 실습수행 평가에 대한 명백한 기준을 제시받을 권리
- 적정한 수준 이상의 기술 및 훈련 경력을 가진 실습지도자로부터 실습지도를 받을 권리

출처: 오미옥 · 이수경(2012), 최세영 · 박경수(2021) 참고하여 수정.

활동해 봅시다

• 실습지도자가 선호하는 실습생에 대해 생각해 보고 내용과 그 이유를 적어봅시다.

순위	내용	이유
1		
2		
3		

• 실습지도자가 기피하는 실습생에 대해 생각해 보고 내용과 그 이유를 적어봅시다.

순위	내용	이유
1		
2		
3		

〈작성팁〉

• 실습지도자의 입장에서 어떤 실습생을 선호하고 기피할지를 생각해 보고 구체적으로 작성한다.

[작성 예시]

• 책임감이 있고 성실한 학생: 기관에서 선호하는 인재상에 부합하며 성취 면에서도 우수하여 실습지도자가 좋게 평가할 가능성이 높음
• 지나친 요구와 남탓을 많이 하는 학생: 실습지도자를 포함한 주변 사람들을 불편하게 할 수 있으며 경우에 따라서는 관계적 어려움이 생길 수 있음

MEMO

제 5 장 사회복지현장실습 수퍼비전의 이해

학습목표

1. 사회복지현장실습 수퍼비전의 개념에 대해 설명할 수 있다.
2. 사회복지현장실습 수퍼비전의 기능에 대해 설명할 수 있다.
3. 사회복지현장실습 수퍼비전의 유형에 대해 설명할 수 있다.
4. 사회복지현장실습 수퍼비전의 원칙에 대해 설명할 수 있다.
5. 사회복지현장실습 실습지도자의 자질과 역할에 대해 설명할 수 있다.
6. 사회복지현장실습 단계별 수퍼비전의 내용을 설명할 수 있다.

사회복지현장실습에서 수퍼비전은 매우 중요한 과정이다. 실습생은 교육기관에서 선정된 실습지도교수의 수퍼비전과 실습기관에서 설정된 실습지도자의 수퍼비전을 필수적으로 받는다. 수퍼비전을 통해 실습생은 예비사회복지사로서 필요한 전문적인 지식, 기술, 사회복지 가치와 철학을 성장시킬 수 있다. 교육기관에서 제공되는 수퍼비전은 실습지도교수가 제공하며, 실습기관에서 충분히 달성되지 못한 실습생의 욕구를 보완해 주고 보다 효과적인 실습과정이 이루어지도록 한다. 그리고 실습기관에서 이루어지는 수퍼비전은 주로 실습지도자로부터 받게 되며, 실습생이 주어진 실습업무를 효과적으로 수행하도록 돕는다. 실습생은 실습지도교수와 실습지도자로부터 받은 수퍼비전을 적극적으로 활용하여 자신의 실습목표를 달성해야 한다. 이 장에서는 실습기관에서 이루어지는 수퍼비전을 중심으로 다양한 측면을 살펴보고자 한다. 구체적으로는 실습수퍼비전의 개념, 실습수퍼비전의 기능, 실습수퍼비전의 유형, 실습수퍼비전의 원칙, 실습지도자의 자질과 역할, 실습 단계별 수퍼비전의 내용 등을 살펴보고자 한다.

1. 사회복지현장실습 수퍼비전의 개념

사회복지현장실습은 교육기관에서 학습한 사회복지 실천지식, 실천기술, 사회복지 가치와 철학을 실제 사회복지실천현장에 적용하는 과정이다. 이는 사회복지사로서 필요한 전문적인 지식과 기술을 발전시키는 핵심 교육과정으로 볼 수 있다(한국사회복지교육협의회, 2012). 수퍼비전(supervision)은 라틴어에서 'super(over, 위에서)'와 'vidrere(watch, 지켜보다)'의 합성어로 '감독하다'라는 의미를 가지며, 다른 사람이 하는 일에 대하여 책임을 갖고 지켜보는 감독자(overseer)의 역할을 의미한다(Kadushin, 1992). 따라서 수퍼비전은 사회복지실천현장에서 사회복지의 질적 발전을 위해 경험이 풍부한 전문가인 사회복지사가 지도와 감독을 담당하는 활동을 의미한다. 실습수퍼비전은 실습기간 동안 실습지도자가 사회복지학 전공 실습생을 교육하고 이해시키기 위해 실습기관에서 이루어지는 것으로, 실습지도자는 실습생의 역할을 감시하는 것이 아니라 교육과 훈련을 통해 전문가로 성장할 수 있도록 지도해야 한다. 이에 따라 실습수퍼비전을 수행하는 실습지도자는 사회복지현장의 경험과 지식이 풍부하고 실습지도자의 자격요건을 충족하여야 한다. 또한, 실습지도자는 자신의 능력에 대한 솔직한 태도와 수퍼바이저로서 자신에 대한 칭찬과 인정을 유지할 수 있도록 노력해야 한다. 그리고 실습지도자와 실습생 간의 관계는 개방적이고 협력적이며 긍정적이어야 하고 상호 간의 신뢰, 배려, 라포 형성이 잘 이루어져야 한다.

2. 사회복지현장실습 수퍼비전의 기능

실습수퍼비전은 실습생의 전문직 사회화를 통해 전문능력을 증진시키고 전문직의 속성들을 내면화시키기 위한 활동(Frances, 1977)으로 기능에 따라 행정적 기능, 교육적 기능, 지지적 기능으로 구분될 수 있다.

1) 행정적 기능

행정적 수퍼비전의 목표는 수퍼바이지가 효과적으로 업무를 수행할 수 있는 환경을 제공하는 것이다(이영철 외, 2004). 행정적 수퍼비전은 실습생이 기관의 정책과 절차를 정확히 이해하고 실습생 자신의 업무를 적절하고 효율적으로 수행할 수 있도록 지원하는 것을 의미한다(Smith, 2005). 이러한 유형의 수퍼비전은 업무를 계획하고 할당 및 위임하며 조정 · 협동을 통하여 감독하고 평가하는 기능을 수행한다. 이때 실습지도자는 실습생이 사회복지사로서 요구되는 행정적 성장을 꾀하는 데 목적을 두고 실습생에게 업무수행에 필요한 업무환경의 구조화와 접근법을 제공하여 기관의 구조와 자원을 효율적으로 이용할 수 있도록 도와야 한다.

실습지도자가 사회복지현장실습을 진행하면서 수행해야 하는 핵심적인 역할은 실습생에게 업무를 할당하고 조직하며 결정하는 것이다. 실습생이 실습기간 동안 어떤 업무를 수행할 것인지, 어떤 권한을 실습생에게 위임할 것인지, 실습생이 수행한 업무에 대한 점검은 어떻게 할 것인지 등을 계획하고 조직화해야 한다. 실습지도자는 실습생의 효과적인 업무수행을 위한 적절한 업무의 할당과 조직에 앞서 실습생에 대해 이해해야 한다. 실습생의 강점과 약점, 실습생의 관심사, 실습생의 능력, 실습생의 업무 형평성, 실습생의 나이, 성별, 그 외 특성 등을 바탕으로 업무를 배분하여야 한다(양옥경 외, 2007). 또한 실습지도자는 실습을 하면서 작성하는 기본적인 기록과 서류 업무가 향후 실천현장에서 자신이 실천한 서비스의 책무성에 있어서 중요한 기반이 된다는 것을 실습생에게 인식시키고 실습생이 실습기간 동안 작성한 기록과 문서에 대한 정기적인 점검과 수퍼비전을 제공해야 한다.

종합하면 실습수퍼비전의 행정적 기능은 실습생을 지휘 · 조정하고 업무를 계획 · 결정하며, 업무량을 관리하고, 실습생을 향상 및 발전시키는 것이라고 할 수 있다.

2) 교육적 기능

교육적 수퍼비전의 목표는 수퍼바이저의 업무를 더욱 효과적으로 실행하기 위해 수퍼바이지의 능력을 향상시키는 것(이영철 외, 2004)으로 이는 실습수퍼비전의 핵심적인 부분이기도 하다. 교육적 수퍼비전은 실습생이 교육기관에서 배운 이론과 기술을 현장에서 실제로 적용하며 실천하는 일에 대해 실습지도자가 책임을 지고 가르치는 일이다. 따라서 실습지도자는 사회복지실천현장에서의 경험과 기술을 기반으로 실습생이 실습기간 동안 사회복지실천에 필요한 지식과 기술을 배울 수 있는 교육과 훈련 전략을 수립하고 지도해야 한다.

오늘날 클라이언트가 직면하는 문제는 매우 복잡하고 다양하기 때문에 클라이언트의 문제를 해결하기 위해서는 전문적인 지식과 기술을 바탕으로 한 실질적인 개입이 필요하다. 교육적 수퍼비전은 이러한 실질적인 개입을 돕기 위한 교육과 훈련이 이루어지는 부분이다. 실습지도자는 실습생의 효과적인 실습을 위해 기관의 특성, 실습생들의 공통적인 학습욕구와 능력, 실습일정과 교육내용 등을 종합적으로 고려하여 그 결과에 부합한 교육과 훈련을 제공해야 한다. 이를 위해 현장 사례분석, 이론 및 개념에 대한 교육, 역할극, 문헌 검토, 주제 강연 등 다양한 교육과 훈련 형식을 활용할 수 있다.

3) 지지적 기능

지지적 수퍼비전의 목표는 수퍼바이지가 자신의 업무수행에 대해서 훌륭하게 느끼도록 돕는 것이다(이영철 외, 2004). 지지적 수퍼비전은 수퍼바이지의 원활한 업무수행을 방해하는 스트레스를 감소시키고 업무수행능력을 향상시키는 동기부여를 강화함으로써 수퍼바이지의 업무효과성을 높이는 것을 의미한다(Kadushin, 1992). 사회복지현장실습에 참여하는 실습생은 새로운 현장에 대한 낯섦과 실천경험을 쌓는 것에 대한 불안으로 항상 긴장상태에 놓이게 된다. 또한 교육기관에서 배운 지식과 기술을 접목하는 과정에서 자신이 제대로 하는지에 대한 의문을 가질 수도 있다. 또한, 실습 중에 발생하는 다양한 인간관계(실습지도자, 클라이언트, 동료 실습생, 기관 자원봉사자 등)에서 어려움을 경험할 수도 있다. 따라서 실습지도자는 실습생이 사회복지실천현장에서 경험하는 어려움을 해결하고 실습을 성공적으로 마무리할 수 있도록 지도해야 한다.

실습수퍼비전에서의 지지적 기능은 단순히 실습생을 격려하고 지지하는 것뿐만 아니라 실습생이 효과적으로 실습업무를 수행할 수 있도록 관계적인 지원을 제공하는 것을 의미한다. 실습지도자가 제공하는 지지적 수퍼비전은 실습생이 실습 중 경험하는 스트레스를 감소시키고 사기를 증진시켜 실습업무를 효과적으로 수행할 수 있도록 돕는다. 또한, 지지적 수퍼비전은 실습생의 업무수행능력

강화와 사기진작을 통해 실습생이 향후 열정적이고 이해심 깊은 사회복지사가 되도록 돕는다.

3. 사회복지현장실습 수퍼비전의 유형

수퍼비전은 자신의 업무에 대해서 스스로 점검하는 자기분석 수퍼비전(self-supervision), 수퍼바이저가 수퍼바이지에게 일대일로 지원하는 개별 수퍼비전(one-to-one supervision), 동료 간 일대일로 진행되는 동료 간 개별 수퍼비전(one-to-one peer supervision), 수퍼바이저와 여러 명의 수퍼바이지가 함께하는 집단 수퍼비전(group supervision), 동료들끼리 수퍼비전을 주고 받는 동료집단 수퍼비전(peer group supervision), 그리고 한 팀이 외부에서 초빙한 수퍼바이저와 함께하는 팀 수퍼비전(team supervision) 등이 있다(이시연, 2003). 이 중에서 자기분석 수퍼비전과 팀 수퍼비전은 주로 직원 수퍼비전에서 사용되며(권현진, 2004), 실습 수퍼비전에서는 개별 수퍼비전과 집단 수퍼비전, 그리고 동료집단 수퍼비전이 유용하게 활용된다. 따라서 이 절에서는 후자의 세 가지 수퍼비전을 중심으로 살펴보도록 한다.

1) 개별 수퍼비전

개별 수퍼비전(one-to-one supervision)은 가장 전통적인 방법으로 일대일의 관계 안에서 이루어지는 수퍼비전의 기본적인 형태이다. 이 수퍼비전에서는 실습생의 자기인식을 증진하고 약점을 변화시키거나 보완하기 위해 실습지도자의 의도적인 개입이 요구된다(김융일 · 양옥경, 2004). 개별 수퍼비전은 실습생을 개별적으로 지도하여 한 개인에게 더 많은 시간을 투입할 수 있으며, 개별화된 실습생 목표에 초점을 맞출 수 있고, 강력한 실습지도자와 실습생의 멘토링 관계를 형성할 수 있다. 또한, 비경쟁적 환경에서 수퍼바이지의 향상을 쉽게 모니터링 할 수 있다는 장점이 있다. 그러나 실습생의 의존심을 유발할 수 있으며, 수퍼비전 관계가 약화될 때 수퍼비전의 지속이 어렵고 시간과 비용이 많이 소모되는 단점도 있다(Carroll, 1996). 따라서 우리나라의 실습기관 상황에서 개별 수퍼비전을 실습수퍼비전으로 완전히 시행하기에는 제약이 있을 수 있다.

2) 집단 수퍼비전

집단 수퍼비전(group supervision)은 다수의 실습생이 함께 서로의 경험을 공유하면서 원활한 의사소통을 꾀하고 집단 안에서 문제해결과정을 체험한다. 집단 수퍼비전은 개별 수퍼비전의 보충적 개념으로 도입되었으며(Kadushin, 1992), 많은 장점으로 인해 개별 수퍼비전보다 더 효과적이라 알려져 있다. 특히, 실습수퍼비전에서는 실습생들이 동일한 과정과 수준에서 일정 기간 동안 실습을 하기 때문에 집단 수퍼비전이 더 자주 활용된다. 김융일과 양옥경(2004)은 집단 수퍼비전의 장점으로 ① 시간과 노력의 경제성 ② 다양한 학습방법 활용 ③ 공유의 기회 제공 ④ 지지적 효과 ⑤ 긴장 감소 ⑥ 안정감 제공 ⑦ 상호학습 효과 ⑧ 조직의식 강화 ⑨ 실제 상황 관찰효과 ⑩ 역할분담 ⑪ 변화에 대한 저항 감소 ⑫ 집단 상호작용 학습효과 ⑬ 독립성과 자율성 강화 등을 언급하고 있다. 이에 반해 Carroll(1996)은 집단 수퍼비전의 단점으로 시간의 제약성, 산만해지기 쉬운 분위기, 비밀보장에 대한 취약성, 구성원들 간의 경쟁이나 희생양 만들기 현상 발생 가능성 등을 제시하였다. 집단 수퍼비전에서 수퍼바이저는 시간 안배와 강조점을 찾아내면서 토론내용의 명확성과 함께 상호작용을 촉진시켜야 한다(Tsui, 2004).

3) 동료집단 수퍼비전

동료집단 수퍼비전(peer group supervision)은 실습생들이 실습지도자 참여 없이 주기적으로 모여 함께 토론하는 것으로 동료들 간의 자발적인 수퍼비전을 의미한다(태화기독교사회복지관, 2003). 동료집단 수퍼비전은 동료 간 상호교류 자체가 사회적 지지 역할을 한다는 점, 시간과 경제성에 있어서 효율적이고 동등한 관계의 수퍼비전이 이루어진다는 점, 서로 가치를 공유하고 상부상조한다는 점에서 장점이 있다(서홍란 · 이경아, 2001). 그러나 충분한 자기인식과 전문가 윤리의식이 확고히 정립되지 않은 실습생들끼리 지도자 없이 동료 간 수퍼비전을 진행할 때는 문제가 발생할 수 있다. 예를 들어, 클라이언트 복지에 대한 책임 부재, 과도한 경쟁이나 비판, 공적인 수퍼비전 관계보다는 사적인 친구관계로 발전할 수 있는 가능성, 공식적인 평가 부재, 불평집단의 가능성 등의 단점을 갖고 있기 때문에 활용한다면 모임 이후에 실습지도자의 모니터링 과정을 반드시 추가하는 것이 필요하다(Carroll, 1996).

4. 사회복지현장실습 실습수퍼비전의 원칙

실습에서 제공되는 수퍼비전의 경우 몇 가지 원칙하에서 진행될 필요가 있으며 실습수퍼비전의 원칙은 다음과 같다(보건복지부 · 한국사회복지사협회, 2017).

① **정규화의 원칙**: 실습생을 위한 수퍼비전은 정기적으로 제공되어야 한다. 학기 중 실습의 경우는 매주 정해진 시간에 제공되고, 방학 중 실습의 경우는 매일 정해진 시간에 수퍼비전이 제공되어야 한다.

② **공식화의 원칙**: 수퍼비전은 업무의 일부로 업무시간 중에 수행되어야 한다. 실습생과 실습지도자의 업무량의 관리를 통해 공식업무의 일환으로 수행되어야 한다.

③ **상호교류중심화의 원칙**: 수퍼비전은 수퍼바이저와 수퍼바이지의 상호 계획하에 수행되어야 한다. 실습은 목적이 있는 활동이므로 실습계약을 통해 설정된 목표에 실습생과 실습지도자가 상호적으로 수퍼비전의 전 과정에 함께 해야 한다.

④ **개별화의 원칙**: 수퍼비전은 수퍼바이지의 업무와 관련된 지식, 기술, 능력을 파악하여 이와 관련한 훈련, 개발, 더 나아가서 경력개발에 초점을 두고 개별화하여 진행되어야 한다.

⑤ **성장중심화의 원칙**: 수퍼비전은 수퍼바이지의 업무수행상 취약점을 지적하는 것보다는 가능성과 강점의 개발에 초점을 두고 진행되어야 한다.

⑥ **맥락화의 원칙**: 수퍼비전은 조직의 내적 및 외적 환경, 수퍼바이지가 속한 업무환경 등 맥락을 고려하여 진행되어야 한다.

⑦ **욕구중심화의 원칙**: 실습생의 욕구에 맞춰 실습수퍼비전을 계획하고 제공해야 한다. 실습생이 실습지도자로부터 수퍼비전을 통해 받고 싶은 것, 받을 필요가 있는 것 등을 미리 파악하고 그에 맞춰 제공해야 한다.

5. 사회복지현장실습 실습지도자의 자질과 역할

사회복지현장실습에 참여하는 실습생은 교육기관에서 배운 사회복지 관련 지식과 기술을 바탕으로 현장에서 실질적으로 적용해 보는 경험을 하게 된다. 이 과정에서 실습생은 다양한 어려움을 겪게 되는데 특히, 처음 실습에 임하는 실습생은 전문적인 지식과 기술을 접목하여 클라이언트의 문제나 욕구를 해결하기 위해 도움을 주는 실천하는 경험의 어려움뿐만 아니라 기관의 직원, 동료 실습생, 기관 이용자, 자원봉사자 등과의 관계형성에도 어려움을 경험하게 된다. 또한 실습을 진행하면서 부여되는 과업을 수행하는 데 있어서도 많은 어려움을 경험하게 된다. 이러한 어려움을 해소하고 성공적인 실습을 하기 위해서는 체계적이고 전문적인 수퍼비전을 줄 수 있는 실습지도자가 필요하다. 먼저 실습지도자가 갖추어야 하는 자질을 살펴보면 다음과 같다(양옥경 외, 2007).

① **전문적인 지식과 이해**: 실습지도자는 사회복지에 관한 전문적인 지식과 태도, 조직에 대한 이해, 그리고 기관이 제공하는 사업과 서비스에 대한 풍부한 지식을 갖추어야 한다.

② **실천기술 소유**: 실습지도자는 사회복지를 실천함에 있어서 전문적인 실천기술에 대한 이해가 필요하며 특정 전문분야에 대한 고유의 실천기술을 소유해야 한다.

③ **수퍼비전 제공**: 실습지도자는 실습생이 실습을 하는 과정에서 다양한 문제상황에 직면하게 될 때 문제상황에 대해 진지하게 이해하고 적절히 대처할 수 있도록 수퍼비전을 제공해야 한다.

다음으로 실습지도자가 실습생들이 실습목표를 잘 달성하도록 지도하는 과정에서 수행하는 역할을 살펴보면 다음과 같다(신민선 외, 2020).

① **실습지도계획서 작성**: 실습지도자는 실습기관에서 전체적인 실습교육과정을 담은 실습지도계획서를 작성한다.

② **경험과 지식 교육**: 실습지도자는 실습생들에게 실천현장에서 사용되는 경험과 지식을 교육한다.

③ **인간관계 조절**: 실습지도자는 실습생과 수퍼바이저, 실습생 상호 간, 그리고 실습생과 클라이언트, 실습생과 기관의 다른 사회복지사와의 관계에서 발생하는 문제들에 관여하고 조언하며 해결하는 연결자로서의 역할을 수행한다.

참고적으로 〈표 5-1〉은 효과적-비효과적인 수퍼바이저의 특성을 정리한 것이다.

〈표 5-1〉 효과적-비효과적인 수퍼바이저의 특성

효과적인 수퍼바이저	비효과적인 수퍼바이저
• 구조화된 수퍼비전 • 적절한 상담자 역할의 활용 • 수퍼바이지에게 적합한 상담방법 활용 • 훌륭한 교사 • 융통성 있는 역할 선택 • 명확한 계약 • 합의된 기준에 의한 공정한 평가 • 수퍼바이지의 개별화 • 수퍼바이저 훈련 이수 • 다양한 수퍼비전 개입방법 활용 • 명확하고 직접적이며 건설적인 피드백	• 비구조화된 수퍼비전 • 상담과 수퍼비전 불가능 • 오직 하나의 상담방법 고수 • 부적절한 교사 • 특정 역할에 매임 • 부적절한 협상 • 평가에 대한 명료한 기준 미흡 • 동일한 방법으로 모든 수퍼바이지에게 수퍼비전 제공 • 수퍼바이저 훈련이 필요한 이유를 알지 못함 • 제한적인 수퍼비전 개입방법 활용 • 피드백이 없거나 모호하거나 처벌적임

출처: 이영철 외(2004).

6. 사회복지현장실습 단계별 수퍼비전의 내용

1) 사회복지현장실습 준비단계의 수퍼비전

실습 준비단계는 효과적인 실습의 기반이 되는 과정이다. 실습 준비단계에서는 실습교육과정에서 수행될 내용을 사전에 점검하고 효과적인 수퍼비전을 제공하기 위한 기본적인 체계를 구축한다. 이 단계에서는 실습진행에 앞서 수행해야 하는 과업에 대한 체크리스트를 만들어 미흡한 상항이 없는지 확인할 수 있다. 사전에 점검해야 하는 사항으로는 실습생의 선발과 배치, 실습내용의 적절성, 실습수행 장소, 실습을 위한 기관의 시설 및 재정지원, 실습 개시를 위한 교육기관과의 행정업무 등이 있다. 실습지도자는 실습지도 준비와 관련하여 실습 전 준비사항을 점검하고 미비점을 보완해야 한다. 실습생 모집을 위한 공문 발송 및 공고, 실습생의 서류접수 및 면접, 선발된 실습생에게 실습 확정에 대한 공지, 실습초기 모임 및 실습일정에 대한 공지, 실습지도계획서 작성, 실습생과 초기 관계형성 등의 역할을 수행해야 한다. 또한 실습진행 전 교육기관에서 발송한 실습의뢰와 관련한 행정절차와 실습계약 체결, 실습서약서 작성, 실습비 안내 등 계약관련 역할을 수행한다. 사회복지현장실습을 하기 전 실습생을 대상으로 사전 오리엔테이션을 통해 실습생의 자세와 역할 및 태도에 대한 안내, 실습일정과 실습내용에 대한 안내, 실습기관 및 지역사회에 대한 안내가 이루어지고 실습생의 실습에 대한 기대와 욕구를 수렴하여 실습준비를 위한 역할을 수행해야 한다. 이외에도 실습지도자는 실습생의 개별욕구와 수퍼바이저의 상황, 일시, 기간, 장소 등을 포함하는 수퍼비전 구조와 과정별 수퍼비전 내용을 포함하여 실습수퍼비전 계획을 수립해야 한다. 이 과정에서 실습지도자가 실습생의 성장과 발전을 위해 작성하는 개별화된 지도계획서가 실습지도계획서이다. 이 문서에는 실습목적, 실습목표, 실습분야, 실습기간, 실습대상, 실습지도 방법, 실습일정, 실습생의 책임 및 과제 등이 포함될 수 있다. 실습 준비단계에서 실습지도자는 크게 실습기관의 실습지도 준비와 관련된 역할, 실습진행 전 행정절차 및 계약 관련 역할, 실습생에 대한 사전교육 및 실습준비를 위한 역할을 수행한다. 참고적으로 사회복지현장실습 준비단계에서 진행되는 주요 내용과 활용되는 양식은 〈표 5-2〉와 같다.

〈표 5-2〉 사회복지현장실습 준비단계의 내용

단계	주요 내용	활용양식
준비단계	• 실습 전 확인사항 점검 • 실습계약 체결(3자 체결: 실습지도자, 실습학생, 지도교수) • 실습서약서 작성 • 실습시작 전 오리엔테이션(사전미팅) 실시 • 실습생 프로파일 검토 • 실습수퍼비전을 위한 기초자료 수집 • 실습생의 교육욕구 진단 • 실습지도자와 실습생의 초기 관계 형성	- 준비점검표 - 실습생 프로파일 - 실습계획서 - 실습계약서 - 실습서약서

출처: 보건복지부 · 한국사회복지사협회(2017) 일부 수정.

2) 사회복지현장실습 초기단계의 수퍼비전

실습 초기단계는 실습시작과 함께 실습수퍼비전이 시작되는 단계로, 이 단계에서는 실습지도자와 실습생 간 관계형성의 기반이 이루어진다. 실습수퍼비전 초기단계에서 실습지도자는 실습생이 수행해야 할 업무와 역할에 대해 명확하게 설명해야 하며, 기관에서 실습생의 위치와 권리에 대해서도 안내를 해야 한다. 또한 지역사회에 대한 이해를 돕기 위해 교육을 실시하여 실습생이 기관이 속해 있는 지역사회에 대한 이해를 높일 수 있도록 지원해야 한다. 만약 준비단계에서 기본적인 오리엔테이션이 충분히 이루어지지 않았다면, 실습지도자는 실습생에게 오리엔테이션의 내용을 재확인하며 실습의 구체적인 내용, 실습일정과 과제물, 실습평가의 내용과 방법 및 시기에 대해 안내하여 실습생의 성과와 괴리가 발생하지 않도록 하고 조직구성원으로 소속감을 갖도록 돕는다. 구체적으로는 실습과정의 구체적인 일정에 대해 안내하며, 실습기관의 미션과 지역사회에 대한 이해의 재검토, 기관의 업무처리 절차에 대한 안내 및 실습과정에서 사용되는 양식과 기관의 행정절차 및 서류양식에 대한 소개, 기관의 자원에 접근할 수 있는 방법 안내(시설, 업무환경 등), 실습기관의 직원과 동료 실습생에 대한 소개, 실습내용에 대한 안내, 실습업무에 대한 평가내용, 시기, 방법에 대한 안내를 진행한다.

실습 초기단계에서 실습지도자가 실습생에게 강조해야 하는 것은 사회복지 지식과 기술의 습득과 함께 사회복지사 윤리강령에 입각한 실습생의 업무태도와 자세이다. 실습지도자는 실습지도를 통해 실습생이 기관의 기능적 측면에 대한 이해와 조직구성원으로서의 근무규칙에 적응을 할 수 있도록 지원해야 한다. 또한 실습지도자는 기관의 환경 및 기관 이용자에 대한 이해, 문서 작성과 각종 보고서 작성, 프로그램 계획, 사례관리, 집단지도, 지역사회개발 등을 실습지도 계획에 포함하여 지도해야 한다. 더불어 실습생에 대한 안전교육 및 안전지침 안내를 통해 실습기간 동안 안전사고가 발생하지 않도록 한다. 실습생들을 대상으로 한 외국의 연구에서 실습 초기에 가장 도움이 되는 활동은 기관을 소개하고 자신이 수행할 업무에 대한 기대를 명확히 하는 것으로 나타났다(Knight, 2001). 그러므로 이 단계에서 실습지도자는 실습생이 기관 역사와 조직 구조를 이해하고 실습배치 부서의 특성과 수행해야 할 업무를 정확히 파악할 수 있도록 지원해야 한다. 특히 계약은 초기단계의 가장 중요한 과업 중 하나로, 수행할 업무에 대한 기대를 분명히 하는 것과 관련이 있다. 계약을 할 때는 실습생과 실습지도자 상호 간 실습목적에 대해 논의하고 서로 기대하는 바와 두려움을 이해하는 과정이 필요하다. 실습계약에는 실습기간 및 시간, 실습에 대한 목적과 목표, 실습생과 실습지도자의 의무와 책임 등이 포함될 수 있다(최원희, 2006). 참고적으로 사회복지현장실습 초기단계에 진행되는 주요 내용과 활용되는 양식은 〈표 5-3〉과 같다.

〈표 5-3〉 사회복지현장실습 초기단계의 내용

단계	주요 내용	활용양식
초기단계	• 실습생 대상의 공통교육 진행(윤리, 행정, 예산, 문서(기록) 작성, 프로그램 계획서 작성 등) • 기관 및 직원소개 • 지역사회탐방 • 부서 및 실습업무 안내 • 관련된 정책 및 제도에 대한 이해	- 실습일지 - 실습생 출근부 - 실습지도 기록서 - 사회복지사 윤리강령 및 선서 - 기관분석보고서 - 지역사회분석보고서

출처: 보건복지부 · 한국사회복지사협회(2017) 일부 수정.

3) 사회복지현장실습 중간단계의 수퍼비전

실습 중간단계에서 실습지도자의 주된 역할은 사회복지현장에서 요구되는 지식과 기술을 구체화하면서 실습생이 전문가로서 익혀야 하는 실천기술과 방법을 습득하도록 돕는 것이다. 초기단계의 실습지도과정에서 파악된 실습생에 관한 내용을 기반으로 실습에서 요구되는 지식과 기술을 지속적으로 보완하도록 하며, 실습생이 수행한 과업에 대한 긍정적인 피드백을 통해 업무에 자신감을 가질 수 있도록 도와야 한다. 예를 들어, 실습생들은 단순히 과정기록을 작성하는 것보다 작성한 기록에 대해 실습지도자가 주의 깊게 읽어주고 피드백을 제공할 때 도움이 된다고 생각한다(Knight, 2001). 이 단계에서 실습지도자는 실습생의 실습지도자에 대한 의존도를 조금씩 줄여나가도록 해야 한다. 또한, 여러 실습생이 함께 실습을 수행할 경우, 동료 실습생 간의 역할 분담으로 인한 갈등상황은 없는지, 업무와 관련하여 부담이나 스트레스는 없는지, 그리고 클라이언트와 전문적인 관계를 유지하면서 윤리적인 실천을 하는지, 대상자에 대한 이해는 충분한지, 실습지도에 대한 건의사항은 없는지 등을 확인하면서 실습생이 성장할 수 있도록 지도·감독을 해야 한다.

실습 중간단계는 과제물과 일지 등 각종 기록의 제출이 가장 활발하게 이루어지는 단계이기 때문에 실습생이 제출한 결과물을 바탕으로 수퍼비전이 이루어진다. 따라서 실습지도자는 실습생이 작성한 결과물에 대한 수퍼비전(상황에 따라 개별수퍼비전과 집단수퍼비전 활용)을 통해 실습생의 부족한 지식과 기술을 보완해 나가며 역량을 강화할 수 있도록 도와야 한다.

실습 중간단계에서는 그동안 실습내용과 과정에 대한 실습생의 중간평가가 이루어진다. 실습 중간평가는 실습기간 중반에 진행하는 것이 적절하며, 실습지도자는 실습생이 작성한 실습중간평가서를 기반으로 수행 정도를 객관적으로 평가해야 한다. 이 평가에는 실습의 목표달성 정도와 실습 시 어려운 점과 애로사항, 그리고 실습지도자에 대한 건의 등이 포함된다. 실습지도자는 중간평가를 통해 실습생이 수행해왔던 업무와 성과에 대한 지지를 제공하고, 또한 부족한 부분에 대해 남은 기간 동안 실습생 개인의 실습목표를 달성할 수 있도록 방향을 제시해 주어야 한다. 중간평가에 대한 결과는 실습생, 기관 현장지도를 담당한 실습지도교수와 공유할 수 있다. 참고적으로 사회복지현장실습 중간단계에 진행되는 주요 내용과 활용되는 양식은 〈표 5-4〉와 같다.

〈표 5-4〉 사회복지현장실습 중간단계의 내용

단계	주요 내용	활용양식	
중간단계	• 클라이언트(개별, 집단)의 욕구파악을 통한 프로그램 기획 및 실행 • 개별대상자에 대한 사정과 개입계획 작성 및 레코딩 • 타 기관 방문 • 사회조사: 지역조사, 욕구조사	- 과정참여보고서 - 프로그램 평가서 - 사례관리양식 - 진행일지 - 사회조사양식 - 사회조사보고서	- 프로그램 계획서 - 중간평가서 - 실습생 작성 계획서 - 집단지도양식 - 기관방문보고서

출처: 보건복지부 · 한국사회복지사협회(2017) 일부 수정.

4) 사회복지현장실습 종결 및 평가단계의 수퍼비전

실습 종결 및 평가단계는 실습기간 동안 학습한 실천기법과 기술을 확고히 하며 마무리하는 단계이자 실습생과 실습지도자의 전문적 관계가 종결되는 단계이다(김선희 · 조휘일, 2001). 실습 종결 및 평가단계에서 실습지도자는 실습생이 실습기간 동안 경험하고 학습한 내용을 확고히 할 수 있도록 지도해야 한다. 또한, 클라이언트나 집단과의 전문적 관계를 종료하는 연습을 통해 전문적인 관계의 경계를 학습하고, 자신의 강점과 약점에 대한 인식을 통해 자신감을 확고히 하며 전문직에 대한 정체성을 형성하도록 지도해야 한다. 실습 종결 및 평가단계는 실습평가서를 제출하면서 실습을 마무리하는 단계이므로 실습생이 수행한 역할을 평가하고 동시에 클라이언트와의 관계 종결, 동료 실습생과 관계의 종결, 실습지도자와 전문적 관계의 종결을 준비할 수 있도록 지도해야 한다.

실습평가는 실습생의 업무수행과 관련하여 객관적인 사실에 근거한 평가가 되어야 하며, 실습생이 전문적인 성장을 할 수 있도록 피드백을 제공해야 한다. 실습평가는 실습생 개인의 성격 그리고 가치에 대한 평가가 아니라 실습종결평가서의 내용을 중심으로 실습생이 수행한 실습업무의 전반적인 과정에 대해 객관적인 평가로 실습생에게 수퍼비전을 제공한다. 실습 종결 및 평가단계에서 실습지도자 역할은 실습생에 대한 평가서를 기반으로 실습목적 및 목표를 점검하고 부족한 부분을 보완할 수 있는 방법을 제시하는 것이다.

실습 종결 및 평가단계에서 실습이 최종적으로 마무리되면, 실습지도자는 실습생이 작성한 종결보고서를 바탕으로 실습종결평가 보고회를 진행한다. 실습종결평가 보고회는 실습생, 실습지도자, 사업담당자, 중간관리자, 최고관리자 등

기관의 규모에 따라 참석자가 융통성 있게 결정될 수 있으며, 보고회에서는 향후 실습을 진행하는 데 도움이 되는 발전적인 방향이 제시될 수 있도록 객관적인 평가가 이루어져야 한다. 실습생의 평가내용에 대해 실습지도자는 긍정적인 수퍼비전을 통해 실습생이 성취감을 느낄 수 있도록 하며, 실습생이 실습기간 동안 수행한 업무와 내용에 대해 평가함으로써 자신의 강점을 발전시킬 수 있도록 도와야 한다. 또한, 실습종결평가 보고회를 통해 실습생이 실습과정 동안 경험했던 긴장과 갈등 등을 해소할 수 있도록 격려하고 지지해 주어야 한다.

실습종결평가 보고회는 각 실습생이 실습기간 동안 수행했던 업무를 중심으로 개별적으로 사회복지현장실습보고서 발표를 하고, 실습생이 수행한 역할에 대해 평가하며 클라이언트, 동료 실습생, 실습지도자와의 관계 종결 준비에 초점을 맞추어야 한다. 또한 실습 종결 및 평가단계에서 실습지도자는 실습생 개인별 실습목표를 다시 한 번 점검하고, 초기단계의 모습과 수퍼비전을 통해 성장한 부분들을 비교·제시하여 실습생이 목표달성을 이루었는지 점검한다. 마지막으로 실습이 종료되고 평가과정을 마친 후에 실습지도자는 실습생에 대한 평가서를 교육기관에 사회복지현장실습확인서와 함께 발송함으로써 모든 실습과정을 완료한다. 참고적으로 사회복지현장실습 종결 및 평가단계에 진행되는 주요 내용과 활용되는 양식은 〈표 5-5〉와 같다.

〈표 5-5〉 사회복지현장실습 종결 및 평가단계의 내용

단계	주요 내용	활용양식
종결 및 평가단계	• 종결 - 사례종결 - 실습종결 • 평가 - 실습만족도와 실습평가 - 실습보고회	- 실습만족도 - 실습평가서 - 현장실습확인서

출처: 보건복지부·한국사회복지사협회(2017) 일부 수정.

참고 Munson(1983)이 제시한 효과적인 평가를 위한 바람직한 실습생의 대응

① 평가를 자세히 들어라. 자신의 입장을 방어하려고 서두르지 말라.
② 마음속으로 평가의 타당성을 평가하라. 만일 평가가 정당하다면, 자신의 업무수행을 변화시킬 수 있는 방법을 구상하라.
③ 평가에 대한 보다 상세한 정보를 요청함으로써 평가에 대한 더 나은 이해를 할 수 있도록 노력하라. 만일 평가가 아주 일반적인 것이면, 수퍼바이저에게 보다 구체적으로 질문하라.
④ 수퍼바이저가 어떤 개인적 동기를 갖고 있는지 탐색하지 말라. 전문적 수준에서 평가를 유지하고, 반드시 전문적 업무수행과 관련시켜라.
⑤ 화를 내거나 자제력을 잃지 말라.
⑥ 책임을 남에게 전가하지 말라.
⑦ 부정적 평가를 개인적 약점 탓으로 돌리지도 말고, 전 영역에서 완전히 실패한 것으로 생각하지도 말라.
⑧ 평가를 피하기 위해 화제를 바꾸지 말라.
⑨ 자신이 잘못했다고 되풀이해서 말하지 말라.
⑩ 수퍼바이저가 지나치게 반응하고 있다든지, 오로지 비판거리만을 찾고 있다든지 하는 등의 말로 수퍼바이저에게 책임을 전가하지 말라.
⑪ 비판을 스스로 명료화시켜라. 명료하게 이해되지 않으면, 자신의 행동이 어떻게 부적절한지 수퍼바이저에게 직접 물어라. 만일 수퍼바이저가 설명하지 못한다면, 그 비판이 타당한지 스스로 평가하라.
⑫ 비판을 받아들일 경우, 그것을 인정하고 앞으로의 대안을 제시하거나, 수퍼바이저에게 가능한 대안이 무엇인지를 물어라.
⑬ 비판이 자신에 대한 수퍼바이저의 개인적이거나, 전문적인 위협이 아니라는 것을 기억하라.

출처: 양옥경 외(2007).

활동해 봅시다

- 여러분이 생각하는 이상적인 수퍼비전에 대해 생각한 후 정리해 보고 이야기 나눠봅시다.
- 여러분이 피하고 싶은 수퍼바이저에 대해 생각한 후 정리해 보고 이야기 나눠봅시다.

〈작성팁〉

- 실습생의 입장에서 이상적인 수퍼비전과 피하고 싶은 수퍼바이저에 대해 생각해 보고 구체적으로 작성한다.

[작성 예시]

- **개별화된 수퍼비전**: 실습생의 성격유형에 기반하여 수퍼비전에 직면이 도움이 되는 성격인지, 지지 또는 임파워먼트가 더 도움이 되는 성격인지를 적절하게 판단하여 수퍼비전을 제공
- **무성의와 방임을 보이는 수퍼바이저**: 과제부과에 대한 적절한 피드백을 제공하지 않거나 알아서 잘할 것이라고 여기며 방임하는 수퍼바이저

PART

02

사회복지현장실습에 필요한 기초지식

제 6 장

사회복지현장실습의 기초지식(1) 사회복지실천윤리

학습목표

1. 전문직에서 윤리강령이 갖는 의미에 대해 설명할 수 있다.
2. 사회복지실천에서의 가치와 윤리에 대해 설명할 수 있다.
3. 사회복지실천에서의 윤리적 갈등에 대해 설명할 수 있다.
4. 사회복지실천에서의 윤리적 의사결정에 대해 설명할 수 있다.
5. 사회복지현장실습 과정에서 발생할 수 있는 윤리적 문제에 대해 설명할 수 있다.

사회복지는 개인의 존엄성과 사회정의 등의 가치 실현을 주요 목적으로 하는 가치 주도적인 전문직이다(송유미, 2008), 윤리는 무엇이 옳고 그른지와 관련이 있으며 현실적인 면을 다룬다(황성철, 1996). 사회복지실천에서 윤리적 문제에 대한 논의는 필연적이기에 사회복지 전문교육에서 윤리는 오래 전부터 중요한 이슈로 다루어져 왔다. 이는 사회복지사가 규범에 입각한 전문직이기 때문이다(Hugman, 2005). 사회복지실천 윤리교육의 목적은 학생들로 하여금 사회복지실천이 내포하는 고유한 도덕적 특징과 이와 연관된 모호함을 알 수 있도록 돕는 데 있다.

Reamer(2001)는 사회복지 전문교육에서 윤리교육의 목표를 다음과 같이 설명하였다. 첫째, 학생들의 도덕적 상상력을 자극하고, 둘째, 분석적 기술을 개발하며, 셋째, 도덕적 의무감과 개인적 책임감을 갖추도록 돕고, 넷째, 윤리적 논쟁과 모호함에 대응할 수 있는 능력을 키우기 위함이다.

반면 Loewenberg와 Dolgoff(1996)는 전문사회복지 윤리교육의 목표를 다음과 같이 제시하였다. 첫째, 전문직 실천에 있어 윤리적 이슈에 대해 보다 민감하게 반응하고 이에 대한 인식을 높인다, 둘째, 경쟁적인 논쟁들의 제한점과 강점을 연구함으로써 이러한 논쟁들을 구별하고 다룰 수 있다, 셋째, 실천 상황과 연관된 윤리적 원칙을 학습한다, 넷째, 윤리적 결정과정에 대한 이해를 발전시킨다, 다섯째, 사려 깊은 논리적인 결정에 도달할 수 있고 그들의 직업활동에 윤리적 실천을 적용할 수 있다, 여섯째, 자신들의 도덕적 열망과 기준을 명확하게 하고 실천현장에서 내린 윤리적 결정을 평가할 수 있다.

본 장에서는 사회복지현장실습에 나가고자 하는 학생들이 사전에 갖추어야 할 기초지식으로서, 사회복지실천현장에서 윤리적 결정의 지침으로 사용되는 윤리강령이 가지는 의미를 알아보고자 한다. 또한, 사회복지실천에서의 가치와 윤리, 실천현장에서 사회복지사가 빈번히 직면하게 되는 윤리적 갈등 그리고 이를 해결하기 위한 윤리적 의사결정과정에 대해 살펴본 후 사회복지현장실습 과정에서 발생할 수 있는 다양한 윤리적 문제에 대해 살펴보고자 한다.

1. 전문직에서 윤리강령이 가지는 의미

과거 법, 의료, 사회복지, 심리, 정신의료, 기술, 언론 등 각종 전문직에 종사하고 있는 실천가들의 행동에 대한 책임 추궁이 빈번히 발생하면서 전문직 윤리에 대한 중요성이 날로 강조되기 시작하였다(Reamer, 1983). 모든 전문직들은 윤리강령을 가지고 있는데, 윤리강령은 전문가들이 지켜야 할 전문적 행동기준과 원칙을 기술해 놓은 것으로 공통으로 합의한 내용을 담고 있다. 법적으로 제재할 힘은 없지만 사회윤리적 제재의 힘을 가지며, 전문직의 가치기준에 맞게 실천할 수 있도록 판단기준을 제시하여 전문직의 비윤리적 행위에 대해 판단할 수 있도록 돕는다(이순민, 2016). 사회복지사 윤리강령도 마찬가지이다. Loewenberg와 Dolgoff(1996)는 사회복지사 윤리강령이 윤리적 갈등 시 사회복지실천에 대한 지침을 제공하고, 불완전한 사회복지사로부터 공공을 보호하며 전문직 스스로 자율에 의한 규제를 가짐으로써 정부의 통제로부터 전문직을 보호한다고 하였다. 또한, 전문가 동료들과의 상호작용을 위한 기준을 제시하고 바른 동료관계가 가능하도록 하며 사회복지사 윤리강령을 준수한 사회복지사를 부당치료소송으로부터 보호한다고 하였다. 사회복지사 윤리강령은 사회복지전문직의 위상을 높이고 실천의 지침을 제공한다는 점에서 큰 의미를 갖는다. 한국사회복지사협회 윤리강령에서는 사회복지전문직의 가치와 윤리적 실천을 위한 기준을 안내하고, 윤리적 이해가 충돌할 때 고려해야 할 사항을 제시하는 것을 윤리강령의 목적으로 명시하고 있으며, 사회복지전문직이 준수해야 할 윤리적 원칙을 인간존엄성과 사회정의라는 사회복지의 핵심가치에 기반을 두고 제시하고 있다(https://www.welfare.net).

2. 사회복지실천에서의 가치와 윤리

사회복지실천의 윤리를 논함에 있어 가치문제를 중요하게 다루는 이유는 윤리적 원칙(ethical principle)이 가치를 기반으로 세워지기 때문이다. 그러므로 가치에 기반을 두지 않은 규칙이나 원칙은 윤리적 규칙(ethical rule)이라 할 수 없다. 일례로 미국인들은 자기결정권과 사생활권에 높은 가치를 두고 있다. 사실 모든 사람들은 언제, 어떻게, 어느 정도로 자신에 대한 정보를 나눌 것인지에 관한 자기결정권을 가지고 있다(Saxon et al., 2006). 자기결정권과 사생활권은 다수의 사람들이 지향하는 사회적인 가치인 동시에 사회복지전문직의 가치이기도 하다. 따라서 사회복지사가 클라이언트와의 면접을 녹화하기를 원할 경우 사전에 클라이언트의 동의를 구해야 하며, 녹화의 순응 여부는 전적으로 클라이언트의 자기결정에 달려 있기 때문에 이를 강요해서는 안 된다. 사회복지사가 사전에 동의를 구하는 것은 사회복지실천에서 반드시 지켜야 할 윤리적 의무로 이는 클라이언트의 자기결정권과 사생활권 존중이라는 가치에서 나온 것이다.

한편 Healy(2007)는 그동안 가치와 윤리의 통합이 사회복지전문직의 특징으로 간주되어 왔으나 글로벌 관점(global perspective)이나 다문화적 관점(multicultural perspective)에서 살펴볼 때 가치와 윤리는 통일되기보다는 분리되어 있다고 주장하였다. 가치와 윤리의 차이점을 살펴보면 가치는 하나의 가정적 개념으로 추상적이고 '무엇이 좋고 바람직한가' 즉, 개인의 주관적 선호와 관련이 있으며 인간이 적절한 행동을 선택하는 데 있어서 지침이나 기준이 된다. 그리고 윤리는 '무엇이 옳고 그른가'에 관한 것으로 사회적 태도를 담고 있어 전문가가 실질적인 결정을 내릴 때 중요한 역할을 한다(엄명용 외, 2001). 하지만 사회복지실천에 있어 전문가의 가치와 윤리는 시대에 따라 변화한다(오혜경, 2004). 그럼 이 절에서는 사회복지의 가치와 실천윤리에 대해 보다 구체적으로 살펴보기로 한다.

1) 가치(Value)

가치는 일종의 신념이며 선택이다. 가치는 무엇이 좋고 바람직한가와 관련이 있고 이상적인 면을 다룬다. 가치는 지식과 달리 과학적인 근거를 가진 것도 아니며 객관적으로 증명할 수 있는 것도 아니다. 하지만 가치는 주관적으로 선호하는 것으로 인간이 적절한 행동을 선택하는 데 있어서 지침이나 기준(엄명용 외, 2001)으로서 윤리적 판단의 근거로 작용한다. 즉, 가치는 개인이나 집단구성원들이 자신이 특정한 행동을 선택하는 데 지표를 제공한다. 가치는 지식, 기술과 함께 사회복지실천의 본질적인 3대 요소 중 하나로 사회복지실천을 '어떻게(how)' 실행하는가(예: 사회복지사가 중재내용이나 개입방법을 결정하는 것)에 대한 기준을 제시한다. 또한 클라이언트와의 상호작용을 안내하는 나침반의 역할을 한다. 사회복지실천의 가치는 사회복지사와 함께 일하는 클라이언트, 동료, 그리고 넓은 사회 속에서 함께 일하는 다양한 사회구성원과의 관계에 영향을 미친다(Hamilton, 1940).

(1) 상대적 중요성에 따른 가치 분류

Johnson(1958)은 가치를 상대적 중요성에 따라 크게 궁극적 가치, 차등적 가치, 수단적 가치로 구분하였다.

① **궁극적**(절대적) **가치**: 다수에 의해 가장 쉽게 동의를 얻을 수 있는 내용들로 사회나 시대적 상황에 관계없이 불변하는 가치를 뜻한다.

[예시] 인간존엄성과 자유, 평등, 사회정의 등

② **차등적 가치**: 궁극적 가치를 좀 더 구체화한 것으로서 사회문화적인 영향이나 개인적 경험에 따라 찬반이 가능한 가치를 뜻한다.

[예시] 임신중절, 동성애자의 결혼, 안락사문제, 인간복제용인, 이혼 등

③ **수단적**(도구적) **가치**: 인간존엄성이나 사회정의와 같은 궁극적 가치를 달성하기 위한 수단이나 방법으로서의 가치를 뜻한다.

[예시] 클라이언트의 자기결정, 비밀보장, 고지된 동의, 수용 등

(2) 사회복지 차원에 따른 가치 분류

사회복지 차원에 따른 가치는 개인적 가치, 사회적 가치, 기관의 가치, 전문적 가치로 나눠볼 수 있으며 그 내용은 다음과 같다(최세영 · 박경수, 2021).

① 개인적 가치

개인적 가치는 개성, 자존심, 자기의존, 비밀, 자기실현 등과 같이 개인을 위한 권리 또는 유익하게 생각하는 것이나 개인이 자신을 위한 권리와 선을 생각하는 가치이다. 개인적 가치는 개인이 속한 가족, 문화, 종교, 사회의 가치에서 비롯되므로 각 개인의 환경에 따라 다르게 형성될 수 있다.

② 사회적 가치

사회적 가치는 이타주의, 상호부조, 사회복지, 우애, 민주주의, 호의, 책임 및 사랑 등과 같이 사회적으로 지향된 방법을 통하여 일반적 또는 집합적으로 인간을 위한 선과 권리를 생각하게 하는 가치이다. 사회적 가치는 개인적 가치에 영향을 미치며 시대에 따라 변화하는 특성이 있다. 사회의 대중적 공감대가 반영된 것으로, 역사적으로 형성되었으며 경험에서 비롯된다.

③ 기관의 가치

기관의 가치는 각 사회복지기관의 역할, 기능, 책임에 따른 고유한 가치를 의미한다. 이러한 기관의 가치는 종종 클라이언트의 가치와 갈등이 생길 수 있다. 예를 들어, 기관에서는 타 기관에 등록된 클라이언트에게 중복서비스 지급을 할 수 없다는 원칙이 있는데 빈곤한 클라이언트 입장에서는 당장 우리 기관의 도움을 더 받고자 요청하는 상황일 때 갈등이 발생할 수 있다.

④ 전문적 가치

전문적 가치는 그 전문직의 독특한 실천활동과 관련하여 요구되는 가치로 기본적으로 해당 전문직 활동의 평가와 책임 소재의 근거가 된다. 또한 사회복지사가 전문직으로서 자기 정체성을 확보하며 타 전문직과의 차별화를 이룰 수 있는 기준이 되기도 한다. 전문적 가치는 하나의 직업이 사회적 차원에서 전문직으로 인정받는 과정에서 주어지는 것으로 일반적으로 전문직이 속한 사회의 가치를 반영하게 된다.

(3) 사회복지실천의 전문적 가치

사회복지전문직의 사명은 일련의 중심가치에 기초를 두고 있다. NASW(2008)에서는 사회복지의 독특한 목적과 관점이 되는 핵심가치를 서비스, 사회정의, 인간의 존엄성과 가치, 인간관계의 중요성, 정직성, 역량 등의 6가지로 설명했다. 또한 지금까지 많은 학자들이 사회복지가 지향해야 하는 핵심가치를 제시하였는데 그 중에서도 인간의 존엄성과 개인의 유일성, 클라이언트의 자기결정권, 비밀보장과 사생활 보장, 개인의 잠재력을 개발할 수 있는 기회 제공, 개인이 갖는 공통된 인간의 욕구를 충족시키는 것, 인간의 기본 욕구를 충족시킬 적당한 서비스와 자원의 제공, 클라이언트의 역량 강화, 평등한 기회 제공, 다양성 존중, 사회문제 예방과 치료를 위한 노력 그리고 전문지식과 기술을 지속적으로 발전시키고, 다른 사람들과 함께 소유하고 교육하는 것 등과 같은 가치가 공통적으로 확인되었다. 참고적으로 Levy(1973)는 사회복지 전문직 자체의 가치를 사람우선 가치, 결과우선 가치, 수단우선 가치로 구분하여 사회복지전문직이 업무를 수행해야 할 때 지켜야 할 믿음의 체계를 확립하였다. 여기서 사람우선가치는 클라이언트를 하나의 개별화된 인간으로 보고, 능력을 인정해주며 그에 따라 권한을 인정해주는 가치를 의미하고, 결과우선가치는 사람에 대해 서비스를 제공했을 때 초래되는 결과에 대한 가치로서, 인간에게 바람직한 결과가 무엇인지를 알려주는 가치를 의미하며, 수단우선가치는 인간을 대하는 바람직한 방법으로, 서비스를 수행하는 방법과 수단, 도구에 대한 가치를 의미한다.

2) 윤리(Ethic)

윤리는 가치에서 비롯되었으며 실질적인 결정을 내릴 때 필수적이다. 윤리는 옳고 그름을 판단할 수 있는 도덕적 지침이자(엄명용 외, 2001) 개인, 집단, 직업 또는 문화에 따라 실천되는 행동철학이다(Barker, 2003). Loewenberg와 Dolgoff(1996)는 사회복지실천윤리에 대해 사회복지 실무자가 무엇이 윤리적으로 올바른 실천방법인지를 인식할 수 있게 도와주며, 전문적인 사회복지실천 상황에서 초래되는 윤리적 측면과 관련된 올바른 실천행위를 결정하고 행동에 옮길 수 있는 방법이라고 정의하였다.

(1) 윤리의 분류

윤리는 크게 일반윤리와 전문가 윤리로 구분되는데 일반윤리는 한 개인이 다른 사람들과 어울려 살아가는 사회생활 속에서 지켜야 하는 기본적인 윤리를 의미하고, 전문가 윤리는 어떤 특수한 역할의 입장, 즉 전문가 역할을 수행하는 데 수반되는 특수한 책임을 성문화한 것으로 보통 전문가협회나 조직이 채택한 윤리강령에 따른 윤리를 의미한다(양옥경 외, 1993).

(2) 사회복지실천에서 윤리의 필요성

Reamer(1995)는 사회복지실천에서 윤리의 필요성을 다음과 같이 제시하였다.

① 윤리는 전문가 자신의 가치와 클라이언트, 지역주민, 동료 전문가, 수퍼바이저 등 다른 사람들의 가치관 사이에 존재하는 공통점과 차이점을 체계적으로 확인하기 위해 필요하다.
② 윤리는 윤리적 갈등을 이해하고 이에 대처하는 능력을 갖추기 위해 필요하다.
③ 윤리는 다양한 가치들 사이의 관계를 조율하거나 순위를 결정하기 위해 필요하다.
④ 윤리는 사회복지의 현재 주류 가치가 얼마나 정당한지를 반성할 뿐만 아니라 시대적 흐름에 부합하는 새로운 가치를 정립하기 위해 필요하다.
⑤ 윤리는 사회복지 전문성을 발전시키고 실천방법을 개발하기 위해 필요하다.

3. 사회복지실천에서의 윤리적 갈등

1) 윤리적 갈등의 개념

윤리적 갈등은 비슷한 수준의 대안 중에서 만족할 만한 해결책을 찾기 어려운 상황으로서 사회복지사가 접하게 되는 문제의 윤리적 측면이자(Loewenberg & Dolgoff, 1996), 사회복지사가 전문직으로서 지켜야 하는 윤리적 의무 혹은 책무가 상호 충돌하고 있어 어떠한 의사결정을 하는 것이 올바른 선택인지 아닌지 판단하기 어려운 상태를 의미한다(김기덕, 2002). 가장 대표적인 사항으로는 클라이언트의 자기결정권과 생명보호의 원칙, 비밀보장과 제삼자의 알 권리, 온정주의와 클라이언트의 자유, 동료의 존중과 비윤리적 행위의 공개, 한정된 자원의 분배와 형평성, 상충되는 의무와 기대, 개인적 가치와 전문적 가치 등이 있다. 이 가운데 몇 가지 주요 쟁점을 살펴보면 다음과 같다.

① 클라이언트의 자기결정

클라이언트의 자기결정이란 클라이언트 스스로가 자신에게 가장 바람직한 최선의 것을 선택할 수 있는 권리를 의미한다. 사회복지사는 클라이언트에게 선택에 필요한 충분한 정보를 제공하고 실행 가능한 대안을 제시하며, 부당하게 영향을 주거나 강제하는 것을 삼가야 하는 의무가 있다. 하지만 클라이언트의 자기결정 역시 비밀보장과 마찬가지로 절대적인 것만은 아니다. 충분한 정보 없이 이루어진 자기결정, 본인과 제삼자에게 해가 되는 자기결정, 사회규범이나 법률을 어기는 자기결정, 클라이언트의 자기결정 능력 부족의 경우(예: 미성년자, 병리적 문제로 인지기능에 문제가 있는 개인 등)에는 클라이언트의 자기결정이 제한될 수 있다.

② 비밀보장

원조과정에서 클라이언트에 대해 알게 된 사항에 대한 비밀보장은 가장 기본적이며 근본적인 윤리원칙이다. 하지만 비밀보장의 원칙이 절대적인 것만은 아니다. 클라이언트 자신이나 제삼자를 보호하기 위한 경우(자살위기, 타인에 대한 살해계획, 방화 등), 클라이언트에게 이익을 주거나 클라이언트를 보호하기 위한 경우, 미성년 클라이언트의 부모나 보호자의 요청에 응하는 경우, 법적 명령에 따르기 위해서 비밀 정보를 개방하는 경우에는 비밀보장의 원칙이 제한될 수 있다.

③ 온정주의

사회복지사는 때때로 자신의 기준에 의해 클라이언트가 요구하지는 않지만 클라이언트에게 필요하다고 생각하는 원조 서비스(예: 겨울에 노숙인에게 잠자리 제공, 가출청소년에게 음식 제공 등)를 제공하고자 한다. 즉, 사회복지사는 클라이언트의 자기결정의 최대화를 존중할 필요가 있음에도 불구하고 클라이언트에게 도움이 될 것이라는 스스로의 판단으로 온정주의에 기반한 실천을 하는 경우가 있다. 하지만 이러한 행위는 클라이언트의 바람이나 자기결정을 방해하는 행위가 될 수 있음을 염두에 두어야 한다.

④ 자원분배 문제

사회복지사는 클라이언트에게 형평성의 원칙에 따라 동등하게 자원을 배분해야 하는 윤리적 책무가 있다. 하지만 자원이 제한되어 있는 경우 동등한 배분이 어려울 수 있다. 제한된 자원의 배분을 위한 기준이나 원칙을 세울 때 사회복지사의 개인적 가치가 개입될 수 있으며, 원칙을 세웠다고 해도 자원을 배분하는 과정에서 정책의 변화 및 예상치 못한 상황에 직면하게 되면 사회복지사는 윤리적 갈등에 직면하게 될 수도 있다.

참고 사례관리에서 고려되어야 할 윤리적 쟁점

① 가족개입과 자원의 부족
② 가족성원들 간의 의사 불일치의 문제
③ 폭력적인 클라이언트와 일할 때
④ 비밀보장
⑤ 다양한 전문가들과의 팀워크 문제
⑥ 자율성의 쟁점
⑦ 사례관리자의 클라이언트와 기관에 대한 이중적인 책임

출처: 심경순(2017).

2) 윤리적 갈등의 발생원인

사회복지실천에서 윤리적 갈등이 발생하는 원인은 크게 가치의 상충, 의무의 상충, 클라이언트 체계의 다중성, 결과의 모호성, 힘 또는 권력의 불균형으로 정리할 수 있는데 그 내용을 살펴보면 다음과 같다.

① 가치의 상충

가치의 상충은 사회복지사가 두 개 또는 그 이상의 대립적 가치 혹은 경쟁적

가치에 직면했을 때 어떤 가치를 우선적으로 선택해야 할지 결정하지 못하는 경우 겪게 되는 윤리적 갈등을 말한다.

② 의무의 상충

의무의 상충은 사회복지사가 자신이 속한 기관에 대한 의무와 클라이언트에 대한 의무 사이에서 겪게 되는 윤리적 갈등을 말한다.

③ 클라이언트 체계의 다중성

클라이언트의 체계의 다중성은 클라이언트가 여러 명일 경우 누가 클라이언트이고, 누구의 이익을 최우선적으로 고려하여 개입해야 하는지를 판단하기 어려울 때 겪게 되는 윤리적 갈등을 말한다.

④ 결과의 모호성

결과의 모호성은 사회복지사가 내릴 결정의 결과가 불투명하여 어떤 결정을 내려야 할지 혼동될 때 겪게 되는 윤리적 갈등을 말한다.

⑤ 힘 또는 권력의 불균형

힘 또는 권력의 불균형은 사회복지사와 클라이언트의 관계가 권력적으로 평등하지 않을 때 겪게 되는 윤리적 갈등을 말한다.

4. 사회복지실천에서의 윤리적 의사결정

윤리적 의사결정은 사회복지실천 과정에서 발생하는 다양한 윤리적 갈등상황을 해결하고자 하는 목적에서 사회복지사가 선택할 수 있는 다양한 개입행위의 대안들 가운데 가장 윤리적인 것을 결정하는 윤리적 선택행위를 의미한다(이순민, 2016). 사회복지사는 사회복지실천에서 윤리적인 결정을 위해 먼저 클라이언트 개개인의 속성, 개인의 지위, 개인이 가지고 있는 잠재가능성을 조사하고 클라이언트 개인의 욕구의 우선순위를 파악해야 한다. 과업의 우선순위를 정하고, 선택한 행동의 결과로서 나타날 피해의 정도가 최소 수준인 내용을 선택의 기준으로 해야 한다. 이때 가장 상처받기 쉬운 사람들의 욕구를 우선으로 고려하여야 하며, 욕구의 위계에 우선하여 서비스를 제공해야 한다. 지금까지 여러 학자들이 윤리적 의사결정을 위한 윤리적 의사결정 모델을 제시하였는데 이 가운데 활용 및 적용하기 쉬운 Loewenberg와 Dolgoff의 일반결정모델(윤리적 원칙 심사표)과 Congrass의 ETHIC 모델에 대해 간단히 살펴보고자 한다.

먼저 Loewenberg와 Dolgoff(2006)의 일반결정모델(윤리적 원칙 심사표)를 살펴보면 그 내용은 다음과 같다. 이들은 우선순위별 7가지 윤리원칙으로 첫째, 생명보호의 원칙, 둘째, 평등과 불평등의 원칙, 셋째, 자율성과 자유의 원칙, 넷째, 해로움 최소화의 원칙, 다섯째, 삶의 질의 원칙, 여섯째, 사생활 보호와 비밀보장의 원칙, 일곱째, 진실성과 정보공개의 원칙을 제시하였는데 구체적인 내용은 다음과 같다.

① 생명보호의 원칙

인간 생명에 대한 보호가 모든 다른 원칙에 우선한다. 예를 들어, 사회복지사가 클라이언트의 타인 살해 의도를 알게 되었다면 다른 윤리적, 법적 의무를 수행하지 못하더라도 잠재적 희생자를 보호하는 조치를 우선 실천해야 한다.

② 평등과 불평등의 원칙

능력이나 권력이 비슷한 사람은 '동등한 취급을 받을 권리가 있고', 능력이나 권력이 다른 사람은 '서로 다른 취급을 받을 권리가 있음'을 강조한다. 예를 들어, 경제적으로 아주 취약한 상황에 있는 사람은 그렇지 않은 사람보다도 많은 자원을 제공받을 수 있다. 또 다른 예로 성인과 미성년자가 상호 합의하에 성관계를 가진 경우에는 문제가 될 수 있다. 성인들끼리는 상호 합의하에 성관계를 할 수 있는 권리가 있지만 성인과 미성년자의 경우에는 사회적 능력이나 권력에 있어 성인과 미성년자 간에 차이가 있기 때문에 성관계 전 사전 동의가 있었더라도 그 동의는 의미가 없다.

③ 자율성과 자유의 원칙

사회복지사는 클라이언트 스스로 자율성, 독립성, 자유를 기반으로 한 결정을 내리도록 안내해야 한다. 하지만 클라이언트의 권리를 무조건적으로 보장해야 하는 것은 아니다. 예를 들어, 자신이나 타인을 살해하는 행위, 아동을 포함한 사회적 소수자를 학대하거나 착취하는 행위는 제한될 수밖에 없다.

④ 해로움 최소화의 원칙

사회복지사는 선택 가능한 대안이 클라이언트에게 유해할 때 해로움을 가장 최소화할 수 있고 가장 쉽게 역전시킬 수 있는 것을 선택해야 한다.

⑤ 삶의 질의 원칙

사회복지사는 지역사회를 포함하여 개인과 모든 사람들의 삶의 질을 더 증진시킬 수 있는 것을 선택해야 한다.

⑥ 사생활 보호와 비밀보장의 원칙

사회복지사는 클라이언트에 대해 알게 된 사실을 다른 사람에게 공개해서는 안 된다.

⑦ 진실성과 정보공개의 원칙

사회복지사는 클라이언트를 비롯한 다른 사람에게 정직하고 진실하며 모든 관련 정보를 완전히 공개해야 한다.

다음으로 Congrass(1999)의 ETHIC 모델에 대해 간단히 살펴보면 다음과 같다(이순민, 2016 재인용).

① **E(Examine relevant personal, societal, agency, client and professional values)**: 관련되는 사회복지사의 개인적인 가치, 사회적 가치, 기관의 가치, 클라이언트의 가치, 전문가의 가치를 검토한다.

② **T(Think about what ethical of the NASW code of ethics applies to the situation as well as about relevant laws and case decisions)**: 상황에 적용되는 윤리강령의 윤리기준, 관련 법과 판례들을 고려한다.

③ **H(Hypothesize about possible consequences of different decisions)**: 각기 다른 결정으로 나타날 수 있는 가능한 결과에 대해 가설을 설정한다.

④ **I(Identify who will benefit and who will be harmed in social work's commitment to the vulnerable)**: 가장 취약한 대상에 대한 사회복지의 헌신에 비추어, 누가 혜택을 받을 것이며, 누가 피해를 입을 것인가를 확인한다.

⑤ **C(Consult with supervisor and colleagues about the most ethical choice)**: 가장 윤리적인 선택에 관해 수퍼바이저와 동료들로부터 자문을 구한다.

〈영화 '트루먼 쇼'의 주인공을 대상으로 한 ETHIC 모델 적용 예시〉

트루먼 버뱅크는 스튜디오 밖의 세상으로 나가고 싶어 한다. 하지만 트루먼 쇼의 감독인 크리스토프는 트루먼 쇼가 많은 사람들이 즐겨보는 쇼 프로이며, 트루먼 버뱅크는 세계적인 수퍼스타로 이 프로가 끝나기를 원치 않는 사람이 많다며 계속 트루먼 쇼가 지속되기를 원한다. 크리스토프는 트루먼 쇼가 끝나지 않기를 바라는 마음에 트루먼 버뱅크의 목숨을 위협한 적이 있다. 이때 사회복지사라면 어떠한 결정을 내려야 하는가?

① **E: 관련되는 사회복지사의 개인적 가치, 사회적 가치, 기관의 가치, 클라이언트의 가치, 전문가의 가치를 검토한다.**

1-1. 개인적 가치

사회복지사는 사생활 보호라는 것에 대해 굉장히 예민하며 자신의 사생활만큼 타인의 사생활도 중요시한다. 또한 몰래카메라라는 것을 싫어하고 민감하게 반응한다. 사회복지사는 길을 걷다가 낯선 사람들에게 몇 번 사진을 찍히거나 평가를 받았던 기분 나쁜 경험을 겪은 적이 있다. 그래서 사회복지사는 더더욱 허락 없이 사진을 찍고 더 나아가 공유하는 것을 정말 싫어한다.

1-2. 사회적 가치

개인의 사생활은 더욱 중요시되고 있으며, 이를 침해할 경우 민감한 반응이 나타나고 있는 추세이다. 또한 몰래카메라 관련 범죄가 늘어나면서 우리 사회에서 몰래카메라 판매에 대해 갑론을박이 이루어지고 있다. CCTV가 범죄를 예방하거나 해결하는 데 도움이 된다는 입장과, 모르는 사람에게 사진이나 영상이 찍힌다면 아주 불쾌한 경험이 될 수 있다는 입장 사이에 의견이 나뉘어 있다. 최근에는 몰래카메라에 대한 이야기를 다룬 TV프로그램도 소비되고 있다.

1-3. 기관의 가치

기관에서는 클라이언트의 결정을 존중해 주어야 한다. 트루먼 버뱅크가 스튜디오를 벗어나기를 원한다면, 그를 자유롭게 떠날 수 있도록 허용하고, 이후 30년 만에 처음으로 맞이한 현실세계에 적응할 수 있도록 적절한 지원과 개입이 필요하다. 트루먼 버뱅크가 온전한 사회인으로서의 삶으로 복귀하도록 서비스를 제공해 주어야 한다. 만약 트루먼 버뱅크의 의견이 아닌 트루먼 쇼 감독의 의견에 따라 결정된다면, 트루먼 버뱅크에게 잃은 신뢰를 다시 회복하기 위해 노력해야 하며, 이후 트루먼 쇼를 계속 진행함에 있어 클라이언트에게 발생한 문제에 대해서는 기관이 모든 책임을 지고 해결해야 한다.

1-4. 클라이언트의 가치

트루먼 버뱅크는 30년 동안 살아온 세상이 전부 거짓임을 깨닫고 큰 충격을 받았다. 어린 시절의 트라우마로 인해 물을 무서워하는 성향을 가졌는데, 이 성향은 트루먼 쇼의 감독인 크리스토프가 조작한 결과이다. 트루먼 버뱅크의 삶은 모두 트루먼쇼 감독의 계획대로 진행되었으며, 30년 동안 그의 선택과 자기결정권은 존재하지 않았다고 볼 수 있다.

1-5. 전문가의 가치

사회복지사는 클라이언트의 이익을 대변하고 클라이언트의 권익을 보호해야 한다. 클라이언트의 자기결정권 존중이라는 전문가의 가치에 따라, 트루먼 버뱅크가 스튜디오 밖의 상황으로 나가길 원할 경우, 트루먼 버뱅크의 성장과정을 알고 있는 사람들이 너무 많아서 일상적인 생활조차 불편함을 느낄 수도 있다. 더 나아가 트루먼 버뱅크의 안전이 완벽하게 보장된다고 볼 수도 없으며, 트루먼 버뱅크는 30년의 세월을 부정당하였고 자신의 인생이 전혀 없음을 알게 되어 정신적으로 큰 충격을 받아 일상적인 생활조차 힘들어할 수 있으며, 어디에서나 자신을 지켜보는 카메라가 있을 것이라는 트라우마를 가질 수 있다. 하지만 트루먼 버뱅크는 스튜디오 밖으로 나가는 것을 원하며, 사회복지사는 클라이언트의 자기결정권을 존중해 주어야 하는 가치를 갖는다. 이전에 트루먼 버뱅크는 스튜디오를 벗어나려고 하다가 트루먼 쇼의 감독에 의해 목숨이 위협당한 상황이 있었으며, 다시 한 번 그런 일이 없을 것이라고 이야기하기는 어렵다.

② T: 상황에 적용되는 윤리강령의 윤리기준, 관련 법과 판례들을 고려한다.

2-1. 한국 사회복지사 윤리강령에는 다음과 같은 윤리기준이 있다.

• 사회복지사는 사회정의 실현과 클라이언트의 복지 증진에 헌신하며, 이를 위한 환경 조성을 국가와 사회에 요구해야 한다.
• 사회복지사는 클라이언트의 권익옹호를 최우선의 가치로 삼고 행동해야 한다.
• 사회복지사는 클라이언트가 자기결정권을 최대한 행사할 수 있도록 도와야 하며, 저들의 이익을 최대한 대변해야 한다.
• 사회복지사는 인권존중과 인간평등을 위해 헌신해야 하며, 사회적 약자를 옹호하고 대변하는 일을 주도해야 한다.

2-2. 관련 법과 판례에는 사회적으로 이슈가 되는 몰래카메라에 대한 처벌들을 들 수 있다.

• 「성폭력범죄의 처벌 등에 관한 특례법」 제14조 카메라 등 이용 촬영 죄가 있는데 이에 따르면, 카메라나 그 밖에 이와 유사한 기능을 갖춘 기계장치를 이용하여 성적 욕망 또는 수치심을 유발할 수 있는 다른 사람의 신체를 그 의사에 반하여 촬영하거나 그 촬영물을 반포·판매·임대·제공 또는 공공연하게 전시·상영한 자는 7년

이하의 징역 또는 5000만 원 이하의 벌금에 처한다는 규정이 있다. 비록 성폭력 범죄와 다른 부분이지만 내용상으로는 트루먼 버뱅크에게 수치심을 유발하였으며 그 의사에 반하여 촬영하고 촬영물을 모두에게 보여 주었으므로 트루먼 쇼의 감독은 이 법에 의하면 범죄를 저질렀다고 볼 수 있다.

③ H: 각기 다른 결정으로 나타날 수 있는 가능한 결과에 대해 가설을 설정한다.

사회복지사가 취할 수 있는 행동으로는 다음과 같이 두 가지가 있다.

3-1. 사회복지사가 클라이언트의 자기결정권을 존중하는 경우

클라이언트의 자기결정권을 존중함으로써 트루먼 버뱅크는 스튜디오 밖의 세상으로 나가게 된다. 트루먼 버뱅크가 스튜디오 밖으로 나간다면 30년 동안의 세계는 깨어졌다고 볼 수 있다. 트루먼 버뱅크는 어디서든 자신을 찍는 카메라가 있을 것이라는 트라우마에 시달릴 수도 있으며, 사회복지사는 이를 대비하여 트루먼 버뱅크가 적응할 수 있도록 적절한 개입을 해주어야 한다. 또한, 트루먼 버뱅크는 모든 사람을 의심할 수도 있으며 사회복지사마저 의심할 수도 있으니 사회복지사는 트루먼 버뱅크에게 신뢰를 얻기 위해 노력해야 한다.

3-2. 사회복지사가 클라이언트의 자기결정권을 존중하지 않는 경우

클라이언트의 자기결정권을 존중하지 않는다면 트루먼 버뱅크는 계속해서 거짓된 세상에서 살아나가야 한다. 트루먼 버뱅크는 본인이 거짓된 세상을 살고 있다는 것을 알고 있으면서도 벗어나지 못하며, 사람에 대한 모든 믿음을 잃게 되고 사소한 것 하나하나를 의심하게 될 것이다. 전 세계의 사람들이 자신을 지켜보고 있을 것이라는 생각에 작은 일상조차 힘들어할 것이다. 트루먼 버뱅크는 이전에 한 번 트루먼 쇼라는 프로그램으로 인하여 물에 대한 트라우마를 얻었으며 목숨에 위협까지 받았던 경험이 있다. 트루먼 버뱅크가 스튜디오에서 생활하는 동안 또 다시 생명의 위협을 받지 않도록 사회복지사의 지속적인 도움이 필요하다. 또한, 사회복지사는 클라이언트의 자기결정권을 존중하지 않고 클라이언트를 거짓된 세상에 내보냈다는 죄책감과 비윤리적 실천을 했다는 자괴감에 빠질 수 있다.

④ I: 가장 취약한 대상에 대한 사회복지의 헌신에 비추어, 누가 혜택을 받을 것이며, 누가 피해를 입을 것인가를 확인한다.

트루먼 버뱅크는 자신의 모든 생활이 전 세계에 생중계되고 있으며 30년의 세월 중 본인이 선택했던 일들은 모두 거짓임을 깨달았다. 또한, 스튜디오에서 생활하다 생명의 위협을 받은 적이 있으며 본인의 세상이 거짓임에 심리적으로 크게 충격을 받은 상태 등 여러 정황을 본다면 트루먼 버뱅크가 가장 취약한 대상이라고 할 수 있다. 트루먼 버뱅크는 모든 것이 거짓임을 알고 사회복지사까지 의심할 수 있으며, 클라이언트의 자기결정권을 제한할 경우 트루먼 버뱅크는 자신의 권익마저 침해당하게 된다.

⑤ C: 가장 윤리적인 선택에 관해 수퍼바이저와 동료들로부터 자문을 구한다.

실습 수퍼바이저에게 이 사례에 대한 자문을 구하였다. 수퍼바이저는 트루먼 버뱅크가 이미 많은 권익을 침해당한 상황이라고 하며, 사회복지사 윤리강령의 클라이언트의 자기결정권 존중과 클라이언트의 권익옹호에 대해 언급하면서 사회복지사는 클라이언트의 권익을 생각하고 자기결정권을 존중해야 하는 의무가 있음을 말하였다. 하지만 트루먼 버뱅크가 현실세계에 적응하는 데 어려움을 겪는 일이 생긴다면 언제든 사회복지사에게 도움을 받을 수 있도록 대비해야 하며, 트루먼 버뱅크가 지닌 트라우마를 치료하기 위해 많은 노력을 기울어야 한다고 조언하였다.

결과적으로 본인은 클라이언트의 자기결정권을 존중해주기로 결정했다. 이에 트루먼 버뱅크가 현실에 적응할 수 있도록 적절한 개입을 하기로 약속할 것이다. 또한 트루먼 버뱅크의 트라우마를 치료하기 위해 적절한 서비스를 제공하며, 혹시라도 어려움을 겪게 된다면 언제든 연락할 수 있도록 조치할 것이다. 또한 이전에 트루먼 버뱅크의 목숨을 위협한 적이 있는 감독에게 경고를 한 뒤 그러한 일이 다시 일어나지 않도록 강력히 요청할 것이다

출처: K대학교 아동복지학과 14학번 서○○ 학생 과제 수정 및 보완.

활동해 봅시다

- 영화 '내 사랑 내 곁에'의 주인공 '백종우(김명민)'가 인간으로서 최소한의 품위유지를 위해 '안락사'를 원한다고 가정하고 ETHIC 모델을 적용해 봅시다.

〈줄거리〉

몸이 조금식 마비되는 루게릭병에 걸려 2년의 시한부 인생을 선고받은 '백종우(김명민)'. 유일한 혈육인 어머니마저 돌아가시던 날, 종우는 어린 시절 한 동네에서 자란 장례지도사 '이지수(하지원)'를 만나게 되고, 사랑에 빠지게 된다. 1년 뒤 결혼식을 올린 두 사람은 병원을 신혼보금자리로 삼고 지내게 되는데... 종우는 숟가락 하나 손에 쥐는 것도 힘든 처지지만 늘 곁을 지켜주는 아내 지수가 있어 어느 때보다 행복하고, 누구보다 투병의지가 강하다. 전신마비나 식물인간 상태의 중환자들이 모인 6인실 병동, 비슷한 아픔을 지닌 병동 식구들과 서로 격려하고 위로 받으며 지내는 사이 회복세를 보이는 환자도 수술의 희망을 찾게 된 환자도 하나둘 생겨난다. 그러나 종우의 상태는 점점 나빠져만 가고, 병을 쿨하게 받아들이고 투병의지를 불태우던 종우도 하루하루 변해가는 자신의 몸을 지켜보는 것이 점점 더 두려워진다. 그리고 마침내, 그토록 피하고 싶었던 언어장애가 시작되고 지수의 헌신적인 간호에도 불구하고 종우는 서서히 죽어간다. 육체적 고통도 컸지만 가장 큰 고통은 정신의 죽음, 즉 절망이었다.

출처: Daum영화 주요 정보 일부 각색(https://movie.daum.net/moviedb/main?movieId=47845).

5. 사회복지현장실습 과정에서 발생할 수 있는 윤리적 문제

1) 수퍼바이저와 실습생의 관계에서 발생할 수 있는 윤리적 문제

사회복지실천은 다른 전문직보다 훨씬 다양한 기관에서 행해지며 광범위하게 다양한 자격과 훈련을 바탕으로 한 전문가가 전문적인 서비스를 제공하므로, 지도·감독이 매우 필요하다. 수퍼바이저는 자신들이 지도·감독하는 학생들에게 임무를 주고, 그들의 업무를 평가하는 데 이러한 권력을 윤리적인 방법으로 사용하여야 한다. 또한 수퍼바이저가 자신의 이익을 위해 실습생 또는 수퍼바이지를 착취해서는 안 된다. 실습생과 수퍼바이저의 관계는 수퍼비전의 관계이지 상담자, 친구 또는 성적 상대자는 아니기 때문이다.

〈수퍼바이저의 힘의 남용 사례〉

- 수퍼비전 중 실습생에 관련된 내용이 아닌 자신의 얘기만 늘어놓는 경우
- 불성실한 수퍼바이저에 대한 불만을 공식적으로 표현했을 때 실습생이 보호받지 못한 경우
- 수퍼바이저 개인 혹은 기관의 행사 및 자신의 업무에 실습생을 강제적으로 할당하는 경우
- 수퍼바이저와 실습생 간의 개인상담 중 성적 접촉이 있는 경우(경계 위반)

출처: 이순민(2016).

따라서 실습기관에서는 다음의 사회복지사 윤리강령과 실습기관의 지침을 참조하여 윤리적 수퍼비전을 위한 지침을 만들어 제시하는 것이 필요하다.

〈한국사회복지사협회 윤리강령〉

- 수퍼바이저는 수퍼바이지가 전문적 업무수행을 할 수 있도록 지원하고 수퍼바이지는 수퍼바이저의 전문적 지도와 조언을 존중해야 한다.
- 수퍼바이저는 전문적 기준에 따라 수퍼비전을 수행하며, 공정하게 평가하고 평가 결과를 수퍼바이지와 공유한다.
- 수퍼바이저는 개인적인 이익 추구를 위해 자신의 지위를 이용해서는 안 된다.
- 수퍼바이저는 사회복지사 수련생과 실습생에게 인격적·성적으로 수치심을 주는 행위를 해서는 안 된다.

출처: 한국사회복지사협회(https://www.welfare.net).

2) 클라이언트와 실습생의 관계에서 발생할 수 있는 윤리적 문제

실습생과 클라이언트 간의 이중관계 및 성희롱이 발생하지 않도록 실습기관에서는 실습생과 클라이언트 사이의 이중관계를 위한 교육을 실시할 필요가 있다. 또한 클라이언트의 성희롱이 발생한 경우 실습생이 이에 대해 명확히 설명할 수 있도록 한다.

〈실습생이 지켜야 할 윤리지침〉

- 실습생은 클라이언트의 비밀보장이라는 원칙을 지켜야 한다.
- 실습생은 실습생으로서의 자격과 한계를 인정해야 한다.
- 실습생은 실습생이라는 신분을 명백히 밝혀야 한다.
- 실습생은 기록 작성 및 유지를 소홀히 해서는 안 된다.
- 실습생은 수퍼바이저, 클라이언트, 그 외의 다른 전문적 관계에 있는 이들과 이중관계를 맺어서는 안 된다.
- 실습생은 클라이언트와 성적 행위나 성추행을 해서는 안 된다.
- 실습생은 실천과정에서 자기인식과 모니터링을 계속해야 한다.
- 실습생은 수퍼바이저와 윤리토의를 가져야 한다.

출처: 양옥경 외(2007).

활동해 봅시다

- 실습 수퍼바이저가 실습 중 결혼을 한다고 실습생에게 자신의 청접장을 주었다고 가정해 보자. 실습생의 입장에서 어떻게 행동하는 것이 올바른 대처일지 생각해 보고 이야기 나눠봅시다.
- 실습 수퍼바이저가 실습 외 시간에 다른 실습생과 사적인 만남을 가지는 것을 우연히 목격하였다고 가정해 보자. 실습생의 입장에서 어떻게 행동하는 것이 올바른 대처일지 생각해 보고 이야기 나눠봅시다.
- 실습 수퍼바이저가 맡긴 행정업무를 처리하다가 기관에 불법적인 사항이 있는 것을 발견하였다고 가정해 보자. 실습생의 입장에서 어떻게 행동하는 것이 올바른 대처일지 생각해 보고 이야기 나눠봅시다.

제 7 장

사회복지현장실습의 기초지식(2) 대상별 사회복지실천

학습목표

1. 사회복지실천 과정에 대해 설명할 수 있다.
2. 개인에 대한 개입에 대해 설명할 수 있다.
3. 집단에 대한 개입에 대해 설명할 수 있다.
4. 지역사회에 대한 개입에 대해 설명할 수 있다.

사회복지현장실습을 하고자 하는 학생이 사회복지실천의 과정을 다시 한번 정리하는 것은 의미가 있다. 이는 사회복지실천 과정을 사회복지실천현장에서 실제로 적용해 보는 것이 사회복지현장실습의 주요 목적이기 때문이다. 사회복지실천 과정에 대해서는 학자들 간에 다양한 견해가 있지만, 이 장에서는 접수와 관계형성, 자료수집과 사정, 목표설정과 계약수립, 개입 수행, 종결과 평가의 과정으로 구성된 사회복지 실천과정을 중심으로 살펴보도록 한다.

1. 사회복지실천의 과정

1) 접수와 관계형성 단계

접수와 관계형성 단계에서 사회복지사는 클라이언트의 문제를 파악하고, 기관에서 클라이언트에게 서비스를 제공할지를 결정한다. 이때 사회복지사는 클라이언트와 그 가족에게 기관의 성격과 서비스에 대한 정보를 제공함으로써 사회복지실천을 시작한다. 그러나 기관의 서비스가 클라이언트에게 적절하지 않거나 더 전문적 서비스가 필요한 경우, 사회복지사는 클라이언트를 다른 기관에 의뢰할 수도 있다. 이 단계에서는 클라이언트가 느낄 수 있는 불안감과 저항감을 감소시키고, 동기를 극대화하여 안정된 상태에서 자신의 어려움과 욕구에 대해 편하게 이야기할 수 있도록 돕는다.

참고 Biestek의 7가지 원칙

① **개별화**: 개별화는 사회복지사가 클라이언트 개인의 독특한 특성을 이해하고 인식하며 각각의 클라이언트가 가진 개인적인 차이를 고려하여 다양한 원리와 방법을 활용하는 것을 의미한다. 사람들은 서로 다른 경험, 환경, 사고, 감정을 가진 존재이기 때문에 클라이언트는 그 독특한 차이를 인정받고 다루어져야 한다. 이를 위해 사회복지사는 클라이언트를 개인적 차이를 가진 독특한 존재로 인식하고, 개입목표와 전략을 개인의 특성에 기반하여 설정해야 한다. 사회복지사는 인간에 대한 편견이나 선입견을 버리고, 클라이언트의 개별적인 특성과 환경적인 측면을 종합적으로 고려하여 개입해야 한다.

② **의도적인 감정표현**: 의도적인 감정표현은 클라이언트가 자유롭게 자신의 감정을 표현할 수 있도록 도와주는 것을 의미한다. 특히 부정적인 감정을 자유롭게 표현할 수 있도록 돕는 것이 중요하다. 사회복지사는 주의 깊게 경청해야 하며, 클라이언트의 감정표현을 낙담시키거나 비난하지 않아야 한다. 필요한 경우 자극을 주거나 격려하는 등 다양한 방법으로 개입하여 감정표현을 도와야 한다. 이를 위해 클라이언트가 자신의 감정을 표현할 수 있는 안정적인 환경을 조성하고, 경청, 수용, 감정이입, 정서적 지지 등을 활용해야 한다.

③ **통제된 정서적 관여**: 클라이언트의 문제는 주로 감정적인 면과 관련이 있으므로 사회복지사는 클라이언트가 자신의 감정을 표현할 수 있도록 도와야 한다. 이때 사회복지사는 클라이언트의 감정을 이해하고 민감하게 대응해야 하는데 이를 통제된 정서적 관여라고 한다. 이를 위해서 사회복지사는 경청하며 클라이언트의 감정을 관찰하고, 클라이언트의 입장에서 이해할 수 있도록 노력해야 한다.

④ **수용**: 수용은 클라이언트를 있는 그대로의 모습으로 이해하고 받아들이는 것을 의미한다. 클라이언트는 자신이 가치 있는 존재로 인정받고 싶은 욕구를 가지고 있으며, 사회복지사는 클라이언트를 있는 그대로 받아들이고 대우해야 한다. 이를 위해서는 클라이언트에 대한 충분한 이해가 필요하며, 가치관이 다를 수 있음을 인정하고 이를 수용해야 한다.

⑤ **비심판적 태도**: 비심판적인 태도는 클라이언트가 겪고 있는 문제를 해결하기 위해 사회복지사가 클라이언트에게 잘못을 따지거나 책임 여부를 묻지 않는 것을 의미한다. 사회복지사는 클라이언트의 문제를 인간과 환경의 상호작용의 결과로 보기 때문에 이에 대한 책임이 개인에게만 있다고 보지 않으며 비심판적인 태도를 유지해야 한다.

⑥ **클라이언트의 자기결정**: 모든 인간은 자기 삶에 대한 선택과 결정을 스스로 하고 싶어 하는 욕구를 갖고 있다. 또한 자신의 삶에 대해 스스로 결정하는 것은 인간의 기본적인 권리이기도 하다. 따라서 사회복지사는 사회복지실천의 과정에서

클라이언트가 의사결정 과정에 참여하여 스스로 선택하고 결정할 수 있도록 도와야 한다. 이를 위해 사회복지사는 클라이언트가 최선의 결정을 내릴 수 있도록 도움이 되는 서비스 지원 대책을 마련하거나 정보를 제공해야 한다. 그러나 클라이언트의 지적 능력이나 독립적으로 바람직한 결정을 할 수 있는 능력에 따라 자기결정권이 제한될 수 있으며, 윤리규범, 사회제도, 법률 및 사회복지기관의 역할(기능) 등에 따라 제한을 받을 수도 있다.

⑦ **비밀보장**: 비밀보장은 클라이언트의 기본 권리에 기초하여, 사회복지사가 클라이언트에 대한 정보를 누출시키지 않는 것을 의미한다. 이는 사회복지실천의 기본 원리이며, 사회복지사의 윤리적인 의무이자 사회복지실천 관계 유지에 중요한 사항이다. 사회복지사는 클라이언트의 정보를 공유해야 할 상황이 불가피하게 발생하면 당사자의 동의와 합의를 선행해야 한다. 그러나 비밀보장의 원칙을 적절히 행사하기 위해서는 사회복지사가 클라이언트에게 전문적이고 법적인 의무를 고려하여 비밀보장의 한계와 권리에 대해 명확히 설명해야 한다. 또한 제3자를 보호하기 위해 비밀보장 원칙의 제한이 필요하다고 판단될 때 사회복지사는 특정 정보를 제3자에게 알려야 한다. 이러한 과정에서 사회복지사들은 정보 공개와 관련된 윤리적인 갈등에 직면할 수 있다.

출처: Biestek(1957).

2) 자료수집과 사정단계

자료수집과 사정단계에서 사회복지사는 클라이언트에 대한 존중을 바탕으로 경청과 관찰을 통해 필요한 정보를 수집하되 전문적 관계를 기반으로 정확하게 자료수집(예: 면접조사, 설문조사, 관찰, 기록활용 등)을 해야 한다. 또한, 조사과정에서는 클라이언트를 주요 정보원으로 인식하되, 반드시 조사 전 클라이언트의 동의를 받아야 한다. 이후에 사회복지사는 수집한 자료를 분석하는 사고과정을 거치는데 이를 사정이라고 한다. 사정을 통해서 사회복지사는 클라이언트의 문제와 관심사(욕구)를 파악하고, 이 중 변화될 필요가 있는 것과 그러한 변화를 이끄는 방법을 도출한다. 이때 사회복지사는 클라이언트 문제의 원인을 쉽게 추측하거나 특정 이론이나 진단적 범주에 맞추려고 해서는 안 된다. 문제에 초점을 두면 문제만 보이게 되어 변화의 단초를 놓칠 수 있다(예: 100번 가출한 아동 vs 99번 집에 다시 돌아온 아동).

참고 사회복지실천 과정에서의 일반적인 사정과정

① 사례와 관련된 자료를 수집하고 체계화시킨다.
② 사례와 관련된 자료를 추정하고 해석한다(예: 사건, 관계, 감정, 행동 간의 상호작용 등).
③ 클라이언트의 현재 기능에 대해 평가한다(예: 클라이언트의 강점과 약점, 자원 등)
④ 문제에 대해 정의한다. 변화의 목적은 무엇이며, 변화되어야 할 것은 무엇인지, 변화를 위해 활용되어야 하는 자원은 무엇인지 결정한다.
⑤ 개입계획을 수립한다. 기간, 개입양식(개인, 가족, 집단), 표적체계, 구체적인 방법, 기대효과 등을 결정한다.

출처: 이경아 · 서홍란(2011).

이 단계에서 사용할 수 있는 사정도구로는 다양한 것이 있겠으나 클라이언트를 중심으로 사회환경 내의 여러 변수와 다른 체계와의 관계를 나타내는 생태도와 클라이언트의 가족상황을 효과적으로 파악할 수 있도록 하는 가계도를 주로 활용한다.

참고 생태도와 가계도 작성요령

〈생태도 작성요령〉

① 백지의 중앙에 가족체계를 상징하는 큰 원을 그린다.
② 큰 원 안에 가족원이 표시된 간략한 가계도를 그린다.
③ 큰 원 주변에 가족원 또는 가족체계에 영향을 미치는 주변 환경체계를 그린다.
④ 가족체계와 주변 환경체계와의 교류 상황, 외부 환경체계 간의 교류 상황을 파악한다.
⑤ 그 상호교류의 성격을 선(실선: 긍정적 관계, 굵은 실선: 밀착관계, 점선: 미약한 관계, 사선: 긴장 및 갈등관계)으로 표시한다. 각 교류 성격을 나타내는 선 중 하나를 골라 가족체계와 주변체계 또는 주변 환경체계 사이를 선으로 연결한다.
⑥ 외부체계가 가족 전체와 연결되어 있으면 외부체계와 큰 원을 선으로 연결하고, 외부체계가 가족 내의 특정 개인과만 연결되어 있으면 그 개인과 외부체계를 선으로 연결한다.
⑦ 간략한 설명을 선 옆에 적는다.

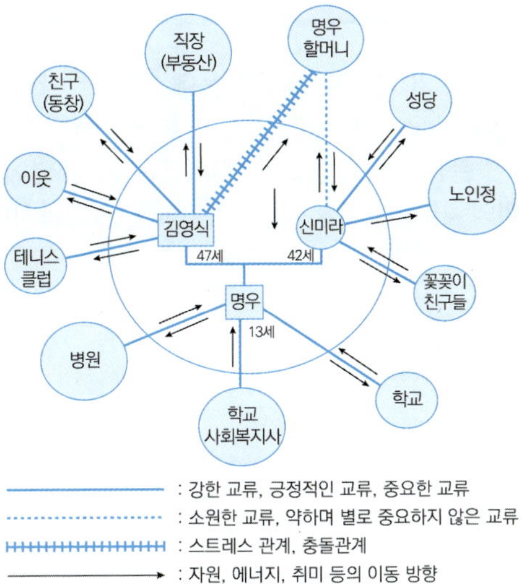

[그림 7-1] 생태도 작성 예시

〈가계도 작성요령〉

① 우선 가족구조를 도식화한다.

② 가족원에 관한 정보(가족원 이력, 가족의 역할, 가족생활의 중요한 사건 등)를 기록한다.

③ 가족관계를 표현한다.

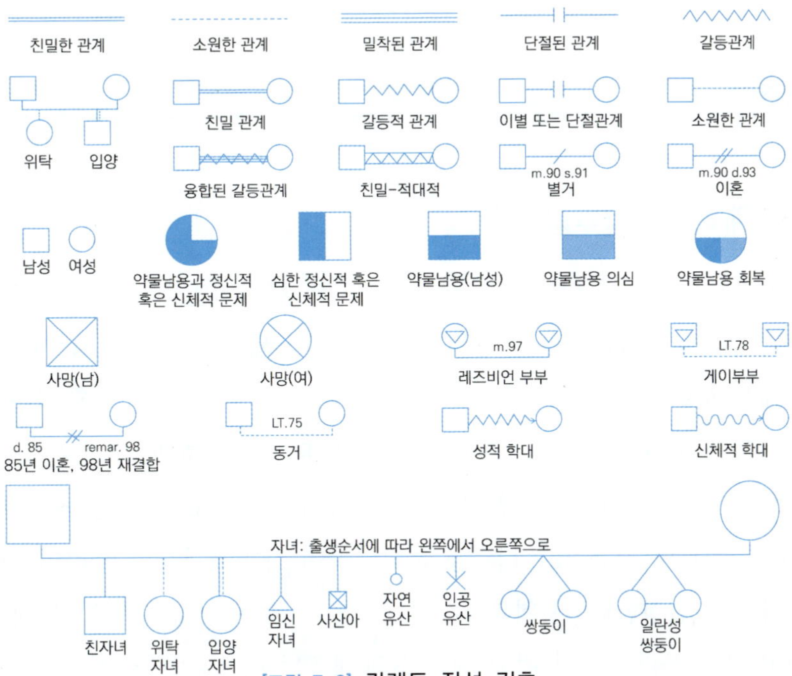

[그림 7-2] 가계도 작성 기호

출처: 엄명용 외(2015), Collins et al.(2001).

활동해 봅시다

- 박현장 씨와 김실습 씨는 2010년에 결혼했는데 입양한 자녀문제로 다툼이 심해져 2020년부터 별거를 지속해오다가 2022년에 이혼을 하였다. 슬하에는 1남 2녀에 자녀가 있으며 딸 둘은 일란성 쌍둥이이고 막내 아들은 2015년에 입양하였는데 신체장애를 가지고 있다. 위의 가족 사례를 읽고 가계도를 그려봅시다.

3) 개입계획과 계약수립 단계

개입계획과 계약수립 단계에서 사회복지사는 클라이언트와 함께 개입계획을 수립하고 이를 실행하는 방식에 대한 계약을 공식적 또는 비공식적으로 맺는다. 이 단계에서 사회복지사와 클라이언트는 개입목적과 목표에 대해 합의하고 개입에서 역점을 두어야 할 문제나 관심사, 개입목표와 기대효과, 개입기간 내 사회복지사와 클라이언트의 과업, 일정 등에 대해 구체적으로 논의한다. 또한 시간, 기술, 윤리, 기관의 기능 및 비용 등을 고려하여 사회복지사와 클라이언트가 함께 개입계획을 설정한다. 사회복지사와 클라이언트는 각자의 역할과 책임을 분명히 하고 오해를 예방하기 위해 계약을 맺게 되는데, 계약형태에서는 구두계약보다는 서면계약이 선호된다.

4) 개입단계

개입단계에서 사회복지사는 정해진 목표와 계획에 따라 개입을 진행한다. 이 단계에서 사회복지사와 클라이언트는 합의된 각각의 역할과 과업을 수행하며, 상황에 영향을 주는 필요한 자원을 개발하고 활용하며, 실천과정을 점검한다.

참고 하와이의 카우아이 섬 연구

사람과 장소가 변화를 만들어 낸다. 하와이의 카우아이 섬 연구(505명 개인을 대상으로 30년 이상 실시한 종단연구)에서 아동, 청소년에게 전환점이 된 사람들 중에는 이웃, 친구, 목사, 친척, 형제, 부모, 교사, 사회복지사 등이 있었으며 이들은 아동, 청소년과의 개별적인 접촉을 통해 지속적인 관심과 애정을 보여주고 가장 힘든 시간에 함께해 준 성인이었다. 이들 성인이 아동, 청소년에게 제공해 준 것은 크게 다음의 3가지였다.

① **애정과 관심을 갖는 관계**(신뢰, 무조건적인 사랑이 담긴 지지, 존중, 이해)

② **긍정적이고도 높은 기대를 나타내는 메시지**

[예시] "지금의 상황은 네 잘못이 아냐", "지금의 어려움은 시간이 가면 지나갈 거야", "넌 극복할 수 있어, 이것은 네 인생의 경험 중 일부분일 뿐이야"

③ **아동, 청소년의 참여와 기회의 제공**

5) 종결 및 평가단계

종결 및 평가단계에서 사회복지사는 클라이언트에게 제공하는 서비스를 종결하고 개입 전반에 대해 최종평가를 실시한다. 이때 목표달성에 대한 평가와 함께 사회복지사의 개입과정 및 방법, 사회복지사와 클라이언트의 역할수행 전반을 점검한다. 참고적으로, 사회복지실천 과정에서 요구되는 지식과 기술은 다음과 같다.

참고1 사회복지실천 과정에서 요구되는 지식

- 인간발달과 인간행동
- 다양성의 효과
- 사회복지실천에서의 사정
- 개인, 부부, 가족, 집단, 지역사회에 대한 사회복지실천
- 대인 간 의사소통

- 전문사회복지사와 클라이언트의 관계
- 전문적 가치와 윤리
- 사회복지실천 수퍼비전
- 사회복지실천 평가와 연구방법 활용
- 서비스 전달
- 사회복지행정

참고2 사회복지실천 과정에 요구되는 기술

〈접수 및 관계성립〉

- 사회복지사와 클라이언트 간의 관계를 성립한다.
- 사회복지사는 클라이언트에게 기관의 서비스에 대해 소개한다.
- 클라이언트의 욕구를 파악한다.
- 클라이언트의 욕구와 기관의 서비스 내용 간에 관련성이 적거나 없을 경우, 클라이언트에게 서비스를 줄 수 있는 다른 기관에 의뢰한다.

〈자료수집과 사정〉

- 클라이언트의 욕구와 관련된 정확한 정보를 수집한다.
- 클라이언트의 상황과 관련된 심리 · 사회적 요인을 수집한다.
- 관련된 사회체계에 대해 정확하게 관찰하고 이해한다.
- 클라이언트의 심리 · 내적, 대인관계적, 환경적 요소에 대해 명확하게 이해하고 이들 간의 상호작용에 대해 이해한다.
- 클라이언트의 지각적 · 인지적 · 감정적 요인에 대해 평가한다.

〈목표설정과 계약수립〉

- 클라이언트의 욕구와 사정에 기초하여 달성 가능한 목표를 설정한다.
- 목표달성을 위해 클라이언트의 능력과 동기에 기초하여 개입전략을 수립한다.
- 개입전략에 대해 클라이언트와 합의하여 수정 · 보완한 뒤 계약을 수립한다.

〈개입〉

- 클라이언트와 함께 설정한 개입목표를 달성하도록 사회복지사의 전문적인 활동을 수행한다.
- 클라이언트에게 도움이 되는 자원 및 사회체계를 발굴하고 연결한다.
- 개인상담, 집단상담, 가족개입, 역할극, 사이코드라마, 사회기술훈련, 자조집단활동 등 다양한 전략과 활동을 활용할 수 있다.
- 사회복지사는 클라이언트가 자신의 문제를 해결하거나 자신이 수립한 목표를 달성할 수 있는 능력이 있음을 믿고 클라이언트를 격려하며, 모든 변화의 주된 책임은 클라이언트에게 있음을 명심한다.

• 계획단계에서 설정한 목표나 개입방법 등은 개입수행기간 동안 보완될 수 있다.

〈종결과 평가〉

• 종결 시 평가되어야 할 내용은 아래와 같다.
  - 사회복지사와 클라이언트가 설정한 목표가 달성되었는가?
  - 사회복지사의 개입태도 및 방법은 적절하였는가?
  - 클라이언트의 변화를 위한 태도와 노력은 적절하였는가?

출처: 이경아 · 서홍란(2011).

2. 개인을 대상으로 하는 사회복지실천

1) 면접의 단계(고신대학교 아동복지학과, 2012)

(1) 면접 시작단계

이 단계는 면접자와 피면접자가 처음 만나는 단계로, 면접의 목적에 대해 합의하고 정보를 수집하기 위해 라포를 형성한다. 사회복지사는 면접목적과 차후 진행방식에 대한 계약에 관해 이야기하며, 면접에서 어떤 작업을 할지에 대해 논의한다. 또한 클라이언트가 문제나 욕구를 표현할 수 있도록 격려한다. 이 외에도 적절한 한계를 설정하고, 성급하고 무책임한 권고, 충고, 제언은 자제한다.

〈예시〉

처음 면접에서는 "오늘 너무 덥죠? 날씨가 어째 점점 더워지는 것 같아요. 지구 온난화라 그런가 봐요.", "네, 맞아요, 이제 겨울도 별로 춥지 않은 것 같아요."와 같이 부담 없이 쉽게 나눌 수 있는 화제에서부터, "그런데 억양이 경상도 쪽이신 것 같아요. 경상도에서 태어나셨어요?", "아니요, 태어난 건 서울이에요. 부모님도 서울 분이신데 제가 3살 때 경상도로 이사 가서 고등학교 때까지 거기서 자랐어요. 아마 그래서 사투리 억양이 많이 남아 있을 거예요."라는 식으로 점점 이야기의 범위를 개인적인 것으로 옮겨간다.

(2) 면접 중간단계

이 단계는 면접목적을 달성하기 위한 활동단계로, 사회복지사와 클라이언트가 문제해결과정에 적극적으로 참여한다. 특히 사회복지사는 비자발적인 클라이언트를 적극적으로 참여시키는 것이 중요하다. 또한 사회복지사는 클라이언트와의 면접을 방해하는 장애물을 파악하고 이를 처리하는 방법에 대해 논의할 필요가 있다.

〈예시〉
매주 토요일 면접시간에 늦잠 때문에 참석하기 어려워하는 중학생 클라이언트를 위해 면접자가 아침마다 정해진 시간에 전화를 걸어주기로 한다. 또한, 잦은 음주와 날로 난폭해지는 술버릇 때문에 고민하는 클라이언트와의 면접에서는 술자리를 한 번씩 거절하고 술을 마시지 않고 귀가할 때마다 높은 점수를 매기고, 술을 마실 경우는 두 잔 이상 마시지 않는다는 규칙을 정하며 이것을 한 번씩 지킬 때마다 또 높은 점수를 매겨서 자신의 음주문제를 해결하는 데에 적극적인 참여자가 되도록 한다.

(3) 면접 종결단계

이 단계에서는 면접의 전 과정을 점검하고 목적달성에 대해 평가한다. 면접의 목적이 성취되면 해당 면접은 종결된다. 종결 시에는 내용뿐만 아니라 감정적인 측면에서도 종결에 대한 준비가 이루어져야 한다. 따라서 사회복지사는 클라이언트의 관계와 감정을 정리하기 위해 면접이 종결될 것임을 미리 암시하도록 한다.

〈예시〉
친구의 전학 후 정신적인 공허함 때문에 고통스러워하는 클라이언트와의 면접에서, 클라이언트가 친구의 전학을 받아들이고 자신의 감정을 조절할 수 있게 되면 클라이언트는 사회복지사에게 고마운 마음과 함께 무의식적으로 의지하는 마음이 생길 수 있다. 따라서 앞으로 혼자서 자신의 문제를 해결해야 한다는 것에 대해 두려워하지 않고 준비할 수 있게 해야 한다.

활동해 봅시다 1)

예전에 현장에 근무하는 학교사회복지사에게서 들은 이야기다. 종합사회복지관에서 매년 연말이 되면 홀로 사시는 어르신들을 위해 쌀을 지원하였는데 여느 해와 마찬가지로 그 해에도 쌀을 지원할까 하다가 어르신들이 필요로 하시는 생필품이 있을까 싶어 기존에 지원하던 쌀의 비용 수준에서 원하시는 물품을 지원하기로 하고 홀로 사시는 한 할머니에게 특별히 원하시는 물품이 있는지를 물었다.

• 할머니께서는 무엇을 원하신다고 하셨을까?

(중략)....현재 9살인 짱구는 식욕은 왕성하지만 키 134cm에 몸무게는 31kg밖에 되지 않는다. 6살 이전까지 짱구의 목소리는 남자아이로서 너무 높았고, 부모에 의하면 야채 거식 증상을 보인다고 한다. 또한 목욕하기를 거부하며, 지적 기능(일반적인 지식도 부족하고 겨우 한 문장을 쓸 수 있는 정도)도 정상 이하였다. 사회적 기술에도 결함을 보였으며, 평소에 적절하지 않은 표현을 하고, 자주 징징거리는 행동을 보였다. 게다가 여자라면 질색을 하였는데 이러한 모습은 6살에 유치원에 입학하면서 조금씩 나아졌다고 한다.

• 짱구의 상태가 어떠한 것 같습니까?

2) 면접에 필요한 기초적 기술(핵심기술을 중심으로)

(1) 의사소통기술

면접자는 면접 시 분명하고 단순한 언어를 사용하도록 하며, 언어적 표현과 비언어적 표현을 가능한 한 일치시켜야 한다. 또한 면접 시 클라이언트와 적절한 간격(60cm)을 두고 눈맞춤을 유지하면서 의사소통을 하되 복잡한 메시지는 여러 부분으로 나누어 전달하며, 상대방이 질문하거나 피드백을 제공할 수 있는 시간을 중간중간 주어 의사소통이 잘 되고 있는지 확인할 필요가 있다.

[잘못된 의사소통의 예시] 영화 '패치 아담스'에서 정신병원 의사와 헌터 아담스(로빈 윌리암스)와의 대화 장면[2)]

1) ① 할머니가 원하신 물품은 화장품으로 연세가 드셔도 예쁘게 보이고 싶은 욕구가 있음을 보여주며, 클라이언트 중심의 접근의 중요성을 단적으로 보여주는 예시임 ② 짱구는 지극히 정상적인 상태로 현재 제시된 지문은 작위적으로 짱구에 대한 상태를 부정적으로 표현한 것임. 이러한 내용은 사회복지 실천을 함에 있어 정확한 지식(예시에서는 대상의 발달단계적 특성에 대한 지식)에 기반한 실천의 중요성을 보여주는 예시임

(2) 질문기술

사회복지사는 적극적인 경청기술을 활용하여 클라이언트의 대답을 명확하게 이해하고 이에 대한 피드백을 제공해야 한다. 이때 폐쇄형 질문과 개방형 질문을 사용할 수 있는데 상황에 맞게 개방형 질문과 폐쇄형 질문을 혼용할 수도 있다.

〈질문 시 유의사항〉

① 폐쇄질문을 사용할 때에는 상황을 잘 고려하여 사용한다,

② 클라이언트의 감정이나 생각을 솔직히 드러내는데 방어적이게 만들 수 있고, 위협적이고 모욕적일 수 있는 유도질문은 가급적 사용하지 않는다.

[예시] "학교에 찾아가지도 않은 것은 부모로서 아들에 대해 너무 무관심했던 것 아닌가요?"

③ '왜'로 시작하는 질문은 힐난하는 것 같은 뉘앙스를 주기 때문에 가급적 피하는 게 좋다.

[예시] "왜 아직 숙제를 못했니?"

④ 여러 가지 질문을 한꺼번에 묻는 중첩형 질문은 초점이 흐려져서 클라이언트가 피상적으로 대답하거나 중요한 정보를 빠뜨릴 수 있다. 따라서 한 가지씩 분리해서 하나하나 질문하는 것이 바람직하다.

[예시] "어제 학교는 왜 안 왔니? 무슨 일이 있었니?"

⑤ 모호한 질문을 하게 되면 클라이언트가 이해하는 데 어려움을 가질 수 있으므로 질문은 구체적이면서도 간결하게 하는 것이 좋다.

[예시] "당신에 대해서 말씀해주세요"라고 하는 것보다 "당신의 장 · 단점에 대해서 말씀해주세요."로 표현

출처: 엄명용 외(2015) 일부 수정.

(3) 공감(감정이입)

공감이라는 용어는 1872년 로베르트 피셔(Robert Fisher)가 미학에서 사용한 '감정이입'에서 유래하였는데(Rifkin, J., 이경남 역, 2010), 사회복지사가 클라이언트의 입장에서 클라이언트가 느끼는 감정, 사고, 행동, 동기 등과 같은 클라이언트의 경험을 민감하게 주의 깊게 이해하는 것으로 비유적으로 표현하면 상대방의 신을 신고 그 사람의 눈으로 세상을 바라보는 것이라 할 수 있다. 이러한 '공감(empathy)'은 다른 사람의 세계를 바로 그 사람의 기준으로 이해하고 있음을

2) 이 장면에서 정신과 의사는 아담스의 이야기를 적극적으로 경청하지 않았고 자신의 기호에 맞게 커피를 마시려다 아담스가 한 말을 놓쳤으며 상담도 일방적으로 종료하였음

보여주는 것을 의미하는 '인정(recognition)'과 유사한 의미이지만(Barsky, A. E., 한인영 · 이용하 역, 2005), 누군가에 대한 감정을 느끼는 것을 의미하는 '동정(pity)'과 누군가와 똑같이 감정을 느끼는 것을 의미하는 '동감(sympathy)'과는 다른 의미이다(양옥경 외, 2005).

[예시] 영화 '굿 윌 헌팅'에서 숀(로빈 윌리엄스)이 윌 헌팅(맷 데이먼)을 대하는 모습/드라마 '뿌리 깊은 나무'에서 소이(신세경)가 세종(한석규)을 대하는 모습[3]

(4) 적극적 경청

적극적 경청은 말하는 사람에게 주의를 집중하고, 공감해 주는 경청을 의미한다. 사회복지사가 클라이언트의 메시지를 정확하게 받아들여 이해하고 있음을 끊임없이 클라이언트에게 전달해 줌으로써 클라이언트가 자신이 정확히 이해받고 있다는 생각을 갖도록 하는 행위까지 포함하는 개념(메시지에 담긴 내용, 감정, 의미를 반영)이라고 할 수 있다. 적극적 경청이 이뤄지면 의사소통이 원활해지고 클라이언트도 존중받고 있다는 생각으로 더욱 마음을 열게 된다.

(5) 긍정적 표현과 쿠션화법 사용

긍정적 표현은 부정적 표현에 비해 훨씬 더 부드럽고 상대방에게 수용되기 쉽다(정종진, 2009). 따라서 상대방에게 원하는 것을 요청할 때는 부정적 표현보다 긍정적 표현을 사용하는 것이 좋다. 쿠션언어는 상대방에게 부탁, 거절, 지시(제안), 부정적인 말 등 껄끄러운 말을 할 때 상대방이 느낄 부정적 감정을 완화시키는 표현을 의미한다.

쿠션화법의 대표적인 예로는 첫째, '예스 벗(yes but) 화법'이 있는데 먼저 긍정적인 정보(상대방이 잘한 점, 장점, 이점)를 전하여 긍정적인 분위기를 만들고 나서 나쁜 뉴스를 전하는 방법이다. 상대방이 받는 심리적 타격은 상당히 완화된다(예: 최근에 성적도 올랐고 정말 애썼어. 다만 지각이 많아서 문제야. 시간 엄수 부탁해).

둘째, '예스 앤드(yes and) 화법'이 있는데 긍정적인 정보에 긍정적인 정보를 더하여 상승작용을 일으키는 화법이다. 꾸짖거나 결점을 지적하기보다 '해줬으

3) 영화 '굿 윌 헌팅'과 드라마 '뿌리 깊은 나무'에서 숀과 소이는 진심어린 마음으로 공감하며 부정적 상황에 이르게 된 것이 윌과 세종의 잘못이 아니라고 이야기함

면 좋겠어', '할 수 있으면 좋겠네'라고 덧붙이면 아주 부드럽게 내 의도를 전할 수 있다(예: 최근에 성적도 오르고 정말로 애썼어. 거기에 시간만 지켜주면 바랄 게 없어).

셋째, '예스 하우(yes how) 화법'이 있다. 나쁜 뉴스를 직접 전하지 않고 의문문 형식으로 본인에게 생각할 시간을 주는 방법이다(예: 최근에 성적도 오르고 정말로 애썼어. 어떻게 하면 더 좋아질지 같이 생각해 보자)(가바사와 시온, 전경아 역, 2019 일부 수정).

〈표 7-1〉 일반화법과 쿠션화법의 비교

내용	일반화법	쿠션화법
부탁	"다시 한번 말씀해 주시겠어요?"	"죄송하지만, 다시 한번 말씀해 주시겠어요."
거절	"이번 주 말고 다음 주에 만나자!"	"실례가 안 된다면, 이번 주 말고 다음 주에 만나면 좋겠어요."
제안	"같이 가요!"	"괜찮으시다면, 같이 갈까요?"
지시	"이번 주에 오세요!"	"바쁘시겠지만/가능하시다면/어려우시겠지만, 이번 주에 오시면 좋겠어요."
양해	"3일 걸립니다."	"불편하시겠지만, 3일 정도 걸립니다."
부정	"담당부서가 아닙니다."	"번거로우시겠지만, 해당 부서로 찾아가시면 도움을 받을 수 있습니다."

출처: 주석진(2022).

(6) 칭찬과 격려활용

칭찬은 좋은 말과는 다른 의미이다. 좋은 말은 근거 없이 이뤄질 수 있지만 칭찬은 반드시 근거가 있어야 한다. 따라서 칭찬을 사용할 때는 요령 있게 써야 한다.

참고 칭찬의 요령

① 칭찬할 일이 생겼을 때 즉시 칭찬하라.
② 잘한 점을 구체적으로 칭찬하라.
③ 가능한 한 공개적으로 칭찬하라.
④ 결과보다는 과정을 칭찬하라.
⑤ 사랑하는 사람을 대하듯 칭찬하라.
⑥ 거짓 없이 진실한 마음으로 칭찬하라.
⑦ 일이 잘 풀리지 않을 때는 더욱 격려하라.
⑧ 잘못된 일이 생기면 관심을 다른 방향으로 유도하라.
⑨ 가끔씩 자기 자신을 칭찬하라.

출처: Blanchard et al., 조천제 역(2003).

최근에는 칭찬보다 격려가 많이 활용되고 있는데 칭찬과 격려의 차이는 칭찬이 잘했을 때와 성공했을 때 주어지는 것이라면 격려는 실패해서 넘어졌을 때 주어진다는 것이다. 또한 칭찬이 상대방에게 보상감을 심어주는 것이라면 격려는 있는 그대로 상대방을 인정해 주는 말이나 행동을 의미한다. 즉, 칭찬이 '행위나 일의 결과'에 초점을 맞춘다면 격려는 '그 일을 행한 사람'에게 초점을 맞춘다. 하지만 경우에 따라서는 사람에게 초점을 맞추기보다 과정에 초점을 맞출 수도 있다. 결과적으로 칭찬은 언제나 '더 잘해야지' 하는 강박관념을 심어줄 수 있지만 격려는 있는 그대로 자신이 인정되고 있다는 신뢰와 믿음을 자리 잡게 해 준다(주석진, 2022).

활동해 봅시다

1. **(경청연습)** 오늘 하루 눈을 뜬 후부터 지금 수업에 오기까지의 일을 옆에 있는 짝에게 5분가량의 시간 동안 자세히 이야기해 봅시다(이때 상대친구는 아무말 없이 듣기만 하세요). 이야기가 끝난 후엔 이야기를 들었던 짝이 자신이 들은 내용을 이야기를 했던 짝에게 그대로 이야기해 봅시다.
2. **(눈맞춤)** 옆 짝을 1분간 눈을 피하지 말고 계속 쳐다봅시다.
3. **(반응연습)** 자신이 요즘 관심을 가지고 있는 일에 대해 옆에 짝에게 이야기해 봅시다. 옆 짝은 이야기를 들으면 적절한 반응을 보여주시기 바랍니다(예: 고개를 끄덕인다거나, 눈을 적절히 맞춘다거나, 적절한 반응멘트, 음.. 그랬군요... 정말 좋았겠네요.. 등등).
4. **(질문연습)** 자신이 좋아하는 연예인에 대해 옆에 짝에게 이야기해 봅시다. 듣는 짝은 이야기를 들으면서 중간중간 궁금한 사항에 대해 질문을 해봅시다(가령 예를 들면 언제부터 그 연예인을 좋아하고 있는지, 왜 그 연예인을 좋아하는지(어떤 점이 좋아서) 등등).
5. **(칭찬연습)** 지난 일주일을 돌아보고 칭찬받을 만한 이야기를 옆에 짝에게 이야기해 봅시다(이때 짝은 상대친구에게 적절한 칭찬을 해주시기 바랍니다).
6. **(설명연습)** 방금 전 짝에게 말한 내용에 대해 자신이 왜 칭찬받을 만하다고 생각을 했었는지 구체적으로 설명해 봅시다.

사회복지현장실습 과정 중 실습생은 개인에 대한 개입과 관련하여 초기면접을 수행할 수 있다. 따라서 실습생은 사회복지사가 지녀야 할 기본적인 태도(예: Biestek의 7가지 원칙)를 알고 필요한 지식과 기술을 활용하여 접수면접을 수행할 수 있어야 한다. 이 과정에서 면접기록을 함께 수행할 수도 있는데 이는 10장에서 좀 더 자세히 살펴보기로 한다.

3. 집단을 대상으로 하는 사회복지실천

1) 집단의 정의와 유형

(1) 집단의 정의와 장점

집단은 유사한 욕구를 가지고 있어서 공통된 목표하에 상호작용하는 인간집합체를 말한다(장인협, 1999). 집단사회복지는 집단을 대상으로 하는 사회복지실천의 한 방법이다. 집단사회복지는 사회심리적 욕구와 과업달성을 목표로 하는 목표지향적 활동으로서, 이 활동은 개별성원과 전체로서의 집단에 초점을 맞춘다(Toscland & Rivas, 2005). 사회복지실천에서 집단을 활용하는 이유는 집단이 가지고 있는 독특한 특성과 장점 때문인데 Yalorm(1995)은 다음과 같이 집단활동의 장점을 제시하였다.

- 클라이언트에게 문제가 개선될 수 있다는 희망을 심어준다.
- 다른 사람들도 자기와 비슷한 갈등을 가지고 있다는 것을 알고 위로를 받는다.
- 구성원들을 통해 다양한 정보를 얻는 기회를 갖는다.
- 집단활동을 통해 서로 도움을 주고받음으로써 이타심, 협동심, 리더십, 신뢰감을 기를 수 있다.
- 구성원들과의 상호작용을 통하여 대인관계기술을 습득하고 발전시킨다.
- 구성원들의 행동을 관찰하고 모방함으로써 부적응행동을 수정할 수 있는 기회를 갖는다.
- 집단 내의 안전한 분위기 속에서 억압되어온 감정을 발산함으로써 심리치료의 효과를 갖는다.

(2) 집단의 유형(사회복지교육연구센터, 2013)

Toseland와 Rivas(2005)는 집단의 목적에 따라 과업집단과 치료집단으로 구분하였다. 과업집단(task group)은 위원회나 사회행동집단 등과 같이 과업달성을 목적으로 하는 집단을 말한다. 과업집단에서는 임명에 의해 역할이 정해지며, 특별한 과제에 의사소통이 집중되고 내용이 일반에게 공개될 수 있다. 반면에 치료집단(treatment group)은 개인의 사회심리적 욕구충족이 주 목적인 집단으로 상호작용을 통해 역할이 발달되고, 자기표출 정도가 높으며, 집단 내에서 이루어진 내용은 비밀보장을 원칙으로 한다. 치료집단은 교육, 성장, 치유, 사회화 등을 목적으로 하며 한 가지 이상의 목적을 동시에 갖기도 한다. Toseland와 Rivas (2005)는 치료집단의 주된 목적에 따라 지지집단, 교육집단, 성장집단, 치유집단, 사회화집단으로 세분하였다(허남순 외 역, 2004 재인용). 이 밖에도 자조집단이 있는데 자조집단이란 유사한 어려움이나 관심사를 가진 성원들이 자발적으로 집단을 만들어 동료끼리 경험을 나누어 개인적으로 바람직한 변화를 가져오도록 노력하는 상호 원조집단이다.

〈표 7-2〉 과업집단과 치료집단의 비교

구분	과업집단	치료집단
목적	특수한 과업이나 목표달성	성인의 사회·정서적 욕구충족
결속	수행해야 할 과업에 따라	집단성원의 개별적 욕구에 따라
역할	상호작용이나 임명을 통해 발달	상호작용을 통해 발달
의사소통	특정한 과업에 대한 토론에 초점이 맞춰짐	개방적
절차	공식적인 안건이나 규정	집단에 따라 융통성이 있거나 또는 공식적으로 이루어짐
구성	필요한 재능, 전문성, 노동 분화에 따라 구성됨	공동의 관심사, 문제, 특성 등에 근거
자기노출	낮음	높음
비밀보장	개인적으로 처리될 수도 있지만 공개되기도 함	개인적 수준에서 처리되거나 집단 내에서 유지됨
평가	집단성원이 성취한 과업이나 의무사항, 결과물에 의해 평가됨	집단성원의 치료적 목적성취 정도에 따라 성공 여부를 평가함

출처: 사회복지교육연구센터(2013).

① 지지집단(Support group)

- **집단의 목적**: 삶에서 장차 일어날 사건에 좀 더 효과적으로 적응하기 위한 대처기술을 발전시킴으로써 성원들이 삶의 위기에 대처하도록 돕는 것을 목적으로 한다.
- **특징**: 비슷한 문제를 경험한 사람들로 구성되기 때문에 유대감 형성이 쉽고, 자기개방 수준도 높다.

• **사회복지사 혹은 집단지도자의 역할**: 집단지도자인 사회복지사는 집단성원들이 상호 원조하면서 지지와 정보를 제공하고, 대처기술을 향상할 수 있도록 동기화시킨다.

[예시] 이혼가정의 취학아동모임, 암환자 가족모임, 만성장애환자나 환자의 가족들이 질병과 그로 인한 영향 등에 대처하는 방법에 대해 토론하고 정보를 공유하는 집단, 자녀 양육의 어려움에 대해 공유하는 한부모집단 등

② 교육집단(Educational group)

• **집단의 목적**: 집단성원들은 지식과 정보 및 기술 향상을 목적으로 한다. 집단성원들이 자기 자신과 자신이 속한 사회를 잘 이해할 수 있도록 교육을 통해 원조한다. 직접적인 교습활동을 통해 기술을 가르치고 정보를 제공하며 지식을 습득할 수 있도록 돕는다.

• **특징**: 집단성원들은 정보를 주고받기도 하지만 전문가의 강의 형태로 정보제공이 많이 이루어지며 집단성원 간 토론 등도 많이 활용된다. 지도자가 정보를 제공하는 형태이기 때문에 강의형태로 이루어지며 자기개방 정도는 비교적 낮다.

• **사회복지사 혹은 집단지도자의 역할**: 일반적으로 특정 분야의 전문가이거나 훈련을 받은 전문가인 경우가 많다. 집단지도자는 교사와 같은 기능을 하고 집단 상호작용이나 토론 등을 장려한다.

[예시] 청소년 성교육 집단, 위탁가정의 부모가 되려는 집단, 입양에 관심을 갖고 입양에 대해 정보를 얻고자 하는 부모의 집단, 특정 질병에 대해 정보를 얻고자 하는 사람들로 구성된 집단, 예비부모 교육을 받는 미혼 성인집단, 부모역할 훈련집단 등

③ 성장집단(Growth group)

• **집단의 목적**: 집단성원들의 자기인식 증진과 사고변화를 목적으로 한다. 개인의 능력과 자의식을 넓히고 개인적인 변화를 이끌어낼 수 있는 기회를 제공하며 자아향상에 초점을 둔다.

• **특징**: 성장집단은 병리적 현상을 치료하는 것보다는 심리적 건강을 증진시키는 데 중점을 둔다. 집단은 성원들이 자신의 능력을 최대한 발휘하기 위한 하나의 도구로서 의미를 지닌다. 집단의 이질성 자체가 성장의 밑거름이 될 수 있으므로 일반적으로 서로 다양한 속성을 지닌 성원들로 구성하는 경우가 많다. 자기개방 정도가 높다.

[예시] 결혼생활 향상집단, 청소년 대상의 가치명료화집단, 여성을 위한 의식고양집단, 퇴직준비집단, 참만남집단, 잠재력개발집단 등

※ **참만남집단**: 친숙하고 의견과 감정을 서로 나누어 가짐으로써 자기 자신의 내적 성장을 도모하려는 것이 특징이며, 집단의 역동보다 개인의 성장에 관심을 둔다.

④ 치유집단(Therapy group)

- **집단의 목적**: 집단성원 스스로 자신의 행동을 바꾸고 개인적 문제를 완화하거나 대처할 수 있도록 원조하는 것을 목적으로 한다. 사회적 외상이나 건강상의 외상 이후에 스스로 원상복귀시킬 수 있도록 돕는다.
- **특징**: 일반적으로 다소 심한 정서적 · 개인적 문제를 가진 성원들로 구성된다. 상호지지를 강조함과 동시에 치유와 회복에 중점을 둔다. 집단의 공동목적이 있지만, 성원들 개개인의 증상이나 문제가 다르기 때문에 개인마다 상이한 목적을 갖게 된다. 집단성원의 자기개방 수준은 높지만 개별성원의 문제 정도에 따라 달라질 수 있다.
- **사회복지사의 역할**: 인간행동에 대한 지식을 가지고 있어야 하며 집단역동, 집단상담능력과 행동변화를 가져올 수 있도록 집단을 활용할 수 있는 능력, 높은 인지능력과 통찰능력, 집단 내 건설적 분위기 유지 및 발달능력이 요구된다. 집단지도전문가인 사회복지사는 전문가, 권위적 인물, 변화대리인(change agent)의 역할을 수행한다.

[예시] 정신역동 치유집단, 인지행동 치유집단, 외상 후 스트레스장애 치유집단, 마약중독자 치료집단, 공황장애 치료를 받는 외래환자로 구성된 집단, 금연집단 등

⑤ 사회화집단(Socialization group)

- **집단의 목적**: 사회관계에 어려움이 있는 집단성원들이 사회생활에 필요한 사회적 기술을 배우거나 증진시키는 것을 목적으로 한다. 성원들이 사회적 기술을 습득하고 사회적으로 수용되는 행동유형을 학습함으로써 지역사회의 생활에서 효과적으로 기능할 수 있도록 원조한다.
- **특징**: 프로그램 활동에 참여함으로써 개인적 기술을 향상시키려고 하므로 '활동을 통한 학습'을 지향한다. 사회적으로 수용될 만한 행동이나 사회적 기술을 배우고자 하는 사람들로 구성된다. 프로그램 활동, 구조화된 실천, 역할기법, 야외활동, 게임 등을 자주 활용한다.

〈사회화집단의 하위유형〉

㉠ **사회기술훈련집단**: 자기주장훈련집단처럼 의사소통에 어려움이 있거나 만족할 만한 사회적 관계를 맺지 못하는 사람들을 대상으로 사회적 기술 등을 가르쳐 주는 집단이다.

[예시] 지역사회 적응을 준비하는 정신병원의 정신장애인 집단, 주의력결핍 과잉행동장애 아동을 대상으로 하는 활동집단, 자기주장훈련집단, 퇴원한 정신장애인을 위한 사교모임 등

㉡ **자치집단**: 치료적 공동체에서 원용한 것으로 정신병동이나 시설거주자들이 전문가로부터 부당한 처우를 받을 때 자신들의 욕구를 해결하거나 권리를 주장하기 위해 자치집단을 형성하고 토론하여 결정하는 과정에서 의사소통능력을 향상시키고 갈등해결기술을 배우게 된다.

[예시] 병원이나 시설 입소자의 자치집단 등

㉢ **여가집단**: 여가활동에 초점을 두는 집단으로 스카우트활동이나 클럽활동 등이 근원이 된다. 여가활동을 통해 치료적인 효과를 얻고자 할 때 활용된다.

[예시] 악기 연주와 등산 등 여가활동을 포함하는 한부모집단 등

⑥ 자조집단(Self-help group)

- **집단의 목적**: 집단성원 상호 간 문제상황에 대처할 수 있는 능력을 고양하도록 돕는 것을 목적으로 한다.
- **특징**: 리더십과 통제는 집단구성원들에게 주어진다. 전문가의 도움보다는 집단성원의 경험에 기초하여 서로 도움을 주고받는다. 대인 간의 상호지지, 자신의 삶을 책임질 수 있는 능력개발과 향상에 초점을 둔다. 성원 간 서로 도움을 주고받음으로써 스스로에 대해 긍정적으로 대처하고 통제한다는 장점이 있다.
- **사회복지사의 역할**: 집단에 대한 통제와 운영보다는 물질적 지지의 제공이나 다른 체계와의 연결기능, 정보와 지식, 자원 등을 알려주는 자문기능 등을 한다. 예를 들어 모임장소 물색, 기금마련 원조, 개인을 집단에 소개 혹은 의뢰하기 등을 할 수 있다.

  [예시] 단주친목모임(Alcoholics Anonymous, AA), 마약중독자자조모임(Narcotics Anonymous, NA) 등

2) 집단발달단계

집단은 시간이 지나면서 내부구조가 형성되고 의사소통과 상호작용의 형태, 응집력, 사회적 통제, 문화 등이 변화한다. 이러한 집단의 변화를 '집단발달'이라고 한다. 일반적으로 집단은 발단단계를 거치지만 모든 집단이 동일한 발달단계를 거치거나 반드시 순차적으로 진행되는 것은 아니다. 이전 단계로 돌아갈 수도 있고, 특정 단계를 건너뛸 수도 있으며 어느 한 발달단계에서 정체될 수도 있다. 폐쇄집단의 경우 집단발달단계를 구분하고 예측하기가 비교적 쉽지만, 개방집단은 구성원들이 교체되기 때문에 그 단계를 예측하는 것이 폐쇄집단에 비해 어려울 수 있다.

① 초기단계

- 성원 간 불안과 긴장이 높은 상태이다.
- 성원들이 집단참여에 대한 양가감정을 가질 수 있다.
- 자신의 자율성을 유지하면서 집단의 성원이 되고자 하거나 집단압력에 저항한다.
- 초기단계가 진전되고 집단규범과 규칙이 차별화되면서 성원들은 집단 내에서 자신의 역할을 모색하고 시험한다. 이때 갈등이 발생할 수 있다.
- 관계를 형성하는 단계로 갈등과 긴장관계, 권력과 통제관계 등이 발생한다.
- 성원 간 상호작용 유형이 발달하고 긴장과 문제가 발생한다.
- 성원들은 다른 집단의 경험, 이전 단계, 역할기대와 상호작용에 대한 기대를 가지고 있다.
- 첫 모임에서 집단성원들은 상호 간 그리고 사회복지사에 대해 접근하면서 동시에 회피하려는 성향을 보인다.

② 중간단계

- 과업과 목표를 달성하기 위해 집중적으로 노력하는 시기이다.
- 성원 간에 상호의존적 관계가 형성되고 집단응집력이 발생한다.
- 문제해결, 형성, 유지, 친밀감, 성숙함 등이 발달한다.

③ **종결단계**

- 집단의 노력을 종결하고 성과를 평가하는 시기이다.
- 이별의 과정이 시작된다.
- 집단응집력과 집단감정은 감소한다.
- 개인과 집단의 목표달성을 요약·정리하고 상호 피드백을 제공한다.
- 효과의 유지방안을 모색하고 사후모임 등에 대해 논의한다.

3) 집단지도자에게 필요한 기술

집단대상 실천기술은 집단의 목적이나 과업, 구성원의 개인적 목표를 성취하도록 돕는 기술을 말하며 기능에 따라 세 가지로 분류할 수 있다.

① **집단과정을 용이하게 하는 기술**

- **집단구성원을 참여시키기**: 집단경험의 공유, 공통점과 차이점을 확인한다.
- **다른 이들에게 주의 기울이기**: 시선, 공감반응, 신뢰 등으로 라포를 형성한다.
- **자신을 표현하기**: 어려운 주제에 대한 개방적 의사소통을 한다.
- **다른 이들에게 반응하기**: 구성원들에게 사회복지사의 전문적 영향력을 미친다.
- **집단 의사소통에 초점 두기**: 이슈나 문제에 초점을 두어 집단과정을 용이하게 한다.
- **집단과정을 명확하게 하기**: 집단성원들의 상호작용을 이해하도록 한다.
- **내용을 명확히 하기**: 효과적인 의사소통을 위한 방법
- **집단 상호작용 이끌기**: 집단의 목적달성을 위해 특정한 방향으로 집단을 이끌어 나간다.

② **자료수집과 평가기술**

- **생각, 감정, 행동을 확인하고 기술하기**: 문제를 이해하기 위해 사용한다.
- **정보를 요청하고 질문하기**: 문제를 구체화하고 집단활동의 범위를 넓힌다.
- **정보를 요약하고 세분화하기**: 문제에 대한 핵심을 파악하고, 구성원들의 문제에 대해 반응할 기회와 다음 단계를 모색할 기회를 제공한다.
- **생각, 감정, 행동을 종합하기**: 구성원들의 대화와 행동의 의도를 파악한다.
- **정보 분석하기**: 자료의 패턴이나 차이를 확인하고, 평가를 위한 자료를 수집한다.

③ **행동기술**

- **지지하기**: 가장 기본적인 기술이며 집단발달을 위한 핵심기술이다.
- **분석틀을 재구성하고 재정의하기**: 집단발달에 장애가 생길 때 필요하다.
- **집단구성원의 의사소통을 연결하기**: 초기의 사회복지사와 구성원 간의 일방적 대화패턴을 방지하고, 구성원 간의 상호작용에 도움을 준다.
- **지도 및 지지**: 집단의 활동을 이끄는 것으로 목표에 대해 구성원의 승인이 있어야 가능하다.
- **조언, 제안, 지시**: 구성원이나 사회복지사 모두가 사용하는 기술이다.
- **자원을 제공하기**: 집단성원이 필요로 할 때 정보를 제공하거나 의료, 재정보고, 직업 및 재활상담, 가족계획, 재정관리 자문 등을 실시한다.
- **모델링 역할극, 실연, 코치**: 과제집단이나 치료집단 모두에 유용한 기술이다.
- **직면**: 저항을 극복하거나 동기화할 때 유용하다.
- **갈등해결**: 집단규칙, 협상, 중재 등을 통해 갈등을 해결한다.

4) 집단프로그램의 진행과정 중 유의사항

① **집단프로그램 회기를 시작할 때**

- 지난 회기 이후 성원들이 성취한 사항, 삶의 변화 등을 서로 자유롭게 나누도록 한다.
- 구성원들이 서로 관심을 가질 수 있도록 진행자는 격려한다.
- 오늘 모임에서 혹시 개인적으로 이야기하고 싶거나 다루고 싶은 것이 무엇인지 말할 기회를 준다.
- 지난 회기에 참석하지 않았던 구성원을 위해 다른 성원이 지난 모임에 대해 정리하여 이야기해 주도록 한다.

② **집단프로그램 회기를 진행할 때**

- 리더가 중요한 역할모델임을 잊지 않는다.
- 긍정적 · 적극적인 자세, 개별성원에 대한 배려와 관심, 적극적인 피드백을 리더 스스로 수행하는 것이 필요하다.

- 집단성원들이 고르게 참여할 수 있도록 격려하고 성원들의 자기개방에 다른 성원들이 관심을 보일 수 있게 활발한 교류가 일어날 수 있도록 리더는 촉진자 역할을 한다.
- 리더는 자신이 준비한 프로그램을 완성하는 데 집착하기보다는 '지금 여기(here and now)'의 상황에 따라 탄력적이고 융통성 있게 프로그램을 운영한다.
- 말의 내용보다는 과정을 중요시한다.
- 집단규칙이 준수될 수 있도록 한다.
- 프로그램 수행에 적절한 장소를 확보하는 것이 필요하다.

③ 집단프로그램을 마칠 때

- 오늘 회기가 어떠했는지 성원들이 자유롭게 느낌을 나눌 수 있도록 한다.
- 집단경험을 통해 구성원들이 배운 것(성장한 부분)을 파악한다.
- 다음 회기에서 다루기를 원하는 주제나 원하는 활동이 있는지 파악한다.
- 다음 회기에 대해 미리 공지한다.

사전준비 ▼	• 클라이언트, 집단에 대한 정보 수집 • 준비사항 점검 • 진행자들끼리 호흡 맞추기
인사 ▽	• 호감 표현 • 친밀감 형성 • 개별 클라이언트와 집단에 대한 정보 수집
Warm-up ▼	• 신체 · 정서적으로 이완될 수 있고, 활동적인 게임 • 흥미유발을 위해 재미있게 준비
메인 프로그램 진행 ▽	• 회기에 맞는 프로그램 진행(너무 어렵거나 추상적이지 않도록)
나눔 ▼	• 참여 후 자신이나 구성원들에 대한 느낌 표현
평가 ▽	• 클라이언트 자신이나 구성원, 진행자에 대한 평가 • 긍정적인 부분에 초점을 맞춰 피드백 제공
마무리 ▼	• 다음 회기에 대한 공지를 통해 기대감 부여 • 과제 부여, 마무리 인사
사후평가 ▽	• 진행자들 평가 • 다음 회기 준비사항 점검 및 프로그램 조정 • 프로그램에 소극적이거나 결석한 구성원에 대한 점검과 개인적 접촉

출처: 이경아 · 이홍란(2011) 일부 수정.

[그림 7-3] 집단프로그램의 진행과정

사회복지현장실습 과정 중 실습생은 집단에 대한 개입과 관련하여 집단프로그램을 직접 기획하고 운영할 수 있다. 따라서 실습생은 프로그램 기획능력 외에 집단의 특성과 집단프로그램을 운영하는 데 요구되는 지식과 기술을 알고 있어야 한다. 또한 집단프로그램의 진행과정에서 집단활동 기록을 함께 수행할 수도 있는데 기록에 관해서는 10장에서 좀 더 자세히 살펴보기로 한다.

4. 지역사회를 대상으로 하는 사회복지실천

1) 지역사회복지 실천과정

지역사회복지 실천과정이란 지역사회가 당면하고 있는 문제와 충족되지 않은 욕구를 발견하여 효과적인 대응책을 수립하고, 이를 실천에 옮기는 일련의 실천과정을 의미한다. 과정별 구체적인 내용은 다음과 같다(남일재 · 문영주, 2019).

① 문제의 발견과 분석

지역사회에서 발생하고 있지만 충족되지 않은 욕구나 해결을 필요로 하는 문제를 인지하여 해결방안을 마련하고 실천에 옮길 수 있도록 불만을 집약시키고 문제의 핵심을 분명하게 규정하여야 한다.

② 지역사회 사정

지역사회 사정은 지역사회의 욕구와 자원을 파악하는 과정이다. 이 단계에서는 먼저 지역주민이 필요로 하는 복지문제는 무엇인지, 충족되어야 할 욕구는 무엇인지 발견한다. 이때 욕구를 파악하기 위한 방법으로는 주로 사회조사나 사회통계기술을 활용하나 기존 자료 분석, 주민간담회, 공청회, 참여관찰방법 등을 활용할 수도 있다. 또한 지역사회가 걸어온 발전과정은 어떠한지, 지역사회의 다양한 정치 · 사회구조는 어떻게 형성되어 있는지, 지역사회의 경제적 상황은 어떠한지, 지역사회의 사회문화적인 상황은 어떠한지 등을 파악한다.

참고 지역사회 사정에 활용할 수 있는 사정의 유형

① **포괄적 사정**: 철저한 방법론에 기초하고 1차 자료의 생성과 함께 전체 지역사회를 포함한다.
② **문제중심 사정**: 전체 지역사회와 관련되지만 지역사회의 중요 문제에 초점을 둔 사정이다.
③ **하위체계 사정**: 전체 지역사회를 사정하는 것이 아닌 지역의 특정 부분이나 일면을 조사하는 사정이다.
④ **자원사정**: 지역사회에서 이용할 수 있는 권력, 전문기술 재정, 서비스라는 자원영역을 검토한다.
⑤ **협력사정**: 지역사회 참여자들이 완전한 파트너로서 조사계획, 참여관찰, 분석과 실행국면 등에 관계되면서 지역사회에 의해 수행되는 사정이다.

출처: 남일재 · 문영주(2019).

③ 실천계획 수립 및 자원동원

계획 수립과정에서는 설정된 목표에 따라 실천의 내용과 방법을 구체화하며 필요한 인적 · 물적자원을 동원할 방안도 모색한다. 이때 목표는 이후 평가를 위한 기준이 되므로 구체적이고 측정 가능하며, 실현 가능하고, 결과지향적이며, 시간의 구조를 갖도록 Egan의 SMART 원칙에 기반을 두어 설정한다.

참고 목표 설정을 위한 Egan의 SMART 원칙

① 목표는 구체적으로(Specific) 명료하게 작성한다.
② 목표는 측정 가능한(Measurable) 형태로 양적으로 작성한다.
③ 목표는 실현 가능한(Attainable or Achievable) 형태로 작성한다.
④ 목표는 현실적이고(Realistic) 결과지향적으로(Result-oriented) 작성한다.
⑤ 목표는 시간 구조(Time frame)를 갖도록 작성한다.

출처: 남일재 · 문영주(2019).

자원동원은 지역사회의 욕구와 문제를 해결하는 데 필요한 자원을 파악하고 활용하는 과정이다. 필요한 자원유형에는 인적자원, 물적자원, 공공기관 및 비공식조직 자원, 정보자원 등이 있다.

④ **실천**(실행)

실천은 목표를 달성하기 위해서 행하는 일련의 활동을 말한다. 이 단계에서는 참여자를 적응시키고 활동을 조정하며 적응과 조정을 촉진한다. 또한 참여자 간 저항과 갈등을 관리한다.

- **참여자 적응시키기**: 오리엔테이션 등의 기본 교육을 통해 변화에 대한 가치와 의도, 철학에 대한 명확한 메시지를 전달한다.
- **활동 조정하기**: 활동들을 통합·조화시키는 행위로, 각 요소들 간의 일관성 유지가 필요하다.
- **적응과 조정 촉진하기**: 계획이 제대로 실행되도록 적응시키고, 필요시 계획을 조정한다.

⑤ **평가**

평가는 문제해결의 마지막 단계로 지역사회복지실천 과정 중 가장 나중에 수행되는 단계이다. 이 단계는 일반적으로 설정된 목표가 어느 정도 달성되었는가를 알아보기 위한 과정이며, 개입에 대한 가치와 의의를 판단하는 사회적 과정이라고 할 수 있다. 평가는 함께 행동했던 핵심주체들을 중심으로 진행한다. 〈표 7-3〉은 지역사회복지실천 차원에서의 평가기준과 평가요소의 예를 제시한 것이다.

〈표 7-3〉 지역사회복지실천 차원에서의 평가기준과 평가요소의 예시

기준	정의	평가요소의 예
효과성	목표의 달성 정도	〈과정중심 목표〉 • 주민들의 역량강화 정도 • 지도력 개발의 정도 • 조직 건설의 안정성
		〈과업중심 목표〉 • 문제해결 정도
효율성	산출 대비 비용 정도	• 실천활동에 투여된 비용의 적정성 • 결과에 대한 비용
영향	효과의 지속성 정도와 파급효과	• 지역복지실천의 지속성 정도〈조직 운영〉 • 타 지역에 파급되었는지〈사회적 지표 변화〉
과정	과정의 적절성 정도	• 모니터링의 내용
노력	활동의 양	• 단위 활동의 수 • 참여자의 수 • 예산의 확보 정도 • 핵심 실천가들의 투여 시간
예기치 않은 결과	부수적 효과	• 기대하지 않았던 긍정적 결과의 정도 • 바람직하지 않은 결과의 정도

출처: 유동철·홍재봉(2016).

활동해 봅시다

- 내가 실습하고자 하는 기관(시설)이 속해 있는 지역사회의 문제와 자원에 대해 조사를 해본 후 이를 토대로 주민들의 관심사와 해결가능성을 염두에 두고 대표 이슈를 정해봅시다.

문제	왜 문제인가?	지역사회(주민)에 어떤 영향을 미치는가?	해결대안은 무엇인가?	주민의 주도적인 참여가 가능한가?

<작성팁>

- '문제'는 여러분이 인식하고 있는 문제를 토대로 작성한다.
- '왜 문제인가?'는 원인분석의 내용을 토대로 작성하는데 관련 통계자료나 실태조사보고서 등을 활용하거나 사회과학이론을 활용 및 검토하여 작성한다.
- '지역사회(주민)에 어떤 영향을 미치는가?'는 문제에 대한 종합적인 성찰을 통해 자신의 생각을 정리하여 작성한다.
- '주민의 주도적인 참여가 가능한가?'는 문제해결에 주도적으로 참여할 수 있는 대상자를 발굴한다는 생각으로 작성한다.

참고 주민주도 지역사회문제 해결사례

1. 광주: 영구임대주택 공동체 재생
   노후화된 영구임대아파트 빈집을 청년들에게 제공하여 지역의 슬럼화 및 청년주거 문제를 해결하고 공동체 활성화 프로그램을 통해 마을 공동체성 회복
2. 대구: 무장애플랫폼
   경사로가 있는 카페 · 식당, 지하철 편의시설 등 장애인 및 교통약자의 이동 편의증진을 위한 정보를 스마트 앱으로 제공하여 자유로운 이동보행권 확보
3. 강원: 폐마스크 재활용
   국민건강보험공단, 대한석탄공사가 협업하여 위생적인 폐마스크 수거방식을 마련하고 폐마스크를 PP원료로 가공하여 재활용 물품 생산
4. 광주X전남: 자전거라도(羅道)
   광주 · 전남 지역의 다양한 역사문화와 생태환경이 공존하는 도심 속 하천과 강 중심 자전거 여행 프로그램으로 지역관광 활성화 및 일자리 창출
5. 충남: 해양쓰레기의 변신
   해양쓰레기를 활용한 악기제작 및 공연을 통해 쓰레기 투기에 대한 대책 마련과 해양쓰레기의 심각성 홍보 음원 녹음 및 뮤직비디오, 다큐멘터리 촬영 진행

출처: 대한민국 정책브리핑(www.korea.kr).

사회복지현장실습 과정 중 실습생은 지역사회에 대한 개입과 관련하여 지역사회분석보고서 작성을 과제로 수행할 수 있다. 따라서 실습생은 지역사회에 대한 충분한 이해를 가지고 지역사회 분석을 통해 지역사회의 특성과 인구, 주민의 욕구와 사회적 제반 문제, 해결방안, 주민참여 정도 및 참여의욕, 지방행정기관의 의지와 중점 추진 방향 등 지역사회의 전반적인 현황을 파악할 수 있어야 한다.

참고 **지역사회분석보고서 작성 예시**

1. ○○시 지역사회의 특성

① **지리적 경계**: ○○시는 경기도 중서부에 위치한 도시로 창을 열면 관악산과 청계산의 푸르름이 눈앞에 펼쳐지는 향기로운 청정주거도시이다. 북쪽으로는 서울특별시, 서쪽으로 경기도 안양시, 동쪽으로 성남시, 남쪽으로 의왕시에 경계해 있다. 천혜의 혜택으로 '가장 살기 좋은 도시', '삶의 질 만족도 1위 도시'로 선정도 되었다. 주요 산으로는 관악산(冠岳山: 629m), 응봉(鷹峰: 348m), 청계산(淸溪山: 618m) 등이 솟아 있으며, 서울대공원 및 과천경마장 등 위락시설이 위치하고 있는 풍부한 문화/관광 도시이기도 하다. 기반암은 대부분이 호상편마암으로 이루어져 있으나, 양재천(良才川) 연안에는 충적지가 널리 발달하였다. 면적은 35.86km² 로 우리나라 국토(99,408km²)의 0.04%이고 경기도 면적(10,190km²)의 0.35%를 차지하고 있으며, 2004년 12월 현재 개발제한구역은 ○○시 전체 면적의 92%를 차지하는 32.77km² 으로 도시화된 지역은 7.8%에 불과한 2.79km² 의 전원도시이다.

[그림 7-4] ○○시의 지리적 경계

② **인구현황**: ○○시 2004 통계연보에 따르면 2003년 ○○시 인구가 70,641명으로 지역재개발과 관련하여 인구가 조금씩 줄어가는 추세임을 알 수 있다. 연령별 인구는 30~40대 인구가 가장 많은 것으로 나타났다.

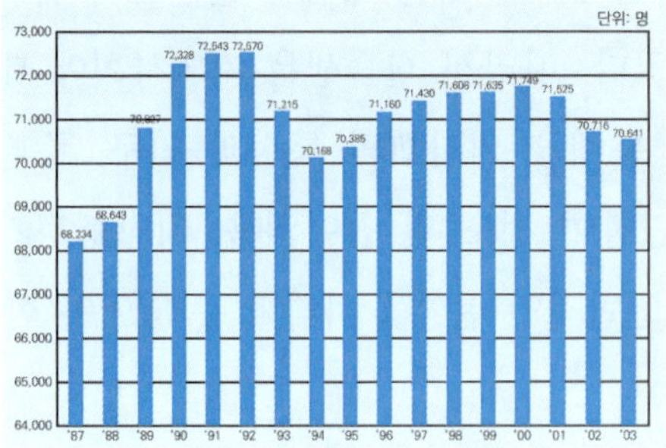

[그림 7-5] ○○시 인구추이(2003)

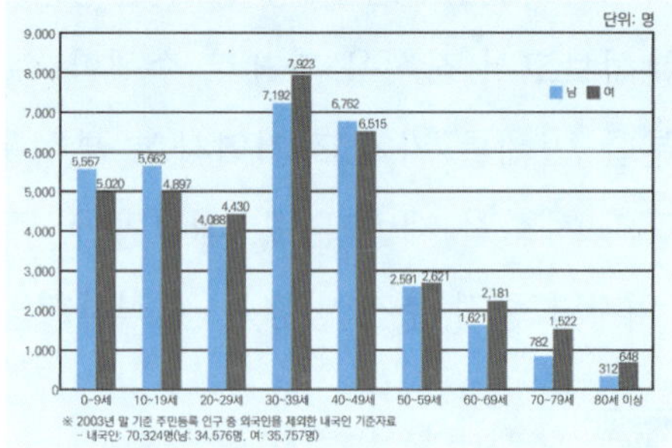

[그림 7-6] 연령별 · 성별 인구(2003)

③ **주택현황**: 2000년 인구주택총조사 결과를 보면 ○○시의 총주택수는 16,003호이고 그중 아파트와 단독주택이 각각 81.20%, 11.91%로 ○○시 주택현황의 대부분을 이루고 있었다.

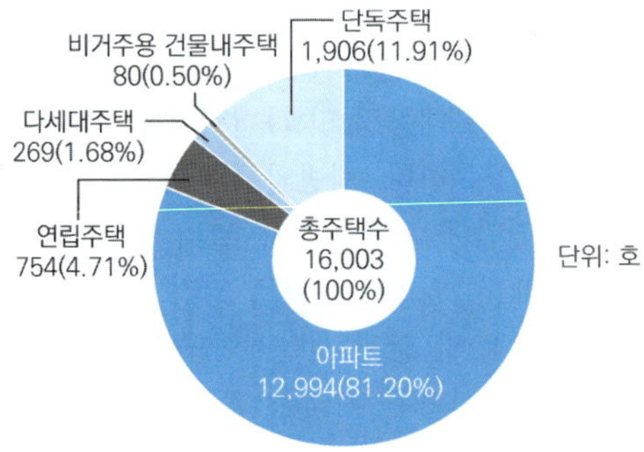

[그림 7-7] ○○시 주택현황(2000)

④ **토지이용현황**: ○○시 전체 총면적은 35.85km² 이나 이 중 22.98km² 이 임야이고 나머지는 대지, 답(畓), 전(田) 순이다. 2004년 12월 기준 ○○시의 대부분은 개발제한구역으로 묶여 있어 도시화된 지역은 7.8%에 불과한 2.79㎢ 정도이다.

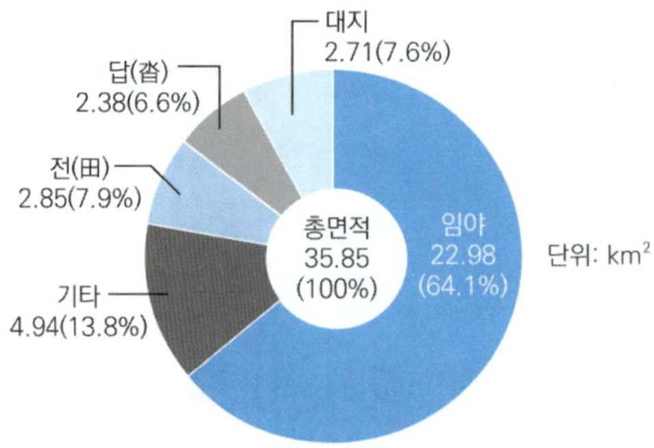

[그림 7-8] ○○시 토지지목별 현황

⑤ **교육현황**: ○○시의 학생수는 2001년을 기준으로 계속 줄어드는 추세에 있으며 전체 학생수는 16,559명으로 이 중, 초등학생수가 6,796명(41%)으로 가장 많고 다음으로 고등학생 5,416명(33%), 중학생 3,226명(19%), 유치원생 1,121명(7%) 순이었다. 학교수는 총 20개소로 유치원 10개소, 초등학교 4개소, 고등학교 4개소, 중학교 2개소 등이었다.

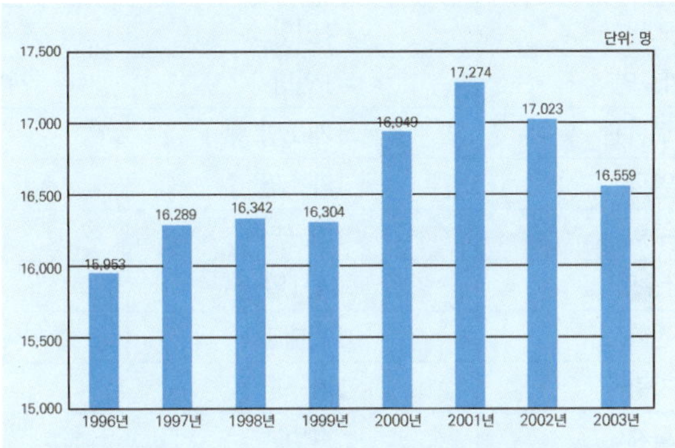

[그림 7-9] ○○시 학생수 증가추이

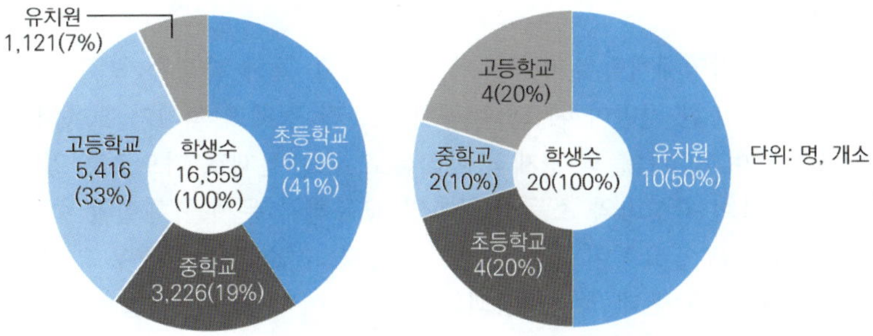

[그림 7-10] ○○시 교육과정별 학생수/학교수

⑥ **○○시 시민생활**: ○○시는 전국 재정자립도 1위의 지방자치도시로서 주민을 위한 행정적 편의와 문화·복지적 혜택이 다른 지방자치단체보다 잘 되어 있는 곳이다.

〈표 7-4〉 ○○시의 통계내용

	통계내용	단위	명
1	인구밀도	1km	1,970명
2	가구원	1가구당	2.81명
3	전입	1일	41.5명
4	전출	1일	42.6명
5	공무원	1인	시민 1534.5명

	통계내용	단위	명
6	혼인	1일	1.23쌍
7	이혼	1일	0.36쌍
8	출생	1일	2.11명
9	사망	1일	0.61명
10	교원	1인당	학생 23명
11	의료인	1인당	시민 415.5명
12	의료기관	1개소당	1,284명
13	약국	1개소당	2,825명
14	주택	1가구당	0.92동
15	급수량	1인1일	308L
16	전화	1세대당	2.2대
17	차량	1가구당	0.82대
18	화재	1일	0.12건
19	지방세 부담	1인	3,945,833원

2. 문제점

○○시 지역은 지역재개발로 인구수가 줄고 있고 특히 학생수가 줄고 있는 문제가 발생하고 있다. 또한 일반아파트와 주공아파트 간 경제적 격차가 교육격차의 문제를 야기하고 있으며 저소득층의 경제적 어려움도 주요 문제로 떠오르고 있다. 인구유입을 위한 지역사회 활성화와 소득 양극화와 교육격차 문제를 해결할 수 있는 장기적인 사업을 추진할 필요성이 있다고 할 수 있다. 저소득층의 경우 양육과 학습문제 등 아동지도와 보호에 대한 어려움과 경제적인 어려움으로 직접적인 생계지원서비스와 경제적인 도움이 필요한 것으로 나타났다.

3. 종합적인 대안

이상의 결과들을 볼 때, 지역주민에게 가장 큰 문제는 경제적인 격차로 인한 문제라고 할 수 있으며, 경제적 양극화에서 파생되는 아동 · 청소년 문제, 교육문제가 시급하게 해결해야 할 과제라 할 수 있다. 이는 지역사회 차원에서의 경제적인 문제로 야기되는 여러 문제들을 해결하기 위한 협력지원망 확충과 아동 · 청소년 문제, 교육문제를 해결하기 위한 학교사회복지사업을 확대 추진함으로써 지역공동체성을 강화해 나가야 할 것이다. 또한 취약계층과 위기가정 지원을 강화하기 위한 지역사회 보호망 확충과 자원 확보를 위해 노력할 필요가 있겠다.

출처: 과천문원중학교(2006) 일부 수정 및 보완.

제 8 장

사회복지현장실습의 기초지식(3) 사례관리

학습목표

1. 사례관리의 기본적 내용에 대해 설명할 수 있다.
2. 사례관리의 과정에 대해 설명할 수 있다.

사례관리는 다양한 사회복지기관 및 시설에서 활용되고 있다. 사회복지현장실습을 지역사회복지기관에서 하는 실습생들은 거의 대부분 사례관리에 대해 경험하게 되고 이와 관련한 실습과제를 부여받을 수 있다. 그만큼 사례관리가 사회복지사의 주요 직무이자 사회복지실천현장에서 활용이 높은 실천방법 중 하나라고 할 수 있다. 따라서 이 장에서는 사례관리의 개념과 구성요소, 특성, 목적, 기능, 그리고 사례관리자의 역할과 같은 사례관리의 기본적 내용을 살펴본 후 구체적인 사례관리의 과정(기록 포함)에 대해 살펴보고자 한다.

1. 사례관리의 기본적 이해

1) 사례관리의 개념과 구성요소

사례관리란 복합적인 문제를 가지고 있는 클라이언트를 대상으로 필요한 서비스를 체계적으로 연계하여 제공하는 실천방법이다(엄명용 외, 2011). 사례관리는 클라이언트의 복합적인 욕구를 고려하여 이들의 사회적 기능 수행과 복지 향상을 돕기 위해 공식적·비공식적 활동들을 조직하고 유지하여 계획된 목표를 달성한다.

사례관리의 구성요소에는 대상자(클라이언트), 사회자원체계, 사례관리자, 사례관리기관이 있다. 여기서 대상자는 다양한 복잡한 욕구를 가지고 있으면서도 신체적 · 사회적 기능상의 문제들로 인해 자신의 욕구를 스스로 충족하기 어려운 사람을 의미하고, 사회자원체계는 클라이언트의 욕구를 충족시키기 위한 각종 자원체계를 의미한다. 그리고 사례관리자는 클라이언트가 사회적, 경제적, 신체적 통합을 달성할 수 있도록 클라이언트-서비스 체계를 연결하고 보호하는 사람을 의미하고, 사례관리기관은 서비스 제공자들이 효과적으로 역할을 수행할 수 있도록 서비스 체계의 안정성을 보장하고, 서비스 조정과 연계를 책임지는 주체를 의미한다.

1. 대상자 (클라이언트)	다양하고 복잡한 욕구를 가지고 있으면서도, 신체적·사회적 기능상의 문제들로 인해 스스로 욕구를 충족하기 어려운 사람 클라이언트의 특성 1) 욕구를 충족할 수 있는 사회자원을 모르거나, 연결하는 데 어려움을 가지고 있음 2) 만성질환을 가지고 있거나, 신체적·정신적 어려움을 가지고 있음 3) 자신을 보호해 줄 수 있는 체계가 없거나, 있어도 보호를 받지 못함 4) 공적 서비스뿐 아니라 비공식 지원체계의 보호를 필요로 함 5) 자기보호능력이 상실되어 있으며, 개별적인 옹호가 필요함
2. 사회자원체계	클라이언트의 욕구를 충족시키기 위한 각종 자원체계

사회자원체계

공식적 자원				비공식적 자원					
기업	행정	복지 기관	지역 단체	자원 봉사자	이웃	친구	친척	가족	동료

3. 사례관리자	클라이언트가 사회적·경제적·신체적 통합을 달성할 수 있도록, 클라이언트-서비스 체계를 연결하고 보호하는 사람 • 사례관리자의 역할 : 원조자 / 사정자 / 계획자 / 중개자 / 조정자 / 평가자 / 옹호자 / 감독관 / 행정가 • 사례관리자의 핵심 수행 역할 1) 클라이언트의 포괄적 욕구를 인식 2) 클라이언트의 욕구에 적합한 서비스를 조정/연결 3) 클라이언트에게 제공되는 서비스의 지속적 점검 및 관리
4. 사례관리기관	서비스 제공자들이 효과적으로 역할을 수행할 수 있도록 서비스 체계의 안정성을 보장하고, 서비스 조정과 연계를 책임지는 주체

[그림 8-1] 사례관리의 구성요소

2) 사례관리의 특성

사례관리는 몇 가지 특성을 가지고 있는데 그 내용을 살펴보면 다음과 같다(엄명용 외, 2011).

- **다양한 문제와 복합적인 욕구를 가진 클라이언트를 대상**으로 한다.
- 문제해결과 치료보다는 **욕구충족과 보호에 중점**을 둔다.
- 클라이언트의 사회적 기능과 독립을 극대화하기 위해서 **보호의 연속성과 책임성을 보장**한다.
- 서비스의 효과성과 효율성을 높이기 위해 **포괄적인 서비스를 제공하고 서비스의 조정과 점검을 실시**한다.
- **클라이언트와 그들의 사회환경과의 상호작용에 관심을 집중시키며 다양한 지원체계의 광범위한 서비스를 활용**한다.
- 가정방문과 같은 출장원조, 안내와 의뢰 등과 같은 **적극적인 클라이언트와의 접근을 강조**한다.
- 클라이언트 수준에서 **클라이언트 각자의 욕구를 개별화**하며, 개입과정에서 **클라이언트의 참여와 자기결정을 촉진**한다.
- **개별적인 실천기술과 지역사회 실천기술을 통합한 형태**이다.

3) 사례관리의 목적

사례관리의 핵심적인 목적은 복잡하고 다양한 욕구를 가진 개인에게 가장 효율적이고 효과적인 방법으로 질적인 서비스를 제공함으로써 클라이언트의 기능을 극대화하는 데 있다(NASW, 1996). 그리고 사례관리는 보호의 연속성(지속성)을 가진 서비스를 제공하며, 서비스의 통합성을 확보하고 클라이언트의 접근성을 향상시키며, 효과성과 효율성이 보장되는 사회적 책임과 독립성을 보장하는 일반적인 목적도 가지고 있다.

- **보호의 연속성**: 어떤 일정한 장소나 기간 내에서 계속적으로 서비스를 제공
- **서비스의 통합성**: 많은 기관의 서비스 기능을 통합한 체계를 확보
- **서비스에 대한 접근성**: 서비스 접근에 대한 장애물을 극복하고 필요한 서비스를 제공
- **사회적 책임**: 서비스 욕구에 적합하며 한정된 자원으로 최상의 서비스를 제공
- **독립성**: 클라이언트가 사례관리자의 도움 없이 자원들과 연결을 유지

4) 사례관리의 기능

사례관리는 장기적인 개입이 필요하며 동시에 다양한 서비스를 제공해야 하는

클라이언트를 대상으로 하는 서비스를 조정하고 통합하는 기능을 수행한다. 사례관리의 기능은 크게 직접적 서비스 기능, 간접적 서비스 기능, 통합적 서비스 기능으로 구분할 수 있다. 먼저, 직접적 서비스 기능은 사례관리자가 클라이언트를 대상으로 직접 서비스(예: 심리적 지지, 문제해결 역량강화 등)를 제공하는 전문적 실천활동을 수행하는 것을 의미하고, 간접적 서비스 기능은 클라이언트의 욕구를 해결하기 위하여 주변환경 체계의 변화나 관련 체계 간의 변화를 가져오고자 활동(예: 연계, 조정, 옹호 등)을 수행하는 것을 의미한다. 마지막으로, 통합적 서비스 기능은 직접적 서비스 기능과 간접적 서비스 기능을 통합적 관점에서 고루 충족하여 수행하는 것을 의미한다. 한편, Rothman(1991)은 사례관리 기능을 〈표 8-1〉에서 보는 바와 같이 일련의 과정으로 이어지는 연속적 기능과 상황에 맞추어 가끔씩 수행되는 간헐적 기능으로 구분하였다.

〈표 8-1〉 Rothman의 사례관리 기능

연속적 기능	간헐적 기능
1. 기관방문 또는 아웃리치	12. 기관 간 조정
2. 접수	13. 상담
3. 심리, 사회, 의료사정	14. 치료
4. 목표설정	15. 옹호
5. 개입계획	
6. 자원 확인과 목록 정리	
7. 공식적 연계: 기관과 프로그램 연계	
8. 비공식적 연계: 가족이나 사회적 네크워크 연계	
9. 점검	
10. 재사정	
11. 성과평가	

출처: Rothman(1991).

이 외에도 전미사회복지사협회(NASW, 2010)에서는 사례관리의 기능을 관여, 사정, 계획, 실행·조정, 옹호, 재사정·평가, 분리로 제시하기도 하였다.

- **관여**: 홍보, 업무제휴, 심사, 동의(공개)양식, 초기접수, 추천받기
- **사정**: 욕구(기능적 또는 심리·사회적), 강점, 도전/기회, 생물심리사회적 요소, 포괄적인 인테이크, 사회문화적 배경, 자원/재정
- **계획**: 자원/서비스 중개, 서비스 제공 점검, 서비스 제공, 프로젝트 실행, 클라이언

트 지원, 위기관리
- **실행 · 조정**: 서비스 연계, 서비스 점검, 서비스 전달, 프로젝트 실행 및 클라이언트 지원
- **옹호**: 체계 개선 노력, 클라이언트 복지와 기능, 연계와 중재 촉진
- **재사정 · 평가**: 서비스 점검, 유효성, 효과성, 적절성, 효율성, 검토/수정, 계획, 자료 수집 및 분석
- **분리**: 서비스 종결, 의뢰, 사후계획

5) 사례관리자의 역할

사례관리는 다양하고 복합적인 욕구를 가진 클라이언트에 대한 서비스 실천이기 때문에 사례관리자에게는 다양한 역할이 요구된다. 사례관리자는 각종 정보를 수집하고, 클라이언트의 능력을 사정하며, 가족을 포함하는 일차집단의 보호와 지원 그리고 공적자원, 사적자원을 사정하여 서비스의 적절성을 평가한다. 또한, 클라이언트를 위해서 다른 전문가들과 함께 일하며 다른 기관의 서비스를 활용하고, 자원분배를 모니터링 하며 서비스의 질을 보장하기 위해서 옹호활동을 한다. 요약하면, 사례관리자는 클라이언트에게 직 · 간접적인 서비스를 제공하며 접수에서 종결까지 요구되는 모든 일을 수행한다고 볼 수 있다. 그렇기 때문에 사례관리자의 역할은 사례관리 초기부터 종결까지 과정의 특성과 기능에 따라 다양하게 변화할 수 있다. 사례관리자의 역할에 대해 학자별로 다양하게 정의 및 설명하고 있는데 구체적으로 살펴보면 다음과 같다.

(1) Weil과 Karls(1985)의 사례관리자 역할

Weil과 Karls은 사례관리자가 대략 15가지의 역할을 수행해야 한다고 하였다. 문제해결자, 계획가, 서비스 조정자, 평가자, 진단자, 옹호자, 중개자, 지역사회 내 서비스의 조직자, 시스템 연계자, 서비스 감시와 시스템 수정자, 기록 보관자, 컨설턴트, 공동 원조자, 치료자 카운슬러, 촉진자 등의 역할이 사례관리의 기본적 기능을 수행하는 데 있어서 필요한 역할이라고 보았다.

(2) Frankel와 Gelman(2004)의 사례관리자 역할

Frankel과 Gelman은 사례관리자의 역할을 직접적 지원, 위기개입, 단기치료 개입, 중개자, 용이하게 하는 자, 권한강화자, 교사, 중재자, 옹호, 서비스 조정자, 추적, 사후관리 역할 등으로 제시하였다. 사례관리자는 접수부터 사후관리까지 사례관리 과정 동안 다양한 역할을 수행하게 된다고 보았는데 이들은 특히 원조 과정을 위한 사정과 개입 면에서 세 가지 중요한 역할을 강조하였다. 구체적으로는 첫째, 클라이언트와의 직접적 개입, 둘째, 기관, 지역사회와의 개입, 셋째, 정치적, 문화적, 사회적 맥락에서의 개입이 있다. 또한, 이들은 사례관리 실천을 위해 어떤 역할을 할 것인가는 주어진 시간, 실천수준과 경험, 클라이언트의 특성 및 협업하는 기관 등을 포함한 다양한 요소와 관련이 있다고 보았다.

(3) 엄명용 외(2011)의 사례관리자 역할

일반적으로 사례관리자는 클라이언트의 욕구를 확인한 후 관계를 수립하고 클라이언트의 욕구를 사정하며, 적절한 서비스를 계획·배치하고, 클라이언트를 지역사회의 여러 자원에 연결하며, 목표를 성취하기 위한 과정을 감독하는 등의 활동을 수행한다. 사례관리자의 구체적인 역할은 다음과 같다.

① 사정자

사정자로서의 사례관리자는 클라이언트의 문제나 약점에만 초점을 두는 것이 아니라 강점, 능력, 가능성, 자원, 잠재력과 같은 긍정적인 측면에도 초점을 두어야 한다. 이를 통해 클라이언트의 욕구를 수집하고 분석하는 등의 종합적인 역할을 수행해야 한다.

② 계획자

계획자로서의 사례관리자는 클라이언트의 욕구충족을 위한 사례계획, 치료, 서비스 통합, 기관의 협력 및 서비스 네트워크를 계획하고 조직해야 한다.

③ 상담자

상담자로서의 사례관리자는 클라이언트가 새로운 지식과 기술을 필요로 하거나 문제해결능력 및 대처능력 향상을 요구할 때 이를 습득할 수 있도록 도와주고 기능 향상을 위해 지원해야 한다.

④ **중개자**

중개자로서의 사례관리자는 자원과 클라이언트를 연결해야 한다. 이는 많은 클라이언트들이 자신이 필요로 하는 자원을 지역사회 기관으로부터 제대로 제공받지 못하거나, 지식이나 능력의 부족으로 자원활용을 제대로 하지 못하기 때문이다.

⑤ **조정자**

조정자로서의 사례관리자는 클라이언트와 원조자들 간의 관계에 필요한 활동을 조정해야 한다. 즉, 클라이언트의 문제를 사정하고, 원조자들로부터 도움이 필요한 욕구를 사정하며, 원조를 수행하는 과정에서 클라이언트의 욕구와 자원 간의 관계, 클라이언트와 원조자들 간의 관계에서 필요한 활동을 조정해야 한다. 클라이언트에게 필요한 다양한 자원은 다양한 원조로 이루어진 사회적 지지망을 통해 제공되므로 원조자들과의 의사소통이 서비스 효과성을 향상시키는 데 중요하다.

⑥ **평가자**

평가자로서의 사례관리자는 프로그램의 효과성과 효율성을 평가하기 위해 사례관리 과정 전반에 대한 정보를 수집하고 분석해야 한다. 특히 개별 클라이언트 및 상담사례, 서비스 계획, 서비스 전달체계, 서비스 활동 및 지원체계의 효과성을 분석해야 한다.

⑦ **옹호자**

옹호자로서의 사례관리자는 자신을 스스로 대변하고 옹호하는 능력이 부족한 클라이언트를 대변하여 클라이언트의 요구사항을 구체화하고 가능한 자원이 클라이언트에게 적절히 공급될 수 있도록 지원활동을 해야 한다.

(4) Sheafor와 Horejsi(2006)의 사례관리자 역할

사례관리자는 실천과정에서 전문가로서 다양한 역할을 수행해야 한다. 사례관리자가 사례관리 실천과정에서 공통적으로 담당하는 활동으로 Sheafor와 Horejsi는 다음과 같은 역할을 제시하였다.

① 정보수집과 사정활동

사례관리 대상자는 대체로 고위험군이다. 이들에 대한 포괄적인 정보수집은 사례관리자가 수행하는 업무 중에 중요한 역할을 차지한다. 따라서 사례관리자는 사례관리 대상자와 관련된 정보를 수집하고 이들의 욕구와 관심을 확인한다.

② 서비스 계획

사례관리자는 서비스 계획단계에서 무엇보다 사례관리 대상자의 욕구와 관심에 초점을 두어야 한다. 서비스 계획은 실행이 가능한가에 대한 전문적 의견을 고려해야 한다.

③ 프로그램 배치 및 서비스 제공 조정 활동

사례관리 대상자에게 적절한 프로그램과 서비스 제공자를 배치하고, 이들에게 필요한 서비스 전달체계를 수립한다. 서비스가 통합적으로 제공되기 위하여 각 기관과 서비스를 조정한다.

④ 사례계획의 수행 정도 점검

사례관리 수행이 사례계획에 따라 사례관리 대상자 욕구를 충족시키는 데 적합했는지 사례관리 수행의 효과성을 점검한다. 사례관리 대상자에게 보다 나은 서비스를 제공하기 위해 필요한 경우 계획 조정이 이루어진다.

⑤ 지속적이고 원활한 의사소통

사례관리 서비스의 제공에 있어 책임소재를 확인하고 의사소통 수준을 확인한다. 사례관리 서비스는 다양한 서비스를 제공하고 다수의 기관이 서비스 제공자 역할을 담당하므로 이들 간 의사소통이 원활하게 이루어져야 한다. 사례관리자는 이 과정에서 중심 역할을 담당해야 한다. 대상자와 다양한 서비스 제공자가

서비스 전달과정 중 문제나 질문이 발생했을 때 그들을 원조할 수 있는 사람에게 신속히 접근할 수 있도록 한다.

⑥ 옹호활동

기존의 서비스 체계에서 접근성이 제한되거나 서비스 제공자 체계에 존재하는 장벽으로 인하여 서비스 이용이 어려운 대상자들이 발생한다. 이들을 위한 직·간접적인 옹호활동을 수행한다.

⑦ 지역사회 활동

지역사회에 존재하고 있으나 활용할 수 없는 서비스를 대상자에게 지원해주기 위한 활동으로서 지역사회 내의 타 기관과 전문가 및 지역사회 구성원들을 대상으로 활동을 수행한다. 또한 대상자에게 필요한 서비스와 프로그램을 개발하기 위해 지역사회 내의 다양한 구성원들에게 홍보 혹은 협력활동을 수행한다.

이상의 내용을 종합해 보면 사례관리자의 역할은 클라이언트와 함께 클라이언트에게 필요한 원조 형태를 구체화하고, 도움을 효과적으로 활용하는 데 있어서의 장애물 확인 및 그러한 장애물들을 극복하도록 직접적인 서비스를 제공하며, 클라이언트를 잠재적인 원조자와 연결시키고, 문제가 해결될 때까지 이러한 연결이 유지되도록 간접적인 조정서비스를 제공하는 것이라고 할 수 있다.

활동해 봅시다 1)

다음의 각 사례에서 사례관리자가 수행하는 역할은 무엇인지 적어봅시다.

[사례 1]

한부모가정 내 알코올 중독자인 아버지 K는 심신의 쇠약과 경제적 무능력 상태에서 중학교 2학년인 딸과 생활하고 있다. 딸이 재학 중인 학교의 학교사회복지사 A는 딸의 가정환경을 사정하는 과정에서 아버지와 면담을 하였다. 아버지 K는 어떻게든 딸을 돌봐야겠다는 생각에 자신의 상황을 변화시키려는 의지를 갖고 있으나, 어디서부터 시작해야 할지 모르고 있었다. 학교사회복지사의 의뢰를 받은 사례관리자 C가 아버지 K의 욕구를 사정해 본 결과 알코올 의존에서 벗어나기, 직업활동이 가능한 정도의 체력 회복, 취업 정보의 획득 등의 욕구가 확인되었다. 아버지의 동의하에 사례관리자 C는 그에게 지역사회 내 병원, 직업훈련시설, 자활후견기관, 동 주민센터, 단주모임 등을 안내하여 차례로 서비스를 받게 하였다.

1) [정답] 사례 1: 중개자, 사례 2: 조정자

[사례 2]
클라이언트 P는 경제적 지원과 건강지원을 요구하지만 현재 종합사회복지관, 노인복지관, 경로당, 무료급식소에서 중복적으로 급식 지원을 받고 있으며, 정서지원도 중복되고 있다. 사례관리자 C는 사례회의를 통해서 평일 중식은 경로당에서, 주말 급식은 무료급식소를 이용하고, 종합사회복지관은 경제적 지원을, 노인복지관은 건강지원을 제공하는 데 합의하였다.

참고 **사회복지 사례관리 표준 실천지침**

표준 실천지침 1. 사례관리 개념
사례관리란 복합적이고 다양한 욕구가 있는 클라이언트와 그 가족의 사회적 기능 회복을 돕는 통합적 실천방법이다. 이를 위해 운영체계를 확립하고, 클라이언트와 함께 강점관점의 체계적인 사정을 해야 하며, 클라이언트의 내적 자원 및 지역사회 자원을 개발하고 활용하여 삶의 질 향상을 위해 노력해야 한다.

표준 실천지침 2. 가치와 윤리
사례관리자는 사회복지전문가로서 사회복지 가치를 준수하고 사회복지사 윤리강령을 따라야 한다. 특히, 클라이언트의 생명과 인권에 대한 존중, 자기결정권, 비밀보장 등의 가치를 반영해야 한다.

표준 실천지침 3. 이론과 지식
사례관리자는 생태체계관점, 강점관점 등 사례관리 실천과 관련된 이론, 증거기반 지식, 정책, 조사 결과, 그리고 평가에 관한 지식을 획득하고 사용한다. 또한 가족기능 및 지역사회 네트워크와 관련된 이론과 지식을 겸비하고 이를 활용하여 사례관리 실천의 질을 보장하여야 한다.

표준 실천지침 4. 사례관리 운영체계
사례관리기관은 사례관리를 효과적으로 실천하기 위하여 ① 사례관리 전담인력과 전담조직 ② 사례 발굴 및 의뢰체계 ③ 자원체계 ④ 사례회의 및 수퍼비전체계 ⑤ 내·외부 지원체계 등의 운영체계를 갖추어야 한다.

표준 실천지침 5. 사례관리자의 자격
사례관리자는 사회복지사 1급 자격증 취득 후 사회복지실천 경력 2년 이상인 자이거나 사회복지사 2급 자격증 취득 후 사회복지실천 경력 4년 이상 되어야 하며, 사례관리와 관련된 교육과 훈련을 받은 자이어야 한다.

표준 실천지침 6. 초기 면접단계
초기 면접단계에서는 ① 관계형성 ② 정보수집 ③ 클라이언트 선정 ④ 사례관리과정 안내 ⑤ 동의 및 계약 절차가 이행되어야 한다.

표준 실천지침 7. 사정단계
사정단계에서는 클라이언트의 욕구사정과 자원사정을 수행해야 한다. 욕구사정에서는 클라이언트의 제시된 요구와 욕구를 확인하고, 자원사정에서는 클라이언트의 강점과 자원, 장애물을 파악해야 한다. 또한 이 과정에 클라이언트 및 관련 체계를 참여시켜야 한다.

표준 실천지침 8. 목표수립 및 계획단계
목표수립단계에서는 사정결과에 근거하여 개별화된 목표를 수립하여야 한다. 서비스 계획단계에서는 자원체계와의 협력에 기반하여 서비스 제공자, 기관, 달성방법 및 시간계획이 제시되어야 한다. 사례관리자는 이러한 계획을 클라이언트와 합의하여야 한다.

표준 실천지침 9. 실행 및 점검단계
실행 및 점검단계에서는 클라이언트와 함께 서비스 계획을 실행하며 클라이언트 목표달성 여부, 변화상황, 계획실행과 관련된 어려움을 점검한다. 이때 사례관리자는 클라이언트가 목표달성을 할 수 있도록 교육과 상담, 정보제공, 지지 및 옹호, 자원발굴과 연계, 조정활동을 수행한다.

표준 실천지침 10. 평가 및 종결단계
평가단계에서는 클라이언트와 함께 목표달성 여부와 변화 정도, 서비스 실행계획 이행 여부, 사회적 지지체계의 활성화 정도를 평가해야 한다. 종결단계에서는 클라이언트와 함께 종결 시기를 결정하고, 종결에 대한 감정을 다루며, 사후관리 계획을 수립해야 한다.

표준 실천지침 11. 기록
사례관리자는 사례관리의 과정을 문서화해야 한다. 초기면접지, 사정기록지, 서비스 계획 및 점검표, 서비스 과정 기록지, 종결보고서 등을 기록해야 하며, 모든 기록은 비밀이 보장될 수 있도록 관리되어야 한다.

표준 실천지침 12. 적정 사례 수
사례관리의 질적 수준을 유지하기 위하여 집중사례관리 수는 사례관리 전담인력 1인당 20사례를 넘지 않도록 해야 한다.

표준 실천지침 13. 기관의 책임과 사례관리자의 전문적 발전
기관에서는 사례관리자의 교육 참여를 적극 지원하고, 사례관리에 대한 전문적 지식과 풍부한 경험이 있는 수퍼바이저를 위촉하여 정기적인 수퍼비전을 시행해야 한다. 또한 사례관리자의 안전보장 및 소진예방을 위한 대책을 마련해야 한다. 사례관리자는 자격유지와 전문성 향상을 위하여 지속적인 사례관리 교육에 참여해야 하며, 적절한 수퍼비전을 받아야 한다.

출처: 한국사례관리학회(2016).

2. 사례관리의 과정[2]

사례관리의 과정은 [그림 8-2]와 같이 사례개발과 초기면접(접수), 사정, 실천(서비스)계획 및 목표설정, 개입(서비스 실행) 및 조정(재사정), 점검, 평가 및 종결의 단계를 거친다.

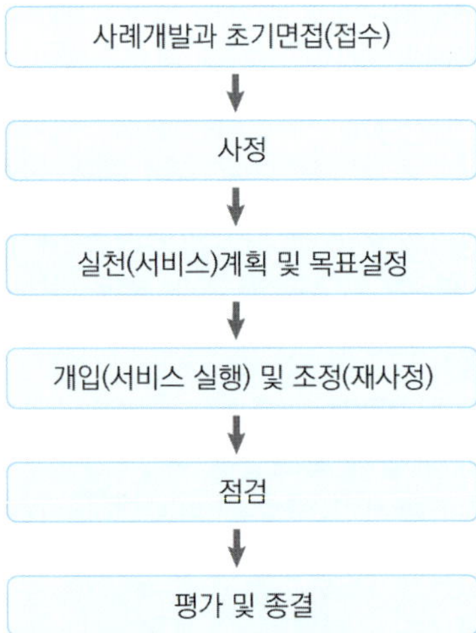

[그림 8-2] 사례관리의 과정

1) 사례개발과 초기면접(접수)

클라이언트가 기관에 직접 접수하거나, 의뢰 및 담당자(기관)의 방문 등을 통해 적격성을 심사하고, 계약을 통해 상호 간의 역할을 확인·협상하는 단계로 주요 활동내용으로는 클라이언트를 확인하고 이들과 신뢰감을 형성하며 서비스의 부합성을 고려하여 초기면접(Intake)을 실시한다. 이 단계에서는 〈초기면접지〉와 〈사례관리 동의서〉를 작성하게 되는데 작성방법을 살펴보면 다음과 같다.

2) 과정별 기록 예시는 권진숙 외(2009)가 작성한 인천광역시복지(기)관 사례관리 실천을 위한 매뉴얼 연구보고서의 내용 중 일부 수정된 것(한국사회복지사협회·한국사례관리학회, 2015)을 일부 각색하여 제시한 것임. 또한 사례관리의 서식은 기관마다 상이할 수 있으므로 본문에 제시된 작성 예시는 참고적으로만 살펴보기를 바람

〈초기면접지 작성법〉

- **후견인**: 친족 외에 대상자를 보호하고 있거나 근거리 지원체계가 되고 있는 사람이다. 법적 후견인 자격과 무관하다.
- **장애유형/급**: 법적 장애인으로 등록된 경우 유형과 등급을 표시한다.
- **가족사항**: 가족과 현재 동거인을 포함하여 기록한다.
- **도움 요청 내용**: 대상자가 진술하는 어려움과 도움의 내용을 진술문의 원형 그대로 기록하는 것을 원칙으로 한다. 대상자 이외의 사람이 제시한 유의미한 요청이 있을 경우 기록하며 이때는 누구의 진술인지 반드시 함께 기록하여야 한다.
- **면접자 평가**: 면접자는 대상자의 진술과 조사된 객관적 정보를 중심으로 사례관리 서비스 제공 여부 및 위험도에 대한 사정을 실시한 후 평가란에 기록한다.
- **대상판정**: 본 복지(기)관의 사례관리 서비스 대상으로 적합한지 그렇지 않은지를 판정한다. 본 양식에서는 먼저 대상과 비대상으로 사례유형을 분류하였다. 사례관리 서비스 대상으로 판정된 경우 대상자의 도움요청 내용에 따라 긴급개입 및 일반개입 여부를 판정하여 긴급개입이 필요한 경우 사례관리자 배정과 사정 및 개입이 신속히 진행될 수 있도록 처리한다. 비대상으로 판정된 경우 타 기관 및 서비스에 대한 정보를 제공하거나 연계하여야 한다. 이 단계에서 실행되는 연계는 〈서비스 의뢰서〉를 사용하지 않아도 되지만 구체적인 대상기관과 담당자에게 직접 연결하여 서비스가 지속되도록 하여야 한다.

〈사례관리 동의서 작성법〉

- 초기면접을 통해 사례관리 대상자로 판정된 경우 면접자는 본 기관에서 실행되는 사례관리 서비스의 과정 및 내용에 관해 다시 구체적으로 설명하고 서비스 동의서를 작성한다.
- 면접자는 서비스 소개를 위해서 기관안내문과 사례관리 안내문 및 그에 준하는 문건을 사용하여 최대한 자세하고 쉬운 말로 설명하여야 하며 설명 후 이 문건은 대상자 또는 후견인에게 제공한다.
- 사례관리 동의서는 이후 진행될 사례관리 과정이 사례관리자 및 기관과 대상자 상호가 협력하는 과정이라는 점이 강조되며 특히 사례관리기관의 전문적 서비스 제공 및 비밀보장에 대한 책임과 대상자의 정보제공 및 적극적 참여에 대한 책임에 대한 상호동의가 포함된다.
- 면접자는 대상자 또는 후견인에게 동의서의 내용을 설명하고 충분히 이해하였다고 생각된다면 이름을 기록하고 직접 서명하도록 안내한다.
- 동의서는 2장을 서명하여 사례관리자와 대상자(후견인)가 각각 1부씩 보관한다.

〈초기면접지 작성 예시〉

초기면접지

<table>
<tr><td>접수번호</td><td>2211-001</td><td>일시</td><td colspan="7">2022년 ○월 ○일</td></tr>
<tr><td>면접자</td><td>이○○ 사례관리자</td><td rowspan="2">장소</td><td colspan="7" rowspan="2">■가정 □내방 □전화
□지역사회 기관( )</td></tr>
<tr><td>면접참여자</td><td>박○○ 대상자</td></tr>
<tr><td>면접경로</td><td colspan="9">□본인 요청( ) □사례관리자의 발굴
□기관 내부 의뢰( ) ■타 기관 의뢰(○○유치원)
□주민 의뢰 □기타( )</td></tr>
<tr><td>대상자</td><td>박○○</td><td>주민번호</td><td colspan="7">-</td></tr>
<tr><td>주소</td><td>부산광역시 영도구 ○○동</td><td>전화번호</td><td colspan="7">051-XXX-XXXX</td></tr>
<tr><td>후견인</td><td>성명: (관계)</td><td>전화번호</td><td colspan="7"></td></tr>
<tr><td>장애유형/급</td><td>지적장애 2급</td><td>건강상태</td><td colspan="7">□양호 ■질환(우울증)</td></tr>
<tr><td>보호구분</td><td colspan="9">□수급 □조건부수급 □저소득/차상위 □기타(의료보호/영유아보육료지원, 보훈 등)</td></tr>
<tr><td>주거상태</td><td colspan="9">□자택 □전세 ■월세(무보증금, 월 20만원) □영구임대 □기타( )</td></tr>
<tr><td rowspan="3">가족사항</td><td>관계</td><td>성명</td><td>나이/성별</td><td>직업</td><td>결혼상태</td><td>동거여부</td><td>연락처</td><td colspan="2">기타</td></tr>
<tr><td>딸</td><td>박○○</td><td>6</td><td>미취학</td><td>-</td><td>동거</td><td>상동</td><td colspan="2">간질, 발달장애 의심</td></tr>
<tr><td>딸</td><td>박○○</td><td>10개월</td><td>미취학</td><td>-</td><td>동거</td><td>상동</td><td colspan="2">천식, 모세기관지염</td></tr>
<tr><td>대상자의 진술
(도움요청 내용)</td><td colspan="9">• 분유와 기저귀 그리고 학용품비 지원을 해주었으면 좋겠어요.
• 둘째 아이가 천식, 모세기관지염 등 여러 질병을 갖고 있어 입원을 자주하는데 의사 선생님이 천식 기계를 사면 입원을 자주 안 한대요.
어디서 파는지 얼마나 하는지 알아봐 주실 수 있나요?
• 핸드폰이 고장이 나서 새로 개통하려고 대리점에 갔더니 나도 모르게 내 이름으로 핸드폰이 여러 회사에서 개통되어 미납금이 약 500만원 정도가 된데요. 지갑을 잃어버린 적이 있어서 그런 것 같은데 어떻게 해결해야 할지 모르겠어요
• 지금은 ○○의원 신경정신과를 이용하고 있는데 대학병원으로 옮기고 싶어요.</td></tr>
<tr><td rowspan="2">면접자 평가</td><td colspan="9">• 대상자 가구는 경제적 어려움과 법률적인 어려움, 의료적 어려움을 호소하고 있으며, 보호자인 박○○ 대상자의 지적장애로 인하여 일상생활의 판단능력이 비장애인보다 낮은 상황이며 문제를 해결하는 것에 있어서 방법을 모르는 부분이 많으므로 사례관리 대상자로 선정하여 대상자 스스로 문제를 해결할 수 있도록 교육하고 지지해주어야 한다고 사료됨.</td></tr>
<tr><td colspan="2">대상판정</td><td colspan="7">■대상(긴급/일반) □비대상(정보제공/연계:)</td></tr>
</table>

〈사례관리 동의서 양식 예시〉

사례관리 동의서

- 본 사회복지(기)관의 사업 및 사례관리 서비스에 대해 설명해 드리겠습니다.
- 본 사회복지(기)관은 귀하의 사회복지 요구를 해결하기 위해 최선의 사례관리 서비스를 제공하도록 노력하겠습니다.
- 아래의 목적 이외에 귀하의 개인적인 정보가 노출되지 않도록 하겠습니다.

○○사회복지(기)관장 (인)

본인은 귀 ○○사회복지(기)관에 관한 소개와 사례관리 서비스의 과정 및 내용에 대한 설명을 충분히 듣고 이해했습니다. ………………………………( )

- 본 동의서 작성일로부터 귀 복지(기)관에서 제공하는 사례관리 서비스를 제공받는 것에 동의합니다. ………………………………………………………………( )
- 사례관리 서비스를 위해 필요한 정보를 제공하는 등 제반 활동에 함께 참여하겠습니다. ………………………………………………………………………………( )
- 본인과 관련된 정보가 서비스의 질적 향상과 전문가 양성을 위한 교육 및 학문적 목적을 위해서 사용되어지는 것에 동의합니다. …………………( )

20____ 년 ____월 ____일

성 명: ______________________________(인)

후견인: ____________/관계: ____________(인)

2) 사정

접수과정에서 사례관리 서비스를 제공받기로 결정한 클라이언트를 대상으로 그들의 복합적인 욕구와 문제, 현재의 상황, 장점 및 잠재능력, 공식적·비공식적 지원체계 등 전반적인 자료를 수집하고 종합적으로 분석하는 단계로 주요 활동내용은 클라이언트 욕구, 클라이언트 능력, 공식적인 자원체계, 비공식적인 자원체계 확인이다. 이 단계에서는 〈사례관리 사정표〉를 작성하게 되는데 작성방법을 살펴보면 다음과 같다.

〈사례관리 사정표 작성법〉

- **욕구의 유형**: 욕구의 주체이거나 욕구해결을 위해 관련된 체계를 기준으로 구분한다. 유형을 구분하기 어렵거나 복수의 유형과 연관된 경우 기타 의미 있는 욕구로 분류한다.
- **우선순위**: 모든 욕구에 대한 사정이 끝난 후 대상자의 호소 정도, 객관적 긴급성, 해결가능성, 현실 관련성 등을 고려하여 전체 욕구를 대상으로 개입을 위한 우선순위를 결정한다. 우선순위를 최종적으로 결정하는 것은 대상자이다.
- **제시된 욕구**: 대상자, 가족, 기타 의미 있는 타인이 진술하는 욕구를 진술문의 원형 그대로 기술한다(예: 남편이 술이나 먹지 않으면 살겠어요). 대상자 이외의 사람(가족이나 의뢰자)이 제시한 욕구라면 제시자가 누구인지, 누구의 욕구인지를 기록한다. 대상자가 동의하지 않았으나 사례관리자가 개입이 필요하다고 관찰된 내용 역시 사례관리자의 진술에 의한 욕구로 기록할 수 있다. 욕구들은 각 유형으로 분류하여 기록한다.
- **이용 가능한 자원**: 앞서 제시된 욕구의 해결을 위한 자원으로서 대상자의 내적인 강점과 환경적인 자원을 포함하여 기술한다. 현재 문제와 직접 연결되지 않더라도 이전에 클라이언트나 가족이 이용하였거나 이용가능성이 있다고 판단되는 모든 자원에 대한 사정이 포함되면 더욱 바람직하다.
- **내/외적 장애물**: 제시된 욕구의 해결에 방해가 되는 장애요인에 대해 내부 장애물과 외부 장애물로 나누어 사정한다. 장애물의 유형은 클라이언트와 가족의 신체적, 정신적, 외부환경적 장애물로 구별된다. 이때 신체적, 정신적 문제를 제시할 경우 반드시 객관적 근거가 동시에 명시되어야 한다. 예를 들어 우울증이 있다고 진술할 경우 병원치료 근거(처방전이나 영수증) 또는 진단서를 통해 질병사실과 정확한 진단명을 확인하여 기록한다.
- **척도를 이용한 사정**: 객관적인 사정을 위해 생태도, 가계도 및 기타 표준화를 거쳐 보급되고 있는 척도들을 사용하여 사정하고 그 결과를 기록한다. 척도를 사용할 경우 측정일시, 측정자, 결과 그리고 측정자의 소견을 간략하게 기록하며 검사지 또는

구체적인 측정결과서는 사정지 뒤에 별지로 첨부한다.

- 사례관리자는 사정결과를 종합하여 사례관리 수준을 긴급, 집중, 일반으로 판정한다(사례관리 수준판정의 기준 및 예시 참조).
- **종합** Comment: 사정자는 사례관리 사정에 대한 이론적 및 경험적 근거를 기록한다. 수집된 정보를 바탕으로 위의 사정에 이르게 된 경위에 대해 전문적 설명을 제시하며 사례관리 수준판정의 근거를 설명한다. 기록의 분량은 자율적으로 하되 반드시 기록하도록 한다.

참고 **사례관리 수준판정 기준 및 예시**

관리 수준	사례관리 수준판정 기준 및 예시
긴급	• 대상자, 가족 혹은 의뢰자의 판단으로 긴급개입이 요청된 경우 • 의식주 관련 긴급상황이 발생했을 경우 [예시] 결식(1일 이상), 주거상태의 응급상황(난방시설, 위생상태 등), 3개월 이상 관리비 체납 등 • 폭력사건(아동학대, 가족폭력, 성폭력, 자살 등)이 일어난 직후 또는 발생 위험성이 높다고 판단된 경우 • 질병의 급격한 재발과 건강의 악화로 치료가 필요한 경우 [예시] 정신질환의 재발로 인해 자해/타해의 위험성이 있어 의료적 치료가 필요한 경우 • 위의 상황으로 인해 법적, 의료적, 경제적 지원이 긴급히 요청되는 경우 • 대상자나 가족을 위한 긴급개입이 요청되나 가족 등 자연적 지지체계가 적절한 작동을 하지 못하는 경우 • 갑작스런 사고(실직, 사고, 가족원의 사망 등)로 인해 경제적 및 사회적으로 위기상황에 직면한 경우
집중	• 부채 관련 문제가 가족의 생계비에 직접적인 영향을 끼치고 있으나 이를 위한 적절한 관리를 위한 전문적, 법적 체계와 연결되어 있지 않은 경우 • 대상자 혹은 가족을 위해 긴급한 의료적 진단과 개입이 요구되나 현 시점에서 자연적 자원 연결이 불가능한 경우 • 대상자 혹은 가족을 위해 정신의료적 사정과 개입이 요구되나 현 시점에서 자연적 자원 연결이 불가능한 경우 • 대상자 혹은 가족이 심각한 의료적 문제, 물질중독문제(알코올과 마약중독 등), 행위중독문제(오락, 게임, 도박중독 등), 정신질환문제(정신분열병, 우울증 등)가 있으나 치료를 위한 적절한 지원체계와 연결되어 있지 못한 경우 • 대상자 혹은 가족원이 가족폭력(성학대를 포함하여 방임과 학대) 사건에 연루되어 있거나 학대가능성이 있으나 현 상황에서 가족원의 안전계획(safety plan) 문제해결을 위해 관련 기관의 충분한 협력을 얻을 수 없는 경우 • 사정을 위해 3개 이상의 전문체계 연계가 요청되나 현시점에서 주 사례관리체계와 주 사례관리자에 대한 동의가 이루어지지 않는 경우 • 대상자나 가족원이 법적 체계와 직접 연결되어 있는 경우 [예시] 보호관찰 대상자, 수감자 등

관리 수준	사례관리 수준판정 기준 및 예시
	• 복합적인 욕구사정으로 인해 초기접수 후 한 달 이상 가정방문을 포함하여 주 2회 이상 대면상담이 이루어진 경우 • 긴급사례관리 대상자로서 긴급개입 이후 위기상황이 종료되었으나 일정기간 집중적 개입이 요청되는 경우 • 기타 대상자, 가족 혹은 의뢰자에 의해 집중적 개입이 요청된 경우
일반	• 긴급 및 집중 사례관리 수준에 해당되지 않는 대상자로서 장기적인 사례관리가 필요한 경우

〈사례관리 사정표 작성 예시〉

사례관리 사정표

관리번호	2211-005	대상자	박○○	사례관리자	이○○
사정일시	2022.12.24	유형	■신규 □재사정	정보제공자	박○○

유형	우선순위	제시된 욕구	이용가능한 자원(강점)	내/외적 장애물
개인수준의 욕구	2	○○의원을 이용하고 있는 대학병원으로 옮기고 싶어요.	• 병원을 옮길 때까지 치료를 유지하겠다는 대상자의 의지가 있음	• 대중교통 이용에 어려움이 있음 • 남자 의사 선생님을 꺼림
가족수준의 욕구	3	둘째 아이가 천식, 모세기관지염 등 여러 질병을 가지고 있어 입원을 자주하는데 의사선생님이 천식기계를 사면 입원을 자주 안 한대요. 기계를 어디서 파는지 얼마나 하는지 알아봐 주실 수 있나요?	• ○○병원 담당의	• 경제적 여건 안 됨
	4	분유값과 기저귀, 학용품비를 지원해 주었으면 좋겠어요.	• 재가복지봉사센터 결연서비스/생필품 지원	• 후원자 매칭이 되어야 지원 가능 • 유아용품 후원처가 거의 없음
기관수준의 욕구	5	아이 유치원에서 자주 오라고 하는데 왜 그런지 모르겠어요.	• 유치원 교사	• 수줍음과 말더듬으로 유치원에 문의하기 어려움
지역사회 및 정책수준의 욕구	6	동네 재개발을 한다고 하는데 갑자기 철거한다고 할까봐 걱정이에요.	• 재개발주민협의회 사무실 • 통반장이 옆집이 살고 있음	• 재개발 사무실 사람과 싸운 적이 있어서 찾아가지 않음
기타 의미 있는 욕구	1	나도 모르게 내 이름으로 핸드폰이 여러 회사에서 개통되어 미납금이 약 500만원 정도가 된대요.	• 핸드폰 회사 명의도용 신고 서비스 • 법무법인 ○○의 정○○ 변호사	• 명의도용 시 대상자가 직접 대리점 방문해야 됨 • 신고 결과에 대한 불확실

척도를 이용한 사정	척도종류	사정결과
	가계도, 생태도	
사례관리 수준판정	□긴급 ■집중 □일반	

종합 Comment
대상자는 현재 다양한 사회적 지지망을 갖고 있으나 직접서비스(물질) 위주로 서비스를 제공받고 있어 대상자의 문제 및 욕구에 대한 근본적인 원인 해결이 어려운 상황이므로 사례관리 집중 대상자로 선정하고자 함.

3) 실천(서비스)계획 및 목표설정

사례관리의 목적을 달성하기 위해 클라이언트의 장·단기적 목표를 설정하고, 해결방안을 모색하기 위해 클라이언트에 대한 개별적인 서비스 개입계획을 수립하는 단계로 여기서 서비스 개입계획이란 직접적 개입을 위한 개입계획과 외부기관에 클라이언트를 연결시키기 위한 계획을 포함한다. 또한 이 단계에서 사례관리자는 활용 가능한 자원에 대한 접근이 용이하도록 기관들과의 전화접촉, 기관대표자 회의, 비공식적 망, 사무실 보관문서나 주소록 확인 등의 방법으로 자원을 확인하여 목록화(조직화)한다. 이 단계에서는 〈사례관리 사정표〉를 기반으로 〈사례관리 계획 및 평가표〉를 작성한다.

〈사례관리 계획 및 평가표 작성법〉

- **우선순위**: 〈사례관리 사정표〉에서 우선순위화한 욕구를 순서대로 재정렬하여 기록한다.
- **제시된 욕구**: 사례관리 사정표의 제시된 욕구를 기술한다. 이때 누구에 의해 제시된 욕구인지 함께 기록한다.
- **욕구수준**: 사례관리 계획단계(개입 전)와 점검단계(개입 후)에 제시된 욕구의 심각도를 10점 척도로 대상자가 평가한 것을 기록한다.
- **합의된 목표**: 합의된 목표는 제시된 욕구의 해결을 위해 사례관리자와 대상자가 단계적으로 추진하기 위한 세부목표이다. 합의된 목표는 장기목표와 단기목표로 구분하여 설정할 수 있다. 단기목표는 장기목표를 달성하기 위한 단계적 목표로서 3개월 이내 재사정을 통해 다음 단계로 진행할 수 있도록 한다.
- **실천계획**: 합의된 목표를 달성하기 위한 실천방법으로서 계획의 내용, 장소, 관련 자원 등을 포함해 구체적으로 기술한다. 이때 대상자가 실행자로서 역할을 하는 계획을 포함함으로써 변화계획에 참여하도록 한다.
- **빈도**: 실천계획에 의한 주당 서비스 제공 횟수 또는 실행 빈도를 기록한다.
- **담당**: 실천계획을 실행할 사람(기관)으로서 기관 내부에서 담당할 경우 부서와 담당자의 이름, 외부기관에 의해 제공될 경우 기관명과 담당자의 이름을 기록한다. 대상자 또는 가족 역시 담당자가 될 수 있다. 내부와 외부의 기관이 공동으로 담당할 경우 모두 기록하며 주 담당자를 표시한다(예: (주)○○○사회복지사).
- **개입기간**: 해당 실천계획의 실제적인 실행기간으로 기간의 종료일은 목표달성일로서 실행결과에 대한 평가를 실시한다.
- **평가**: 각 실천계획의 실행 종료일 또는 정기적 재사정일에 목표달성 여부에 관해서 평가한다. 평가 결과는 '달성', '연장', '재사정'으로 구분하여 √표하고 그에 대한 설명을 기록한다. '달성'으로 평가된 경우 목표달성 정도를 10점 척도로 대상자가

평가하여 기록한다.

- **계약서**: 전체적인 실천계획을 수립한 후 대상자 및 후견인에게 내용을 설명하고, 서비스 실행과 참여에 관한 계약서를 작성한다. 계약과정에서는 사례관리자와 대상자 및 후견인의 역할에 관해서 구체적으로 합의한다. 합의된 계약서는 사례관리자와 대상자가 한 장씩 나누어 가지며 이 계획표를 사례관리 점검을 위한 자료로 사용하면 효율적이다.

활동해 봅시다

- 희민이네 가족의 상황을 고려하여 문제 및 욕구사정과 함께 실천계획(개입계획)을 세워봅시다.

희민의 담임교사가 학교사회복지사에게 의뢰한 경우로 희민 아버지는 알코올중독증 진단을 받았고 장기적인 치료가 필요하나 아버지는 치료 거부로 일주일 만에 퇴원하였다. 어버지는 퇴원 후 집 밖으로 거의 나오지 않고 집에서 술만 마셨으며 그때부터 어머니가 생계를 전적으로 책임지고 있다. 어머니는 어린 자녀와 남편을 돌봐야 하기 때문에 학교 근처 분식점에서 월 30만원을 받고 시간제 일을 하고 있다. 하지만 그마저도 방학이 되면 수입이 없게 되었다. 또한 아버지의 알코올중독증, 가계빚, 자녀들 [희민(초6)와 희진(초1)]의 보살핌의 문제로 나타난 부부갈등은 아이들을 정서적으로 불안정하게 하였고 희민 어머니 역시 이혼을 결심할 만큼 많이 지쳐 있다.

출처: 2005 교육인적자원부 지정 사회복지사활용 연구학교 합동 보고회(초등학교) 위기가정 사례 일부 각색.

〈사례관리 계획 및 평가표 작성 예시〉

사례관리 계획 및 평가표

관리번호	2211-005	대상자	박○○	사례관리자	이○○	일시	2022. ○. ○.	유형	■신규 □재사정	사례관리 수준	□긴급 ■집중 □일반

우선순위	제시된 욕구	합의된 목표	실천계획	빈도(회/주)	담당(기관(부서)/담당) 내부	담당(기관(부서)/담당) 외부	개입기간	평가
1	나도 모르게 내 이름으로 핸드폰이 여러 회사에서 개통되어 미납금이 약 500만원 정도가 된대요.	명의도용에 대한 법적 문제를 해결한다.	명의도용의 구체적 상황 및 신고 절차를 파악한다.	상시	이○○ 사례관리자	박○○대상자	22.12.24. ~12.30.	□달성(정도:) □연장 □재사정
	욕구수준 개입전( )/개입후( )		명의도용 신고 및 절차를 진행한다.	상시		박○○대상자	22.12.24. ~23.1.31.	□달성(정도:) □연장 □재사정
2	○○의원 신경정신과를 이용하고 있는데 대학 병원으로 옮기고 싶어요.	우울증 치료를 유지한다.	신경정신과 외래진료를 위한 차량을 지원한다.	월1회		재가복지봉사센터 (박○○사회복지사)	22.12.24. ~23.1.31.	□달성(정도:) □연장 □재사정
	욕구수준 개입전( )/개입후( )		여성의사가 진료하는 인근 병원을 물색한다.	주1회	이○○ 사례관리자			
3	둘째 아이가 천식...의사 선생님이 천식기계를 사면 입원을 자주 안 한대요.	가정용 천식치료 기계를 구입한다.	필요한 천식치료 기계의 모델과 비용을 확인한다.	주1회		박○○대상자 이용병원(김○○원장)	22.12.24. ~23.1.31.	□달성(정도:) □연장 □재사정
	욕구수준 개입전( )/개입후( )		치료기 구입을 위한 후원자원을 탐색한다.	주1회	이○○ 사례관리자		22.1.2. ~23.3.1.	□달성(정도:) □연장 □재사정
4	분유값과 기저귀 그리고 학용품비를 지원해 주었으면 좋겠어요. 욕구수준 개입전( )/개입후( )	육아용품과 학용품을 지원받는다.	분유와 기저귀, 학용품을 지원한다.	월1회		보건소(정○○) 복지관 (김○○복지사)	22.12.24. ~23.3.1.	□달성(정도:) □연장 □재사정

상기와 같은 서비스 제공 및 이용에 동의하며, 계획된 목표를 성취하기 위해 적극적으로 참여하고 협력할 것을 상호 약속합니다.

2022년 12월 24일

성명 : 박 ○ ○(인) 후견인: 없음 /관계: (인) 사례관리자: 이 ○ ○ (인)

4) 개입(서비스 실행) 및 조정(재사정)

실천계획에 따라 클라이언트에게 직·간접적 개입을 실시하고 개입하는 과정에서 장애가 발생하면 이를 조정하는 단계로, 여기서 직접적 개입이란 클라이언트의 기술과 능력 향상, 문제의 경감을 목적으로 하는 활동(상담, 교육 등)을 의미하고, 간접적 개입이란 클라이언트와 대인 서비스 제공자의 연결, 서비스 중개, 옹호, 사회적 지지의 제공 등을 포함하는 활동을 의미한다. 이 단계에서는 〈사례관리 과정 기록지〉, 〈서비스 의뢰서〉, 〈사례보고서〉를 기록한다.

〈사례관리 과정 기록지의 작성법〉

- 사례관리 서비스 및 그와 관련된 제반 사항들을 시간 순서에 따라 기록한다.
- 각 복지(기)관에서 사용하는 전산 프로그램에 서비스 일지 또는 상담일지를 사용하고 있다면 그것으로 대체할 수 있다.
- **구분**: 직접 서비스(사례관리자의 행동이 들어간 서비스·상담, 자원제공, 자원조사, 연계, 의뢰 등)와 자원활용(사례관리자가 동행하지 않은 기관 내 사례관리팀 이외의 부서, 타 기관이나 조직 등이 제공한 미술치료, 방과 후 교실, 병원진료, 자원봉사자의 방문 등과 같은 서비스)으로 나눌 수 있다. 자원활용의 경우 매회 기록할 수 없지만 가능한 대상자가 받고 있는 서비스의 총체를 기록한다.
- **접촉방법**: 전화, 내방, 방문, 메일, 기타로 구분된다.
- **내용**: 사례관리 계획표에 의한 서비스의 제공, 각종 회의(사례회의, 통합사례회의, 솔루션위원회) 및 수퍼비전에 논제로 상정된 경우, 평가, 재사정, 서비스 조정, 기타 대상자와 관련된 정보를 기록한다. 기록은 SOAP형식에 따라 기록하는 것을 원칙으로 한다. 각 과정에 대한 기록하단에 다음 과정에 대한 계획(P)의 명시는 SOAP기록방식의 적용 유무에 상관없이 반드시 기록되어야 한다. 육하원칙에 따라 구체적인 내용이 드러나도록 예를 들어, 2주 후 몇 시에 어디에서 클라이언트와 면담예정/과제 확인 및 의뢰/서비스 제공 유무 확인 요함 등으로 기록한다. 정기적으로 반복되는 서비스는 서비스명만 기록한다.
- **소요시간**: 사례관리자에 의해 제공되는 직접 서비스를 제공하는 데 소요된 시간을 '분' 단위로 기록한다.

〈사례관리 과정 기록지 작성 예시〉

사례관리 과정 기록지

등록번호	2022-025	대상자	장○○	사례관리자	김○○

일시	구분	접촉방법	접촉대상	내용	소요시간(분)
2022.12.20	R	전화		○○사회복지관에서 C't의 사례관리를 의뢰함	
2022.12.26	D	방문	C't외조모, C't	C't 가정을 방문하여 초기면접 진행함. C't와 외조모가 함께 본 복지관의 서비스에 관심을 가지고 협조적으로 면담에 임함	120
2023.1.6	D	방문	C't	C't의 인지능력 및 학습능력 파악하고 C't의 학습의지 욕구를 중심으로 사정을 실시함. 외조모와 서비스 계획에 대해 논의하고 계약함	30
2023.1.8	D	전화	○○동 주민센터	C't의 수급비 확인 및 C't외조모의 수급자 대상자 신청 가능성 상담함. 국적취득 문제가 해결이 되어야 한다고 함.	15
2023.1.12	D	전화	외국인 종합상담소 ○○지부	C't 외조모의 국적취득가능성에 대해 전화문의함. ○○출입국관리사무소에서 담당한다고 함. 19일에 ○○출입국관리사무소를 직접 방문하기로 함	10
2023.1.19	D	방문	○○출입국 관리사무소	C't 외조모 국적취득 가능성 상담함. 필요한 서류와 절차 등을 소개받음. 내일 C't의 외조모와 함께 다시 방문하여 신청하기로 함	20
2023.1.20	R	내방	C't	C't 복지관 미술심리치료 서비스 진행(매주 화요일)	
2023.1.20	D	방문	○○출입국 관리사무소	국적취득은 한국 5년 이상 거주자에 한하여 신청자격이 주어지므로 C't 외조모는 자격요건이 되지 않는다고 함. 법적 후견인 및 C't 모 사망확인진단서 등 관련 서류를 첨부하여 체류연장신청을 완료함	150
2023.1.30	D	전화	○○지역 자활센터	김○○복지사에게 방문학습지도 서비스를 의뢰하고 팩스로 의뢰서를 전송함	5
2023.2.3	R	내방	C't	미술심리치료 2회기 진행	
2023.2.4	D	전화	미술심리 치료사	어제 실시된 C't미술심리치료에 대해 확인함. C't가 거부감 없이 참여하고 있으며 3개월 동안 실시한 후 함께 평가하기로 함	5
2023.2.5	R	방문	○○지역 자활센터	방문학습도우미 파견	
2023.2.5	D	방문	C't외조모	사례관리 개입에 대한 중간만족도 체크를 위해 방문함. C't 외조모와 C't 모두 매우 만족해 함. 중국 조선족인 외조모의 한국적응을 위한 서비스를 제공하기로 함	30

〈서비스 의뢰서 작성법〉

- 의뢰서 작성 이전에 직접 또는 전화상으로 해당 기관의 담당자와 의뢰에 관한 조율을 하고 의뢰가 합의된 후 서류를 작성하여 전달하도록 한다.
- 해당 기관의 담당자에게 첨부서류와 함께 의뢰서를 전달하도록 한다. 기관의 행정 규정에 따라 공문을 첨부하여 공식적으로 전달하는 것이 좋다.
- **사례요약**: 대상자의 욕구 및 목표, 서비스 실행내용 및 과정 등에 대해 기록한다.
- **의뢰내용**: 서비스 의뢰와 관련한 욕구, 목표를 기술하며, 구체적으로 의뢰하는 서비스의 내용과 빈도에 대해서 기록할 수 있다. 사례관리자가 지속적으로 서비스 제공 과정을 모니터링 할 계획이라면 그 빈도와 방법에 대한 내용도 기록한다.
- **첨부내용**: 정보공유의 필요성에 따라 〈초기면접지〉, 〈사례관리 사정표〉, 〈사례관리 계획 및 평가표〉 등을 첨부한다. 이때 대상자에게 타 기관에 어떠한 정보를 어떤 방법으로 공유할 것인지 고지해야 한다.
- 서비스 의뢰서의 원본은 의뢰기관에 전달하고 사본은 본 기관에서 보관한다.
- 서비스 의뢰서 전달에 관해 〈사례관리 과정 기록지〉에 기록한다.

〈사례보고서 작성법〉

- 사례관리 서비스의 조정 및 점검을 위해 전문가 및 기관 사례회의를 정기적으로 실시하며 그것에 대해 기록한다.
- 각종 사례관리회의에 사례논의를 상정할 경우에는 사례보고서 양식에 따라 보고서를 작성하여 보고한다.
- 사례회의에서 논의된 결과(팀 권고사항)를 사후 기록하여 보고서를 완성한다.
- 사례회의에서 논의된 권고사항은 〈사례관리 과정 기록지〉에 기록한다.

〈서비스 의뢰서 작성 예시〉

서비스 의뢰서

기관: ◯◯ 지역자활센터　　　　담당자: 김◯◯ 사회복지사 귀하

등록번호	2022-025	성명	장◯◯	성별/나이	남/10
주소				전화번호	
후견인성명			(관계)	전화번호	
보호구분		장애유형		사례관리자	

사례요약	C't는 1년간 ◯◯복지관에서 주1회 미술심리치료를 받았으나, 심리치료가 2023년 12월부로 종료가 되면서 지역 내 보호가 필요하다고 판단되어, C't거주지 관할 복지관인 본 기관에 의뢰하여 2023년 12월 20일부터 사례관리를 실시하고 있음. 아버지는 C't가 5살 때 어머니와 이혼하여 연락이 두절되었으며 중국 조선족인 어머니는 이혼 후 C't를 양육하다가 3년 전 사망함. 중국에서 외할머니가 와서 C't를 돌봐주고 있음. C't는 현재 ADHD 판정을 받아서 ◯◯소아정신과를 이용 약물치료하고 있으나, 증상으로 인하여 학습능력이 떨어짐. 본 복지관에서 매주 화요일 미술치료서비스를 참여하고 있음.
의뢰내용	학습이 부진하여 학교생활에 적응하는 데 어려움이 있습니다. 따라서 귀 기관의 방문학습지도 서비스를 제공해 줄 것을 요청하는 바입니다.
첨부내용	초기면접지, 사례관리 사정표, 사례관리 계획 및 점검표

본 기관의 대상자에게 전문적 서비스 제공을 통해 효과적인 문제해결을 지원하고자
위와 같이 의뢰하오니 협조하여 주시기 바랍니다.

2022년 1월 30일

◯◯ 종합사회복지관
사례관리자: 강 ◯ ◯
연 락 처: XXX-XXXX

〈사례보고서 작성 예시〉

사례보고서

등록번호	2022-025	대상자	장○○	성별/나이	
사례보고일	2023.2.10	사례회의 유형	■사례회의 □통합사례회의 □솔루션위원회	사례관리자	강○○

1. 사례요약

1) 기본정보

- C't의 가족력

① C't의 모: C't의 모는 중국 ○○ 출신으로, C't 부가 중국여행 시 만나서 재혼을 한 후 한국으로 들어와서 서울에서 노점상을 운영하다가 3년 전 뇌출혈로 사망함.

② C't의 외조모: C't 외조모는 큰 아들과 중국 ○○에서 거주하다가, C't 모가 사망했다는 연락을 받고, 한국에 온 후 C't의 실질적인 보호자 역할을 하고 있으나 현재 불법체류 상태이다. 당뇨 및 무릎관절 질환을 가지고 있음.

③ C't의 부: C't 부는 한국인으로 알코올중독으로 인하여 가정생활에 소홀하여 5년 전에 C't 모와 이혼을 하였으며 지금 현재 카드빚 등으로 인하여 떠돌이 생활을 하고 있다고 함.

④ C't의 외삼촌: 중국에서 거주하다가 돈을 벌기 위해 한국으로 와서 건축 노동 일을 하면서, 소득의 일부를 연변으로 송금한다고 함. 월 소득은 일정치 않으며 C't 외삼촌 역시 불법체류상태임.

⑤ C't: C't는 모의 사망 후 심리적 충격으로 인하여 길거리에서 옷 벗고, 혼잣말을 하는 등 이상행동을 보였다고 함. 지금 현재 ADHD 판정을 받아서 소아정신과를 이용 약을 복용하고 있으나, 과잉행동과 주의력결핍 등으로 인하여 학습능력이 떨어짐.

- 가계도

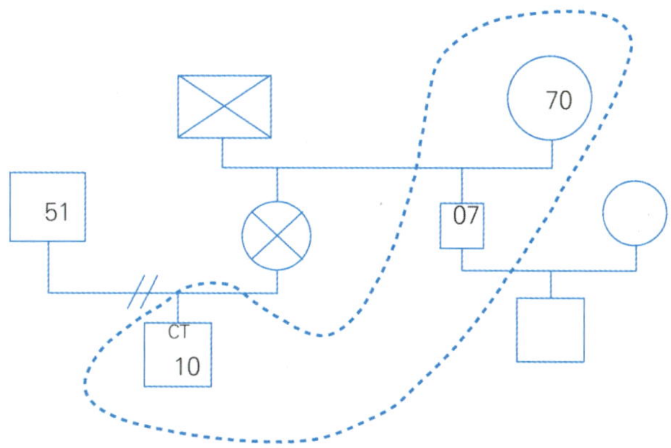

2) 의뢰과정 및 내용의 요약

- C't는 1년간 ○○사회복지관에서 주 1회 미술심리치료를 받았으나, 심리치료가 2023년 12월부로 종료가 되면서 지역 내 보호가 필요하다고 판단되어, ○○복지관에서 C't 거주지 관할 복지관인 본 기관에 의뢰하여 상담을 진행함.

3) 욕구

① 제시된 욕구

- ○○가 받던 심리치료가 끝났는데 더 받아야 할 것 같아요.
- 중국 국적으로 되어 있어서 나라에서 아무런 도움을 받지 못한대요 (C't 외조모)
- ○○가 학교공부를 따라가지 못해요.

② 합의된 목표

- 미술심리치료 서비스 이용
- 외조모가 국적취득을 하며 2인 생계비를 지원받을 수 있도록 한다.
- 주 1회 이상 방문학습 도우미를 파견한다.

4) 자원 및 장애물 사정

- 자원사정

① ○○동 주민센터(기초생활보장 급여 월 45만원 지원: 1인생계비 38만원, 소년소년가장 7만원)

② ○○복지관(사례관리 및 무료 미술심리치료 진행)

③ ○○초등학교 방과 후 교실(무료 컴퓨터 교육)

④ ○○교회(정서적 지지)

- 장애물 사정

① 내적 장애물: 주의력 결핍 과잉행동장애로 인한 학습능력 저하

② 외적 장애물: C't 모 사망으로 인한 양육권자 부재 〈소년소녀가장〉

2. 개입내용

1) C't는 주 1회 복지관에서 미술심리치료 서비스를 제공받게 되었음.
2) ○○출입국관리사무소에 2회 방문하며 국적취득 절차를 상담하고 C't 외조모가 법적 후견인임을 증명하였으나 한국에 체류한 지 5년 이상이 되지 않았으므로, 지금은 지속적인 체류연장 가능하여, 체류기간 연장을 함
3) C't의 학습도우미 봉사자 자활후견기관 연계

3. 사례계획

1) 2월 중순부터 학습도우미 봉사자 자활후견기관 의뢰하여 학습지도를 받을 수 있도록 한다.
2) 복지관 조손프로그램에 연계하여 C't 외조모가 C't 양육에 대한 정보를 공유하고, 또래노인들과의 친밀감을 형성할 수 있는 계기를 마련한다.

4. 논의요청 내용

1) ADHD 증상완화를 위한 약물치료 이외의 방법은 없는지 알고 싶습니다.

5. 회의로부터 권고(수퍼비전)내용

5) 점검

클라이언트에 대한 서비스 계획이 적절히 수행되고 있는지를 추적하고 점검한다.

〈점검단계에서 확인해야 하는 내용〉

- 클라이언트 지원망의 구성원들이 목표를 달성하기 위하여 특정 행동을 수행하고 그들의 책임을 수행하는 데 적절한 시간안배가 이뤄지고 있는지를 점검
- 클라이언트에 대한 계획이 수립된 시점에서 욕구를 충족시킬 수 있는 필요한 서비스와 자원을 가지고 있는지를 점검
- 클라이언트에 대한 서비스와 지원계획이 어느 정도 잘 이해되고 있는지 점검
- 그 계획이 성공적인지 혹은 역행적 결과를 가지고 오고 있는지를 점검

6) 평가 및 종결

사례관리자가 만들고 조정한 서비스 계획, 구성요소, 활동 등이 클라이언트 삶에 어떤 영향을 미치는지 측정하는 단계이자 클라이언트에게 제공된 서비스, 서비스 체계의 효과성과 효율성을 종합적으로 분석함으로써, 평가 및 종결을 결정하는 단계이다. 개입계획 시 전문인력, 서비스 그리고 자원들이 목표로 삼은 사례관리의 목적이 달성하기에 적정한 것인지 여부, 클라이언트에 대한 서비스와 지지계획에서 정해진 활동과 과업이 적절한 방법으로 수행되고 있는지 여부, 클라이언트에 대한 서비스와 지원계획이 클라이언트의 욕구에 부응하는지 여부를 평가한다. 이 단계에서는 〈사례관리 종결보고서〉를 기록한다.

〈사례관리 종결보고서 작성법〉

- **종결사유**: 사례관리 서비스를 종결하게 된 궁극적인 사유(클라이언트에 의한 종결, 사례관리자나 기관에 의한 종결, 기타 사유 등)를 표시한다. 기타 사유의 경우 좀 더 구체적으로 기록한다(예: 타 기관으로의 의뢰로 인한 종결 등으로 기록한다.).
- **서비스 제공 요약**: 서비스 욕구의 유형에 따른 직접 또는 연계 서비스의 내용과 투입 시간의 총량을 계산하여 기록한다.
- **대상자 변화사항**: 사례관리 개입 전과 후의 상황을 욕구를 중심으로 비교 · 평가하여 기술한다. 이때 생태도 및 기타 척도나 평가도구를 활용하여 객관적인 평가를 할 수 있다.
- **사후관리 계획**: 사후관리 기간, 방법을 기술한다.

〈사례관리 종결보고서 작성 예시〉

사례관리 종결보고서

<table>
<tr><td>등록번호</td><td>2022-025</td><td>대상자</td><td colspan="2">장○○</td><td>사례 관리자</td><td>강○○</td></tr>
<tr><td>주소</td><td colspan="4">○○시 ○○구 ○○동</td><td>연락처</td><td>XXX-XXXX</td></tr>
<tr><td>등록일</td><td colspan="4">2022.12.26</td><td>종결일</td><td>2023.3.2</td></tr>
<tr><td rowspan="2">종결사유</td><td colspan="6">사유</td></tr>
<tr><td colspan="6">□사망 □시설입소 ■이주 ■욕구해결 □타기관이동
□거절이나포기 □기관의 업무조정 □기관의 자원·능력의 한계</td></tr>
<tr><td rowspan="11">서비스 제공요약</td><td>욕구유형</td><td>구분</td><td colspan="4">제공된 서비스 총량</td></tr>
<tr><td rowspan="2">개인수준</td><td>D</td><td colspan="4">상담(100)</td></tr>
<tr><td>R</td><td colspan="4">상담팀: 미술심리치료, ○○지역자활센터: 방문학습지도</td></tr>
<tr><td rowspan="2">가족수준</td><td>D</td><td colspan="4">상담(600), 체류기간 연장 처리동행(150)</td></tr>
<tr><td>R</td><td colspan="4">○○출입국관리사무소: 체류기간 상담</td></tr>
<tr><td rowspan="2">기관/조직수준</td><td>D</td><td colspan="4"></td></tr>
<tr><td>R</td><td colspan="4"></td></tr>
<tr><td rowspan="2">지역사회/ 정책수준</td><td>D</td><td colspan="4"></td></tr>
<tr><td>R</td><td colspan="4"></td></tr>
<tr><td rowspan="2">기타</td><td>D</td><td colspan="4"></td></tr>
<tr><td>R</td><td colspan="4"></td></tr>
<tr><td rowspan="2">대상자 변화사항</td><td colspan="3">초기상황</td><td colspan="3">종결상황</td></tr>
<tr><td colspan="3">○○복지관에서 심리상담서비스에 관해 의뢰함. ADHD진단으로 약물치료 중이었으나 충동적이고 돌발적인 행동이 남아 있었음. 학습부진으로 왕따의 위험있었음. 외조모의 체류기간 만료되었으나 C't를 돌보기 위해 기간연장이 필요함.</td><td colspan="3">C't에게 미술심리치료와 자활센터를 통한 학습지도가 정기적으로 진행되었음. 외조모의 체류기간 연장이 완료되어 C't를 돌보는 문제 해결됨. C't의 외삼촌이 직장 이동으로 ○○시로 이사하게 됨으로 사례 종결하게 됨.</td></tr>
<tr><td>사례관리자 의견</td><td colspan="6">합의된 목표 중 외조모의 체류기간 연장은 달성됨. C't에 대한 심리치료와 학습지도가 연계되어 진행 중이었으나 외삼촌의 직장 때문에 이주하게 되어 사례 종결함. C't의 심리치료가 지속적으로 필요하고 가족의 환경적응을 위한 지속적인 사례관리 서비스가 필요하다고 사료되어 이주하게 될 ○○시의 ○○사회복지관 사례관리팀에 의뢰함.</td></tr>
<tr><td>사후관리 계획</td><td colspan="6">6월 30일까지 월 1회 전화상담하여 새로운 지역에서의 적응과 ○○복지관 이용에 관한 지원을 제공하기로 함.</td></tr>
</table>

제 9 장

사회복지현장실습의 기초지식(4) 사회복지 프로그램 기획

학습목표

1. 사회복지 프로그램 기획에 대한 기본 개념에 대해 설명할 수 있다.
2. 사회복지 프로그램 기획의 과정에 대해 설명할 수 있다.

사회복지현장실습을 하는 실습생들 대부분은 사회복지 프로그램 기획에 대한 경험을 쌓게 된다. 이와 관련한 실습과제를 부여받기도 하는데, 이는 프로그램 기획이 사회복지사로서 가장 빈번히 수행하는 업무이자 가장 중요한 업무로 인식되는 과업이기 때문이다. 따라서 이 장에서는 사회복지 프로그램에 대한 기본 개념과 사회복지 프로그램 기획의 과정을 살펴보고자 한다.

1. 사회복지 프로그램 기획에 대한 기본 개념

프로그램은 사전적으로 목록, 순서, 예정, 계획, 진행될 일에 대하여 예정 또는 계획을 체계적으로 정리한 목록을 의미하는데 사회복지 프로그램은 사회복지조직의 목표달성을 실현하기 위한 직접적인 수단으로, 일정한 절차에 따라 이루어지는 의도적이고 체계적인 활동체계로 정의된다(김상곤 외, 2012). 사회복지 프로그램은 몇 가지 특징을 가지고 있는데 그 내용은 다음과 같다(김상곤 외, 2012). 첫째, 희망하는 성과, 진술된 목적과 목표를 가지고 있다. 둘째, 프로그램을 실행하기 전에 고안되고 설계된다. 셋째, 목표를 달성하기 위한 조직적인 활동이 된다. 넷째, 사회복지조직의 사명을 실현하는 수단이 된다.

한편 사회복지 프로그램은 조직활동을 통한 목표달성이라는 목적을 가지며 클라이언트의 욕구에 부합한 최상의 서비스를 제공한다는 목표를 가진다. 사회복지조직에서는 프로그램과 관련하여 여러 개념이 존재하며, 이들 개념 사이에는

[그림 9-1]과 같이 위계가 존재한다.

- **사업**: 프로그램들을 관리하기 위해 구축한 상위 수준의 운영단위
- **프로그램**: 특정 목적을 위해 연결된 서비스들의 집합
- **서비스**: 클라이언트를 변화시키는 것과 관련된 활동

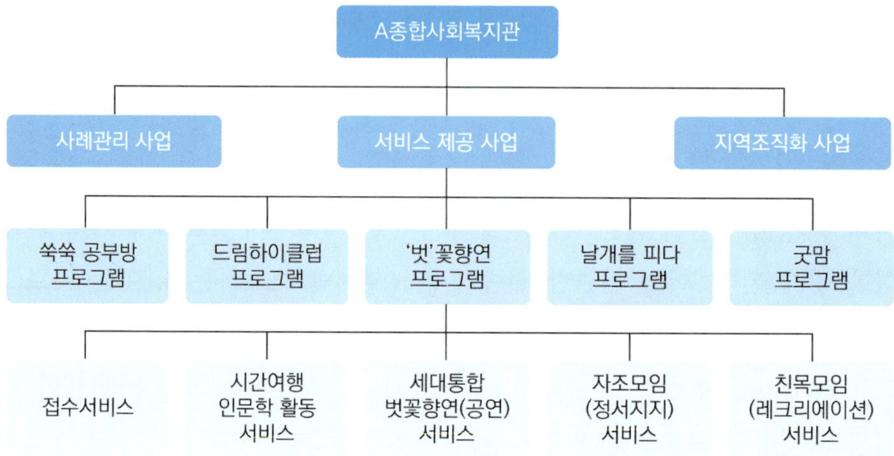

출처: 조성우 외(2018).

[그림 9-1] 사회복지 프로그램의 위계 예시

프로그램 기획은 목적을 성취하기 위해 프로그램 계획을 수립해 가는 과정으로 사회복지조직에서 사업의 목적을 달성하기 위해 이루어지는 일련의 합리적인 선택과정을 말한다. 김상곤 외(2012)는 프로그램 기획(planning)을 계획서(plan)를 완성해가는 단계로 설명하였으며, 이 계획서에는 보통 프로그램 필요성(문제분석, 욕구조사), 목적과 목표(세부목표), 운영과정(무엇, 언제, 어디서, 누가, 어떻게), 예산 및 평가계획, 기대효과 등이 포함된다고 하였다. 지금까지 살펴본 내용을 종합하면 사회복지 프로그램 기획은 사회문제와 욕구를 해결하기 위한 계획을 수립하는 과정으로, 합리적인 의사결정을 통해 미래를 예측하고 최적의 대안을 설계하는 체계적인 노력이라고 할 수 있다.

한편 프로그램 개발이라는 용어는 [그림 9-2]에서 보는 바와 같이 프로그램 기획에 해당하는 프로그램의 설계 외에 프로그램 실행, 프로그램 평가 및 환류를 모두 포함하는 개념으로, 프로그램 기획보다 더 넓은 의미를 갖는다.

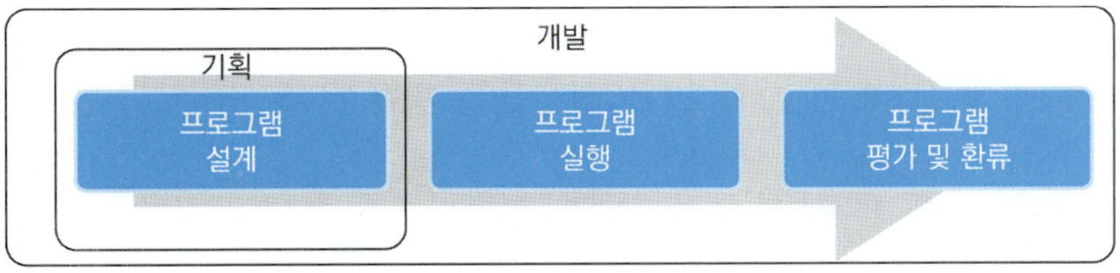

출처: 김상곤 외(2012).

[그림 9-2] 프로그램 개발과 기획의 관계

사회복지 프로그램 기획에서 중요한 가치는 책무성(accountability)이다. 사회복지적 의미에서 책무성이란 책임성(responsibility)보다 넓은 개념으로, 사회복지 프로그램을 수행하는 주체에게 사회복지 프로그램 혹은 조직이 주어진 자원을 가지고 어떤 구체적인 목적을 얼마나 효과적이고 효율적으로 달성했는지 객관적으로 증명할 것을 요구하는 것이라고 할 수 있다(이창호, 1991). 책임성이 과업의 수행에 대해 책임을 지는 것이라면 책무성은 그 수행의 정당성까지 포함하는 개념이라고 할 수 있다(정무성 · 정진모, 2001). 참고적으로 프로그램 기획단계에서 고려되어야 할 책무성의 종류는 〈표 9-1〉과 같다.

〈표 9-1〉 책무성의 종류

① **클라이언트 중심의 책무성**: 프로그램은 클라이언트 중심으로 진행되어야 하며 클라이언트의 욕구에 적절한 대응 및 만족할 만한 수준으로 제공되어야 한다는 의미
② **전문성의 책무성**: 프로그램은 효과성과 효율성의 달성은 물론 체계적인 전달과정을 통하여 전문적으로 수행되어야 한다는 의미
③ **가치지향성 책무성**: 프로그램은 클라이언트의 사회적 가치와 능력을 향상시켜주고 주체적으로 존중받도록 해야 하는 사회복지적 가치를 지향한다는 의미
④ **윤리적 책무성**: 프로그램의 재원이 투명하게 사용되며 법률적, 윤리적으로도 하자가 없어야 한다는 의미

출처: 정무성 · 정진모(2001).

2. 사회복지 프로그램 기획의 과정

사회복지 프로그램 기획의 과정은 크게 준비단계, 계획 수립단계, 실행단계, 평가단계로 구분할 수 있다. 구체적인 내용으로는 문제와 욕구분석, 목적과 목표설정, 프로그램 설계, 프로그램 자원확보와 예산수립, 프로그램 실행과 관리계획

수립, 프로그램 평가계획 수립이 포함된다. 하지만 기획에 앞서 기초작업이 필요한데 이 과정에서 〈표 9-2〉와 같은 질문들을 활용할 수 있다.

〈표 9-2〉 프로그램 기획 시 활용할 수 있는 질문

- 현재 기관에서 제공하는 프로그램은 클라이언트의 삶의 질을 변화시킬 수 있는 것인가?
- 만약 현재 기관에서 제공하는 프로그램이 클라이언트의 삶의 질 변화에 효과적이라면 그 근거는 무엇인가?
- 클라이언트의 삶의 질 변화는 과학적으로 그리고 논리적으로 검증된 것인가?
- 기관에서 제공하는 프로그램이 클라이언트의 삶의 질을 보다 향상시키려면 무엇이 필요한가? 또는 개선되어야 하는가?

(1) 문제와 욕구분석

문제와 욕구분석에서는 가급적 클라이언트에 대한 진단과 분류는 피하고 통합적인 사고에 의해 정보를 수집하며 필요한 자원을 함께 인식해야 한다. 또한 클라이언트 집단이 어떤 서비스를 원하는지 정확히 파악하는 것도 중요하다.

〈표 9-3〉 지역아동센터 이용아동의 스마트폰 중독문제 분석 내용

질문 1. 스마트폰 중독문제의 정의는 무엇인가?
질문 2. 스마트폰 중독문제 상황을 겪고 있는 지역아동센터 이용아동의 특징은 무엇인가?
질문 3. 현재 지역아동센터 이용아동의 스마트폰 중독문제의 크기와 심각성 정도는 어떠한가?
질문 4. 지역아동센터 이용아동의 스마트폰 중독문제 해결이 가져다 주는 실익은 무엇인가?
질문 5. 스마트폰 중독문제 해결의 수요상태는 어떠한가?
질문 6. 누가 지역아동센터 이용아동의 스마트폰 중독문제 해결을 찬성하는가? 또는 누가 지역아동센터 이용아동의 스마트폰 중독문제를 인정하는가?
질문 7. 누가 지역아동센터 이용아동의 스마트폰 중독문제 해결을 찬성하지 않는가? 또는 누가 지역아동센터 이용아동의 스마트폰 중독문제를 인정하지 않는가?
질문 8. 지역아동센터 이용아동의 스마트폰 중독문제의 원인은 무엇인가?
질문 9. 지역아동센터 이용아동의 스마트폰 중독문제를 다루고 있는 현재의 프로그램에는 어떤 것들이 있는가?
질문10. 현재 지역아동센터 이용아동 대상 스마트폰 중독문제 해결 프로그램의 실제 효과와 기대성과는 무엇인가?
질문11. 지역아동센터 이용아동의 스마트폰 중독문제 해결을 위해 필요한 자원과 장애요인은 무엇인가?

출처: 주석진(2019).

욕구조사는 크게 직접적 욕구조사(예: 서베이, FGI, 공청회, 포럼 등)와 간접적 욕구조사(예: 2차 자료분석, 서비스 제공자 및 주요 정보 제공자 조사, 델파이기법 등) 방법이 있다. 욕구조사의 과정은 욕구조사의 목적 및 자원확인, 구체적 정보나 자료의 확인, 조사설계의 단계, 자료수집과 분석의 단계, 조사보고서 작성의 순으로 진행될 수 있다.

(2) 목적과 목표 설정

① 목적 설정

목적은 프로그램을 실행하여 성취하고자 하는 포괄적인 형태의 성취수준에 관한 추상적인 기술을 의미한다. 목적기술은 전체적으로 하고자 하는 것이 무엇인지, 어떻게 달성할 것인지, 무엇을 달성할 것인지를 언급하여 기술한다. 구체적으로는 어떠한 상태에 놓인(현재의 문제상황), 누구에게(구체적인 대상), 어떻게(개입방법), 무엇을 이루고자 한다(목적: 바람직한 미래상태)는 식으로 기술한다.

> 예: 대인관계의 문제를 가진 (현재의 문제상황) 지역아동센터 이용아동을 대상으로 (구체적인 대상)
> 강점관점을 적용한 집단프로그램을 활용하여 (개입방법)
> 행복한 학교생활을 할 수 있도록 지원한다. (바람직한 미래상태)

② 목표 설정

목표기술은 누가(Who: 클라이언트 & 변화대상자)+어떻게(How: 프로그램/세부서비스)+무엇을(What: 변화내용)+한다(Do: 방향(+, -의 동사))의 방식으로 기술한다. 여기서 첫째, 누가(Who)는 주요 클라이언트이자 프로그램의 주 참여자를 의미하고 반드시 클라이언트 입장에서 기술되어야 한다. 둘째, 어떻게(How)는 변화를 위한 활동이나 계획을 의미한다. 셋째, 무엇(What)은 심리, 정서, 행동, 환경 등의 내용을 의미하며 문제와 관련된 핵심요소가 된다. 넷째, 한다(Do)는 심리, 정서, 행동, 환경의 변화를 의미하며 ~한다, ~된다 등으로 표현한다.

참고1 목표기술요령(SMART 기법)

- S(Specific): 구체적이어야 한다.

  [예시] 지역아동센터 이용아동들이 의사소통훈련 집단활동에 참여하여 대인관계능력이 향상된다.

- M(Measurable): 측정 가능해야 한다.

  [예시] 지역아동센터 이용아동들이 사회성 증진 프로그램에 참여하여 학교출석률(또는 학교생활만족도)이 향상된다.

- A(Attainable): 성취 가능해야 한다.

  [예시] 지역아동센터 이용아동들이 학습지원 프로그램에 참여하여 자신의 학습성향을 파악한다.

- R(Result-oriented): 결과지향적이어야 한다.

  [예시] 지역아동센터 이용아동들이 지역알기 문화탐방에 참여하여 지역에 대한 소속감을 갖는다.

- T(Time-limited): 시간제한을 가진다.

  [예시] 20○○년 3~9월까지 지역아동센터 이용아동들이 의사소통훈련에 참여하여 교우관계가 증진된다.

출처: 주석진(2019).

참고2 바람직한 목표의 특성

① 구체적이고 분명해야 한다.
② 평가가 가능해야 한다.
③ 실행이 가능해야 한다.
④ 하나의 목표에 하나의 내용이 담겨 있어야 한다.
⑤ 긍정적으로 기술되어야 한다.
⑥ 아동(클라이언트) 중심으로 기술되어야 한다.
⑦ 평이한 단어로 기술되어야 한다.

출처: 보건복지부 · 지역아동센터중앙지원단(2014) 일부 수정.

참고3 잘못된 프로그램 목표 예시

① **성공과 실패 여부를 알 수 없는 표현(~을 도모한다/시도한다/추진한다/노력한다/추구한다 등)으로 작성한 목표**

[예시] 지역아동센터 이용아동이 사회성 증진 프로그램에 참여하여 행복한 학교생활을 도모한다.

② **너무 구체적이고 엄격한 목표**

[예시] 지역아동센터 이용아동들이 사회성 증진 프로그램에 참여하여 학교생활 적응력이 30% 향상된다.

③ **활동 자체가 성과(상위목표)가 될 수 없는데 상위목표를 산출목표로 작성한 목표(하위목표로는 가능)**

[예시] 지역아동센터 이용아동에게 상담을 3회 실시한다.

④ **프로그램 진행자 중심으로 기술한 목표**

[예시] 영어능력 향상 프로그램을 통해 지역아동센터 이용아동이 영어에 대한 흥미와 친근감을 갖도록 지도한다.

⑤ **참여자가 주체가 아닌 객체 형식으로 기술한 목표**

[예시] 지역아동센터 이용아동에게 사회성 증진 프로그램을 실시하여 아동의 학습능력을 향상시킨다.

⑥ **목표가 직접적이지 않고 모호하게 기술한 목표**

[예시] 지역아동센터 이용아동들이 사회성 증진 프로그램에 참여하여 친구와 싸우지 않게 한다.

출처: 주석진(2019).

프로그램의 목표는 상위목표와 하위목표로 구분되는데, 상위목표는 하위목표의 달성을 통해 확인할 수 있는 변화를 의미하며 반드시 성과목표 형식으로 작성되어야 한다. 여기서 성과목표는 프로그램을 통해 궁극적으로 이루고자 하는 목표를 의미한다. 먼저 '누가'에 대한 내용을 기술할 때는 구체적으로 성, 연령, 장애나 사회적 기능 정도 등을 명확하게 기술한다. '어떻게'는 클라이언트(서비스 이용자)에게 기대되는 변화를 얻기 위하여 사회복지사가 수행하는 일련의 활동을 기술한다. 여기서 활동은 기대되는 변화(목표달성)를 달성하는 데 있어 관련된 이론적 근거를 반드시 가져야 한다. '무엇을'에 대한 내용을 기술할 때는 프로그램 이후 성과평가와도 연결이 되므로 측정 가능한 개념을 기술한다. '한다'는 변화의 정도와 방향을 기술하는데 되도록 구체적이며 긍정적인 표현을 사용한다.

예: 지역아동센터 이용아동들이 (누가) 학교폭력예방 프로그램에 참여하여 (어떻게)
학교폭력에 대한 태도를 (무엇을) 개선한다. (한다)

하위목표는 상위목표를 달성하기 위한 세부목표를 의미하며 성과목표, 산출목표, 과정목표 형식으로 작성할 수 있다. 하지만 하위목표는 대체로 산출목표 형식으로 작성한다. 여기서 산출목표는 성과목표를 이루기 위한 구체적인 과업을 목표 형태로 작성한 것을 의미한다.

㉠ 상위목표가 성과목표이고 하위목표도 성과목표인 경우

이 경우는 상위목표(성과목표)에 대한 이론적 개념을 토대로 세분화가 가능한 경우에 활용한다. 목표에서 문제나 욕구와 관련된 핵심요소를 2~3개로 나누어 작성한다.

목표: 지역아동센터 이용아동들이 학교폭력예방 프로그램에 참여하여 학교폭력에 대한 태도를 개선한다(성과목표).

목표 1-1. 지역아동센터 이용아동들이 학교폭력예방 프로그램에 참여하여 불안(감정)이 감소된다(성과목표).

목표 1-2. 지역아동센터 이용아동들이 학교폭력예방 프로그램에 참여하여 폭력적 행동(행동)이 준다(성과목표).

목표 1-3. 지역아동센터 이용아동들이 학교폭력예방 프로그램에 참여하여 이타적 삶에 대한 이해(인지)가 증진된다(성과목표).

㉡ 상위목표가 성과목표이고 하위목표는 산출목표인 경우

이 경우는 가장 일반적으로 많이 활용되는 방식으로 상위목표를 이루기 위한 수단, 활동, 실적(건, 명, 회, 원)을 하위목표로 작성한다. 상위목표를 성과목표로 하위목표를 산출목표로 기술하면 상호보완이 된다는 장점이 있다.

목표: 지역아동센터 이용아동들이 또래관계 증진활동에 참여하여 학교적응력이 향상된다(성과목표).
목표 1-1: 지역아동센터 이용아동들이 또래상담 프로그램에 10회 참여한다(산출목표).
목표 1-2: 지역아동센터 이용아동들이 또래와의 문화체험활동에 3회 참여한다(산출목표).

ⓒ 상위목표가 성과목표이고 하위목표는 과정목표인 경우

이 경우는 상위목표의 달성에 있어 과정 자체가 매우 중요한 경우에 특별히 활용된다. 이때 프로그램 수행의 중요한 과정이 하위목표가 된다.

목표: 지역아동센터 이용아동들이 지역사회 봉사활동에 참여하여 지역소속감이 향상된다(성과목표).
목표 1-1: 지역아동센터 이용아동들을 대상으로 봉사단을 구성하고 발대식을 갖는다(과정목표).
목표 1-2: 지역아동센터 봉사단에게 자원봉사 교육을 주 1회, 총 4회 제공한다(과정목표).
목표 1-3: 지역아동센터 봉사단이 정기적으로 독거노인 및 복지시설 봉사활동에 월 1회, 6개월간 참여한다(과정목표).
목표 1-4: 지역아동센터 봉사단의 봉사활동 경험을 공유하고 자발적인 봉사모임을 결성한다(과정목표).

(3) 프로그램 설계

프로그램 설계에 있어서는 진행하고자 하는 내용을 자유롭게 창의적으로 표현하며 목표달성에 충분하도록 내용구성을 하되 내용 간 상호 연계성이 있게 구성한다. 이때 프로그램의 목적달성을 위한 창의적인 대안을 찾기 위해 브레인스토밍이나 브레인라이팅과 같은 기법을 활용할 수 있다. 구체적인 프로그램 내용을 선정하고 프로그램 활동을 구성하는 원칙은 〈표 9-4〉와 같다.

〈표 9-4〉 프로그램 내용의 선정원칙과 프로그램 활동의 구성원칙

프로그램 내용의 선정원칙	① 프로그램의 목적과 목표를 고려한다. ② 실제 생활에서의 적용이 가능해야 한다. • **지역사회 차원**: 인구 현황, 사회경제적 수준, 지역 특성 • **기관 차원**: 예산의 확보, 활용 인력

	• **클라이언트 차원**: 클라이언트 모집, 클라이언트 접근성, 낙인감 고려 ③ 대상자의 특성과 능력 및 지역성을 고려한다.
프로그램 활동의 구성원칙	① 핵심적인 주제를 다루는 프로그램 활동은 1회기로 끝내지 않고, 여러 번 반복한다. ② 내용 상호 간에 밀접성을 갖고, 쉬운 것부터 어려운 순으로, 단순한 활동에서 복잡한 활동으로, 익숙한 것부터 전혀 생소한 것으로, 포괄적인 것부터 세부적인 것으로 배치한다. ③ 대상자의 다양성, 활동의 다양성 등이 모두 고려되어야 한다.

출처: 김상곤 외(2012).

(4) 프로그램 자원확보와 예산수립

프로그램을 실행함에 있어 자원을 확보하는 것은 매우 중요한 요소이다. 프로그램의 주요 자원으로는 인적자원, 물적자원, 네트워크 자원, 자연 자원 등이 있다. 그리고 자원확보 계획을 수립할 때에는 프로그램에 소요되는 필요 예산의 총량과 조달계획도 함께 수립하여야 한다. 참고로 예산수립 시 가장 많이 활용되는 유형은 품목별예산이다. [그림 9-3]은 품목별예산 유형으로 작성된 예산서의 작성 예시이다.

관	사업비							
항	공동모금회 "저소득층 아동 야간보호" 사업비							
목	세목	계	산출근거	예산조달 계획				
				신청금액	비율(%)	자부담	비율(%)	자부담 재원
총계		16,000,000		13,100,000	100	2,900,000	100	
인건비	담당인력 야근수당	4,800,000	담당인력 2명×1시간 5,000원×1일 4시간×월 10일×12개월	4,800,000				
	소계	4,800,000		4,800,000	36.6			
사업비	야간귀가 차량운행	2,000,000	주 5회×10,000원×40주			2,000,000		자체 예산
	기초 학습지도 프로그램	2,600,000	학습교재비 국/영/수×연간 6권×5,000원×20명	600,000				
			자원봉사자 교통비 대학생 2인×주 5회×5,000원×40주	2,000,000				
	가족관계 개선 프로그램	4,800,000	상담 및 특별활동 프로그램 (나들이, 체육대회, 요리, 영화보기) 20가족×가족당 20,000원×12개월	4,800,000				
	소계	9,400,000		7,400,000	56.5	2,000,000		
관리 운영비	야간난방비	900,000	월 150,000원×6개월(1~3월, 10~12월)			900,000		자체 예산
	전기료	900,000	야간전기사용료 월평균 50,000원×12개월 냉방비(에어컨) 월평균 100,000원×3개월	900,000				
	소계	1,800,000		900,000	6.9	900,000		

출처: 사회복지공동모금회(2015).

[그림 9-3] 예산서 작성 예시

참고1 예산의 유형

- **품목별예산**: 구입하거나 지출하고자 하는 품목 또는 항목별로 수입과 지출을 기재하는 예산수립의 방법
- **성과주의 예산**: 조직이 달성하고자 하는 목표를 세부 프로그램과 활동으로 나누어 각 프로그램이나 활동의 단위원가와 업무량을 고려하여 예산을 정하는 방법
- **기획예산**: 조직의 장기적 발전계획 또는 사업계획하에 각 연도별 목표달성을 위해서 예산을 조직목표에 통합시켜 작성하는 예산의 유형
- **영기준예산**: 조직이 지금까지 추진한 사업을 처음부터 영(zero)의 상태에서 다시 시작한다는 전제하에 전년도 예산에서 각 항목별로 배정된 예산에 전혀 구애받지 않고 새로운 조직목표와 우선순위에 따라 예산을 수립하는 개혁적 예산제도

출처: 오세영(2015) 수정 및 보완.

참고2 예산작성요령

- 예산은 수입과 지출을 구체적으로 예상하여 구성한다.
- 불필요한 예산을 과다하게 책정하지 않도록 명확한 근거를 산출해야 한다.
- 물품의 비용 책정은 한 곳의 가격만을 참고하지 말고 여러 곳의 가격을 비교하여 산정한다.
- 산출근거는 실제수량, 횟수, 인원수, 단가 등을 구체적으로 기록한다.
- 편성예산과 집행의 차이를 줄이도록 구체적으로 작성해 예산계획의 신뢰도를 높인다.

출처: 사회복지공동모금회(2015).

(5) 프로그램 실행과 관리계획 수립

프로그램 실행은 프로그램의 목적과 목표를 달성하기 위해서 실제로 프로그램을 수행한다는 것을 의미하는데 프로그램을 구체적으로 잘 수행하기 위해서는 적절한 실행계획이 수립되어야 한다. 또한 〈표 9-5〉와 같이 프로그램 실행과 관련한 기록 서식을 마련할 필요가 있으며 프로그램 수행에 필요한 인력별 역할과 과업을 함께 수립할 필요가 있다.

〈표 9-5〉 프로그램 실행과 관련한 기록 서식

구분	세부 내용
프로그램 준비단계	• 프로그램 계획서 • 프로그램 욕구조사서(개별/집단) • 개별 구성원 목표서 • 계약서(동의서) • 프로그램 평가 양식
프로그램 실행단계	• 개별 기록양식(예: 상담기록지) • 집단 기록양식(예: 집단활동 일지) • 중간평가서
프로그램 평가 및 종결단계	• 전체 프로그램 평가서 • 개별 구성원 목표성취 기록 • 의뢰서 • 사후지도계획서

출처: 김상곤 외(2012).

한편 프로그램 관리의 관점에서는 목표관리 외에 프로그램 질 관리와 모니터링이 중요하게 여겨진다. 프로그램의 질 관리는 프로그램 실행에 적합하고 클라이언트의 욕구에 순응하며, 욕구만족을 가져올 수 있는지를 확인하는 과정을 의미한다. 이때 설문지(만족도), 토론 내지 인터뷰를 활용하여 서비스 질을 확인할 수 있다. 또한 프로그램 모니터링은 일반적으로 프로그램 수행과정에서 그 프로그램이 원래 의도했던 표적집단에 적절한 서비스가 제공되고 있으며, 인력은 계획에 따라 배치되어 적절한 역할을 수행하고, 예산은 충분히 지원되어 소기의 결과가 산출되고 있는지를 종합적으로 점검, 검토 및 확인하는 과정을 의미한다. 이는 프로그램 관리자의 책무성을 확보하는 데 크게 기여한다.

참고 | 프로그램 모니터링을 하기 위한 구체적인 질문

① 프로그램 목적은 달성되어가고 있는가?
② 프로그램이 표적집단에 속하는 대상 가운데 어느 정도에게 서비스를 전달하고 있는가?
③ 프로그램을 통해 적합한 내용과 적절한 양의 서비스가 전달되고 있는가?
④ 원래의 계획대로 각 사업들이 진행, 운영되고 있는가? 사업운영에 변화가 필요한 것은 무엇인가?
⑤ 프로그램 수행자는 적합한 능력을 갖추고 있고 그 수와 업무비중은 적절한가?
⑥ 프로그램 수행에 필요한 시설, 기자재, 물품 등은 적절히 지원되는가?

⑦ 프로그램의 자원은 예산의 범위 내에서 적절히 집행되고 있는가? 계획된 예산이 잘 집행되고 있는가? 조정되거나 재편성되어야 할 예산이 있는가?
⑧ 세부 서비스들은 적절한 전달체계를 통해서 표적집단에 전달되고 있는가?
⑨ 프로그램이 정부 또는 자원 제공자가 부과한 기준과 요구에 따르고 있는가?
⑩ 사업운영에 변화가 필요한 것은 무엇인가? 특별히 어려운 점과 지원이 요구되는 부분은 무엇인가?

출처: 김상곤 외(2012).

(6) 프로그램 평가계획 수립

평가는 정책이나 프로그램에 관한 의사결정을 목적으로 사회과학적 조사방법을 사용하여 수행과정과 결과를 측정하는 일련의 절차를 의미한다. 사회복지 영역의 책무성을 강조하는 흐름에서 이러한 평가가 중요한 요소로 부각되고 있다. 프로그램의 평가를 하는 목적은 프로그램의 목적이 달성되어 효과와 영향력 있는 프로그램인지를 검증하고 차후 합리적 의사결정을 이끌기 위해서이다. 평가계획을 수립함에 있어서는 다음과 같은 질문을 활용할 수 있다.

참고 프로그램 평가계획을 수립하기 위한 구체적인 질문

- 무엇을 평가하려 하는가? 평가의 목적은 무엇인가?
- 누가 평가결과를 이용할 것인가? 어떻게 이용할 것인가?
- 평가질문에 답하기 위해 필요한 정보는 어떠한 것들인가?
- 평가가 필요한 시점은 언제인가?
- 평가에 필요한 자원은 무엇인가?
- 어떠한 자료수집방법을 사용할 것인가?
- 수집된 자료를 어떻게 분석할 것인가?
- 평가자료를 어떻게 활용할 것인가?

출처: 김상곤 외(2012).

한편 프로그램 기획과 유사한 개념으로 프로포절[1]이 있는데 이 두 개념의 가장 큰 차이는 예산에 있다. 프로그램 기획이 확보된 예산으로 구체적 사업계획

1) 사회복지 프로포절 작성과 관련해서는 부록 2. 사업계획서 작성 안내(사회복지공동모금회)를 참조하기 바람

을 작성하는 것이라면 프로포절은 새롭게 발생한 아이디어 또는 후원주체가 제시한 사업에 대한 구체적인 사업계획서를 작성하여 사업비 지원을 요청하는 것이다. 다시 정리하면 프로그램 기획이 확보된 예산으로 사업계획을 하는 것이라면 프로포절은 예산이 확보되지 않은 상황에서 예산확보를 위해 작성하는 사업계획이라고 할 수 있다.

활동해 봅시다

최근 사회적 문제가 되고 있고 여러분이 관심을 가지고 있는 주제의 문제에 대하여 아래 질문의 예를 참고하여 질문들을 작성해 봅시다.

[프로그램 기획을 위한 질문의 예시]

- 요즘 왜 그 많은 청소년들이 비행에 빠져드는가?
- 우리 동네에서 비행청소년의 수가 왜 5년 전보다 많아졌는가?
- 왜 그러한 상황이 지금까지 방치되어 왔는가?
- 비행을 저지르는 청소년들은 도대체 누구인가? 어떤 부류의 청소년들이 주로 비행에 빠지게 되는가? 그들의 사회경제적 특성은 무엇인가? 비행청소년들의 성비는 어떻게 되는가? 그들의 사회경제적 특성은 무엇인가? 비행을 저지른 청소년들의 학교생활은 어떠한가?
- 우리 동네에서 청소년들을 대상으로 일을 하고 있는 분들 중에 청소년 비행문제에 대해서 조언을 해줄 사람들은 누구인가?
- 나 말고 또 누가 청소년 비행문제의 해결에 관심이 있으며 해결방안에 동참할 수 있을까?
- 청소년들이 비행에 쉽게 빠지는 이유에 대하여 부모님들은, 선생님들은, 청소년 자신들은 무엇이라고 생각할까?
- 청소년 비행을 감소시키려고 다른 곳에서 시도된 전략들은 무엇인가? 그러한 전략들 중에 효과가 있다고 알려진 것들은 어떤 것인가?
- 어디서 청소년 비행 예방 프로그램들을 찾아볼 수 있는가? 그러한 프로그램들의 지원을 신청해볼 수 있는 곳들은 어디인가?
- 그런 프로그램은 어디서 해야 하는가?(장소: 사회복지관?, 상담센터?, 학교?)
- 그런 프로그램은 언제 시작하는 것이 좋은가?(시기: 초등학교?, 중학교?, 학기 초?, 학기 말?)
- 프로그램 세션들은 언제 해야 하는가?(방과 후 오후시간?, 저녁?, 주말?)
- 프로그램이 효과가 있는지를 어떻게 평가할 수 있는가?
- 어떻게 청소년 프로그램 참여를 유도할 수 있는가?

출처: 이봉주 외(2019).

제 10 장

사회복지현장실습의 기초지식(5) 사회복지기록

학습목표

1. 사회복지실천 기록에 대한 기본적 내용에 대해 설명할 수 있다.
2. 사회복지실천 과정별 기록의 내용과 요소에 대해 설명할 수 있다.
3. 사회복지행정 기록에 대해 설명할 수 있다.

실습생은 사회복지현장실습 과정에서 다양한 기록을 수행하게 되는데 이때의 기록은 자신의 역할수행에 대한 자기반성적 고찰의 근거 또는 실습지도자나 실습지도교수에게 수퍼비전과 평가의 근거자료로 활용될 수 있다. 사회복지실천에서 기록은 사회복지사의 책무성을 평가하는 데 중요한 자료로 활용된다. 그러므로 실습생은 사회복지현장실습 과정 중에 수행하는 기록에 대해 책임성을 가지고 기록하되 교육기관에서 배운 기록방법과 실습기관에서 제공하는 기록에 대한 공식적 지침이나 양식을 토대로 기록하는 것이 좋다. 이에 본 장에서는 사회복지실천 기록의 목적과 유형, 좋은 기록과 잘못된 기록의 특징, 사회복지실천 기록 시 유의사항, 사회복지실천 기록과 윤리적 지침과 같은 사회복지실천 기록에 대한 기본적 내용, 과정별 기록의 내용과 요소 및 사회복지행정 기록에 대해 살펴보고자 한다.

1. 사회복지실천 기록에 대한 기본적 이해

1) 사회복지실천 기록의 목적

사회복지실천 기록의 일차적 목적은 책무성에 대한 기대를 충족하는 것이다. 사회복지사는 자신의 실천활동을 기록하고 평가하는 윤리적·법적 책무성을 가지고 있다. 따라서 이러한 목적을 가진 기록은 사회복지실천활동에 대한 책임성,

효과적인 서비스를 위한 모니터링과 평가, 서비스의 지속성 유지, 전문가 간의 의사소통의 활성화, 수퍼비전의 활성화, 클라이언트와 정보공유 및 이해증진, 근거자료로의 활용 등의 용도로 사용된다. 사회복지실천 기록의 구체적인 목적은 다음과 같다(윤현숙 외, 2001, Kagle & Kopels, 홍순혜 · 한인영 공역, 2010).

① **사회복지실천활동에 대한 책임성**

사회복지사는 실천 초기단계부터 종결단계까지 클라이언트의 상황, 제공한 서비스 내용과 과정, 목표달성 여부와 성과 등을 기록하여 문서화해야 한다. 사회복지사가 제공하는 서비스나 개입에 대한 실천내용을 문서화하는 것은 기관의 서비스에 대한 책무성을 보장하는 것으로 기록의 일차적인 목적이기도 하다. 기록은 사회복지사의 전문활동을 입증할 수 있는 근거자료가 되어 법적인 증거나 재원 확보의 근거자료로도 활용될 수 있다.

② **효과적인 서비스를 위한 모니터링과 평가**

실천과정을 기록하면서 사회복지사는 자신의 활동에 대해 점검할 수 있다. 또한 기록은 개입이나 서비스가 효과적이었는지 평가하는 데 사용되기도 한다. 사회복지사는 체계적 기록을 통해 제공된 서비스와 운영방법, 전달체계 등을 검토 · 평가하여 수정 · 보완할 수 있다.

③ **서비스의 지속성 유지**(효과적인 사례관리 가능)

부득이한 사정으로 담당자가 바뀌거나 다른 기관으로 클라이언트가 이동할 경우, 지금까지의 서비스 기록을 통해 서비스의 지속성을 유지할 수 있다. 또한 서비스나 개입에 대해 문서화함으로써 서비스의 중복이나 누락을 효과적으로 관리할 수 있다.

④ **전문가 간의 의사소통의 활성화**

기록은 기관 안팎의 다른 사람들과 의사소통하는 데 유용하며 이는 전문직 간 협력을 원활하게 한다. 타 분야의 전문가와 함께 일하는 현장에서 기록은 전문적 공조체계를 원활하게 해준다. 즉, 각 전문직의 관점과 서비스 내용을 공유하여 팀활동의 상승효과를 기대할 수 있다.

⑤ 수퍼비전의 활성화

기록은 실습생이나 초보 사회복지사들이 자신의 활동에 대해 지도·감독 받는데 활용된다. 특히 실습생은 실습일지와 여러 기록물을 통해 실천에 대한 교육과 자문을 받게 되는데 여기서 실습생은 기록을 통해 자신의 활동에 대한 실습지도자의 피드백을 받게 되며 그로 인해 클라이언트에게 양질의 서비스를 제공할 수 있게 된다.

⑥ 클라이언트와 정보공유 및 이해증진

클라이언트는 자신에 대한 기록을 보거나 기록과정에 참여할 수 있다. 즉, 전문가의 기록을 통해 클라이언트는 자신에게 제공된 서비스에 대한 이해를 높일 수 있으며 자기결정권을 적절하게 행사할 수 있다. 또한 사회복지사는 기록을 통해 클라이언트가 무엇을 원하는지 욕구를 파악하고 개입의 방향을 설정하는 데 도움을 받을 수 있다.

⑦ 근거자료로의 활용

기록은 기관과 직원평가, 조직관리나 예산집행 등에 있어 근거자료로 활용된다. 또한 연구를 위한 자료로 활용되거나 재정 마련과 기금 조성의 근거자료로도 활용될 수 있다.

2) 사회복지실천 기록의 유형

사회복지실천 기록은 사례의 종류, 기관의 기능, 사회복지실천상의 실제적 조건, 기록을 활용하는 사람의 취향 등에 따라 달라질 수 있다. 기록의 유형은 크게 과정기록, 요약기록, 문제중심기록으로 구분된다. [그림 10-1]은 기록의 유형과 문장 종류의 관계를 나타낸 것이다.

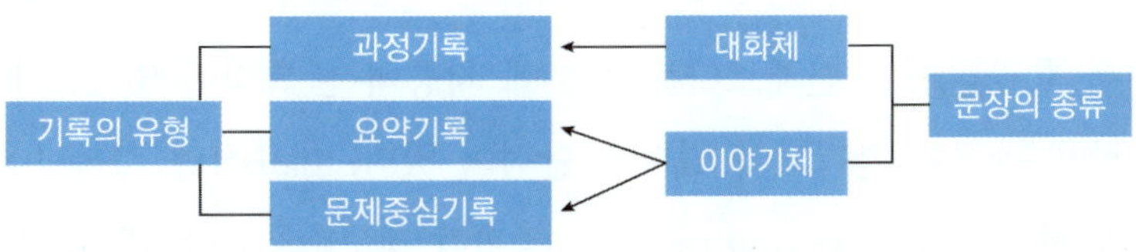

[그림 10-1] 기록의 유형과 문장 종류의 관계

① 과정기록

과정기록은 클라이언트와 사회복지사의 상호작용을 구체적이고 아주 상세하게 기록하는 방식으로 때로는 실제로 했던 말을 정확하게 상기할 수 있도록 녹음까지 진행하여 작성한다. 사회복지사와 클라이언트의 의사소통을 있는 그대로 기록하여 사회복지현장실습이나 교육방법으로 유용하게 활용된다. 단, 시간이 많이 들고 불완전하여 왜곡된 정보를 제공할 수 있다는 단점이 있다.

〈표 10-1〉 과정기록의 예시

사회복지사:	○○의 전화 사회복지사 김○○입니다.
클라이언트:	여보세요, (침묵) 거기가 문제가 있을 때 도와주는... 곳인가요?
사회복지사:	네, 그런데요, 어떤 도움이 필요하세요.
클라이언트:	글쎄, 잘 모르겠어요(침묵)
사회복지사:	저희는 전화주시는 모든 분들을 돕고 있습니다. 문제가 크거나 작거나 상관없습니다.
클라이언트:	젊은 사람인 것 같군요. 그렇죠?
사회복지사:	네, 그렇습니다. 그것이 문제가 되실까요?
클라이언트:	그렇지는 않지만.(침묵) 문제가 있는데... 도움을 받을 곳이 전혀 없네요.
사회복지사:	그래서 저희 같은 기관이 있는 것입니다.
클라이언트:	그렇군요.
사회복지사:	이야기를 시작하기가 쉽지 않으시지요? 지금 선생님이 느끼시는 것을 말씀해 주세요.
클라이언트:	글쎄요... 상실감이 들고... 피곤하고... 외롭고,
사회복지사:	그러세요?
클라이언트:	나에겐 정말로 더 이상 아무도 없어요.
사회복지사:	지금 매우 외로우신 것 같네요.
	-이하 생략-

② 문제중심기록

문제중심기록은 문제를 중심으로 문제영역을 규정 및 사정하고 목록화하며 문제해결에 대한 계획을 세우고 진행되는 내용을 기록한다. 타 전문직과 함께 일하는 현장에서 효과적이며 전체보다는 부분에 치중하는 특징이 있다. 하지만 환경과의 상호작용 관점이 결여되어 있다는 단점이 있다. 대표적인 기록방식은 SOAP 방식인데 먼저 S(Subjective Information, 주관적 정보)는 클라이언트와 가족들이 주관적으로 기술하는 문제와 정보를 의미하고, O(Objective information, 객관적 정보)는 사회복지사가 관찰한 클라이언트의 객관적 정보를 의미한다. A(Assessment, 사정)는 문제에 대한 견해, 해석, 사정을 의미하고, P(Plans, 계획)는 전문가가 특정한 문제를 제기하거나 해결하는 방법, 그 방법에 대한 계획을 의미한다.

〈표 10-2〉 문제중심기록의 예시

S: 김씨는 그가 집으로 돌아갈 때 자신의 식생활을 바꿔야 할 필요가 있음을 표현하기 시작했다. 그가 매일 기름진 음식을 먹고 있으나 그것 때문에 죽을지도 모른다는 사실을 인식하게 되었다고 말한다.

O: 식이요법을 하도록 설득해야만 했던 오씨의 입원 초기와는 대조적으로 현재 김씨는 매우 협조적이다. 그는 현재 수동적, 비협조적 자세가 아니라 능동적으로 관여하고 있다. 직원들은 그의 줄어든 요구에 대해 긍정적으로 반응하고 있다.

A: 우울증이 호전됨에 따라 김씨는 자신의 과거 습관들은 버려야 할 필요성을 인정할 수 있을 것으로 보인다. 좀 더 많은 지지와 교육을 통해 그는 집에서도 계속 호전될 것 같다.

P: 퇴원해 집으로 돌아감에 따라 식이요법의 변화를 계획하고 실행하는 데 보호자(딸)를 관여시킨다.

③ 요약기록

요약기록은 사회복지기관이나 상담 장면에서 많이 활용되는 기록방식으로 장기간의 사례에 유용하며, 시간의 흐름에 따라 변화된 상황, 개인활동, 중요한 정보 등을 요약하여 기록한다. 이 기록의 특징은 사회복지사가 제공한 것보다 클라이언트의 변화에 초점을 두어 기록한다는 것이다. 또한, 면담의 모든 과정을 기록하는 것이 아니라 사회복지사가 중요하다고 판단하는 것을 선택하여 기록할 수 있는 융통성이 있다. 단, 클라이언트의 언어적 표현이나 비언어적 표현이 사실적으로 전달되지 않거나 클라이언트나 사회복지사의 생각이나 느낌이 잘 드러나지 않을 수 있다.

④ 이야기체 요약기록

이야기체 요약기록은 과정기록이나 요약기록처럼 독립적인 기록형태라기보다 클라이언트나 면담상황, 제공하는 서비스에 대해 이야기하듯 풀어서 서술하는 방법이다. 기록내용이 이야기체 요약의 형식을 취하고 있어 일반적으로 이야기체 기록이라고 한다. 이야기체 요약기록은 면담내용 혹은 서비스 제공과정에서

〈표 10-3〉 이야기체 요약기록의 예시

① **의뢰**: 최○○군은 XX년 8월 14일에 입원과 동시에 사회사업실로 의뢰되었다. 아이는 응급실을 통해 입원했는데, 경찰이 그를 응급실로 데려왔다. 최○○군은 얼굴과 팔, 다리가 멍들어 있었을 뿐 아니라 온몸에 화상을 입고 있었다. 아버지인 최○○씨는 최○○군의 바지가 엉망이 되어 그를 목욕시키고 있었다고 응급실 간호사에게 말했다. 목욕을 시키면서 덴 상처를 발견하고 최○○씨는 도움을 청했다. 최○○씨는 최○○군의 멍이 오전에 공원에서 그네를 타다 떨어져서 생겼음에 틀림이 없다고 말했다. 최○○씨는 최○○군이 매우 둔하여 항상 어디서 떨어지거나 부딪친다고 말했다.

② **배경**: 최○○군은 4살 11개월이지만 3살도 채 안 되어 보인다. 작고 연약하며 모르는 사람을 두려워한다. 병원 직원이 그에게 하라는 대로 따라는 주지만 웃지 않고 대답도 하지 않는다. 최○○군은 최○○씨의 여섯 자녀 중 막내이다. 다른 자녀들의 나이는 8~16세이다. 최○○보다 큰 다른 자녀는 모두 학교에 다니며 이 중 셋은 중학생이다. 최○○씨 가족과의 면담에서는 최○○씨가 주로 이야기하고 부인 박○○씨는 거의 말을 하지 않았으며 질문을 받으면 고개를 끄덕이거나 고개를 젓거나 했다. 최○○씨는 직장을 찾고 있었지만 지난 3년간 취업하지 못했다. 그는 때로 일용직 일을 하지만 보통은 거의 집에 있었다. 최○○씨와 부인은 인척의 소개로 만났으며 결혼기간 동안 자주 아이문제로 다투었다. 최○○씨는 최○○군을 '그 애 엄마처럼 느린' 아이로 기술했고 최○○군이 대소변을 가리지 못하고, 말을 못하고, 둔하기 때문에 발달이 느린 것으로 알고 있다. 최○○군은 한 번도 의사나 교사의 평가를 받아본 적이 없다.

③ **서비스 정보**: 내과 전문의는 8월 14일에 아버지 최○○씨를 아동학대로 신고하였는데 그는 최○○군의 화상이 매우 뜨거운 목욕물에 의한 것이며 멍은 최○○군이 저항하며 목욕통에서 나오려는 시도로 생긴 것이라고 진술하고 있다. 의사 P씨와 나는 즉시 최○○군의 부모에게 학대 신고 사실을 알렸고 의사 P씨는 모든 의심스러운 상해들을 보고해야 한다고 설명하였다. 최○○씨 가족은 최○○군을 병원에서 퇴원시키겠다고 위협했으나 최○○군이 병원에 있어야 한다는 것에 결국 설득되었다. 나는 최○○씨 부부에게 이틀 후(8월 16일) 나머지 5명의 자녀도 검진을 위해 데려오도록 요청하였다. 모든 자녀들이 검사를 받았는데, 몇몇 자녀는 치료를 요하는 건강상 문제를 가지고 있었지만 학대의 증상을 보이는 자녀는 없었다. 우리는 관련 기관의 아동복지서비스를 이용하도록 하였는데 관련 담당자는 아동학대와 관련된 증거를 발견하였다. 최○○씨 가족에게 최○○군을 매일 방문하도록 권장했지만 그들은 최○○군이 3주간 입원해 있는 동안 1주일에 단 1번만 방문하였다. 퇴원하면 최○○군은 집으로 돌아갈 것이다.

김○○ 사회복지사

202X년 XX월 XX일

이야기한 것을 그대로 대화형태로 표현하는 것이 아니라 재구성되어 서술된다. 즉, 사회복지사가 중요하다고 판단되는 것을 기록하므로 융통성이 있다. 하지만 기록내용은 기록자의 재량에 많이 의존하여 면담내용을 지나치게 단순화하고 초점이 불명확할 수 있다.

3) 좋은 기록과 잘못된 기록의 특징(이경아 · 서홍란, 2011)

① 좋은 기록

좋은 기록은 기록의 목적을 충실히 반영하고 사실과 견해를 구분하여 작성하며, 간결한 문체, 구체적인 묘사, 논리적인 표현을 사용한다. 내용은 사실에 근거하여 기록하고 전문가적 윤리를 준수하며 수용된 이론에 근거를 두어 작성한다. 그리고 무엇보다도 클라이언트의 관점을 존중한다. 좋은 기록의 구체적인 특징은 다음과 같다.

- 서비스 결정과 행동에 초점을 둔다.
- 사정, 개입, 평가의 기초가 되는 클라이언트와 클라이언트 환경, 상황에 대한 정보가 들어 있다.
- 각 단계의 목적, 목표, 계획, 과정과 진행을 포함한 서비스 전달에 대한 정보가 들어 있다.
- 상황묘사와 사회복지사의 견해가 명확하게 분리되어 있어 읽는 사람들이 사회복지사의 관찰사항과 해석을 이해할 수 있다.
- 구조화되어 있어 정보를 효과적으로 문서화할 수 있고, 쉽게 색출해낼 수 있다.
- 서비스 전달이 잘 묘사되고 모든 문장이 정확하다.
- 기록이 간결하고 구체적이며, 타당하고 명확하며, 논리적이고 시기적절하며 의미 있고 사실에 근거한다.
- 전문가적 윤리를 바탕으로 한다.
- 전문가적 견해를 담으면서도 클라이언트의 관점을 무시하지 않는다.

② 잘못된 기록

잘못된 기록은 초점이 없고 모호하며 편견이나 추리에 의존하여 정확치 않다. 또한 정보의 양이 너무 많거나 적고, 조직화되어 있지 못하며 부정확한 사정, 잘못된 판단, 비윤리적 행동, 부적절한 개입, 내담자에 대한 무례한 표현 등을 담고 있다. 잘못된 기록의 구체적인 특징은 다음과 같다.

- 오탈자가 많고 맞춤법상의 오류가 많다.
- 내용이 부정확하고 사실에 근거하고 있지 않다.
- 내용이 반복되고 장황하다.
- 내용이나 과정상 윤리적인 문제가 있다.
- 행위의 주체를 파악하기 어렵다.

  [예시] …에 대한 염려가 제기되었다. (누가?) → 사회복지사는 …에 대해 염려했다.(O)
- 의미가 없고 비판적이며 과장하게 표현되어 있다.
- 근거 없이 결론을 내린다.
- 상황에 대해 실습생의 독단적인 견해를 표현하고 클라이언트를 무조건 비난하거나 부정적으로 표현한다.

  [예시] 순이는 편집증이 강하고 고립되어 있으며 조작적이고 자기애적이다.
- 지나치게 요약하여 정보로서의 가치가 없다.

활동해 봅시다

- 여러분이 생각하는 좋은 기록에 대해 생각해보고 내용과 그 이유를 적어봅시다.

순위	내용	이유
1		
2		
3		

- 여러분이 생각하는 잘못된 기록에 대해 생각해보고 내용과 그 이유를 적어봅시다.

순위	내용	이유
1		
2		
3		

<작성팁>

- 어떤 기록이 좋은 기록이고 잘못된 기록인지를 충분히 생각해 보고 구체적으로 작성한다.

[작성 예시]

- 내용이 충실하면서도 간결한 기록: 실습지도자를 포함하여 기록을 읽는 사람들이 작성한 기록에 대해 쉽게 이해할 가능성이 높음
- 내용이 모호하고 오탈자가 많은 기록: 실습지도자를 포함하여 기록을 읽는 사람들이 작성한 내용에 대해 이해하기 어렵고 작성기록에 대한 신뢰성이 떨어질 수도 있음

4) 사회복지실천 기록 시 유의사항

사회복지실천 기록 시에는 다음과 같은 내용을 유의하여 작성하는 것이 필요하다(사회복지교육연구센터, 2013).

- 기록을 하기 전에 클라이언트에게 양해와 동의를 구한다. 기록을 하는 목적과 기록이 클라이언트에게 어떤 도움이 되는지 간략하게 이야기한다.
- 녹음이나 녹화를 하는 경우, 클라이언트에게 부담을 주지 않기 위해 비밀스럽게 녹음을 하거나 녹화하는 것은 좋지 않다. 반드시 허락을 구하고 시작하며 중간에 클라이언트가 불편해하면 중단한다.
- 클라이언트와 면담을 하면서 기록을 할 때 메모하는 것은 최소한으로 줄인다. 사회복지사가 기록에 치중할 경우 클라이언트는 사회복지사가 자신에게 관심이 없다고 느낄 수도 있고, 면담의 진행에 방해를 주기도 한다.
- 사실이나 약속에 대해서는 정확하게 기록한다.
- 면담이 끝난 후 잊어버리기 전에 간단하게라도 빨리 메모하는 습관을 갖는다.
- 기록내용이 다른 사람에게 함부로 공개되어서는 안 된다. 다른 사람이 쉽게 접근할 수 없도록 기록내용을 철저히 관리한다.
- 기록을 수퍼비전이나 사례회의에 사용할 경우 클라이언트의 사적인 정보가 노출되지 않도록 유의한다.

5) 사회복지실천 기록과 윤리적 지침

사회복지실천 기록과 관련된 윤리적 지침으로 NASW(전미사회복지사협회)의 윤리강령을 살펴보면 다음과 같은 기록 지침이 제시되어 있다(이팔환 외 역, 2001).

- 사회복지사는 기록이 포함된 문서가 정확하며 제공된 서비스를 반영한다는 것을 보장하는 적절한 조치를 취해야 한다.
- 사회복지사는 서비스의 전달을 촉진하고 앞으로의 클라이언트에 대한 서비스의 지속성을 보장하기 위해 충분하고 시기적절하게 기록을 문서화해야 한다.
- 사회복지사가 작성한 문서는 가능한 한 클라이언트의 사생활이 보호되도록 적절히 조치를 취해야 하며, 이러한 문서에는 서비스 전달과 직접적으로 관련된 정보만 포함되어야 한다.
- 사회복지사는 서비스가 종료된 후에 기록을 보관하여 장차 쉽게 찾아볼 수 있도록 해야 한다. 법률이나 관련 계약서에 명시된 기간 동안 기록이 보관 및 유지되어야 한다.

2. 사회복지실천 과정별 기록의 내용과 요소

1) 접수단계

접수단계에서는 클라이언트의 특성, 인구사회학적 정보, 클라이언트의 문제와 욕구, 클라이언트가 서비스를 원하는 이유, 클라이언트의 공식·비공식적 자원과 제약 등 파악하여 사회복지사의 소견과 초기사정을 통해 서비스 여부를 결정한다.

- **상담신청서**: 클라이언트의 인구사회학적 정보 파악
- **초기면접지**: 클라이언트의 문제와 욕구, 성장배경 및 가계도를 통한 클라이언트 체계의 특성, 생태도를 통한 공식·비공식적 자원 등을 파악

2) 자료수집 및 사정단계

사정을 위한 자료수집단계에서는 접수 시 알게 된 클라이언트 개인정보 외에 좀 더 깊이 있는 정보, 생활주기에 따른 인간관계와 생활사건, 이에 대한 클라이언트의 반응과 감정 등이 포함된 개인력, 원가족의 가족상황과 가족관계, 현재 가족구성·가족관계 등이 포함된 가족력, 클라이언트의 기능·자원·한계·장점·동기에 대한 정보 등이 포함된다.

- **동의서**: 서비스 개시에 따른 비밀보장에 관한 동의서
- **접촉일지**: 서비스 개시에 따른 클라이언트 접촉 시마다 간략히 상담내용을 요약하여 기록
- **사회력조사지**: 개인력, 병력, 취업력, 가족력 등을 포함한 체크리스트로 클라이언트가 자필로 작성하도록 하며 작성과정에서 관찰이 가능하며, 조사시간을 단축할 수 있음
- **사정질문지**: 사정을 위한 질문에서 누락되는 자료가 없도록 참고할 수 있는 질문지로 자료수집면담 후 사정을 하기에 앞서 이 질문지의 순서에 따라 답을 해보면 사정을 용이하게 할 수 있음
- **자원조사지**: 개인, 가족, 지역사회의 자원을 조사하고 평가하도록 도움을 주는 기록 양식

- **사정 및 개입계획서**: 수집된 자료를 토대로 문제를 정의하고 사정하며, 개입목표와 계획을 수립하는 기록양식
- **가계도**: 일반적으로 요구되는 3세대의 정보를 알 수 있도록 기본형을 제시하고 관계와 상징을 나타내는 선과 도형을 옆에 제시함
- **생태도**: 원 안에 클라이언트 체계(개인 또는 함께 사는 가족)를 그려놓고, 원 밖의 클라이언트 체계와 상호교류하는 상위체계로 일반적으로 예상할 수 있는 공식적인 자원과 비공식적 자원을 표기함
- **사례관리 지역사회 자원망**: 클라이언트의 가족, 친구, 직장 또는 학교, 지역사회로 자원을 유형화하고, 자원과의 거리와 활용도를 파악하여 1차적으로 클라이언트를 지지하는 관계망과 2차적으로 활용하고 관계를 좀 더 강화해야 하는 관계망을 구분하여 관리할 때 활용함

3) 목표설정 및 계약단계

이 단계의 기록에는 목표와 세부목표, 클라이언트의 과업, 사회복지사의 역할과 과업이 포함된다.

- **목표설정 및 계약기록지**: 목표, 세부목표, 클라이언트의 과업, 사회복지사의 역할과 과업을 기록하는 양식

4) 개입단계

개입단계에서 사회복지사는 변화매개자로서 의도적인 개입역할을 활발하게 하게 되므로 자신의 개입방향이나 개입노력이 적절한지 스스로 평가하거나 수퍼비전을 받기 위하여 기록을 활용한다.

5) 종결단계

그동안의 진행과정을 요약하고 변화를 확인하기 위해서 해결된 것이 무엇인지 확인하고 그간의 클라이언트의 변화노력과 증가된 자원체계를 확인하기 위한 종결보고서를 작성한다.

- **종결보고서**: 개입이 종결된 후 개입과정과 결과를 요약하여 보고하는 기록양식. 클라이언트가 처음에 호소했던 주요 문제와 개입과정의 요약, 해결된 문제와 남아 있는 문제 및 사후대비 계획을 사회복지사의 견해와 함께 기록함

지금까지 사회복지실천 과정별 기록의 내용과 요소를 살펴보았다. 다음으로는 사회복지현장실습에서 실습생이 수행할 수 있는 기록들 중 초기접수지와 집단과정일지를 작성할 때 유의할 사항에 대해 간단히 살펴보기로 한다(사례관리에 관한 기록은 9장에서 다룸). 참고로 기록양식은 기관마다 상이할 수 있다.

〈초기면접지 작성 시 유의사항〉

- 초기면접지는 구체적이고 사실적으로 상담과정에서 클라이언트가 말한 것을 토대로 객관적으로 작성한다.
- 첫 번째 페이지는 취조하듯이 물어보면서 체크하지 않고 상담을 하면서 자연스럽게 체크해 나간다.
- 첫 번째 페이지에서 방문일과 접수번호는 작성 당일을 기준으로 기재하고 상담자는 작성자 본인의 이름을 기재한다.
- 상담방법은 본인이 어떤 방식으로 상담을 진행했다고 가정하여 선택하면 되고 발굴경로도 가정하여 선택한다.
- 이후 대상자의 정보를 기재해 주는데 대상자의 성명, 주민번호, 연락처 그 밖의 가족사항, 경제상황, 주거상황, 주요 문제에 관한 정보를 면접 시 확인하여 기재한다. 다만 미리 알고 있거나 알 수 있는 정보의 경우에는 면담 이후에라도 기록할 수 있다.
- 두 번째 페이지에서 가정상황(개인력, 가족력, 건강상황, 경제상황)은 상담자의 주관적인 생각이 개입되지 않도록 유의하며 되도록 상세히 작성한다.
- 개인력의 경우에는 클라이언트의 출생부터 상세하게 작성하며 가정환경, 이사, 직업, 건강, 결혼, 이혼, 가족관계 등이 클라이언트에게 미치는 영향 등을 상세하게 적는다.
- 가족력은 클라이언트의 가족이나 친인척 등과 관련하여 작성하며 건강상황과 클라이언트의 상황에 대해서도 상세히 작성한다. 작성 시 연도를 가급적 정확하게 작성한다.
- 사회적 관계망은 현재 서비스를 받고 있는 기관이 있다고 가정 시 원조자는 해당 기관명을, 원조내용은 해당 서비스 내용을 상세히 작성한다.
- 연계자원의 경우 공식자원은 정부로부터 받는 공적 지원 내용이, 비공식자원은 자녀용돈이나 종교기관의 후원 등이 해당된다.
- 가계도와 생태도는 클라이언트와 관계된 내용들이 고스란히 나타나게 그린다.

〈INTAKE〉

결재	담당	팀장	부장	관장

INTAKE

▶ 방문일: 년 월 일 ▶상담자:

사진	①접수번호		성명		주민번호		성별	
	주소							
		특이사항:						
	연락처				비상연락망			

▶기본사항	
②상담유형	□초기상담 □모니터링상담(기존 대상자)
③상담방법	□전화 □방문 □내방
④발굴경로	□어르신복지플래너 □우리아이복지플래너 □어르신방문간호사 □우리아이방문간호사 □복지대상자(기초수급자) □복지대상자(한부모) □복지대상자(차상위) □복지대상자(기타) □복지상담전문관 □복지급여탈락자 □대상자 본인 요청 □타기관 □보건소 □통반장 및 주민 □기타( )

▶가족사항

세대주와 관계	성명	생년월일	동거	직업	⑤장애 및 질병	⑥건강상태

동거현황 (명)	□부 □모 □미혼자녀 □기혼자녀 □형제자매 □기타( )	배우자 (없는 경우)	□사별 □이혼 □별거 중 □미혼
가구유형	□부부중심가구 □청장년가구 □소년소녀가구 □독거노인 가구 □미혼부·모가구 □장애인가구 □조손가구 □노인부부가구 □다문화가구 □기타( )		
보장구분· 사전확인	□생계급여 □의료급여 □교육급여 □주거급여 □차상위계층 □한부모가족지원 □장애수당 및 연금 □아동복지 □부산형기초생활보장 □긴급지원 □기타( )		

⑦경제상황				
	월소득액 (만원)	만원	수입내역 (만원)	근로소득 □정기적 □비정기적(만원) 정부보조금(만원) 노령연금(만원) 자녀결연금(만원)
	월지출액 (만원)	만원	지출내역 (만원)	월세(만원) 교육비(만원) 의료비(만원) 관리비(만원) 생활비(만원) 기타(만원) 부채(카드 /은행권 /기타)

⑧주거상황				
	주거형태	□자가( ) □전세( ) □월세(보증금 /월세 만원)		
	환경	□방(개) □부엌(조리가능□유 □무)	난방	□기름 □LPG □LNG(도시가스) □연탄 □기타( )

⑨주요문제	□안전(학대, 방임, 기타 안전문제) □신체 및 정신건강 문제(정신질환, 술, 약물등) □일상생활유지 문제 □가족생활 문제 □사회적 관계 □교육 및 학습의 문제 □기타( )

<table>
<tr><td rowspan="5">⑩ 가정상황</td><td>생활상태</td><td colspan="4">1) 개인력

2) 가족력

3) 건강상황

4) 경제상황</td></tr>
<tr><td rowspan="4">사회적 관계망</td><td>원조자</td><td>원조내용</td><td>원조자</td><td>원조내용</td></tr>
<tr><td></td><td></td><td></td><td></td></tr>
<tr><td></td><td></td><td></td><td></td></tr>
<tr><td></td><td></td><td></td><td></td></tr>
<tr><td colspan="2">⑪심리 · 정서상태</td><td></td><td></td><td></td><td></td></tr>
<tr><td colspan="2" rowspan="2">⑫연계자원</td><td>공식적 자원</td><td colspan="3"></td></tr>
<tr><td>비공식적 자원</td><td colspan="3"></td></tr>
<tr><td colspan="2" rowspan="2">⑬가계도 및 생태도</td><td colspan="2">〈가계도〉</td><td colspan="2">〈생태도〉</td></tr>
<tr><td colspan="2"></td><td colspan="2"></td></tr>
<tr><td colspan="2">⑭대상자 욕구</td><td colspan="4"></td></tr>
<tr><td colspan="2" rowspan="2">⑮사례관리자 종합의견</td><td colspan="2" rowspan="2"></td><td>강점</td><td>약점</td></tr>
<tr><td></td><td></td></tr>
</table>

<집단과정 일지 작성 시 유의사항>

집단과정 일지(소집단용)는 집단지도 활동의 목표와 세부목표, 집단진행 요약, 과정기록, 평가, 다음 집단모임 계획 등을 중심으로 기록한다. 과정기록은 모임 전 단계와 모임 단계, 모임 후 단계별로 기재하고, 평가는 목표달성 및 프로그램 평가, 집단의 역동성, 성원의 개별 평가, 지도자 자신에 대한 평가별로 기재한다. 이 밖에도 다음의 내용들을 고려하여 작성한다.

① 집단활동 시 발생한 내용을 요점을 잡아 기록한다.
② 기록에 따른 정확한 관찰 근거를 함께 기술, 관찰 당시의 상황과 주변과의 상호작용을 기술하고 관찰자의 평가와 시각을 제시한다.
③ 기록 표현에 있어 사회복지사의 가치, 편견, 판단을 통제한 객관적 시각으로 기록한다.
④ 이해하기 쉽고 표준화된 용어로 기술한다.
⑤ 집단 전체의 역동과 개별 구성원의 반응을 함께 관찰한다.
⑥ 기록 시 3인칭(사회복지사는~, 지도자는~ 등)을 사용한다.

출처: 김상곤 외(2012).

<작성 예시>

집단과정 일지(소집단용)

집단지도자(실습생)명	김○○	집단명	자립생활프로그램
집단진행 날짜		집단활동 장소	프로그램실
참석자(8명) 명단	김○○, 서○○, 박○○, 최○○, 주○○, 이○○, 오○○, 진○○		
결석자(0명) 명단			

1. 목표 및 세부목표

1. 목표: 개인위생관리 능력 향상

2. 세부목표:
   2-1. 세면도구의 명칭을 인지한다.
   2-2. 세면도구의 사용방법을 인지한다.

2. 집단진행요약

시간	프로그램 내용	사회복지사의 역할
16:00~17:00	개인위생관리	교육자로서 세면도구의 명칭을 설명하고, 사용방법에 대해 시범을 보임

3. 과정 기록
   1) 모임 전 단계(자리 위치 표시)
      • 세면도구 준비물 체크, 동영상 사전 상영
   2) 모임 단계
      • 인사나누기: 오늘 하루 어땠는지 한 명씩 돌아가면서 이야기하기
      • 설명하기: 오늘 집단활동의 목표를 설명하고, 어떤 활동을 할 것인지 이야기 나누기
      • 동영상보기: 개인위생관리에 대한 동영상을 보고, 느낀 점 나누기
      • 실습하기: 세면도구들을 직접 사용하여 보기
      • 평가하기: 오늘의 활동에 대한 소감나누기, 과제나누기
   3) 모임 후 단계
      • 뒷정리하기 및 전체 평가하기

4. 평가
   1) 목표달성 및 프로그램 평가
      • 8명의 참여자 중 6명은 적극적으로 참여하고 각 도구들의 사용방법을 적절하게 사용함. 그러나 2명(서○○, 박○○)은 집중하지 못하고 산만함을 보임. 지도자가 시범을 보이니 잘 따라서 수행하지만 개별적인 설명과 지도가 필요하였음.
   2) 집단의 역동성(성원-성원, 성원-지도자)
      • 대체로 참여자들 간에 서로 도와가는 협력적 관계가 보임(서○○, 박○○ 제외), 지도자와의 역동도 긍정적이었음.
   3) 성원의 개별 평가(개인의 변화, 참여도, 지도자·타 회원과의 관계)
      • 집중하지 못하는 서○○, 박○○는 타 참여자들을 간섭하고 귀찮게 하는 모습이 있었음. 오○○와 진○○은 지도자의 지시를 무시하고 착석도 하지 않아 지속적으로 지시하는 상황이었음. 하지만 주○○와 이○○는 서로 도와가면서 각 도구들의 사용방법을 알아감. 최○○와 김○○도 개별적으로 흥미를 가지고 열심히 참여하였음.
   4) 지도자 자신에 대한 평가(역할 및 의도적 개입)
      • 8명의 인원을 지도자 1인이 지도하다 보니 구성원들의 참여를 충분히 이끌어 내지 못하였고 또한 집중하지 못하는 참여자로 인해 다소 산만함이 있었음. 이러한 행동을 제지하고 좀 더 단호한 지도가 필요함.

5. 다음 집단모임 계획
   • 자원봉사자를 모집하여 개별적 지원을 요청할 필요가 있음.

3. 사회복지행정 기록에 대한 이해(한국보건복지인력개발원, 2023)

1) 기안

기안이란 기관의 의사를 결정하고 알리기 위해 작성된 문서를 의미하는데 기관의 의사를 정확하고 명료하게 전달하는 것이 중요하다.

2) 기안이 필요한 상황

기안은 접수한 문서를 처리하기 위해서, 상급자의 지시사항을 처리하기 위해서, 사회복지사가 자발적으로 발안하는 경우, 관계법령이나 훈령, 내규 등의 근거에 의한 경우 등이 있다.

3) 기안 작성 순서

① 가장 먼저 작성 목적을 정확하게 파악한다.
- 작성이유, 그 문서의 기대효과, 결재권자의 의도 및 지시내용, 접수 문서의 내용 등

② 작성 목적에 맞는 정보(예: 관계법령, 관례, 참고문헌 등)를 수집 · 선택한다.

③ 수집 · 선택한 정보를 가지고, 기안의 목적에 맞게 초안을 작성하고, 관계규정을 검토한다.

④ 초안에 의거 관계 규정을 검토한 결과, 다음 사항을 고려하여 본 안을 작성한다. 이때 기안용지 및 형식은 소속기관의 것을 따른다.
- 기안문의 중점적인 내용을 분명하게 하여 문장을 구성한다.
- 상대방의 입장에서 이해하기 쉽게 표현한다.

⑤ 작성 후에는 반드시 작성된 기안문을 정독하여 잘못된 부분이나 불필요한 부분이 없는가, 논리의 일관성을 해치거나 빠지는 내용은 없는가를 확인한다.

4) 기안 작성방법

일반적으로 기안은 두문, 본문, 결문으로 구성된다. 두문에서는 기관명, 수신,

경유를 포함하고 본문은 제목, 내용, 붙임을 포함하며 결문에는 발신명의, 기안·검토·협조·결재권자의 직위 또는 직급 및 서명, 등록번호, 기관정보 등을 포함한다.

① 두문 작성

- **기관명**: 기관명은 기안한 부서가 속한 기관명을 표시한다.
- **수신자**: 수신자의 표시는 해당 기관장의 직위를 기재하고 그 다음에 괄호 안에 그 업무를 처리할 보조기관(직위)을 기재한다. 수신자가 많은 경우에는 수신자에 수신자(처) 참조라고 쓰고 결문의 발신명의 다음 줄 왼쪽 한계선에 맞추어 수신자(처) 명을 표시한다.

> **〈예시〉**
> (두문) 수신∨∨수신자 참조
> (결문) 수신자 ○○종합사회복지관장, ○○지역아동센터장, ○○사회복귀시설장

- (경유): 경유문서인 경우에는 '이 문서의 경유기관의 장은 ○○○이고, 최종 수신기관의 장은 ○○○입니다.'라고 표시하고 경유기관의 장은 제목란에 '경유문서의 이송'이라고 표시하여 순차적으로 이송한다.

② 본문 작성

- **제목**: 문서의 내용을 쉽게 알 수 있도록 간단하고 명확하게 한 줄로 작성한다. 제목을 두루뭉술하게 작성하면 해당 문서를 찾기 어려울 수 있고, 결재 과정에서도 반려될 수 있다. 또한 한 줄 이상 너무 문장이 길어지면 직관적으로 이해하는 데 어려움이 있을 수 있다. 특히 연도나 시기 등과 관련한 경우라면 구체적인 연도나 회차 등을 붙여주는 것이 좋다. 동일년도 내에서 동일 내용이 여러 번 이루어지는 경우 월 또는 월과 회차를 사용하는 것도 방법이다(예: 2023년 12월 기관자문회의 개최). 그리고 제목 말미에는 ~보고(제출), 안내(알림), 질의나 통보(통지), 의뢰, 독촉, 개최, 조사, 신청, 요청, 회신, 추천, 협조 등 동사형 명사로 마무리한다.
- **본문**: 제목을 작성한 다음에는 기안을 작성하게 된 목적을 쓴다. 목적은 1~2줄로 요약해서 작성하되 왜 작성하는지 내용을 일목요연하게 정리한다.

〈기안문에서 항목을 표기하는 방법〉

기안문에서 항목을 표기하는 방법은 '행정업무의 효율적 운영에 관한 규정'에 규정에 되어 있으므로 이 규정을 따르는 게 좋다. 본문의 항목 구분은 다음과 같은 형식으로 구분한다.

구분	항목 기호(원칙)	특수부호(실제 작성 시)
첫째 항목	1., 2., 3., 4., …	
둘째 항목	가., 나., 다., 라., …	□
셋째 항목	1), 2), 3), 4), …	○
넷째 항목	가), 나), 다), 라), …	—
다섯째 항목	(1), (2), (3), (4), …	•
여섯째 항목	(가), (나), (다), (라), …	
일곱째 항목	①, ②, ③, ④, …	
여덟째 항목	㉮, ㉯, ㉰, ㉱, …	

첫째 항목 기호는 왼쪽 기본선에서 시작하고 1., 2., 3., …등부터 시작한다. 둘째 항목부터는 바로 위 항목 위치에서 오른쪽으로 2타씩 옮겨 시작한다. 항목이 두 줄 이상인 경우에 둘째 줄부터는 항목 내용의 첫 글자에 맞추어 정렬한다. 항목기호와 그 항목의 내용 사이에는 1타를 띄운다.

〈예시〉
수신자W수신자 참조
(경유)
제 목W○○○○○
1.V○○○○○○○○○○
W가.V○○○○○○○○○○
WW1)V○○○○○○○○○○
WWW가)V○○○○○○○○○○○
WWWW(1)V○○○○○○○○○○○
2.V○○○
WW○○○○

※ 2타(W표시)는 한글 1자, 영문·숫자 2자, 스페이스 바(Space Bar) 2번에 해당함

항목이 두 줄 이상인 경우에는 둘째 줄부터는 항목 내용의 첫 글자에 맞추어 정렬함이 원칙이나, 왼쪽 기본선에서 시작하여도 무방하다. 단, 하나의 문서에서는 동일한 형식(첫 글자 또는 왼쪽 기본선)으로 정렬한다.

〈예시1〉 항목 내용의 첫 글자에 맞춘 경우
수신자W수신자 참조
(경유)
제 목W○○○○○
1.V○○○
WW○○○○
2.V○○○
WW○○○○

〈예시2〉 왼쪽 기본선에서 시작하는 경우
수신자W수신자 참조
(경유)
제 목WOOOOOO
1.VOOOOOOOOOOOOOOOOOOOOOOOOOOOOOOOOOOOOOOOOOOOOOO
OOOO
2.VOOOOOOOOOOOOOOOOOOOOOOOOOOOOOOOOOOOOOOOOOOOOOO
OOOO

본문의 항목이 하나만 있는 경우에는 항목기호를 부여하지 않는다. 이때 □, ○, —, •과 같은 특수기호를 사용할 수 있다.

〈예시〉
수신자W수신자 참조
(경유)
제 목WOOOOOO
보건복지부-1234(2023.3.2.)호와 관련하여 OO현황을 붙임과 같이 제출합니다.
붙임WOOOO현황 1부.W끝.

'다음(아래)과 같이 실시하고자 합니다.'만으로 충분하기 때문에 별도로 다음(아래)을 표기하지 않는다. 가독성을 위해서 본문 항목 사이 위와 아래 여백을 자유롭게 조정할 수 있다(한 줄 띄우기 가능, 줄간격 및 아래 여백을 자유롭게 설정 가능).

〈예시〉
수신자W수신자 참조
(경유)
제 목W공문서 작성 교육 안내
공문서 작성 교육을 다음(아래)과 같이 실시하오니 기관 실무자분들의 많은 참여를 부탁드립니다.
- 다 음(아 래) -
1.V일시:V2023.V3.V10.(화)V15:30
2.V장소:V소강당
3.V대상:V신규 사회복지사
4.V소요경비:V금200,000원(금이십만원)W끝.

붙임WOOOO연수 계획서 1부.W끝.

〈참고〉
W가.V일시:V2023.V3.V10.(화)V15V:V30 (×) 시간을 나타내는 쌍점은 띄어쓰지 않음
W가.V일시:V2023.V3.V10.(화)V15:30 (○)
W가.V날짜:V2023.3.10.(화) (×) 연도 월일에 1타 띄우고 표기해야 함
W가.V날짜:V2023.03.10.(화) (×) 월일에서 자리 수를 맞추기 위해 '0'을 사용하지 않음
W가.V날짜:V2023.V3.V10.(화) (○)
W가.V기간:V2023.V3.V10.(화)V~V3.V11.(수) (×) '~' 표시를 쓸 때는 띄어쓰지 않아야 함
W가.V기간:V2023.V3.V10.(화)~3.V11.(수) (○) '~' 대신 붙임표(-)로 대신할 수 있음
W라.V소요경비:V금V200,000원(금V이십만원) (×) 숫자 다음 괄호는 한글로 기재하되 이어 표기함
W라.V소요경비:V금200,000원(금이십만원) (○)
붙임:VOOOO연수 계획서 1부.W끝. (×) 붙임에서 :를 사용하지 않아야 함
붙임WOOOO연수 계획서 1부.W끝. (○)

〈기안문 작성 시 공통 표기법〉

- 숫자는 아라비아 숫자를 사용하여 표기한다.

〈예시〉 일주일간(×) → 7일간(○)

- 날짜는 숫자로 표기하되 연, 월, 일의 글자는 생략하고 그 자리에 마침표로 표시한다. 월, 일 표기 시 '0'을 표기하지 않는다.

〈예시〉
2023년 09월 06일(×) → 2023.∨9.∨6.(○)
2023.9.6.(×)
2023.09.06.(×)

- 연도를 생략하여 쓸 때는 작은따옴표 뒤의 것을 사용한다.

〈예시〉 '23(×) → '23(○)

- 시간의 시 · 분은 24시각제에 따라 숫자로 표기하되 시 · 분의 글자는 생략하고 그 사이에 쌍점(:)을 찍어 구분한다.

〈예시〉 오후 1시(×) → 13:00(○), 오전 9시 5분(×) → 09:05(○)

- 금액을 표시할 때는 아라비아 숫자로 쓰되, 숫자 다음에 괄호를 하고 한글로 기재한다. 금액표기 시 위조와 변조의 위험으로 띄어쓰기를 하지 않으며 예시에서 만 단위 표현을 십일만이 아닌 일십일만으로 한다. 또한 '일금'이나 '원정'과 같은 불필요한 표현은 사용하지 않는다.

〈예시〉
금 32,550원(금삼만이천오백오십원)(×) → 금 32,550원(금삼만이천오백오십원)(○)
금112,550원(금십일만이천오백십원)(×) → 금112,550원(금일십일만이천오백십원)(○)
금113,560원(일금일십일만삼천오백육십원정)(×) → 금113,560원(금일십일만삼천원오백육십원)(○)

- 문서에 첨부자료가 포함될 때는 본문이 끝난 줄 다음에 '붙임' 표시를 하고 첨부물의 명칭과 수량을 쓰되, 첨부물이 두 가지 이상인 경우 항목을 구분하여 표시하되 각각 마침표를 붙인다. 붙임은 본문 다음에 바로 붙여 쓰거나, 두 줄 띄어 써도 무방하다(본문과 붙임 사이에 'Enter'키를 쳐도 되고 치지 않아도 됨).

〈예시1〉
(본문) ·· 주시기 바랍니다.
붙임W○○○계획서 1부.W끝.

〈예시2〉
(본문) ·· 주시기 바랍니다.
붙임W1.V○○○계획서 1부.
W2.V○○○신청서 1부.W끝.

〈예시3〉
(본문) ·· 주시기 바랍니다.
V
V
붙임W1.V○○○계획서 1부.
W2.V○○○신청서 1부.W끝.

- 문서의 '끝' 표시는 본문 내용의 마지막 글자에서 한 글자(2타) 띄우고 '끝.' 표시를 한다. 하지만 첨부물이 있으면 붙임 표시문 다음에 한 글자(2타)를 띄우고 '끝.' 표시를 한다.

〈예시1〉
(본문) ……………………………………………… 주시기 바랍니다.W끝.

〈예시2〉
(본문) ……………………………………………… 주시기 바랍니다.
붙임W1.VOOO계획서 1부.
W2.VOOO신청서 1부.W끝.

- 본문 또는 붙임 표시문이 오른쪽 한계선에서 끝났을 경우에는 그 다음 줄의 왼쪽 한계선에서 한 글자(2타) 띄우고 '끝.' 표시를 한다.

〈예시〉
(본문) ……………………………………………… 주시기 바랍니다.
W끝.

- 본문이 표로 끝나고, 표의 마지막 칸까지 작성되는 경우에는 표 아래 왼쪽 한계선에서 한 글자(2타) 띄우고 '끝.' 표시를 한다.

〈예시〉
1. 참석 대상자

기관명	직위(급)	성명	발표주제
OO지역아동센터	OOOO	김OO	OOOOOOOOOOOO
OO종합사회복지관	OOOO	박OO	OOOOOOOOOOOO

W끝.

- 본문이 표로 끝나고, 표의 중간에서 기재사항이 끝나는 경우에는 '끝' 표시를 하지 않고 마지막으로 작성된 칸의 다음 칸에 '이하 빈칸' 표시를 한다.

〈예시〉
1. 참석 대상자

기관명	직위(급)	성명	발표주제
OO지역아동센터	OOOO	김OO	OOOOOOOOOOOO
이하 빈칸			

- 표의 위치는 정해진 사항이 없으며, 왼쪽 기준선부터 전체를 사용하거나 또는 표 제목의 아래 위치부터 시작한다.

③ 결문 작성

- **발신명의**: 기관장의 권한인 경우에는 해당 기관장의 명의로 발신하고 발신할 필요가 없는 내부결재 문서에는 발신명의를 표시하지 않는다.

- **기안자, 검토자, 협조자, 결재권자의 직위 또는 직급**: 직위가 있는 경우에는 직위를 직위가 없는 경우에는 직급을 온전하게 쓰고 서명을 표시한다.
- **시행 처리과명, 생산등록번호**(시행일) **및 접수등록번호**(접수일): 처리과명(처리과명이 없는 기관은 기관명 약칭)을 기재하고 시행일과 접수일란에는 연월일을 각각 온점(.)을 찍어 숫자로 기재한다.
- **우 도로명 주소**: 우편번호를 기재한 다음, 기관이 위치한 도로명 및 건물번호 등을 기재하고 괄호 안에 건물명칭과 사무실이 위치한 층수와 호수를 기재한다.
- **홈페이지 주소**: 기관의 홈페이지 주소를 기재한다.
- **전화번호, 팩스번호**: 전화번호와 팩스번호를 각각 기재하되, ( ) 안에는 지역번호를 기재한다. 기관 내부문서의 경우는 구내 전화번호를 기재할 수 있다.
- **기안자의 공식 전자우편주소**: 기안자에게 부여된 전자우편주소를 기재한다.
- **공개 구분**: 공개, 부분공개, 비공개로 구분하여 표시한다.
- **관인생략 등 표시**: 발신명의의 오른쪽에 관인생략 또는 서명생략을 표시한다.

5) 기안 작성 시 유의사항

올바른 문서 작성은 정확한 의사소통을 위하여 필요할 뿐만 아니라 문서 자체의 품격을 높이고, 그 기관의 대외적인 권위와 신뢰도를 높여준다. 문서의 올바른 작성을 위하여 다음과 같은 사항에 유의할 필요가 있다.

(1) 정확성(바른 글)

① 일반적으로 육하원칙에 따라 작성하고 오탈자나 계수 착오가 없도록 한다.
② 필요한 내용을 빠뜨리지 않고, 잘못된 표현이 없도록 문서를 작성한다.
③ 의미전달에 혼동을 일으키지 않도록 정확한 용어를 사용하고 문법에 맞게 문장을 구성한다.
④ 애매모호하거나 과장된 표현에 의하여 사실이 왜곡되지 않도록 한다.

참고 띄어쓰기

1. 시: (일부 명사나 어미 '-을' 뒤에 쓰여) 어떤 일이나 현상이 일어날 때나 경우
   [예시] 제출 시/규칙을 어겼을 시/운전 시
   cf〉 한 단어로 굳어진 말은 띄어쓰지 않는다.
   [예시] 비상시, 유사시, 평상시, 필요시
2. 간: ① '관계'의 뜻을 나타내는 말은 띄어 써야 한다.
   [예시] 동료 간/친구 간/부서 간/기관 간
   ② 한 대상에서 다른 대상까지의 사이의 뜻을 나타내는 말은 띄어 써야 한다.
   [예시] 서울과 부산 간/국가 간/지역 간
   cf〉 '동안'의 뜻을 더하는 접미사는 띄어 쓰지 않는다.
   [예시] 이틀간/한 달간/삼십 일간

(2) 용이성(쉬운 글)

① 상대방의 입장에서 이해하기 쉽게 작성한다.

② 문장은 가급적 짧게 끊어서 항목별로 표현한다.

③ 복잡한 내용일 때는 먼저 결론을 내린 후 이유를 설명하는 것이 좋다.

④ 추상적이고 일반적인 용어보다는 구체적이고 개별적인 용어를 쓴다.

⑤ 읽기 쉽고 알기 쉬운 용어를 사용하고, 한자나 어려운 전문용어 또는 일반화되지 않은 약어는 사용하지 않는다. 한자나 전문용어를 쓸 필요가 있을 때에는 ( )에 한자를 쓰거나 용어의 해설을 붙인다.

개선이 필요한 표현	개선된 표현
AI	인공 지능(AI)
ICT	정보 통신 기술(ICT)
MOU	업무 협약/양해 각서(MOU)
R&D	연구 개발(R&D)
loT	사물 인터넷(IoT)

(3) 성실성(호감 가는 글)

① 문서는 성의 있고 진실하게 작성한다.

② 상대방에게 불쾌감을 주거나 상대를 무시하는 듯한 표현은 피하고 적절한 경어를 사용한다.

③ 감정적이고 위압적인 표현을 쓰지 않는다. 상급기관이 하급기관에 보내는 문서에 "...... 할 것", "...... 하기 바람" 등과 같이 위압감을 주는 문구를 쓰게 되면 조직 상하 간의 관계를 경직시켜 원활한 의사소통에 지장을 초래하기 쉽기 때문에 바람직하지 않다. 조직구조상 지휘 · 감독관계에 있다 하더라도 상호 간에 존중한다는 의미에서 "...하시기 바랍니다."와 같은 표현을 사용하는 것이 좋다.

(4) 경제성(효율적으로 작성하는 글)

① 일상 반복적인 업무는 표준 기안문을 활용한다.
② 용지의 규격 · 지질을 표준화한다. 규격이나 지질이 다르면 표준화된 경우에 비하여 많은 시간과 노력이 요구된다.
③ 서식을 통일하여 규정된 서식을 사용하는 것이 경제적이다.
④ 한눈에 내용을 파악할 수 있고 다루기 쉽게 1건 1매 주의로 하는 것이 효율적이다.

PART 03

사회복지현장실습의 실제

제 11 장 사회복지현장실습 진행과정에 대한 이해

학습목표

1. 사회복지현장실습 진행과정에 대해 설명할 수 있다.
2. 사회복지현장실습 진행단계별 주요 주체의 과업에 대해 설명할 수 있다.
3. 사회복지현장실습 진행단계별 실습생이 수행해야 하는 과제에 대해 설명할 수 있다.

사회복지현장실습은 학생들로 하여금 이론과 실천을 결합하는 매우 중요한 교육이며 장차 자신의 진로를 결정하고 선택하는 데 도움을 주는 교육과정이다. 본 장에서는 사회복지현장실습이 어떻게 진행되는지를 살펴보고 사회복지현장실습 진행단계별 주요 주체의 과업과 진행단계별 실습생에게 부여되는 과제에 어떤 것들이 있는지를 자세히 살펴보고자 한다.

1. 사회복지현장실습 진행과정

사회복지현장실습은 일반적으로 등록시스템에 등록된 사회복지기관에 대한 탐색에서부터 시작되어 기관선정과 신청 서류 접수, 면접과 확정, 실습수행, 실습종결과 실습평가서의 작성으로 진행된다. 물론 사회복지기관의 특성에 따라 전체적인 사회복지현장실습의 진행절차는 다를 수 있기에 사회복지기관의 실습절차에 대한 사전 파악과 실습교육기관의 교육과정에 대한 내용을 이해하는 것이 필요하다.

사회복지현장실습의 과정은 크게 실습기관과 교육기관에서 이루어지는 과정으로 구분하여 볼 수 있다. 먼저 실습기관에서는 등록시스템에 등록을 하고 실습 시작 1~2개월 전에 한국사회복지협회나 기관 홈페이지, 교육기관으로의 실습생 모집 공문 발송 등의 방법을 통해 실습에 대한 공고를 하게 된다. 한국사회복지사협회(2017)에서는 실습시기에 따른 홍보기간을 〈표 11-1〉과 같이 제시하고 있다. 하지만 기관마다 모집공지 시기가 상이하므로 관심 있는 실습기관을 중심으로 상시적으로 살펴볼 필요가 있다(이전 실습공지 시기를 살펴보거나 기관에 연락하여 모집공지 예상 일정을 사전 문의해 볼 수도 있음).

〈표 11-1〉 홍보기간

구분	실습기간	모집공지
학기 중 실습	3~6월	전년도 11월
	9~12월	6월
방학 중 실습	1월/2월	전년도 10월
	7월/8월	4월

출처: 한국사회복지사협회(2017).

참고 실습유형과 실습시간

사회복지현장실습은 일반적으로 일정 기간 매일 집중적으로 실시되는 방학 중 실습과 주 1회 실시하는 학기 중 실습으로 구분되는데 실습시기는 실습생이 소속된 교육기관 유형(대학, 대학원 등)이나 개별 교육기관에 따라서 다를 수 있다. 먼저 방학 중 실습은 대체로 여름방학이나 겨울방학에 사회복지현장실습기관에서 제시하는 실습일정에 따라 진행되는데 교육기관에서는 상대적으로 동계실습지보다 실습지가 많은 하계실습을 보다 선호한다. 방학 중 실습은 실습생의 수강현황(3장 참조)에 따라 120시간 또는 160시간(1일 최소 4시간 이상 최대 8시간 이내)을 하게 되는데 대체로 4주를 기준으로 총 160시간 이상 진행된다. 실습은 일반적으로 주 5회(월~금) 이루어지며 실습기관에 따라서는 주말에 실습을 수행하는 경우도 있다. 방학 중 실습의 경우에는 다음 학기에 사회복지현장실습 교과목을 수강함으로써 연속성 있게 기관실습과 실습세미나를 학습하여야만 실습이 인정이 된다. 학기 중 실습은 사회복지현장실습 수업 외의 특정 요일(주 1일, 16주)에 실습을 진행한다. 〈표 11-2〉는 실습시기에 따른 장·단점을 정리한 것이다.

〈표 11-2〉 실습유형에 따른 장·단점

	방학 중 실습	학기 중 실습
장점	• 기관 운영 전반을 파악할 수 있음 • 기관 직원 또는 클라이언트와 관계형성이 용이함 • 학기 중 실습에 비해 주요 업무(사례개입 및 프로그램 진행 등)를 수행할 기회가 더 많음	• 실습담당교수의 정기적인 실습지도를 받을 수 있음 • 실습이 이루어지는 동안 클라이언트의 변화과정을 관찰할 수 있음 • 문제 발생 시 비교적 신속히 개입할 수 있음

	방학 중 실습	학기 중 실습
단점	• 학교의 실습지도가 제한적임 • 일회성 계절 특별 프로그램이나 행사에 동원되거나 기관이 감사를 받는 경우 체계적인 실습을 하기가 어려움 • 실습기관의 시간별 변화모습이나 클라이언트의 중·장기 변화과정을 경험할 수 없음	• 실습이 제한된 요일, 시간에만 이루어져서 기관 전체의 사업이나 사회복지사의 업무를 파악하는 데 한계가 있음 • 기관 직원 또는 클라이언트와 관계를 형성하는 데 제약이 있음 • 업무수행의 책임성이 부족할 수 있음

출처: 서진환(2001), 이경아 · 서홍란(2011)을 참조하여 재구성.

실습유형에 따른 실습시간은 〈표 11-3〉과 같다. 실습기관 및 실습생의 상황에 따라 공휴일, 주말 등을 이용한 실습이 가능하며 실습이수시간 중 아침, 점심, 저녁 식사시간은 제외된다. 만약 실습시간이 09:00~18:00라고 하면 실습시간은 9시간이지만 식사시간 1시간을 제외하면 실제 실습시간은 8시간이 된다. 하지만 실습계획에 식사지도가 포함되어 있는 경우라면 그 시간을 실습시간으로 인정받을 수 있다(예를 들어 실습시간 안에 두 번의 식사가 겹치는 경우 한 번은 실습생의 식사시간으로 1시간을 제외하고, 한 번은 식사지도로 실습시간을 인정받을 수 있음). 실습시간은 1시간 단위로만 인정되며 1일 8시간, 주 5회, 주 40시간을 초과할 수 없다. 24시간 이용시설에서의 실습시간은 야간실습의 경우 실습의 질을 고려하여 일반적으로 오후 6시~10시까지(4시간)가 권장되나 실습지도자가 근무하는 시간이고 실습지도가 가능한 경우라면 이후 야간시간(예를 들어 오후 10시~ 익일 오전 6시)도 실습인정이 가능하다. 생활시설에서의 실습시간은 최대 1일 8시간까지 인정되며(24시간 숙식을 한 경우에도 동일) 주 5회(40시간) 이상 실습할 경우 실습으로 인정되지 않는다.

〈표 11-3〉 실습유형 및 시간

실습 유형	이수 시간	실습 최종 이수시간
학기 중 실습	8시간 (1일)	2020.1.1.이전 사회복지 관련 교과목 이수자: 120시간 이상(15주 이상) 2020.1.1.이후 사회복지 관련 교과목 이수자: 160시간 이상(20주 이상)
방학 중 실습	40시간 (주 5회)	2020.1.1.이전 사회복지 관련 교과목 이수자: 120시간 이상(15일 이상) 2020.1.1.이후 사회복지 관련 교과목 이수자: 160시간 이상(20일 이상)

출처: 최세영 · 박경수(2021)를 참조하여 재구성.

이후 실습생은 실습생 모집공고를 확인하고 실습신청을 준비하게 되는데 실습신청에 앞서 인터넷(사회복지 관련 홈페이지)이나 학과사무실에 비치된 실습기관 목록을 통해 다양한 실습지의 정보를 확인하거나 관심 있는 기관 홈페이지를 통해서 자신이 관심 있는 사회복지기관들에 대한 예비조사를 수행하는 것, 다른 학생이나 선배의 경험담, 실습보고서 등을 통해 기관에 대한 평가를 듣는 것 등이 실습기관 선정에 도움이 될 수 있다.

〈표 11-4〉 분야별 실습기관의 예시

분야	실습기관
아동복지	아동양육시설, 아동일시보호시설, 아동보호치료시설, 공동생활가정, 아동단기보호시설, 자립지원시설, 아동상담소, 지역아동센터, 아동보호전문기관, 가정위탁지원센터, 입양기관
청소년복지	청소년쉼터, 청소년복지시설, 청소년지원시설, 청소년진흥시설, 청소년자립지원관, 청소년상담복지센터
노인복지	노인복지관, 노인보호전문기관, 노인요양시설, 재가노인복지시설, 노인요양공동생활가정
장애인복지	장애인복지관, 장애인보호작업장, 장애인주간보호시설, 장애인단기 거주시설, 중증장애인 거주시설, 장애인직업적응훈련시설, 장애인재활치료시설, 장애인생활이동지원센터
여성복지	여성보호시설, 성폭력피해상담소, 성매매피해상담소, 가정폭력상담소
가족복지	가족센터(건강가정지원센터, 다문화가족지원센터), 한부모가족복지시설
지역사회복지	지역사회복지관, 사회복지협의회, 사회복지공동모금회, 자원봉사센터, 지역사회자활센터
의료사회복지	병·의원, 종합병원, 대학병원, 보건소, 요양원, 주간보호소, 재활센터 및 호스피스 기관
정신건강 사회복지	정신건강복지센터, 정신의료기관(국·공립, 민간), 정신재활시설, 정신요양시설, 중독관리통합지원센터
학교사회복지	학교, 교육청
교정복지	구치소, 교도소, 소년원, 보호관찰소

활동해 봅시다

여러분이 실습지를 선택하는 과정에서 스스로에게 물어볼 수 있는 질문들에 답해봅시다.

- 내가 관심을 갖는 클라이언트 체계(개인, 가족, 집단, 지역사회, 조직 등)는 무엇인가?
- 내가 관심을 갖는 클라이언트 유형(아동, 청소년, 여성, 장애인, 노인 등)은 무엇인가?
- 내가 관심을 갖는 클라이언트의 문제유형(아동학대와 방임, 가출청소년, 정신건강, 노숙 등)은 무엇인가?
- 내가 선호하는 실천현장의 유형(지역사회복지관, 정신건강증진센터, 학교, 병원, NGO 등)은 무엇인가?
- 내가 실습경험의 결과로 얻기를 원하는 기술은 무엇인가?
- 내가 졸업 후에 종사하겠다고 생각해 본 영역은 무엇인가?

출처: Berg-Weger & Birkenmaier(2000).

실습에 대한 신청방식은 기관에 따라 상이한데 가장 기억해야 할 사항은 실습신청을 실습생이 아닌 교육기관에서 공식적으로 해야한다는 점이다. 실습생은 실습기관을 방문하거나 담당 사회복지사와의 전화 또는 전자우편을 통해 실습신청에 관한 구체적인 정보(예: 실습일정, 실습신청 시기, 실습신청 서류, 실습신청 절차 등)를 확인할 수 있다. 하지만 이후 실습생은 교육기관(실습담당 조교)에 실습기관에 대한 정보와 작성한 서류(예: 실습신청서, 실습생 프로파일 등)를 보고 및 제출하고, 교육기관에서는 해당 기관이 등록시스템에 등록된 기관인지를 확인한 후 실습생이 보고 및 제출한 정보와 작성한 자료를 참고하여 사회복지기관에 실습의뢰 공문을 발송함으로써 공식적인 실습신청을 하게 되며 회신을 통해 실습기관을 확정하게 된다.[1] 최근에는 사회복지 실습생의 증가로 인해 선착순으로 실습생을 선발하는 기관이 감소하는 반면 서류전형이나 추가적인 면접을 통해 실습생을 선발하는 기관이 증가하고 있다. 따라서 기존에 자원봉사를 했던 기관을 실습지로 활용하는 것이 좋은데 그 이유는 기관에 대한 사전정보를 얻기 용이하고 직원과도 이미 친밀감이 형성되어 좋은 실습지가 될 수 있기 때문이다. 실습기관 확정 후에는 실습기관에서 공지하는 실습 오리엔테이션을 시작으로 실습이 시작되게 된다. 따라서 실습생은 기관의 오리엔테이션의 진행방법에 대해 미리 확인하고, 이에 따라 실습을 준비해야 한다. 경우에 따라서는 교육기관에서 실습이 이루어지기 전에 사전교육을 실시하기도 한다. 실습기관에서 실습이 이루어지는 기간 동안 실습일정에 따라 실습이 진행되고, 실습에 대한 사회복지기관 실습지도자의 수퍼비전이 주어지게 되는데 이때 실습지도자는 실습생을 교육하는 수퍼바이저로서 의무를 다해야 한다.

참고 수퍼바이저의 윤리지침

① 수퍼바이저는 수퍼바이지가 전문적 업무수행을 할 수 있도록 지원하고 수퍼바이지는 수퍼바이저의 전문적 지도와 조언을 존중해야 한다.
② 수퍼바이저는 전문적 기준에 따라 수퍼비전을 수행하며, 공정하게 평가하고 평가결과를 수퍼바이지와 공유한다.
③ 수퍼바이저는 개인적인 이익 추구를 위해 자신의 지위를 이용해서는 안 된다.
④ 수퍼바이저는 사회복지사 수련생과 실습생에게 인격적·성적으로 수치심을 주는 행위를 해서는 안 된다.

출처: 한국사회복지사협회(https://www.welfare.net).

실습은 사회복지 업무와 관련된 교육, 프로그램 기획 및 진행을 포함한 사회복지실천, 타 기관 방문, 중간평가, 종결평가 등 기관의 특성과 실습일정에 따라 다

1) 기관에 따라서는 이메일(또는 우편, 방문 등)로 실습 지원서류를 접수(서류전형)한 후 면접전형을 거쳐 최종 선발하고 실습 확정자에 대해 학교별 실습 신청 공문을 요청하기도 함

양하게 이루어진다. 학기 중 실습의 경우에는 실습기관의 실습지도와 교육기관의 실습지도가 같은 시기에 이루어지나 방학 중 실습의 경우에는 사회복지기관에서 실습에 대한 전 과정이 이루어진 후, 사회복지현장실습에 대한 실습세미나를 비롯한 실습수퍼비전과 교육이 이루어진다. 실습이 종결되면 실습기관에서는 교육기관으로 실습생에 대한 실습평가서와 실습확인서를 발송하게 된다. 여기서 실습평가서는 실습에 대한 태도, 기관에 대한 이해, 기본적 자질 및 태도를 비롯하여 실습생이 실습과정을 통해 수행한 업무에 대한 평가내용을 포함하고 있는데 교육기관에서는 실습평가서와 실습세미나 수업에 대한 평가를 통해 사회복지현장실습 교과목에 대한 학점을 부여한다. 또한 실습확인서는 실습기관에서 실습을 수행한 증빙자료로 기관에 따라 학생에게 직접 발급하는 경우도 있고, 일괄적으로 실습평가서와 함께 교육기관으로 발송되는 경우도 있는데 전자의 경우라면 실습생은 향후 사회복지사 자격증 신청 시에 활용을 위해 반드시 1부 이상을 교육기관에 제출해야 한다. 한국사회복지사협회(2017)에서 제시하고 있는 사회복지현장실습의 진행과정을 실습기관과 교육기관의 과정으로 나누어 도식화하면 [그림 11-1]과 같다.

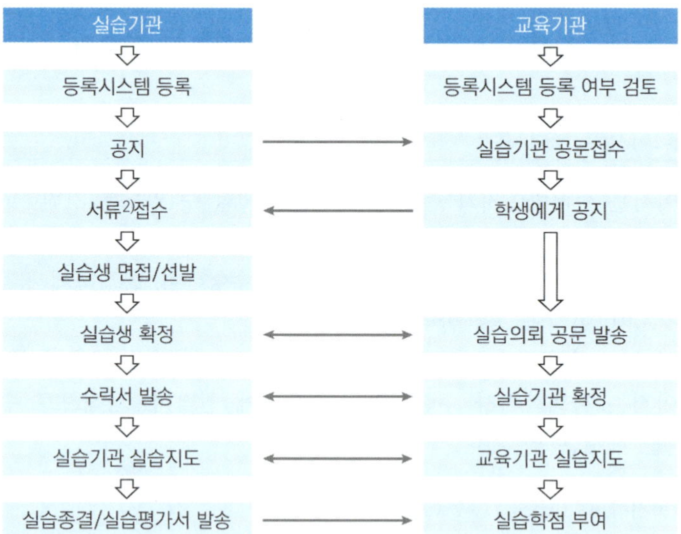

출처: 한국사회복지사협회(2017).

[그림 11-1] 사회복지현장실습 진행과정

2) 실습신청 서류 목록은 실습지원신청서, 실습생 프로파일, 실습동의서, 학습계약서, 개인정보 수집 및 이용 동의서, 재학증명서, 성적증명서 등 기관에 따라 상이할 수 있으며 실습확정 후 성범죄 경력 조회 및 아동학대 관련 범죄 전력조회 동의서와 같은 추가서류를 요청하는 기관도 있음

2. 사회복지현장실습 진행단계별 주요 주체의 과업

실습의 진행단계는 크게 실습 전 단계(실습 준비단계), 실습 초기단계, 실습 중간단계, 실습 종결 및 평가단계로 구분해 볼 수 있다. 사회복지현장실습 진행단계별 주요 주체의 과업을 살펴보면 [그림 11-2]와 같다.

진행단계	실습생	실습기관	교육기관
준비 단계	• 실습기관 선택 • 행정처리 • 실습기관 방문과 면접 • 실습 전 재학습	• 행정처리 • 실습지도 계획 • 오리엔테이션(공통교육)	• 실습기관 선정 • 행정처리 • 오리엔테이션
초기 단계	• 실습서약 및 계약 • 실습업무 실시	• 실습생 개별면담 • 실습계약 • 교육 • 실습업무 실시	• 실습계약 원조
중간 단계	• 실습과제 수행 • 실습과제 기록 • 중간평가서 작성	• 실습업무 점검 • 중간평가	• 실습상황 점검
종결/평가 단계	• 실습 종결 • 종결평가서 작성	• 실습생 평가 • 실습지도 평가 • 행정처리	• 성적평가 • 실습교육 평가

출처: 이영철 외(2004) 일부 수정.

[그림 11-2] 사회복지현장실습 진행단계별 주요 주체의 과업

1) 실습 전 단계에서의 주요 주체별(실습생, 실습기관, 교육기관) 과업

(1) 실습 전 단계에서의 실습생 과업

① 실습기관 선택

실습 전 단계에서 실습생은 먼저 어느 기관에서 실습을 받을 것인지를 결정해야 한다. 이때 실습생은 보건복지부 승인 기관 중 자신의 적성, 관심분야와 관심문제 그리고 클라이언트 대상을 고려한 후 기관유형을 선택해야 한다. 이때 다양한 관점에서 다양한 정보를 활용하여 충분히 검토한 후 실습기관을 선택해야 한다.

〈실습생이 실습기관을 선택할 때 고려해야 할 사항〉

- 전문적 관심영역(관심사, 능력, 장래계획 등)
- 자신의 경험(수강경험, 자원봉사경험 등)
- 실습기관의 지리적 위치
- 실습일정
- 실습기관의 실습지도감독의 형태와 질 등

출처: 서진환(2001).

② 행정처리

학생이 실습기관을 선택하여 실습신청을 하면 교육기관은 실습기관으로 공식적인 실습의뢰를 하게 된다. 이때 실습기관에서 요구하는 서류를 추가적으로 첨부해야 하는데 실습을 하고자 하는 학생은 관련 서류(대체적 실습기관에서는 실습신청서와 실습생 프로파일을 요구하지만 기관에 따라 요구하는 서류 종류나 양식이 상이할 수 있음)를 미리 작성하여 실습조교에게 전달할 필요가 있다. 실습생은 실습기관을 독자적으로 발굴하여 교육기관과 사전 상의 없이 개인적으로 실습신청을 하지 않도록 유의해야 한다.

③ 실습기관 방문과 면접

많은 기관에서 실습지원자에 대한 면접을 비구조화된 면접이나 구조화된 면접형식으로 진행하는데 면접은 실습생과 실습지도자가 향후 진행될 실습에 대한 상호욕구를 확인하는 과정이므로 학생은 성공적인 실습을 위해 면접을 철저히 준비하고 참여하여야 한다. 면접에 임하는 학생이 준비해야 할 사항을 살펴보면 다음과 같다.

- 기관의 구조와 목적, 제공하는 서비스, 클라이언트 등에 대한 것을 알아둔다.
- 단정한 복장을 갖추고 면접과정 동안 가능한 한 여유를 갖는다.
- 특정 업무에 대한 준비뿐만 아니라 개인적 혹은 전문적 관심에 대한 질문(p.217 실습지도자가 할 수 있는 주요 질문내용 참조)에도 대비한다.
- 기관과 담당업무에 대한 자신의 질문을 준비한다.

④ 실습 전 재학습

실습경험을 극대화하기 위해 실습생은 철저하게 준비되어야 한다. 이전에 교과목 수강을 통해 배운 내용들을 다시 돌아볼 필요가 있다. 사전 재학습을 통한 충분한 준비과정은 실습기간 동안 유용하게 활용될 수 있다.

〈실습 전 단계에서 실습생이 고려해야 할 세부적인 지침사항〉

- 자신의 준비 정도 점검 및 보완
- 실습 관련 양식들을 모아서 바인더 제작
- 동료 실습생 및 수퍼바이저와의 관계를 형성하는 오리엔테이션에 참여

출처: 윤철수 · 김정진(2010).

(2) 실습 전 단계에서의 실습기관 과업

① 행정처리

실습 전 단계에서 실습기관은 실습생을 받을 것인가 여부를 결정하는 것에서부터 시작한다. 즉 실습모집 분야와 실습생 인원을 정한다. 이후 기관 및 주요 사회복지 관련 홈페이지에 실습생 모집공고를 내고 교육기관에도 모집 공문을 보낸다. 실습생 모집기간이 종료되면 신청자들에게 면접일정을 공고한다. 면접은 대체로 대면면접으로 진행되나 부득이한 경우에는 화상면접, 전화면접 등으로 대신하기도 한다(일부 기관에서는 면접을 생략하기도 함). 면접 시 실습지도자가 할 수 있는 주요 질문내용은 다음과 같다.

- 본 기관에서 실습을 하고 싶은 이유
- 이번 실습을 통해 얻고 싶은 것
- 신청자가 기관, 기관이 속한 지역사회의 특성, 클라이언트에 대해 알고 있는 것 등에 관한 질문
- 이전 경험(교육경험, 자원봉사 및 이전 실습경험 등)
- 자신의 직업적 목표
- 자신의 강점과 단점
- 실습지도자로부터 얻기를 원하는 것
- 학생의 개인적 상황 등

참고 사회복지현장실습 실습생 모집공고문 예시

○○종합사회복지관 사회복지현장실습생 모집 안내

<table>
<tr><td>시설 및 기관명</td><td>○○종합사회복지관</td><td>대표자</td><td>서○○</td></tr>
<tr><td>주소</td><td>부산광역시 ○구 ○○로 74</td><td>전화번호</td><td>(051) 000-0000</td></tr>
<tr><td>실습인원</td><td>최소 인원 5명</td><td>FAX</td><td>(051) 000-0000</td></tr>
<tr><td>실습대상</td><td colspan="3">사회복지학과 · 사회복지학부 및 그에 준하는 사회복지 전공생</td></tr>
<tr><td>실습기관</td><td colspan="3"><table>
<tr><th>구분</th><th>일정</th><th>횟수</th></tr>
<tr><td>2 · 4년제</td><td>- 동계: 1, 2월
- 하계: 7, 8월</td><td>총 4회</td></tr>
<tr><td>평생교육원 외</td><td>- 1월 ~ 12월</td><td>월 1회</td></tr>
</table></td></tr>
<tr><td>실습생 모집기간
접수 안내</td><td colspan="3"><table>
<tr><th>구분</th><th>일정</th><th>횟수</th></tr>
<tr><td>2 · 4년제</td><td>- 각 학과 사무실 공문 발송 및 신청기간 명시</td><td>- 각 학과에서 작성한 공문 및 실습생 프로파일 접수(이메일 접수)</td></tr>
<tr><td>평생교육원 외</td><td>- 1월 ~ 12월 수시 모집</td><td>- 전화 접수</td></tr>
</table></td></tr>
<tr><td>수퍼바이저</td><td colspan="3">- 총 3명(박○○, 김○○, 조○○)
※ 수퍼바이저는 기관 사정에 따라 변경될 수 있음.</td></tr>
<tr><td>주요 실습내용</td><td colspan="3">1. 사례관리기능 강의 및 현장실습
2. 서비스 제공기능 강의 및 현장실습
3. 지역조직화기능 강의 및 현장실습
4. 부설센터 푸드뱅크, 푸드마켓, 공동육아나눔터
5. 프로그램 기획 및 발표</td></tr>
<tr><td>실습비</td><td colspan="3">- 금액: 금 150,000원(금일십오만원)
납부방법: 부산은행/061-01-XXXXXX-X/예금주: ○○종합사회복지관</td></tr>
<tr><td>문의</td><td colspan="3">- 김○○ 과장(전화: 051-000-0000)</td></tr>
</table>

사회복지법인○○○

○○종합사회복지관

출처: 한국사회복지사협회 실습생 모집게시판(https://cafe.naver.com/licpt).

참고 사회복지현장실습 실습의뢰 동의서 예시

실습의뢰 동의서

2020학년도 귀 대학의 사회복지현장실습 의뢰를 수락합니다.

<table>
<tr><td>수락여부</td><td>가(O) 부( )</td><td>수용인원</td><td>5명</td></tr>
<tr><td>기관명</td><td colspan="3">○○구공립지역아동센터</td></tr>
<tr><td>기관주소</td><td>○○시 ○○구 ○○로 32, 306,307호</td><td>전화번호</td><td>02-0000-0000</td></tr>
<tr><td rowspan="2">실습지도자</td><td rowspan="2">직위: 센터장
부서: 총무부
성명: 최○○</td><td>연락처</td><td>전화 : 010-0000-0000
팩스 : 02-0000-0000</td></tr>
<tr><td>E-mail</td><td>XXXXX@naver.com</td></tr>
</table>

<table>
<tr><td>실습기간</td><td>2023년 1월 9일 - 2023년 1월 31일</td></tr>
<tr><td>O.T</td><td>일정: 2023년 1월 9일 9시
장소: ○○구공립지역아동센터</td></tr>
<tr><td>필요서류</td><td>다음 서류를 실습일 (7)일전까지 우송바랍니다.
- 실습생 프로파일 1부
- 실습비: 100,000 원 → 계좌입금(O), 직접 지급( )
· 실습비 입금 계좌번호
계좌은행: 국민은행
계좌번호: 047101-04-XXXXXX
예금주: ○○구공립지역아동센터
- 기타 필요한 서류</td></tr>
<tr><td>실습을 위한 기타 준비사항</td><td>1. 참고문헌
나는 사회복지사로 살기로 했다(최○○, 하야북).
2. 사전 과제물
- 나는 사회복지사로 살기로 했다, p68~106까지 읽고 A4 1매로 소감문 작성 제출하기</td></tr>
<tr><td>대학에 대한 의견</td><td></td></tr>
</table>

실습지도자 최○○ (인)

기 관 장 최○○ (인)

면접 후 실습지도자는 학생이 제출한 서류와 면접 결과를 종합하여 최종적으로 실습생을 확정한다. 이후 확정된 실습의 교육기관에서 실습의뢰 공문을 받고 이에 대한 회신 공문 또는 메일로 실습의뢰 동의서를 실습생의 교육기관(학과)으로 발송한다. 이때 실습 오리엔테이션에 관한 내용도 함께 공지하거나 추가 연락을 통해 안내하기도 한다.

② 실습지도계획

실습기관에서는 오리엔테이션에 앞서 실습지도를 기획하고 준비해 나간다. 최종적으로 실습지도계획서를 작성하게 되는데 이 계획서에는 기본적으로 실습목적, 실습목표, 실습분야, 실습기간, 실습대상, 교육계획, 실습지도방법, 실습생의 책임과 과제, 실습일정, 참고도서 등을 포함한다. 구체적인 내용은 다음과 같다(양옥경 외, 2007).

- **실습목적**: 실습을 통해 어떤 목적을 달성하거나 어떤 경험을 얻을 것인지를 명확하게 기재한다.

  [예시] 교육기관에서 배운 사회복지 이론을 실천현장에 적용하는 과정을 통하여 전문가로서 갖추어야 할 지식, 기술, 가치관을 내재화함으로써 사회복지전문가로서의 자질과 능력을 향상한다.

- **실습목표**: 실습기간 동안 실습생이 어떤 특정한 학습 목표를 달성하거나 개발해야 할 능력과 기술을 기재한다.

  [예시] 1. 전문적인 자질과 태도를 향상한다.
  1-1. 사회복지 가치 및 윤리의 내면화
  1-2. 강점관점에 의한 클라이언트의 이해력 증진
  1-3. 전문적인 관계(클라이언트, 사회복지사, 실습생, 타 기관)의 활용능력 증진
  1-4. 전문가로서 자신의 강점과 약점에 대한 이해 증진
  1-5. 전문가로서 기본적인 태도와 업무자세에 대한 함양

- **실습분야**: 실습생이 실제로 참여하고 경험할 업무 또는 분야를 기재한다.

  [예시] 지역사회복지 분야

- **실습기간**: 실습 프로그램의 기간을 기재한다.

  [예시] 20○○.○○.○○.(화) ~ 20○○.○○.○○.(화) 총 ○○일(토, 공휴일 제외)

- **실습대상**: 실습 프로그램의 주요 대상 그룹을 기재한다.

  [예시] 사회복지(사업)학과 및 관련 학과 재학 중인 3학년 이상의 학생

- **교육계획**: 실습 프로그램을 진행하기 위한 구체적인 계획이나 일정을 기재한다.

[예시] - 기관 오리엔테이션, 지역사회 라운딩
- 사회복지윤리 및 책무성, 비영리조직 경영전략
- 프로그램 개발과 평가, 강점관점
- 부서별 오리엔테이션 외

- **실습지도방법**: 실습 프로그램에서 실습생을 지원하고 도와주는 방법과 접근 방식을 기재한다. 구체적으로 개별실습지도와 집단실습지도 계획 및 기타 계획을 구분하여 기술할 수도 있다.

[예시] 개별 사례관리 실습 및 집단 프로그램 기획, 실행, 평가 등 부서별 특성에 맞는 실습 계획을 수립하여 진행함

참고 사회복지현장실습 실습지도계획서 서식

실습지도계획서

실습지도자:

1. 실습목적:

2. 실습목표:

3. 실습분야:

4. 실습기간:

5. 실습대상:

6. 교육계획

단위시간	내용	담당	비고

7. 실습지도방법
   - 개별실습지도 계획:
   - 집단실습지도 계획:
   - 기타 계획

③ 오리엔테이션

오리엔테이션은 학생들에게 실습과정 전반에 대한 안내, 직면하게 될 문제점과 어려움, 기관의 기대, 적절한 행동지침 등에 대해 종합적으로 알리고 교육시킴으로써 실습생의 실무현장 적응도를 높이는 의미를 가진다. 즉, 오리엔테이션은 학생이 실습을 시작할 수 있도록 준비시키는 과정으로 그 형식은 공식적이며, 구조화되고, 계획되어야 한다(오혜경 · 하지영, 2007). 일부 기관에서는 실습 전에 실시하기도 하고 실습 첫날이나 첫 주에 실습 오리엔테이션을 진행하기도 한다. 또한 일부 기관에서는 오리엔테이션 과정 중에 실습생 모두가 참여해야 하는 공통교육 프로그램을 포함시키기도 한다.

(3) 실습 전 단계에서의 교육기관 과업

① 실습기관 선정

교육기관은 학생이 실습을 신청한 기관이 다음의 요건에 모두 부합하는지를 살펴보아야 한다.

〈실습기관 요건〉

가. 사회복지사업을 수행하는 기관, 법인, 시설 또는 단체
나. 보건복지부장관으로부터 실습기관으로 선정된 곳
다. 다음의 요건을 모두 갖춘 기관실습 지도자가 2명 이상 상근하는 곳
- 1급 사회복지사 자격증을 취득한 이후 3년 이상의 사회복지사업 실무경험이 있거나, 2급 사회복지사 자격증을 취득한 이후 5년 이상의 사회복지사업 실무경험이 있을 것
- 실습이 실시되는 연도의 전년도에 8시간 이상의 보수교육을 받았을 것

출처: 사회복지사업법 시행규칙 [별표 1] (2019. 8. 12. 개정).

양옥경 외(2007)는 한국사회복지사의 실습지침서(2005)와 서울시사회복지관협회 실습지도지침서(2005)에 준하여 실습수행기관의 기본요건을 다음과 같이 제시하였다.

- 실습을 기관의 공식 업무로 규정하고 있는 기관
- 실습에 대한 명료한 목적을 전 직원이 공유하고 있는 기관

- 실습지도자에 대한 업무조정이 가능하고 이를 실행하는 기관
- 실습지도자에 대한 인센티브를 제공할 수 있는 기관
- 실습지도를 위한 공간 확보가 가능한 기관
- 자격 있는 실습지도자가 있는 기관

이 밖에도 교육기관에서는 실습기관의 선정기준으로 다음과 같은 조건들을 추가적으로 고려해 볼 수 있다(한인영 외, 2002).

- 전문적인 사회복지교육의 목적과 목표를 지원할 의지가 있는 기관
- 사회복지 가치와 윤리에 일치하는 서비스의 철학을 갖고 있는 기관
- 사회복지윤리에 입각하여 서비스를 제공하고 전문적인 실천을 수행하는 기관
- 실천의 새로운 영역을 개발하고 교육훈련에 헌신하는 기관
- 실습생에게 할당된 과업을 수행하는 데 필요한 작업공간, 장비, 자원을 제공하는 기관
- 빈곤하고 억압받고 취약한 집단에 관심을 갖는 기관
- 자질을 갖춘 실습지도자를 선정하고 실습지도자의 역할을 지지해 주는 기관
- 기관 내 정기적인 행정적 수퍼비전뿐 아니라 일주일에 최소한 한 시간 이상의 실습교육이 가능한 기관
- 교육기관에서 주최하는 실습지도자 회의나 전문적인 개발활동에 참여할 수 있는 기관
- 학생의 거주지로부터 이동하기에 적합한 기관

② 행정처리

교육기관에서는 실습기관을 선정한 후 공식적인 실습의뢰를 하게 된다. 이때 교육기관에서는 실습의뢰 공문에 학생이 작성한 실습신청서와 실습생 프로파일 그리고 회신용 실습생 결정통보서를 첨부하여 발송한다.

참고 사회복지현장실습 의뢰 공문 예시

고신대학교
KOSIN UNIVERSITY

"직인생략"

협 조 문

CORAM DEO
하 나 님 앞 에 서

수 신
(경 유)
제 목 사회복지현장실습 의뢰

1. 귀 기관의 무궁한 발전을 기원합니다.
2. _____년도 ______학기에 귀 기관에서의 실습교육을 의뢰드리고자 합니다. 첨부된 <실습신청서>와 <실습생 프로파일>을 참고하시어 귀 기관에서 실습이 가능한지 검토해 주시기 바랍니다. 실습 가능 여부는 첨부된 <실습생 결정통보서> 양식을 사용하여 공문으로 회신(FAX)해 주시면 감사하겠습니다.

붙임 1. 실습신청서 1부.
2. 실습생 프로파일 1부.
3. 실습생 결정통보서 1부. 끝.

아 동 복 지 학 과 장

행정조교A 김OO 학과장 주OO

협조자

수신

수신

시행 아동복지학과- (202XX.X.X) 접수 ( )
우 606-701 부산 영도구 와치로 194 희망관 XXXX호 / http://www.kosin.ac.kr
전화 051)990-XXXX 전송 051)990-XXXX / XXXXXXX@kosin.ac.kr /

③ 오리엔테이션

교육기관에서는 실습이 시작되기 전에 실습에 관한 오리엔테이션을 실시하여 실습과정 전반에 필요한 기본적인 정보와 실습 관련 주의사항을 알려주고 실습에 대한 학생들의 불안을 다루어 준다. 필요에 따라서는 실습과정에 필요한 교육(기초지식, 실습일지 작성법, 과제수행방법 등)을 진행하기도 한다.

2) 실습 초기단계에서의 주요 주체별(실습생, 실습기관, 교육기관) 과업

(1) 실습 초기단계에서의 실습생 과업

① 실습서약 및 계약

실습 초기 실습생은 실습기관의 실습생으로 기본적인 사항을 준수한다는 서약서를 작성한다. 또한 실습내용을 구체화하기 위해 실습지도자와의 개별면담을 통해 교육욕구를 밝히고 이를 바탕으로 한 실습계약서를 실습지도자와 함께 작성한다(작성 예시 참조). 이때 실습생은 실습이 효과적으로 이루어질 수 있도록 자신의 실습목표를 구체적으로 밝히고 실습계약서에 이러한 사항이 반영될 수 있도록 실습지도자와 많은 논의를 할 필요가 있다. 실습계약서에는 실습교육의 목적과 목표, 실습교육의 목적 및 목표달성을 위해 사용되는 활동이나 학습경험, 실습생, 실습지도자, 실습지도교수의 역할에 대한 명시, 주별 세부 실습계획서, 목표달성 정도를 평가하는 측정지표와 서명 등이 포함될 수 있다. 여기서 실습목표는 교육기관에서 제시하는 목표를 근거로 실천현장과 실습생의 욕구와 능력에 부합하게 구체적으로 작성하고 목표달성을 위한 평가지표와 세부달성방법은 목표달성을 위해 필요한 혹은 변화되어야 할 행동이 무엇인지 측정가능한 형태로 구체적으로 작성한다(오혜경 · 하지영, 2007 일부 수정 및 보완).

참고 **사회복지현장실습 실습생 서약서 서식**

실습생 서약서

본인은 ○○기관의 실습생으로서 다음의 사항을 준수할 것을 서약합니다.

1. 사회복지사 윤리강령

2. 클라이언트와 기관에 대한 비밀 유지

3. 실습교육기관 및 실습지도자의 요구사항

년 월 일

실습생: (인)

○○기관 귀중

〈작성 예시〉

실습계약서

실습생명		소속 대학	
기관명		주소 / 전화번호	
실습지도자		실습지도교수	

1. 일반적 사항
   (1) 실습기간: 20__년 __월 __일부터 20__년 __월 __일 까지 총 __일
   (2) 업무시간: 주 __일 근무; __시부터 __시까지
   (3) 대학 실습세미나 시간: __요일, __시부터 __시까지
   (4) 결석에 대한 조치: 사전 연락 없이 결근 2회 이상 실습 중단,
   지각 및 조퇴 2회는 결근 1회로 인정
   (5) 실습비: _______원

2. 실습의 목적과 목표
   (1) 목적: 배운 이론적 배경을 바탕으로 학교 현장에서 보는 학교사회복지사의 역할을 스스로 정립하도록 하며 학교사회복지의 실천과정을 익히며 전문적이고 독창적인 학교사회복지사의 실천기술을 습득한다.
   (2) 목표

실습목표	목표달성을 위한 평가지표/세부달성방법	목표달성의 평가방법
1. 학교사회복지사의 정체성을 확립하고 사회복지사의 역할을 스스로 정립하도록 한다.	• 실습을 마친 후 내가 생각하는 학교사회복지사의 역할을 5가지 이상 보고서로 작성한다.	작성 여부
2. 학교사회복지의 운영구조를 이해한다.	• 기관분석보고서를 작성한다.	작성 여부
3. 학교와 연계된 지역사회복지서비스 전달체계를 조사해 보고 1개의 지역사회복지서비스를 발굴, 연계시킨다.	• 지역사회복지서비스 전달체계 항목을 작성해 보고 1개의 지역사회복지서비스를 발굴하여 연계를 성사시킨다.	작성 여부 성과 여부
4. 실습지도자와 실습생과의 관계 기술을 습득한다.	• 집단과제를 함께 진행하도록 한다.	실시 여부
5. 클라이언트에게 개입하여 면접 및 사정기술을 습득한다.	• 클라이언트 1명을 발굴하여 개입, 사정, 면접의 과정을 실행한다.	실시 여부

3. 실습생의 의무와 책임
- 계약기간 및 시간을 준수한다.
- 본 학교 학생복지실에서 준행하는 질서와 규칙을 따른다.
- 실습과정 동안 주어지는 과제 및 업무수행에 성실히 임한다.
- 실습생 본인의 능력에 기초하여 학교사회복지사로서의 자질과 능력을 키워나가기 위해 노력하며, 이에 항상 배우는 자세로 임한다.
- 클라이언트의 비밀보장을 항상 유념하고, 클라이언트의 자기결정에 초점을 맞추어 개입하도록 노력한다.
- 사회복지 실천윤리를 고려하여 가능한 한 개인적 감정을 통제하고, 클라이언트의 욕구와 안녕에 우선순위를 둔다.
- 모든 상황에서 학교사회복지전문가로서의 품행을 유지한다.
- 수퍼바이저와 동료 실습생들과의 유기적인 관계를 위해 상호협력, 수용, 이해하고자 노력한다.
- 실습생 신분이라는 2차적 직무책임감을 버리고, 실질적 직무수행자로서의 책임감을 가지고 적극적 자세로 임한다.

4. 실습지도자의 의무와 책임
- 실습생의 실습과정을 면밀히 관찰하고, 필요한 수퍼비전을 적절한 시기에 제공해 준다.
- 차후 실습생이 학교사회복지사로서 갖추어야 될 지식과 기술들을 성실히 교육, 훈련한다.
- 실습생의 미숙함에 대처할 수 있는 방패막이 되어준다.
- 실습생에 대한 편견을 배제하고, 수퍼바이저의 수퍼바이지에 대한 수퍼비전 감독 관계를 효과적으로 유지, 발전시킨다.

5. 실습지도교수의 의무와 책임
- 대학과 현장의 효과적인 연계를 위하여 유기적인 관계를 맺고, 양질의 실습이 이루어질 수 있도록 노력한다.

상기 사항을 성실하게 이행하여 실습을 진행하도록 하겠습니다.

____년 ____월 ____일

실 습 생 ________ 인

실 습 지 도 자 ________ 인

실습지도교수 ________ 인

② 실습업무 실시

실습이 시작되면 실습생은 구체적인 업무를 할당받고 일정에 따라 실습을 하게 된다. 이때 실습생은 적극적인 자세로 역할을 수행하고자 하는 마음가짐을 가질 필요가 있다.

(2) 실습 초기단계에서의 실습기관 과업

① 실습생 개별면담

효과적인 실습을 위해 실습지도자는 실습생들을 개별화하여 이해하고 평가할 필요가 있다. 일반적으로 실습 초기단계에 개별면담을 실시하게 되는데 여기에서는 실습생의 전공과 관련된 이전 경험, 지식수준과 관심분야, 실습동기 등을 실습생 프로파일을 토대로 중점적으로 사정한다.

② 실습계약

실습지도자는 앞선 개별면담의 결과를 토대로 실습생과 함께 실습계약서를 작성한다. 실습계약서는 주어진 시간 내에 실습생이 무엇을 어떻게 해야 할 것인가를 구체화하기 위해서 실습생과 실습지도자가 함께 작성하는 공식적인 문서로(이영철 외, 2004), 이 문서에는 기본적으로 기관 정책과 절차, 실습빈도, 기간, 장소, 실습회의 시간, 실습생의 준비사항, 실습업무의 할당, 평가방법 등이 포함된다(Bogo, 2004, Peter & Robin, 2012). 이 문서는 실습 프로그램을 개별화하고 실습지도자와 실습생의 역할과 규범을 명확히 하는 역할을 한다(윤철수 · 김정진, 2010). 단, 실습계약서는 모든 실습기관에서 작성해야 하는 의무사항은 아니다.

〈실습계약의 이점〉

- 실습생이 자신의 목표가 무엇인지 알 수 있다.
- 계획적인 시간 배정과 학습의 동기가 증대된다.
- 정기적인 의사소통과 피드백을 가질 수 있다.
- 교육내용, 교육자료, 교육방법 그리고 경험의 선택이 용이하다.
- 실습평가와 실습교육 효과성을 평가하는 구체적인 근거자료가 된다.

출처: 김선희 · 조휘일(2000).

③ 교육

교육은 실습생에게 꼭 필요한 내용을 중심으로 진행(사회복지관과 같이 부서가 다양한 경우에는 각 부서별로 교육이 진행될 수 있고 그렇지 않은 경우에는 전체적으로 교육이 진행될 수 있음)하되 이론보다는 실천지침을 중심으로, 강의보다는 보고서 작성이나 참고문헌 탐독에 대한 과제를 미리 실습생들에게 제시하여 충분히 사전에 준비할 수 있도록 하는 것이 효과적이다. 또한 교육방식은 일방적 강의보다는 질의응답이나 세미나 방식으로 진행하는 것이 바람직하다.

④ 실습업무 실시

실습 초기단계에서는 실습계획에 따라 실습업무가 실습생에게 주어진다. 실습업무는 기관의 특성에 따라 차이가 있을 수 있으나 공통적으로 클라이언트 관찰, 개별지도, 집단활동 계획 및 실행 등이 실시된다. 이와 함께 실습기관에서는 실습생이 매일 출근부를 작성하도록 지도해야 하는데 실습생이 출근부 작성 시 유의해야 할 것은 사회복지현장실습은 실습지도자의 근로시간 내에 시행되어야 하며 하루에 최소 4시간 이상, 최대 8시간 이하로 진행되어야 한다는 것이다. 또한 점심식사 1시간은 실습시간으로 인정이 되지 않음을 감안하여 작성하도록 한다. 가령 오전 9시에 실습을 시작하였다면 점심시간을 제외하고 저녁 6시에 실습이 끝나야 일일 최대 8시간을 인정받을 수 있다. 출근부 작성 시 실습날짜와 시간(출근시간, 퇴근시간)을 빠짐 없이 잘 기재하되 실습생 확인 부분에서는 실습생 본인의 성명을 기입하고 서명한다. 실습지도자 확인 부분에서는 실습지도자가 내용을 확인하고 성명을 기입 후 반드시 도장을 찍어야 한다. 지각, 조퇴, 결근 시에는 그 사유를 함께 기록하되 해당 내용이 없으면 공란으로 비워둔다.

참고 사회복지현장실습 실습생 출근부 서식

실습생 출근부

성명:　　　　긴급연락처:　　　　　　　　　전자우편:

월 일	출근 시간	퇴근 시간	실습생 확인	실습지도자 확인	지각, 조퇴, 결근 여부	사유

※ 기입요령: 출근시간, 퇴근시간 표시, 퇴근 시 실습생 및 실습지도자가 확인함
지각, 조퇴, 결근 시 그 사유를 함께 기록함

(3) 실습 초기단계에서의 교육기관 과업

실습 초기단계에 실습지도교수는 실습생과 실습지도자가 교육계획에 대해 작성하는 실습계약을 검토하고 그것이 잘 수행될 수 있도록 원조할 책임이 있다. 이를 위해 실습지도교수는 면담을 통해서 실습생이 구체적인 학습목표를 설정할 수 있도록 지도한다(한인영 외, 2002).

3) 실습 중간단계에서의 주요 주체별(실습생, 실습기관, 교육기관) 과업

(1) 실습 중간단계에서의 실습생 과업

① 실습과제 수행

실습 중간단계에서 실습생의 주요 과업 중 하나는 실습과제를 적절히 수행하는 것이다. 실습기관에서는 실습생의 학습경험을 극대화하기 위한 수단으로 과제를 부여하는데 이 단계에서 작성하게 되는 과제로는 기관분석보고서, 클라이언트와 면접기록(과정기록), 프로그램 개발・수행・평가보고서, 중간평가서 등이 있고 기관의 특성에 따라 일부 과제가 상이할 수도 있다. 실습생은 당면한 과제를 수행하기 위해 학교에서 습득한 지식과 기술을 종합적으로 활용하여야 한다. 또한 현재 자신이 알고 있는 지식수준을 확인하고 무엇을 더 알아야 하는지를 발견하기 위한 노력을 할 필요가 있다.

② 실습과제 기록

실습과제의 기록은 실습생과 실습지도자, 실습지도교수 모두에게 중요한 자료가 될 수 있다. 먼저 실습생에게는 학습경험을 위한 자료가 될 수 있고 실습지도자에게는 실습업무를 점검하기 위한 자료가 될 수 있으며 실습지도교수에게는 실습상황을 점검하는 자료가 될 수 있다.

③ 중간평가서 작성

실습 중간단계에서 실습생은 그동안의 실습에 대한 전반적인 평가를 하고 이를 실습지도자와 논의한다. 일부 기관에서는 중간평가를 생략하기도 하지만 이 과정은 실습생의 전반부 실습과정을 점검하여 남은 기간 동안의 학습경험을 극대화하는 노력을 기울일 수 있게 해준다는 점에서 중요한 의미를 가지기 때문에 생략하지 않는 것이 실습생에게도 유익하다.

(2) 실습 중간단계에서의 실습기관 과업

① 실습업무 점검

실습 중간단계에서 실습기관의 주요 과업은 실습생이 수행하는 실습업무를 점검하는 것이다. 이때 실습지도자는 수퍼비전을 중심으로 다양한 방법을 활용하여 실습생을 지도하는데 실습지도방법은 기관, 실습지도자, 그리고 실습생 상황에 따라서 적절한 방법을 선택해야 한다. 일반적으로는 실습생이 과제로 수행한 기관분석보고서, 실습일지, 클라이언트와 면접기록(과정기록), 프로그램 개발 · 수행 · 평가보고서, 중간평가서 등을 실습지도의 도구로 활용한다. 실습생의 과제수행은 실습기관에 기여가 될 수도 있지만 대부분은 실습지도 감독에 더 많은 시간과 노력이 요구된다. 그럼에도 불구하고 실습지도자는 실습생이 수행한 과제에 대해 반드시 수퍼비전을 해주어야 한다.

② 중간평가

중간평가는 실습 중간단계에서 실습기관이 실행해야 할 주요 과업이자 전반부 실습의 평가, 배운 점, 더 필요한 지식과 기술, 어려웠던 점, 실습지도자에 대한 건의 등을 발표하고 의논하는 시간을 갖는 평가방법이다. 중간평가는 실습생의 실천업무를 평가하기 위한 것으로, 실습지도자는 이를 바탕으로 앞으로 남은 실습지도의 내용을 수정 · 보완할 수 있다. 이 과정에는 실습지도자뿐만 아니라 기관장, 기관직원들도 참석하여 실습생들을 지지하거나 평가할 수 있다.

(3) 실습 중간단계에서의 교육기관 과업

실습 중간단계에서 실습지도교수는 직접 실습기관을 방문하여 실습 진행상황을 점검한다. 실습지도자와 협의하여 실습생별 실습목표 진행상황을 점검하고 문제점이 발견된 경우 조정한다. 그리고 실습지도자와 기관장 및 직원들에게 실습생지도에 감사를 표시하고 실습생들을 격려한다.

4) 실습 종결 및 평가단계에서의 주요 주체별(실습생, 실습기관, 교육기관) 과업

(1) 실습 종결 및 평가단계에서의 실습생 과업

① 실습 종결

실습 종결 및 평가단계에서 실습생은 그동안의 실습결과를 통합하고 정리하여야 한다. 또한 실습생은 실습이 종결되는 시점에서 클라이언트와 적절한 종결이 이루어질 수 있도록 해야 하며, 실습생과 실습지도자는 실습과제의 마무리와 평가 등 공식적 처리를 하는 일들뿐만 아니라 다른 직원, 실습생과의 관계를 종결하는 작업도 준비해야 한다. 실습의 종결은 관계의 종결로 실습과정에서 만난 사람들에게 자신의 마음을 전하는 것은 의미 깊은 관계를 만족스럽게 종결하는 데 매우 중요하다.

② 종결평가서 작성

실습 종결 및 평가단계에서 실습생이 해야 할 마지막 과제는 실습종결평가서를 작성하는 것이다. 실습생은 실습과제의 수행과 실습생의 자세 및 노력 등 제시된 실습교육에 대한 실습생의 수행 정도의 평가를 통해 실습목표의 달성 정도를 평가하고, 종결평가서를 제출함으로써 실습과제의 성공적 수행 여부뿐만 아니라 예비사회복지사로서의 자세와 노력 등에 대해 평가해 볼 수 있는 기회를 가질 수 있다. 기관에 따라서는 별도의 실습평가회 시간을 통해 피드백을 나누는 시간을 가지기도 한다.

(2) 실습 종결 및 평가단계에서의 실습기관 과업

① 실습생 평가

실습 종결 및 평가단계에서 실습기관은 실습생들이 실습결과를 통합하고 정리할 수 있도록 도와주어야 한다. 즉, 그동안 실습생이 수행한 업무와 학습에 초점을 두어 실습생과 실습 전반에 대한 최종평가를 한다. 실습평가는 실습을 통하여 실습교육에 대한 목표달성의 정도를 평가하고 앞으로의 학습이나 훈련이 필요한 영역을 발견하고자 하는 것이다. 이는 실습 전에 수퍼바이저가 설정한 평가기준에 따르며, 모든 실습생에 공통으로 적용할 수 있는 '기본평가'와 개별화된 학습목표의 설정에 기초한 '개별화된 평가'로 이루어진다.

② 실습지도 평가

실습 종결 및 평가단계에서 실습기관은 효율적인 실습지도를 위해 실습에 참여한 실습생들을 전체적인 실습지도 평가에 참여하도록 하고 그 결과를 다음 실습지도 계획에 반영한다.

〈실습지도 평가서에 다루는 주요 내용〉

- 실습지도 내용
- 실습지도 중 계획과 다르게 진행된 내용 및 그 이유
- 실습의 학습내용 및 실습목표 성취도에 대한 평가
- 실습기간 중 어려웠던 점
- 실습평가회 내용 요약
- 차후 실습지도의 방향성 제시 및 제언

또한 보다 높은 질의 실습지도와 실습지도자들의 지속적인 성장을 위해서 실습생들이 자신의 실습지도자를 평가한다. 이 밖에도 실습기관에서는 기관의 실습지도 평가양식에 따라 실습지도 평가회를 진행한다. 실습지도 평가회에는 기관장, 실습지도자, 기관 내 다른 수퍼바이저 그리고 실습행정 담당자가 참여할 수 있다.

③ 행정처리

실습지도자는 자신이 담당한 실습생에 대한 실습평가서를 각 교육기관에 발송한다. 실습평가서는 기관에서 제작한 양식이나 교육기관에서 송부한 양식에 준하여 작성한다.

(3) 실습 종결 및 평가단계에서의 교육기관 과업

① 성적평가

실습 종결 및 평가단계에서 실습지도교수는 실습생에 대한 실습기관의 평가에

기초하여 실습교육에 대한 최종적인 평가를 한다. 하지만 실습기관마다 실습내용이나 실습생의 과제와 역할 그리고 평가기준과 평가방법이 상이하므로 별도의 평가기준을 가지고 종합적인 평가를 할 필요가 있다. 예를 들어 실습세미나에 대한 출석, 실습발표 평가 및 동료평가, 실습보고서 등을 평가기준으로 활용할 수 있다. 그러나 이와는 별개로 실습지도교수는 실습기관에서 실습생에 대한 실습평가가 신중하고 공정하게 이뤄졌는지 확인할 필요가 있다. 기관의 인력 부족과 바쁜 업무상황 및 재정부족 등의 현실적인 이유로 실습기관에 따라 실습지도 수준의 차이나 계획된 실습내용 미준수, 단순 업무보조, 적절한 실습지도의 부재 등의 문제가 발생할 수 있기 때문이다.

〈실습지도교수가 실습 최종평가 시 고려해야 할 조건〉

- 실습생의 수행에 대한 평가를 위해 실습기관은 객관적인 기준을 사용하였는가?
- 실습생은 실습기관으로부터 적절한 교육적 자료 및 학습기회를 제공받았는가?
- 실습생은 실습기관으로부터 업무수행능력을 향상시키기 위한 적절한 도움을 받았는가?

② 실습교육 평가

교육기관에서도 실습교육을 위한 실습배정과정에서 실습 종결까지 실습의 원활한 진행을 돕고 실습생의 학습경험을 극대화하기 위한 역할을 평가하고 그 결과를 다음 실습교육계획에 반영할 필요가 있다.

3. 사회복지현장실습 진행단계별 실습생이 수행해야 하는 과제[3)]

사회복지현장실습 진행단계별 내용이나 실습기관에서 실습생에게 부여하는 과제는 기관의 유형이나 특성에 따라 상이할 수 있다. [그림 11-3]은 실습의 진행단계에 따라 실습생에게 부여되는 과제를 예시적으로 제시한 것이다.

실습의 진행 단계		수행과제
실습 전 단계	• 실습생 자기이해/정체성 확인 • 실습기관 탐색/선정 • 오리엔테이션 참석 (일부 실습기관/방학 중 실습)	• **실습신청서** • **실습생 프로파일**
실습 초기단계	• 오리엔테이션 참석 (일부 실습기관/방학 중 실습) • 실습교육의 계약 • 기관 내 부서별 교육 • 기관/지역사회 분석 • 담당 실습업무 실시	• **실습일지** • **기관분석보고서** • 특강보고서
실습 중간단계	• 담당 업무 심화학습 - 사업계획 및 진행 - 상담(초기 면접) - 가정방문 등 • 타 기관 방문 • 중간평가	• **실습일지** • 사업계획서 • 사업평가서 • 상담일지 • **기관방문보고서** • **중간평가서**
실습 종결 및 평가단계	• 실습생 평가 - 실습보고회 - 종합평가 • 실습지도 평가 • 실습지도자 평가	• **종결평가서**

출처: 오혜경 · 하지영(2007) 일부 수정 및 보완.

[그림 11-3] 사회복지현장실습 진행단계별 실습생 수행과제

실습 전 단계에서 실습생은 실습신청서와 실습생 프로파일을 작성하여야 한다. 경우에 따라서는 실습생이 실습지도계획서를 기초하여 실습계획서를 작성

3) [그림 11-3]에서 볼드체로 표현한 과제는 12~15장에서 구체적인 작성방법을 다루기로 함

할 수도 있다(기관에서 실습계획서를 제공하는 경우도 있음). 실습계획서는 실습생들을 교육하기 위한 교육계획을 세우기 위해 작성하는 문서로 양식은 기관별로 상이할 수 있으나 대체로 실습생과 실습수퍼바이저의 인적사항, 실습목표, 실습목표를 달성하기 위한 노력 및 방법, 달성 여부 평가방법, 배우고 싶은 것, 수퍼바이저에게 하고 싶은 말 등을 포함한다.

① 실습생과 실습수퍼바이저의 인적사항

실습생과 실습수퍼바이저의 인적사항은 정확하게 기재하되 수퍼바이저에게 높임법(존칭어법)을 쓰지 않는다.

[예시] 김○○ 주임님 → 김○○ 주임, 박○○ 과장님 → 박○○ 과장

② 목표 측면별 실습목표

- 달성 가능한 범위 안에서 계획한다.

  [예시] 사업계획서를 3개 작성한다. → 기관 특성에 부합한 사업계획서를 작성한다.

- 구체적으로 작성한다.

  [예시] 타 실습생과 원만히 지낸다. → 강점관점에서 타 실습생과 소통하며 친밀감을 형성한다.

- 목표를 달성하기 위한 노력 및 방법, 달성 여부 평가방법을 작성한다.

  [예시] **목표**: 예비사회복지사로서 사회복지사의 윤리적 기준을 숙지한다.
  목표를 달성하기 위한 노력 및 방법: 예비사회복지사로서 사회복지사의 윤리적 기준을 숙지하기 위해 사회복지 윤리강령을 3회 정독한다.
  달성 여부 평가방법: 모든 윤리기준 숙지 15점
  4개 윤리기준 숙지 12점
  3개 윤리기준 숙지 10점
  2개 윤리기준 숙지 8점

③ 배우고 싶은 점

자신의 실습을 통해 알고 싶은 내용을 구체적으로 작성한다.

④ 기타(수퍼바이저에게 하고 싶은 말 등)

수퍼바이저에게 하고 싶은 말을 솔직하게 작성한다.

〈작성 예시〉

○○종합사회복지관 실습계획서[4]

실습생명	박○○	제출일시	. . .
학교/학과/학년	K대학교 아동복지학과 3학년	실습부서	지역사회조직화
부서 수퍼바이저	김○○ 주임	총괄 수퍼바이저	박○○과장

1. 목표 측면별 실습목표

목표측면	목표	목표를 달성하기 위한 노력 및 방법	달성 여부 평가방법	목표점수
전문적 발달 측면	• 예비사회복지사로서 사회복지사의 윤리적 기준을 설명할 수 있다.	• 사회복지사 윤리강령 3회 정독	• 모든 윤리기준: 10점 • 4개 기준 숙지: 8점 • 3개 기준 숙지: 6점 • 2개 기준 숙지: 4점 • 1개 기준 숙지: 2점 • 0개 기준 숙지: 0점	10점 달성
행정적 측면	• 기관의 행정 및 업무 전반에 대해 설명할 수 있다.	• 기관분석보고서 작성	• 구체적 기록: 3점 • 형식적 기록: 1점 • 작성하지 않음: 0점	3점 달성
지역사회 정책적 측면	• 기관의 속한 지역사회에 대해 설명할 수 있다.	• 지역탐방보고서 작성	• 구체적 기록: 3점 • 형식적 기록: 1점 • 작성하지 않음: 0점	3점 달성
기본적 대인관계 기술 측면	• 강점관점에서 타 실습생과 소통하며 친밀감을 형성할 수 있다.	• 실습생별 3가지의 강점찾기	• 3개 찾음: 3점 • 2개 찾음: 2점 • 1개 찾음: 1점 • 찾지 못함: 0점	3점 달성
클라이언트 체계 개입 기술 측면	• 대상자를 발견하고 면담을 통해 문제점을 파악한 후 대안을 제시할 수 있다.	• 대상자의 문제점을 3개 이상 파악	• 3개 이상: 3점 • 2개 파악: 2점 • 1개 파악: 1점 • 파악 못함: 0점	5점 이상 달성
		• 대상자의 문제해결을 위한 대안을 3개 이상 제시	• 3개 이상: 3점 • 2개 제시: 2점 • 1개 제시: 1점 • 제시 못함: 0점	

2. 배우고 싶은 것

기관이 속한 지역사회의 특성을 이해하고 기관의 실제 업무를 경험하고 배우고 싶습니다. 클라이언트와의 면담경험을 통해 대인관계 역량을 강화하고 싶습니다.

3. 기타(수퍼바이저에게 하고 싶은 말)

부족한 게 많지만 실습이 진행되는 4주 동안 최선으로 실습에 임하겠습니다. 실습기간 중 많은 관심과 적극적인 실습지도 부탁드립니다.

4) K대학교 아동복지학과 19학번 박○○ 학생의 자료를 일부 수정함

실습 초기단계에서는 기본적으로 실습일지 작성 외에 기관분석보고서, 특강보고서 등의 과제를 부여받을 수 있다. 이 가운데 실습일지와 기관분석보고서 작성방법에 대해서는 13장에서 자세히 살펴보도록 한다.

실습 중간단계에서는 사업계획서, 사업평가서, 상담일지, 기관방문보고서, 중간평가서 등의 과제를 부여받을 수 있다. 이 가운데 기관방문보고서와 중간평가서 작성방법에 대해서는 14장에서 자세히 살펴보도록 한다.

실습 종결 및 평가단계에서는 종결평가서를 작성하고 이를 기반하여 평가회에 참여할 수 있다. 15장에서는 종결평가서 작성방법과 함께 사회복지현장실습 실시기관과 교육기관이 함께 작성하여 실습생에게 발급하는 서류인 사회복지현장실습확인서 발급절차와 작성요령에 대해 살펴보도록 한다.

MEMO

제 12 장

실습 전 단계 수행과제의 작성

학습목표

1. 실습신청서를 작성요령에 따라 작성할 수 있다.
2. 실습생 프로파일을 작성요령에 따라 작성할 수 있다.

사회복지현장실습 전 단계에서 실습생이 실습을 준비하면서 가장 먼저 작성해야 하는 문서는 실습신청서와 실습생 프로파일이다. 하지만 실습을 하고자 하는 학생들 중 상당수가 실습신청서와 실습생 프로파일을 작성하는 것을 어려워한다. 이에 본 장에서는 실습신청서와 실습생 프로파일 작성목적과 작성하는 방법에 대해 구체적으로 살펴보고자 한다.

1. 실습신청서 작성

1) 작성목적

실습신청서는 실습생이 실습기관을 정한 후 교육기관과 실습기관이 서로 공식적인 관계를 맺는 과정을 요청할 때 작성하는 문서이다. 실습생의 인적사항을 기술하고 실습생 자신의 인적사항, 실습부서, 실습분야, 실습내용, 실습기간 등의 현황을 기술한 후 실습기관에 실습을 의뢰하기 위한 목적으로 기록된다. 이때 중요한 점검사항은 신청하고자 하는 실습기관이 기관실습 실시기관 기준에 부합하는지를 반드시 확인(기관실습 전 체크리스트 참조)하는 것이며, 「교육기본법」 제16조 제2항에 따라 학사업무 처리를 위하여 실습생은 본인의 개인정보 제공에 동의해야 한다(일반적으로 실습기관에서도 실습신청서와 개인정보제공동의서를 함께 요청함).

〈기관실습 전 체크리스트〉

- 2020년 이후 보건복지부장관의 선정을 받은 실습기관인지 확인한다(현황표는 한국사회복지사협회 홈페이지-현장실습 탭-공지사항에서 확인 가능).
- 등록된 실습지도자인지 확인한다(등록되지 않은 실습지도자가 실습을 진행할 경우 해당 실습이 인정되지 않으며, 자격증 발급도 불가).
- 기관실습은 실습지도자의 근로시간 내에 실시하며, 하루에 이수 가능한 시간은 최소 4시간 이상 최대 8시간 이하이다.
- 사회복지현장실습 교과목의 학점이 부여된 후 기관실습(사후실습)을 진행한 경우 자격증 발급이 불가하다.
- 동일 직장(동일 기관) 내에서 진행하는 실습은 인정되지 않는다.

2) 작성방법

실습신청서는 실습기관이 구체적으로 섭외가 진행되는 과정에서 작성한다. 실습신청서는 실습기관명, 실습부서, 실습내용, 실습기간 등을 반드시 기록해야 하며, 추후 교육기관에서 실습신청서를 실습기관으로 공문의뢰와 함께 발송할 때 연락오류가 발생하지 않도록 정확한 정보를 기입하도록 한다. 실습신청서는 한국사회복지사협회에서 정한 양식에 따라 기록하며 그 내용은 다음과 같다.

① 실습기관

실습기관은 실습하는 기관의 인허가증에 나타난 기관명을 기록한다. 간혹 실습생들이 법인명을 기재하는 경우가 있는데 '사회복지현장실습 기관선정확인서'에 기재된 기관명을 작성하여야 한다. 한국사회복지사협회 홈페이지에 올라와 있는 사회복지현장실습 기관 선정 현황표를 확인하면 실습기관에 대한 자세한 정보(기관명, 대표자, 기관주소, 연락처, 선정유효기간, 기관유형, 실습비, 실습지도자 인원 및 명단 등)를 확인할 수 있다(현황표는 한국사회복지사협회 홈페이지-현장실습 탭-공지사항에서 확인 가능함).

② 실습생 인적사항

실습생 인적사항은 실습생에 관계되는 개인적인 정보사항으로 성명부터 소속 교육기관, 학과와 전공, 학년과 학기, 실습생의 현주소(도로명 주소), 전화번호(없는 경우 없음/생략), 휴대폰번호, 이메일주소(수신 가능한 주소)를 기록한다.

③ 실습 의뢰내용

실습 의뢰내용은 실습부서, 실습분야, 실습내용, 실습기간(실제 실습 시작일과 종료일 작성, 만약 최초 신청서 제출 이후에 실습기간이 변경되는 경우 모든 서류의 일정을 수정하여야 함)을 기록한다. 해당 내용은 실습생 모집공고문에 나와 있는 내용을 토대로 작성하되 필요한 경우 실습기관에 실습신청서 작성을 위한 정보제공을 요청하여 작성할 수 있다.

④ 서명

마지막으로 실습생은 신청일을 기재하고 신청자 서명(자필 서명 또는 실물 도장 날인)을 한다. 실습지도교수는 접수된 신청서를 보고 적격 여부를 판단하여 서명 또는 도장을 찍어 해당 학과장(또는 대학원장)에게 제출한다. 학과장(또는 대학원장)은 작성한 서류에 기초하여 해당 실습기관에 실습의뢰 공문을 발송한다(보통 신청한 날짜에서 적어도 1주 이내에 실습기관에 공문을 발송). 이때 실습신청서와 실습생 프로파일을 첨부하여 제출한다.

〈작성 예시〉

실습신청서[1)]

• 실습기관: ○○종합사회복지관

1. 실습생 인적사항

이름	이○○	생년월일	19XX년 X월 XX일		
소 속	○○대학교	학과/전공	아동복지학과	학년/학기	3학년 2학기
현주소	○○광역시 강서구 과학산단 2로 20번길 35 10X동 13XX호				
전화번호	집: 없음		휴대폰: 010-49XX-92XX		
E-Mail	godXXX04XX@naver.com				

2. 실습 의뢰내용

실습부서	○○종합사회복지관 전 부서
실습분야	지역사회복지 분야
실습내용	복지관 3대 기능(사례관리 기능, 서비스제공 기능, 지역조직화 기능)
실습기간	20XX. 01. 10.(월) ~ 02. 13.(금) / 20일간 총 160시간

* 상기 내용으로 귀 기관에 실습신청을 의뢰하며 실습생 프로파일을 동봉합니다.

신 청 인(학생명): 이○○ 인

실 습 지 도 교 수: 주○○ 인

학과장/대학원장: 최○○ 인

1) K대학교 아동복지학과 19학번 이○○ 학생의 자료를 일부 수정함

2. 실습생 프로파일 작성

1) 작성목적

실습생 프로파일은 실습생이 실습을 신청할 때 실습기관으로부터 실습생으로서 선택받을 수 있도록 자신을 표현하고 알리기 위해 작성한다. 이 문서는 기관에서 실습생을 선발하기 위해 필요한 실습생의 정보가 담긴 것으로 실습기관은 실습생 프로파일의 내용을 살펴보고 실습생 선발 여부를 결정한다.

2) 작성방법

실습생이 실습을 하기 위해서는 실습생 프로파일을 반드시 작성하여 보고해야 한다. 작성 시에는 각 문항별 누락 없이 성실하게 작성하고, 지원기관의 특성과 자신의 복지경험(실습, 자원봉사, 취업경험 등)을 토대로 작성하도록 한다. 실습생의 프로파일에 포함되는 내용에 대한 작성방법을 소개하면 다음과 같다.

① 인적사항

인적사항에는 실습생의 이름, 성별, 생년월일, 소속, 현주소, 전화번호, 이메일 등을 기록하는데, 정확하게 작성함으로써 추후 연락이 원활하게 진행되도록 해야 한다.

② 이수 전공과목

현재 사회복지사 2급 이수교과목은 필수 10개 과목, 선택 7개 과목으로 이 교과목들을 이수해야 자격증을 발급받을 수 있다. 따라서 사회복지현장실습을 진행하기 위해서 반드시 실습 전 이수교과목(필수 4과목, 선택 2과목 이상) 수가 충족되어야 하는 만큼 현재를 기준으로 작성한다. 이수 전공과목을 체크하는 곳에서는 현재 시점을 기준으로 학습이 완료된 교과목(이수 완료)과 현재 학습 중인 교과목(현재 이수)을 구분하여 체크하도록 한다. 실습기관에서는 이를 통해 실습생의 사회복지현장실습 가능 여부를 판단할 수 있다. 또한 실습기관의 특성에 따른 관련 교과목을 수강하여 사전지식이 있는지 여부도 판단할 수 있다. 따라서 실습생은 자신이 실습을 신청하고자 하는 분야에 관한 교과목을 사전에 반드시 수강하는 것이 좋다.

③ 경력사항

경력사항에서는 먼저 취업경험, 실습경험, 봉사경험 중 어느 것에 해당하는지를 구분하여 기재한다. 경력사항의 기관명과 기간은 정확하게 작성하고 내용은 매우 상세하게 기재한다. 또한 경력사항은 최근의 경력이 맨 위로 올라오도록 상세히 기입하여 작성하는 것이 좋다.

④ 사회복지를 전공하게 된 동기

사회복지를 전공하게 된 동기는 실습기관에서 공감할 수 있도록 실습생이 사회복지를 전공하게 된 동기나 의지를 솔직하면서도 구체적으로 작성하는 것이 중요하다. 또한 실습을 진행하게 될 기관의 주요 대상자와 직무, 그리고 자신의 경험을 토대로 작성하는 것이 좋다. 많은 내용을 적는 것보다는 핵심적인 내용을 강조하고 필요에 따라 소제목을 사용하여 내용을 구성하는 것이 좋다.

⑤ 실습기관 선택 이유

실습생이 실습기관을 선택한 이유에 대해서는 먼저 왜 그 분야에 대한 관심을 갖게 되었는지 작성하고, 이후 여러 기관들 중에서 해당 기관을 실습기관으로 선정하게 된 이유를 작성한다. 기관 홈페이지나 카페를 통해 실습기관의 정보(기관의 미션과 비전, 인재상 등)를 확인하여 작성함으로써 해당 기관에서 실습하고자 하는 의지를 명확하게 피력한다.

⑥ 실습을 통해서 성취하고자 하는 목표

실습목표는 실습을 통해 자신이 성취하고자 하는 내용을 구체적이고 측정 가능하도록 작성한다. 보통 2~3개 정도를 작성하는 것이 좋다. 실습목표는 실습기간 동안 달성 가능한 내용이어야 하며, 현실성에 부합되도록 제시해야 한다. 또한 현장에서 배울 수 있는 점을 최대한 부각하여 작성해야 한다.

⑦ 실습을 마친 후 목표달성 정도를 파악할 수 있는 기준

실습목표의 측정기준은 자신이 제시한 실습목표를 측정할 수 있는 지표로 타당한 것을 제시한다. 이는 실습을 마칠 때 실습기간 동안에 자신의 목표를 성취했는지 여부를 파악할 수 있는 근거가 되는 만큼 목표 설정과 같은 맥락에서 측정기준을 제시하면 좋다.

⑧ 사회복지실천을 하는 데 있어서의 강점과 약점

자신의 강점(특히 복지와 관련된)은 강조하고 약점은 충분히 보완할 수 있는 사람임을 강조하되 내용은 정직하게 작성한다.

첫째, 사회복지 지식 및 기술적 측면에서는 사회복지를 전공하면서 배운 이론적 지식과 기술을 토대로 하여 실습생 자신이 익힌 지식과 기술을 실천현장에서 어떻게 활용할 수 있는지에 대한 강점과 약점을 작성한다. 이는 실습지도자로 하여금 어느 부서에서의 실습이 적합한지 혹은 부적합한지를 검토해 볼 수 있으며, 실습을 지도하는 방향성에도 참고할 수 있는 자료가 된다.

둘째, 개인적인 특성 측면에서는 자신의 성격, 태도, 특기 등을 작성하여 실습생으로서의 강점과 약점을 작성하면 좋다. 실습생으로서 자신만의 강점으로 성장하는 과정에서 형성된 인격적인 면이나 신체적인 면을 기록하는 것 또한 사회복지사로서의 자질을 검토하여 실습지도자가 적합 여부를 판단하는 데 좋은 참고자료가 된다.

⑨ 취미 및 특기

본인의 취미와 특기를 서술식으로 작성하되 본인의 취미나 특기가 실습현장에서 실습기간 동안 어떠한 강점으로 활용될 수 있는지에 대해 강조하여 작성하는 것이 도움이 될 수 있다.

⑩ 실습기관 실습지도자 및 실습지도교수에게 바라는 점

실습 시작부터 종결되는 시점까지 실습기관, 실습지도자, 실습지도교수에게 바라는 점과 요청사항을 공손한 표현으로 제시한다. 실습과정에서 어려운 일이나 문제점이 발생했을 때, 스스로 문제를 해결할 수 없는 경우 실습생은 도움을 요청해야 한다. 이와 관련하여 도움을 요청할 대상에게 바라는 점들을 작성하거나, 실습생이 실습을 진행하는 동안에 배우고 싶은 내용이나 실습과 관련한 궁금한 사항 등이 있다면 이에 대한 내용을 기술한다.

⑪ 점검

실습생 프로파일을 다 작성하였으면 제출하기 전에 꼭 읽어보고 통일된 글자모양과 글자크기, 오타, 맞춤법 및 표 편집 등을 고려하여 점검한다. 간혹 여러 실습기관 신청을 고려하는 경우 타 기관의 내용을 잘못 붙여넣는 경우가 있는데 제출하기 전 꼭 점검하고 파일명(예: [○○종합사회복지관] 실습신청서)을 달리하여 명확히 구별하여 저장하는 것이 좋다.

〈작성 예시〉

실습생 프로파일[2)]

1. 인적사항

실습생명	이○○	성별	여	생년월일	199X.X.XX
소속	○○대학교(원) 아동복지학과 전공 3학년 (2학기)				
주소	○○광역시 ○○구 과학산단 2로 20번길 35 10X동 13XX호				
전화번호	집: 없음. 핸드폰: 010-49XX-92XX				
E-mail	godXXX04XX@naver.com				

2. 이수 전공과목

교과목명	이수 완료	현재 이수	교과목명	이수 완료	현재 이수	교과목명	이수 완료	현재 이수
사회복지개론	✔		인간행동과 사회환경	✔		사회복지실천론	✔	
사회복지실천기술론		✔	지역사회복지론	✔		사회복지정책론	✔	
사회복지행정론	✔		사회복지법제론			사회복지조사론	✔	
사회복지자료분석론			프로그램 개발과 평가		✔	가족복지론		
아동복지론	✔		청소년복지론			노인복지론		
여성복지론			장애인복지론			정신건강론		
정신보건사회복지론			의료사회복지론			학교사회복지론		
산업복지론			자원봉사론			사회문제론		
사회복지발달사			사회보장론			교정복지론		
사회복지윤리와 철학			사회복지지도감독론			사회복지현장실습		

3. 경력

구분(취업, 실습, 봉사)	기관	기간	내용
봉사	○○종합 사회복지관	20XX년 6월~현재	〈다정다감 이웃 방문단〉 • 지역사회 독거노인의 사회적 고립감 해소를 위한 가정 방문 및 정서지원
봉사	○○○○종합 사회복지관	20XX년 1월 20일, 21일	• 지역사회 독거노인의 사회적 고립감 해소를 위한 정서지원
봉사	○○종합 사회복지관	20XX년 1월 15일, 16일	• 지역사회 주민을 위한 프로그램 업무 보조
봉사	○○종합 사회복지관	20XX년 11월~12월	• 지역사회 프로그램 행사 업무 보조
봉사	○○재가노인 요양센터	20XX년 11월 16일~30일	• 노인 여가 프로그램 업무 보조 및 정서 지원

2) K대학교 아동복지학과 19학번 이○○ 학생의 자료를 일부 수정함

4. 사회복지를 전공하게 된 동기

저는 고등학교 1학년 때 갑작스럽게 건강이 안 좋아져 정신적으로도 힘든 시기를 보냈었습니다. 그 때 학교에 계신 상담 선생님과 부모님의 권유로 종합사회복지관과 노인요양센터에서 봉사를 하게 되었습니다. 건강이 안 좋아져 다른 또래들과 함께 가기 위해서는 더욱 노력해야 했기에 항상 불안한 마음을 가지고 있던 저의 모습이 종합사회복지관과 노인요양센터에서 어르신들과 함께 다양한 활동을 하며 마음이 편안해지고 제가 누군가에게 도움이 된다는 사실이 벅차게 다가온다는 것을 깨달을 수 있는 시간이었습니다. 그 후 저는 누군가에게 도움이 되는 일을 하며 봉사하는 태도로 살아가는 것이 가장 보람 있고 의미 있는 삶이 될 거 같다는 생각이 들어 사회복지를 전공하게 되었습니다.

5. 실습 기관 선택 이유

종합사회복지관을 선택한 이유는 아동부터 청소년 및 성인, 노인까지 다양한 연령층과 집단 등 다양한 지역 주민들의 사례를 접하고 각 클라이언트마다 개입하는 방법에 대하여 여러 가지를 익히고 싶었습니다. 전공지식을 기반으로 한 다양한 활동 기술을 경험하며 지역사회 프로그램에 대하여 자세하게 배울 수 있는 기회를 가지고 현장에서 실천할 수 있는 실무 능력을 키우고 싶었습니다.

○○종합사회복지관은 사람과 관계가 중심이 되는 가치를 바탕으로 지역사회복지서비스를 지원하고 있으며 다양한 지역 주민을 대상으로 한 단기성 프로그램 및 장기적으로 진행하는 프로그램을 제공하고 있습니다. 저는 ○○종합사회복지관이 지역 주민의 문제와 욕구를 해결하기 위한 프로그램을 기획하고 실행하는 기술과 클라이언트와의 상호작용 방법 등 자세하게 배울 수 있는 곳이라고 생각하였습니다. 또한 ○○종합사회복지관에서의 실습경험을 토대로 졸업 후 현장에 나가게 되었을 때 사회복지사의 역할에 대한 준비가 탄탄하게 되어 긍정적인 영향을 줄 수 있는 사회복지사가 되고 싶어 지원하게 되었습니다.

6. 실습을 통해서 성취하고자 하는 목표

실습을 통해서 성취하고자 하는 목표는 아래와 같습니다.
1) 전공지식을 기반으로 하여 현장에서 적용할 수 있는 다양한 실무 능력을 가진다.
2) 다양한 클라이언트에 대한 사례를 접하며 클라이언트를 대하는 방법을 습득한다.
3) 지역사회의 문제와 욕구를 적용한 프로그램을 기획할 수 있는 능력을 키운다.

7. 실습을 마친 후 목표달성 정도를 파악할 수 있는 기준

실습을 마친 후 목표달성 정도를 파악할 수 있는 기준은 아래와 같습니다.
1) 현장에서 적용할 수 있는 실천기술과 이론을 실무적인 과제수행을 통해 확인할 수 있다.
2) 다양한 클라이언트에 따라 사회복지사가 어떠한 자세를 가지고 상호작용해야 하는지를 실제 상담경험과 일지작성을 통해 이해할 수 있다.
3) 지역사회의 문제와 욕구를 적용한 프로그램 기획서를 작성할 수 있다.

8. 사회복지를 실천하는 데 있어 자신의 강점과 약점

1) 사회복지 지식 및 기술의 측면	2) 개인적인 특성 측면
저의 가장 큰 강점은 경청입니다. 다른 사람들과 대화를 나눌 때 적극적인 태도로 경청하며 적절한 반응을 보여 자연스럽게 대화가 이어질 수 있습니다. 토의를 할 때 자신의 의견만 주장하는 것이 아닌 다른 사람들의 의견을 주의 깊게 듣고 토의의 목적에 맞게 의견을 조율할 수 있도록 노력합니다. 저의 약점은 사회복지현장에서의 부족한 경험입니다. 저는 이러한 약점을 보완하기 위하여 복지 관련 봉사활동을 꾸준하게 하고 있으며 사회복지현장의 모습을 담은 책을 읽음으로 다양한 현장의 모습을 간접적으로 경험하는 등 실제 경험의 부족한 부분을 채울 수 있도록 노력하고 있습니다.	저의 가장 큰 강점은 긍정적인 태도입니다. 봉사활동을 통하여 항상 긍정적인 태도를 가지고 생각할 수 있게 되었으며 이러한 태도를 유지하기 위하여 노력하고 있습니다. 그렇기 때문에 사람들을 대할 때 상대방의 단점보다는 장점을 보려고 하며 문제가 생겨도 포기하지 않는 마음가짐이 사회복지현장에서 클라이언트를 대할 때 도움이 될 것이라 생각합니다. 저의 약점은 상대방의 부탁을 거절하지 못하는 것입니다. 상대방이 부탁하는 일이 어려운 것이라도 거절하는 것이 어려워 곤란했던 순간들이 있었습니다. 이러한 약점을 고치기 위하여 저는 상대방이 기분 나쁘지 않게 거절할 수 있는 방법에 대한 서적과 마음훈련으로 바람직한 태도를 갖추도록 노력하고 있습니다.

9. 취미 및 특기

저의 취미는 배드민턴입니다. 어린 시절부터 가족들과 함께 보내는 시간을 많이 가지기 위하여 다양한 운동을 자주 하게 되었습니다. 팀을 나눠서 경기를 하며 협력의 중요성도 느끼고 가족들과 대화도 많이 하게 되며 몸을 움직임으로써 체력이 늘어나 머리가 맑아지는 기분이 들어 배드민턴이 저의 취미가 되었습니다.

저의 특기는 상대방의 말에 경청하며 공감하는 것입니다. 어릴 때부터 다른 사람들의 이야기를 잘 들어주고 감수성이 풍부하다는 이야기를 주위에서 많이 들었었습니다. 상대방이 하는 이야기를 경청하고 공감해줌으로써 상대방에게 긍정적인 영향을 줄 수 있었으며 다른 사람에게는 말하기 어려운 내용을 저에게는 편한 마음으로 말할 수 있다는 이야기를 듣고 난 후 경청하고 공감하는 것이 저의 특기라고 생각하게 되었습니다.

10. 실습기관, 실습지도자 및 실습지도교수에게 바라는 점

저는 실습을 통하여 전공지식을 실제 현장에서 적용하는 경험을 함으로써 사회복지사의 역할에 대하여 구체적으로 배울 것이며 실무능력을 쌓아가고 싶습니다. 현장에서의 경험이 많이 부족하고 서툴겠지만 배우고자 하는 의지와 열정적인 태도를 가지고 바람직한 사회복지사로 발전할 수 있도록 노력하겠습니다. 많은 조언과 격려로 교육해 주시길 부탁드리겠습니다. 감사합니다.

MEMO

제 13 장 실습 초기단계 수행과제의 작성

학습목표

1. 실습일지를 작성요령에 따라 작성할 수 있다.
2. 기관분석보고서를 작성요령에 따라 작성할 수 있다.

사회복지현장실습 초기단계에서 실습생이 작성해야 하는 과제는 기관마다 상이할 수 있으나 대체로 실습일지와 기관분석보고서 등이 공통적이다. 이에 본 장에서는 실습일지의 작성목적, 작성원칙 및 작성방법에 대해 살펴보고 더불어 기관분석보고서의 직성목적과 작성방법에 대해 살펴보고자 한다.

1. 실습일지 작성

1) 실습일지 작성목적

실습일지는 실습생이 매일의 일정에 따라 자신의 활동경험을 기록하여 자신의 활동을 점검하고 보완하며, 실습목표 달성을 위해 어떤 구체적인 노력을 해야 하는지 파악하기 위해 작성한다. 실습생은 실습일지를 작성함으로써 당일의 실습업무를 점검하고, 유능한 사회복지사가 되기 위해 어떤 노력을 해야 하는지 성찰할 수 있다. 또한 실습생은 실습일지를 통해 자신의 업무 이외에도 기관의 사업이나 서비스 등에 관한 발전적인 제언을 할 수 있어 기관 운영에 직·간접적으로 기여할 수 있다(임상록 외, 2009). 이 밖에도 실습지도자와 교수는 실습일지를 근거로 실습교육 및 훈련, 실습생들의 책임감, 업무수행능력 등을 평가하고, 개인차를 고려하여 실습생에게 적절한 수퍼비전을 제공할 수 있다.

〈실습일지 작성을 통해 얻는 유익〉

- 자신의 활동에 대해 분석하고 평가하여 앞으로의 실습내용을 보완할 수 있다.
- 실습목표 달성을 위해 앞으로 해야 할 구체적인 노력이 무엇인지 파악할 수 있다.
- 실습지도자가 실습활동을 점검하고 시의적절하게 실습지도를 해줄 수 있다.
- 실습내용뿐만 아니라 실습기관에서 진행하는 사업에 대해 분석하고 평가하여 실습기관 운영에 직·간접적으로 기여할 수 있다.

2) 실습일지 작성원칙

① 사실대로 작성한다.

- 가급적 쉽고 간단명료하게 한글로 작성한다.
- 올바른 뜻의 전달을 위하여 필요한 경우에는 괄호 안에 한자 기타 외국어를 넣어 쓴다.

  [예시] AI → 인공지능(AI)

- 내용상에 거짓이 없어야 한다. 거짓된 기록은 사회복지사의 윤리정신에 위배된다.
- 허위 또는 과장된 내용을 기록해서는 안 된다.

  [예시 1] 하루 종일 청소, 잔심부름을 했는데 내용을 잔뜩 부풀려 기록한 경우 (실습기관-수퍼바이저-실습생 모두의 책임)

  [예시 2] 하루의 일과 내용을 의도적으로 일부 누락하여 기록한 경우 (실습기관-수퍼바이저-실습생 모두의 책임)

  [예시 3] 실습을 대충하고 일지를 작성한 경우 (실습기관-수퍼바이저-실습생 모두의 책임)

② 구체적 · 객관적 · 논리적 · 긍정적으로 작성한다.

- 대충적 · 주관적 · 감성적 · 부정적이어서는 안 된다.

  [대충적 작성의 예시] 현황, 문제점, 개선방안만 제시하기 보다는 서론, 본론, 결론이 성립될 수 있도록 작성한다.

  [주관적 작성의 예시] 시설에서 노인학대를 보니까 우리나라의 모든 노인복지시설에 문제가 있는 것 같다.

  [감정적 작성의 예시] 실습생 자신이 주인공이 되어 감상적인 기록을 하지 않도록 주의한다.

  [부정적 작성의 예시] 시종일관 문제점만 지적하면 가치관의 문제(고정관념 · 편견 · 아집 · 그릇된 사고방식 등)가 있는 것으로 여겨질 수 있다.

③ 정확한 용어를 사용해야 한다.

- 전문용어와 나이를 정확하게 구분하여 기록해야 한다.

[전문용어 예시] 수급권자(급여를 받을 수 있는 사람)-수급자(급여를 받는 사람)

[나이 예시] 영아(3세 미만), 유아(6세 미만), 아동(18세 미만)

- 각종 기관의 고유명칭을 사용하여야 한다.

[기관명칭 예시] 서울시사회복지협의회 → 서울특별시사회복지협의회
서울시사회복지사협회 → 서울특별시사회복지사협회

- 약어 사용을 하지 않아야 한다.

[기관명 예시] 종합복지관 → 종합사회복지관, 한사협 → 한국사회복지사협회

[학교/학과명의 예시] 고신대 → 고신대학교, 아복과 → 아동복지학과

[용어명] 복지사 → 사회복지사, 전담공무원 → 사회복지전담공무원

④ 글씨는 깨끗하고 단정하게 작성한다.

- 글씨는 글쓴이의 심정을 그대로 반영하는 것이므로 필체나 글씨에도 신경써야 한다.
- 컴퓨터로 일지를 작성할 경우 특히 오탈자에 유의하여야 한다.

⑤ 문어체로 작성한다.

[문어체 예시] 실습이란 학교에서 배운 지식과 기술을 현장에서 접목시켜 응용하는 것이다.

[존어체 예시] 실습이란 학교에서 배운 지식과 기술을 현장에서 접목시켜 응용하는 것입니다.

[물음체 예시] 실습이란 학교에서 배운 지식과 기술을 현장에서 접목시켜 응용하는 것일까?

[애매모호체 예시] 실습이란 학교에서 배운 지식과 기술을 현장에서 접목시켜 응용하는 것일까 싶다.

⑥ 공문서 작성요령에 의거하여 기록한다.

- 실습일지도 공문서다.
- 공문서 작성 시에는 다음 사항을 유의하여 작성하여야 한다.
  - 용지: A4용지(가로 210mm×세로 297mm)
  - 용지여백: 위 30mm, 왼쪽 20mm, 오른쪽 15mm, 아래 15mm
  - 볼펜: 검정색 또는 파랑색 볼펜
  - 글쓰기: 가로쓰기(좌에서 우로)
  - 교정 시 자로 두 줄 삭선 후 서명 또는 날인

- 숫자: 특별한 경우를 제외하고는 아라비아숫자를 사용
- 금액표시: 금263,000원(금이십육만삼천원)
- 항목의 구분: 2타 띄움
- 문서의 면 표시: 2-1 2-2
- 문서 작성 시 유의사항
  - 정확성(바른 글): 육하원칙(누가, 언제, 어디서, 무엇을, 어떻게, 왜)
  - 신속성(이해가 빠른 글): 문장은 짧게 끊어서 개조식으로 씀
  - 용이성(쉬운 글): 읽기 쉽고 알기 쉬운 말을 사용
  - 경제성: 용지의 규격을 표준화하고 반복적인 업무는 표준 기안문 제도를 활용
- 결재: 결재를 득했을 때 문서로서 효력이 발생
  다른 직원의 서명 칸을 침범해서는 안 됨
  서명 칸은 동일한 규격으로 작성

⑦ 맞춤법에 유의하여야 한다.

- 띄어쓰기

[예시] 아버지 가방에 들어가신다. → 아버지가 방에 들어가신다.

- 바른 표기

[주소의 예시] ○○광역시 ○○구 ○○로 194 ○○대학교 희망관 3208호 홍길동

[연월일표기의 예시] 2023년 3월 2 → 2023년 3월 2일.
2023 3. 2 → 2023. 3. 2.
05. 3. 2 → '05. 3. 2. ※ 뒤에도 온점 찍어 표시

[시분의 예시] 오후 5시 20분 또는 17:20 가운데 쌍점을 찍고 띄지 않음

[이력서의 예시] 호주와의 관계(호주가 보는 나와의 관계) → 홍길동의 누구? 예를 들어, 본인이 홍길동의 자녀인 경우 아들은 '자', 딸은 '녀'로 표기

[기타 예시] 기관 정문 앞 → 기관 앞 또는 기관 정문, 인용 → " ", 강조 → ' '

⑧ 요약 · 정리하는 습관을 가져야 한다.

- 인간의 기억에는 한계가 있기에 평소 메모하는 습관을 가지는 것이 중요하다.

⑨ 글을 잘 쓰려면 다양한 경험이 필요하다.

- 글을 잘 쓰기 위해서는 여러 가지 준비가 필요하다. 그중에서도 무엇보다

중요한 것은 경험이다. 따라서 많은 경험을 한 사람은 좋은 글을 쓸 수 있는 조건을 가진다고 할 수 있다.

3) 실습일지 작성방법

실습일지는 실습이 진행되는 매일의 일과를 기록하는 것으로, 실습기관마다 실습일지 양식이나 작성방법이 다르다. 우선은 실습지도자가 제시하는 실습일지 양식과 작성방법으로 작성하도록 한다. 다음의 내용은 실습일지 작성 시 유의할 사항을 제시한 것이다(이경아 · 서홍란, 2011, 한국사회복지사협회, 2017).

(1) 실습일정

① 일과표를 실습내용과 분리하여 작성한다.

② 일과표를 작성할 때 시간표기를 일관성 있게 작성한다.

[예시] 09:00, 13:00 또는 오전 9시, 오후 1시

③ 실습일정을 시간에 따라 간단하게 요약하여 제시하고 관련 자료(기관에서 제공한 교육자료 또는 본인이 수집한 참고자료 등)들은 실습보고서 바인더에 첨부한다.

④ 실습시간은 기본적으로 1시간 간격으로 작성하되, 시작 시간과 종료 시간을 정확히 표기하고 시간이 이어질 수 있도록 작성한다.

[예시] 10:00~10:50, 11:00~11:50 (×) → 10:00~11:00, 11:00~12:00 (○)

(2) 실습내용

① 실습내용은 일정에 따라 자신이 수행한 업무를 구체적이고 명확하게 객관적으로 기록한다.

② 실습내용을 기록할 때는 사실을 중심으로 기록하며 개인의 느낌이나 추측, 평가 등은 실습생 소감란에 기록한다. 실습생은 자신이 주인공이 되어 감상적인 기록을 하지 않도록 주의한다.

③ 클라이언트를 대상으로 직접 개입을 한 경우에는 실습생 중심이 아닌 클라이언트와의 상호작용한 내용을 중심으로 과정기록 형식으로 기록한다. 특

히 클라이언트의 반응, 태도 등을 주의 깊게 관찰하여 기록한다.

[예시] 클라이언트와 집단 프로그램 진행, OO의 지도를 담당함 (×)
→ **프로그램에서 OO클라이언트의 지도를 담당하였다. OO는 본 실습생에게 작품을 어떻게 만들 것인지 질문하였다. 미술물감을 △△와 섞어서 해야 한다고 답하자 OO은 □□□□라고 대답하였다. (○)

④ 교육내용은 요약하여 기록하고, 기관에서 배부한 교육자료나 관련 문서들을 실습보고서 바인더에 첨부하여 보관한다.

⑤ 실습일지는 사적으로 작성하는 기록이 아니므로 실습일과에 대한 실습생 개인의 감정이나 주관적인 의견, 느낌 등은 지양하고 실습과정에서 자신이 배운 점과 느낀 점은 실습생 소감란에 기록한다.

[예시] 장애아동 OO를 보니 가슴이 찢어지게 아팠다. (×)
독거어르신 가정방문 후 할머니의 가족이 원망스러웠다. (×)
오늘은 OO이가 웃어서 너무나 기쁘고 즐거웠다. (×)

⑥ 전문용어를 사용하여 기록하며 정확한 표현을 위해 단어 선택에 유의한다.

[예시] 볼일을 본 후 → 배변 후, 아이들 → 클라이언트, 맴매 → 훈육/체벌,
OO언니가 → 동료 실습생 OO가, 나는 → 본 실습생은

⑦ 실습일지 작성 시 클라이언트에 대한 비밀보장을 위해 클라이언트 이름을 머리글자로 표기하거나 가명을 이용한다. 실습일지에 사진을 첨부하는 경우 먼저 사진은 클라이언트의 동의를 구한 후 촬영된 것이어야 하며 설령 동의가 이뤄졌다고 하더라도 과제를 제출할 때는 얼굴을 모자이크 처리하여 제출(동의를 하지 않는 사람의 경우도 동일함)한다.

⑧ 집단프로그램을 직접 진행했을 경우에는 집단기록일지를 작성하여 첨부한다.

⑨ 프로그램에 보조진행자나 관찰자로 참여했을 때는 집단과정 및 집단지도자의 역할 등을 자세히 기록한다.

⑩ 매일 반복되는 일과를 기록하는 데 급급하기보다는 실습경험을 통해 발전한 점, 추후 학습해야 하는 부분들이 잘 드러나도록 기록한다.

⑪ 기관에 제출한 과제도 실습보고서 바인더에 첨부한다.

⑫ 실습지도자의 수퍼비전 내용도 구체적으로 기록한다.

[예시] 수퍼비전 받음 (×) → 수퍼비전: 클라이언트에게 존대어를 사용할 것, 클라이언트의 비밀보장을 위해 실습일지 작성 시 유의할 것 등 (○)

⑬ 실습일지는 공식문서이다. 그러므로 용어 선택에 신중을 기하고 맞춤법이

틀리지 않도록 노력한다. 속어, 약어, 특수문자, 이모티콘 등은 사용하지 않도록 주의한다.

(3) 실습생 의견

① 실습을 수행하면서 느낀 점이나 궁금한 사항을 제시한다.

[예시] 클라이언트가 본 실습생에게 욕을 하고 때리려 할 때 적절한 대처방법이 떠오르지 않아 무력감을 느꼈다. 추후 이와 같은 상황에서는 어떻게 대처해야 할지에 대해 알고 싶다.

② 실습생 개인의 감정이나 주관적 의견은 지양하고 실습을 통해 배운 점과 느낀 점을 구체적으로 제시한다. 배운 점과 느낀 점에 대해 구체적으로 기록하는 습관은 학습한 전문지식이나 기술뿐 아니라 자신의 발전과 성장을 확인하는 데 도움이 된다.

[예시] 오늘도 많은 것을 배우고 느낀 하루였다. (×) → 오늘 위기청소년 대상 집단프로그램을 진행하면서 집단진행자의 역할을 배울 수 있었으며, 침묵을 지키는 집단구성원에 대해 어떻게 개입해야 하는지 알 수 있었다. 이러한 경험을 통해 청소년들과 함께하는 집단진행에 자신감이 생겼다. (○)

③ 실습 중 사회복지사로서 윤리적 갈등을 경험한 경우 상황을 정확하게 기록하고, 실습생의 대처방법을 제시하여 이에 대한 수퍼비전이 이루어질 수 있도록 한다.

④ 실습 중 직면하게 되는 문제점 혹은 불만사항, 기관 업무상의 어려움 등 실습지도자 또는 실습지도교수와 논의가 필요한 사항에 대해서는 중립적이고 공손한 문체로 기록한다.

[예시] 실습지도자가 바쁘다는 이유로 실습생들을 방치해서 제대로 된 실습지도를 받지 못해 속상했다. (×) → 실습지도자 선생님의 정규적인 수퍼비전이 이루어졌으면 합니다. 미숙한 점이 많은 실습생이라 업무를 수행하면서 여러 가지 어려움을 겪게 되는데, 이에 대한 지도를 부탁드립니다. (○)

⑤ 클라이언트를 관찰하고 사정하는 것도 중요하지만, 클라이언트에 대한 통찰력 있는 접근이나 의도적 개입에 대해서도 명료하게 기록하고 이에 대해 스스로 평가할 수 있어야 한다.

⑥ 수퍼비전을 통해 배운 내용을 실무에 적용했을 경우, 이를 상세히 기록하고 새롭게 습득한 지식과 기술은 무엇인지 이를 어떻게 실무에 적용할 것인지에 대해 기록한다.

⑦ 자신의 실습수행 경험에 대해 부정적인 것보다는 긍정적인 것, 성장한 것

이 드러나도록 기록한다. 부정적인 것에 대해서는 앞으로 자신의 각오를 제시하고 긍정적인 것에 대해서는 자신이 무엇을 배우고 어떻게 성장했는지를 구체적으로 기록한다.

[예시] 오늘도 늦잠을 자서 지각을 했다. 실습담당선생님께 너무 죄송했다. (×) → 오늘도 5분 정도 지각을 했는데, 내일부터는 10분 전에 출근하여 실습업무에 차질이 없도록 노력하겠다. 이를 위해 휴대폰의 모닝콜을 이용하겠다. (○)

⑧ 실습소감 마지막에는 실습생으로서 자신의 하루를 성찰한 뒤 보다 발전된 내일이 되도록 스스로 과업을 설정하고 계획한다. 내일의 과업과 계획을 설정할 때에는 실습일정에 맞춰 기관에서 자신이 실천할 수 있는 구체적인 것으로 설정한다.

[예시] 일도 열심히 해야겠다. (×) → 내일의 과업과 계획: 10분 일찍 출근하여 책상 정리하기, 선생님께 집단 프로그램 기획에 대해 질문하기, 집단 프로그램 목표 설정하기 (○)

(4) 실습지도자 의견

〈실습지도자 의견〉은 실습생의 일지를 읽은 뒤 기관의 실습지도자가 기록하는 부분이다. 그러나 기관의 여건상 실습지도자가 실습일지를 점검하고 코멘트를 기록해 주지 못할 경우가 있다. 이때에도 실습생은 성실히 실습일지를 작성하고, 일지 마지막 부분에 질문사항을 별도로 기록하여 실습지도자에게 공손하게 논평을 부탁하는 것이 좋다. 만약 논평이 구두로 이루어졌다면, 실습생은 그 내용을 실습일지에 기록하도록 한다. 실습일지 작성과 관련하여 학교의 실습담당교수와 기관의 수퍼바이저의 논평이 일치하지 않을 수도 있다. 이 경우 실습생은 기관 수퍼바이저의 지도를 우선적으로 따르도록 한다.

〈작성 예시〉

실습일지1)

<table>
<tr><td>성명</td><td>김○○</td><td rowspan="2">날짜</td><td rowspan="2">제1주
20XX년 7월 1일
(월요일)</td><td rowspan="2">결재</td><td>실습
지도자</td><td>기관장</td></tr>
<tr><td>소속</td><td>○○종합사회복지관</td><td></td><td></td></tr>
</table>

<table>
<tr><td>실습목표</td><td>1. 기관의 특성을 이해하고, 일과를 파악한다.
2. 특강을 통해 지역사회조사에 대한 이해를 한다.</td></tr>
<tr><td>실습일정</td><td>08:50 ~ 09:00: 출근
09:00 ~ 10:00: 조례
10:00 ~ 11:00: 자기소개 및 실습목표 설정 발표①
11:00 ~ 12:00: SWOT 특강 (김○○ 선생님)
12:00 ~ 13:30: 점심시간 및 휴식
13:30 ~ 14:10: 종합사회복지관 사업 소개 (이○○ 과장님)
14:10 ~ 14:20: 기관 라운딩
14:20 ~ 15:00: 지역사회조사 설명 (오○○ 팀장님)
15:00 ~ 17:00: 지역사회조사
17:00 ~ 18:00: 자기소개 및 실습목표 설정 발표② 및 종례</td></tr>
<tr><td>실습내용</td><td>1. 자기소개 및 실습목표 설정 발표①
- 실습생들의 간단한 자기소개 및 실습을 통해서 얻고자하는 목표 발표
2. SWOT분석 특강 (김○○ 선생님)
- SWOT분석의 정의
- SWOT분석의 전략형태
3. 복지관 사업 소개 (이○○ 과장님)
- 사회복지법인 ○○사회복지회 소개
- ○○종합사회복지관 소개
① ○○종합사회복지관 현황
② 부설센터 및 사업현황
③ 20XX년 특화사업
④ 20XX년 ~ 20XX년 사업 추진방향
4. 지역사회조사 설명 (오○○ 팀장님)
- SWOT분석 설명
5. 지역사회조사
- K대학교 문헌정보관 인터넷 검색
- k대학교 아동복지학과 매체실 자료 찾기
6. 자기소개 및 실습목표 설정 발표② 및 종례
- 오전 자기소개 및 실습목표 시간에 발표하지 못한 실습생 발표
- 선배 사회복지사 선생님들의 조언</td></tr>
</table>

소감 및 느낌 (배운점, 의문사항, 건의 등 포함)	실습생의 간단한 자기소개와 목표를 들으면서 각자의 성격에 맞추어 조별 과제를 할 때에 내가 리더십을 발휘해야 할 조와 뒷받침을 해주어야 할 조가 확실히 정리할 수 있어서 좋은 시간이었다. 또 SWOT분석에 대한 특강을 통해서 간단하게 알고 있었던 것을 자세하게 이해하는 데 많은 도움이 되었다. 그리고 ○○사회복지회와 ○○종합사회복지관에 대한 설명을 듣는 과정에서 종합사회복지관에서 진행되고 있는 다양한 사업들을 한눈에 알 수 있어서 좋았다. 하지만 SWOT분석에 대해 주체가 ○○동이 되어야 하는지 ○○종합사회복지관이 되어야 하는지 확실히 정립하지 못해서 조사하는 데 많은 어려움을 겪었는데 이에 대해 정확히 알고 싶어졌다.
실습지도자 지도내용	

2. 실습기관 분석 보고서 작성

1) 실습기관 분석 보고서 작성목적

실습기관 분석 보고서는 실습생이 기관의 행정 및 업무 전반에 대해 파악하기 위해 실습기관의 전반에 대해 분석하는 보고서이다. 이 보고서를 작성하는 목적은 기관의 설립취지 및 성격, 그리고 지역사회의 특성에 따른 기관의 사업내용 등을 포괄적으로 파악하고, 종사자들의 특성 및 역할을 알아보는 데 있다(이영실 외, 2010). 이를 통해 실습생은 기관의 목적과 가치, 조직구조, 기관 직원과 자원봉사자를 포함한 인적자원과 재정적 자원, 기관이 선호하는 서비스 전달방식 등 기관의 업무방식 등을 이해할 수 있게 된다.

2) 실습기관 분석 보고서 작성방법

실습생은 실습기관 분석 보고서 작성을 통해 자신이 실습하는 기관에 대한 지식과 정보를 얻고 실습현장에 대해 깊이 있는 이해를 하게 된다. 따라서 보통은 중간평가 이전에 작성하는 것이 권장되고 있다(김형모, 2004). 실습기관 분석 보

1) K대학교 아동복지학과 19학번 김○○ 학생이 작성한 실습일지를 일부 수정함

고서를 작성하기 위해서는 기관의 행정 및 업무 전반에 대해 파악해야 하고, 기관이 위치한 지역사회의 특성과 그에 따른 기관의 사업내용에 대한 포괄적인 이해가 선행되어야 한다. 실습생은 실습시작 전에 수집했던 다양한 정보와 기관에서 제공한 자료를 토대로 실습기관 분석 보고서를 작성하되 기관의 홈페이지, 홍보물, 프로그램 안내지, 기관에서 발행한 각종 보고서 등을 다각적으로 활용할 수 있다. 기관분석보고서에 포함해야 할 핵심요소는 다음과 같다.

(1) 기관의 역사 및 목적

기관의 역사 및 목적에서는 기관의 미션과 비전, 기관의 설립동기 및 설립목적, 기관사업의 역사적 변천 등을 서술하는데 기관 홈페이지를 참고하여 작성하도록 한다. 우선 기관의 미션과 비전을 정리해야 하는데 미션과 비전은 조직의 존재 이유(정체성)와 앞으로의 방향을 제시하는 중요한 요소로 미션은 기관이 존재하는 이유를 의미하며, 비전은 미션이 구체화된 모습으로 미래에 기관이 되고 싶은 즉, 구성원 모두가 미션을 올바로 실현하기 위해 달성하려는 수준, 지향점, 목표 등을 의미한다. 그 다음으로 기관의 설립동기 및 설립목적은 사업 수행을 위한 기본 방향을 설정한 부분을 조사하여 정리한다. 마지막으로 기관사업의 역사적 변천은 시간에 따라 변화된 모습을 시계열적으로 나열하여 서술하는 것이 바람직하다. 이러한 내용을 도표나 그림을 활용하여 구체적으로 시각화하는 것도 도움이 될 수 있다.

(2) 기관의 주요 사업 및 프로그램/행정사항(예산과 재정)

본 항목은 조직이 수행하는 사업이나 프로그램의 종류를 분류하여 정리하는 부분이며, 사업을 소주제별로 분류하고 각 사업별 세부내용을 서술하여 정리하면 도움이 된다. 이와 함께 조직의 인력 구성표를 조직도라는 그림을 활용하여 도표화함으로써 수행되고 있는 사업과 그 사업을 수행하는 인력 구조와의 연계성이 드러날 수 있도록 서술한다. 사회복지조직에서 재정이란 공공적인 성격을 갖는 국가 재정 및 민간 분야로부터 투입되는 다양한 재원을 의미한다(윤정혜 · 이명자, 2014). 사회복지조직의 재정 구성은 국가 재정과 민간 재정으로 나눌 수 있으며 크게 유형별로 분류해보면 정부보조금, 기부금, 이용료 수입금, 그 외 기타 수입으로 나눌 수 있다. 사회복지조직은 비영리조직이기 때문에 재정 역시 비영리적 특성을 가지며, 사회복지 재정은 국가에 의한 통제 등의 특성을 가진다(윤정혜 · 이명자, 2014). 예산은 조직의 사업을 수행하고 성과를 내기 위해 필요한 재정을 기획하는 것으로 세입과 세출로 나누어 수행된다(황성철 외, 2010). 현실적으로 기관에서 실습생에게 기관의 재정사항에 대한 정보를 상세히 밝히는 것은 어려울 수 있다. 따라서 실습생들이 가장 작성하기 어려운 항목이 예산, 후원 및 지원사항일 수 있는데, 예산은 전체적인 수입 총계와 지출 총계 정도만 기록하고 후원금 사용 부분을 상세히 기록하는 것으로 대체하면 좋다.

(3) 기관이 속한 지역사회, 물리적 환경의 특징과 지역 내 타 기관들과의 연계

현대 사회에서는 지역사회의 변화가 빠르게 진행되고 이에 따른 영향력이 크기 때문에 기관이 속한 지역의 지역진단 및 욕구분석이 중요하게 강조되고 있다. 기관 내부의 조직분석 이외에도 해당 기관이 속한 지역의 특성과 현황을 파악하는 것은 사회복지실습현장을 깊이 있게 이해하는 첫 단계가 된다. 지역사회 현황 파악을 위해 지역탐방과 지역조사를 할 수 있으며 지역의 인구사회학적 특성, 지역의 사회경제학적 특성을 파악하고, 그 지역 특성을 활용한 조직의 네트워크 수준을 파악한다. 이러한 정보는 조직이 사업을 수행하는 데 있어서 얼마만큼 지역의 자원을 효율적으로 활용하고 있는가를 파악하는 데 중요한 역할을 한다. 이 과정을 통해 실습생은 기존 서비스 대상자들의 잠재적 욕구를 발견하거나 잠재적 서비스 대상자들의 새로운 욕구를 확인할 수 있게 된다(강병로, 2008).

(4) 기관의 특별한 면이나 전반적인 사항에 대한 인상이나 느낌

실습기관 분석 보고서를 작성하기 위해 기관의 내 · 외부 환경 분석을 마치고 나면 실습생은 자신이 실습하는 사회복지조직의 특성과 타 기관과의 차이점을 알게 될 것이다. 이에 대해 인상 깊었던 점을 정리하고 이를 바탕으로 필요하거나 보완해야 할 사회복지서비스에 대한 제언을 제시할 수 있다(한국사회복지사협회, 2015).

3) 실습기관 분석 보고서의 작성 시 유의사항

다음은 실습기관 분석 보고서 작성 시 주의할 사항들이다(이경아 · 서홍란, 2011).

① 기관에 대해서는 정확한 정보를 바탕으로 명료하고 구체적으로 기술한다.

② 각 항목별 실습생의 평가를 기술할 때에는 최대한 객관적인 정보를 바탕으로 논리적으로 분석한 내용을 제시한다. 주관적이거나 감정적인 평가를 피하고, 현실적으로 가능한 제안을 제시하려고 노력한다.

③ 기관사업의 역사적 변천은 우리나라의 사회복지정책 및 서비스의 변화를 반영하므로 이를 참고하여 분석한다.

④ 기관의 주요 사업 및 프로그램에 대해 분석할 때에는 다음과 같은 사항을 고려한다. 주요 클라이언트 대상이 누구이며 서비스 대상 지역은 어디까지인지, 기관이 선호하는 서비스 전달방식이나 업무방식이 존재하는지, 지역적 특성과 여건 그리고 주요 클라이언트 대상의 특성과 욕구를 반영한 특성화된 프로그램이 존재하는지, 다른 기관과 차별화된 사업은 무엇인지 그리고 서비스 전달체계는 어떻게 구성되었는지를 파악하는 것이 중요하다.

⑤ 기관의 재정을 파악하는 것이 중요하다. 그 이유는 재정이 확보되어야 서비스를 제공할 수 있기 때문이다. 기관에서 부족한 재정을 보완하기 위해 어떤 노력을 하고 있는지 구체적으로 파악해야 한다.

⑥ 지역사회개요에서는 지역사회환경, 지역주민의 인구사회학적 특징, 대중교통 편의성, 접근 용이성 등을 기술한다. 기관이 위치한 지역적 특성과 접근성에 대해 파악하는 것이 중요하다. 이러한 지역사회개요와 기관에서 운영하는 서비스 간에는 어떠한 연관성이 존재하는지, 지역사회의 변화와 발전의 영향으로 기관도 어떠한 변화를 겪었는지 파악한다.

⑦ 지역사회자원과 후원자 관리 등을 어떻게 운영하고 있는지를 파악한다. 기관에 자원목록 리스트가 구비되어 있는지도 파악하고 만약 자원목록 리스트가 존재하지 않을 경우, 실습생 스스로 작성해 보도록 한다. 사회복지사로서 자원개발 및 관리는 부족한 사회복지재정을 보완하기 위해 꼭 요구되는 기술이기 때문에 인적 · 물적자원에 대한 사회복지사 선생님들의 노하우를 전수받도록 노력한다. 만약 실습기관의 자원개발이나 후원자개발이

미비하다면 이 부분에 대한 현실적 대안을 제시하도록 한다.

⑧ 사회복지기관은 각 기관이 충실하게 서비스를 수행하는 것도 중요하지만 기관 간에 유기적 협력관계를 통해 시너지 효과를 기대할 수 있다. 그러므로 실습기관이 타 기관들과 어떤 관계를 형성하고 그 관계의 질은 어떠하며 이를 통해 클라이언트들은 어떤 이익을 얻을 수 있는지를 분석한다.

실습기관 분석 보고서는 기관 또는 학교에 따라 다른 양식을 사용할 수 있으며, 이에 대한 작성 예시는 다음과 같다.

〈작성 예시〉

실습기관 분석 보고서[2)]

실습생명	윤○○	기관명	○○종합사회복지관
기관주소	경기도 ○○시 ○○구 ○○동 123-4 (전화: 031-123-4567)		
기관소개자	이○○ 사회복지사 (부서: 사례관리팀 직책: 사회복지사)		

1. 기관의 역사

(1) 기관 설립동기 및 설립목적

○○시 ○○종합사회복지관은 그리스도의 이웃사랑 정신과 사회복지실천 가치를 바탕으로 지역사회 특성 및 지역주민의 욕구에 맞는 사회복지 프로그램을 연구 개발하여 가족기능강화 및 주민 연대의식을 증진시키고, 지역사회문제를 예방·치료하는 종합적인 사회복지서비스 전달기구로서 서로 돕는 공동체 형성과 지역사회복지 증진에 기여함을 목적으로 한다.

(2) 기관 사업의 역사적 변천

2002년: 2002.12. ○○시와 위탁 체결

2003년: 2003년 지역사회욕구조사 실시
- 2003.03. ○○시 ○○종합사회복지관 개관
- 2003.03. ○○시 ○○종합사회복지관 부설 재가복지봉사센터 개소
- 2003.06. ○○시 푸드뱅크 지원연계를 통한 식사배달서비스 실시
- 2003.06. 경로무료급식 운영(주 5회)
- 2003.07. ○○시 업그레이드형 자활근로사업(홈헬퍼사업단) 실시

2004년: 2004.01.~12. 경기도사회복지공동모금회 지원사업 선정 "지역사회네트워크 형성을 통한 노인들의 치매발병률 감소프로그램" 실시
- 2004.04. ○○○병원과 사랑샘 주치의 협약 체결
- 2004.05. 치매예방프로그램 어르신건강교실 개소

2) 출처: 신민선 외(2020). pp.147-151.

2005년: 2005.01. 경기도 사회복지공동모금회 지원사업 선정 "지역사회네트워크 형성을 통한 빈곤가정 방임초등학생 통합지원 프로그램"
2005.04. 남○○로타리클럽의 의료장비지원으로 "어르신건강지원센터 개소"
2006년: 2006.01. ○○시와 재위탁 체결
2006.03. 2006년 지역주민욕구조사 실시
2006.05. 행복찾기가족상담센터 개소식 및 행복나눔장터 실시
2007년: 2007.01.~12. 경기도사회복지공동모금회 지원사업 선정 "취학장애아동의 사회성 향상을 위한 방과후 교실" -「해냄교실」
2007.12. 아름다운 재단 지원사업 선정 "2007년 홀로 사는 어르신을 위한 지원 따뜻한 국 배달 사업"
2008년: 2008.01.~12. 경기도사회복지공동모금회 지원사업 선정 "취학장애아동의 사회성 향상을 위한 방과후 교실" -「해냄교실」
- 장애아동의 사회성 향상 및 비장애형제의 스트레스 감소를 위한 정서지원프로그램
2008.02. 대한전선 인송문화재단 지원사업 선정 "독거노인의 생활역량 강화를 위한 해피리본"
2008.10. 2008년 경기복지미래재단 사회복지 최우수프로그램 선정 "취학장애아동의 사회성 향상을 위한 방과후 교실" -「해냄교실」
2008.10. 2009년 경기도사회복지공동모금회 지원사업 선정 "저소득 아동의 역량강화를 위한 음악과 심리치료의 통합프로그램" -「행복한 송(song) 사리」
2008.12. ○○시와 재위탁 체결
2009년: 2009.04. 제3대 김○○관장 취임
2009.05. ○○청소년지원센터 위기청소년사회안전망 활성화 협약식
2009.07. ○○구청 민·관·군 연합학습지도 협약식
2009.08. 민·관·군 결연 학습지도프로그램 이글스터디 실시
2009.09. 지역주민 욕구조사 실시
2010년: 2010.02.24. 예능발표회(발레, 피아노)-대림아트홀
2010.03.18. ○○ 엑셀거점 센터 협약식
2010.04.01. 학교사회사업 협약식
2010.05.05. 제3회 ○○행복나눔 가족 축제
2010.05.25. 행복한 가게 오픈
2010.06.16. 반딧불 영화제
2010.07.22. 은빛대학 종강식
2010.08.12. 액셀스타트 여름 캠프
2010.09.01. 교육문화 개강
2010.10.09. Y + 행복나눔 착한산행-○○산
2010.11.17. 어르신 효도 사진 촬영
2010.12.07. 행복한 김장나눔
2010.12.09. 제8회 행복감사잔치

(3) 기관 역사에 대한 실습생의 평가

기관설립 초기에는 어르신들을 중점으로 서비스를 나선 것을 볼 수 있다. 재가복지나 어르신 건강을 개선하기 위한 서비스가 주를 이루는 것을 볼 수가 있었다. 그러다가 2006년에 접어서 지역주민욕구조사가 실시되고 가족복지로 처음 시작이 되고 2007년부터 그 대상이 확대되기 시작

하면서 현재에 이르러서는 다양한 서비스가 제공되고 또한 지역자원연계의 거점이 되는 역할로서의 종합사회복지관이 되는 것을 엿볼 수 있었다.

2. 기관의 목적
- 지역 중심의 복지환경 조성
- 직원의 역량 및 전문성 강화를 통한 사회복지서비스 질 향상
- 지역사회 특성과 주민의 욕구를 반영하는 특화프로그램 개발
- 지역사회 인적 · 물적자원 연대를 통한 지역사회복지 공동체 활성화

3. 기관의 주요 사업 및 프로그램
(1) 클라이언트 및 대상 지역
○○시 ○○구에 거주하고 있는 사회복지서비스가 필요한 사람들뿐만 아니라 모든 지역주민을 대상으로 하고 있다.
(2) 주요 사업
가족복지사업: ① 가족관계증진사업(한부모가족지원사업, 편안한 클럽)
② 가족기능보안사업(학교폭력예방교육 행복한 학교)
③ 가족문제해결치료사업(행복 찾기 가족치료상담센터)
지역사회보호사업: ① 일반사업(요보호 대상자 관리사업, 급식서비스, 보건의료서비스, 경제적 지원 서비스, 결연서비스, 일상지원 서비스, 정서적 지원 서비스)
② 엑셀스타트사업(보건복지사업, 교육문화정서지원사업, 부모 · 자녀 결속지원사업, 네트워크, 홍보 및 후원자 관리
③ 드림스타트사업(교육문화 프로그램, 아동 및 가족지원프로그램)
④ 가족관계증진사업(방과후 교실)
지역사회조직사업: 사회복지실습지도 조사연구사업, 지역주민조직화 및 교육, 복지네트워크, 자원봉사자개발 및 관리, 홍보사업, 후원행사 및 후원자개발 조직 및 관리(행복한 가게, 봉뜨락, 청소년자원봉사학교)
교육문화사업: ① 아동교육문화
② 성인교육문화
③ 어르신교육문화
④ 문화복지
특화사업: ① 독거노인의 생활역량강화를 위한 해피 리본(Happy Re-Bon)
② 이글스터디
(3) 서비스 전달체계
직접적으로 자원을 전달하는 세계가 있는 반면 일대일 결연후원을 연계해 주는 방식으로도 서비스를 전달해 주고 있다. 그리고 한 대상자에 있어서 여러 기관이 연합을 하여 연계하는 방식으로 서비스를 제공할 수 있는 부문을 전달하는 연계체제가 이뤄지고 있다.
(4) 기관의 대상층 및 주요 사업에 대한 실습생의 평가
종합사회복지관으로서 시청이나 구청 등과의 연계가 잘 이뤄지고 있다. 그것을 증명하는 사업이 이글스터디와 엑셀스타트이다. 이 두 사업은 여러 단체가 연합을 통해 이루어지는 사업으로서 요즘 사회복지서비스의 나아갈 방향인 지역자원연계를 가장 잘 실천하는 사업이다. 또한 지역종합사회복지관인 만큼 지역사회조직화의 역할에 앞장서 나가는 것을 볼 수 있다.

4. 기관의 행정사항

(1) 기관의 조직구조

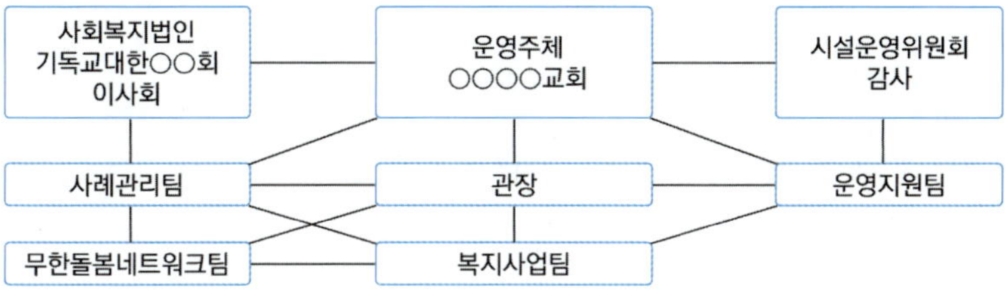

(2) 예산, 후원 및 지원사항

• 예산

수입총계	971,698,010	지출총계	874,473,184
		이월금	97,224,826

• 후원 및 지원사항

- 일반후원: 저소득 어르신을 위한 무료급식 서비스, 저소득가정을 위한 가사지원 서비스, 경제적 지원 서비스, 보건의료지원 서비스, 정서적 지원 서비스 등의 복지사업을 위한 사업후원과 기타 종합사회복지관 운영을 위해 사용됨.
- 물품후원: 쌀 · 부식 · 의류 · 생활용품 등의 후원 물품을 지역주민에게 전달
- 결연후원 후원자가 본 종합사회복지관에 후원을 하되 후원금의 사용처는 본 종합사회복지관에 의뢰를 하면 경제적 · 신체적으로 어려움을 겪고 있는 가정 또는 이웃을 위해 사용되어짐(수급권자, 차상위계층, 저소득 가정의 아동 · 청소년, 위탁가정아동, 장애인, 어르신 등과 일대일 결연).
- 해피바이러스 저금통 후원: 저금통 문양으로 개인상점에서 후원금을 모급
- 이마트 영수증 후원: 이마트 영수증을 ○○이마트 1, 2층 출구 무인적립기(148번) 적립, ○○감리교회 1층 로비의 영수증으로 후원, 홈에버(○○점)출구 안경점 맞은편의 영수증 후원(후원자의 마일리지와는 절대 무관)

(3) 기관의 행정구조와 예산 사용 및 후원에 대한 실습생의 평가

예산은 이월금을 남김으로써 예산의 활용을 잘하는 모습을 엿볼 수 있었다. 수입보다 지출을 크게 함으로써 예산을 꾸려나가는 데 있어서 어려움이 없도록 하는 것 같았다. 후원도 여러 루트를 통해서 시행되었다. 특이한 것은 영수증 후원이 있었는데 정말 독특한 후원인 것 같았다. 조직도를 살펴보면 감사를 두어서 시설에 예산이 잘못되어 나가는 곳이 있는지 없는지 미리 예방할 수 있도록 하였고 3개의 팀의 연계가 관장님을 중심으로 이루어지는 모습을 조직도에서 볼 수 있었다. 그리고 무한돌봄네트워크팀도 사례관리팀의 관리하에 운영되는 모습을 볼 수 있었다.

5. 기관이 속한 지역사회, 물리적 환경의 특징

(1) 지역사회

기관이 속한 지역은 저소득층이 밀집되어 사는 곳에 설립이 되어 있다. 그리고 그 근처에 가까운 복지관은 ○○장애인복지관인 만큼 복지관의 수가 적은 편이었다. 그래서 ○○종합사회복지관의 범위가 상당히 넓은 범위까지 손을 뻗쳐야 하는데 그만큼의 힘을 뻗치는 데에 힘이 들 수도 있다는 느낌을 받았다. 그래서 다른 기관과의 연계를 통한 사업으로 부족한 부분을 보완하는 특징을 보였다.

(2) 물리적 환경(시설, 공간 등)

약간 외진 데 설립이 된 까닭에 복지관을 이용함에 있어서 약간의 어려움이 있을 수도 있다는 특

징이 있었다. 종합사회복지관의 시설은 나형으로 되어 있지만 엄청 많은 이용자가 이용 중에 있었다. 그 이용자 수에 비해 공간이 부족한 모습을 보였다. 그러나 부족한 공간인데도 불구하고 그것은 수용할 수 있는 능력을 보여주었다.

6. 사회복지기관으로서 지역 내 타 기관들과의 연계

(1) 관계유형 및 내용

각 기관과의 자원연계, 행사연합 대상자 서비스에 대한 연계, 사업, 프로그램을 연계, 후원물품 서로 나눔

(2) 기관의 타 기관과의 관계유지에 대한 실습생의 평가

각 기관과의 자원 연계가 활발히 이루어지는 모습을 보였고 후원물품 등이 있으면 서로 나누는 모습을 잘 엿볼 수 있었다. 큰 사업들은 같이 연계를 이루어 나가면서 실행됨으로써 서로 도와가서 지역주민의 복지에 더욱 힘이 될 수 있도록 하는 모습이었다.

7. 기관의 특별한 면이나 전반적인 사항에 대한 인상이나 느낌

직원들 간의 사이가 정말 좋아 보였고 회의에 참석하는데 마지막 외치는 구호가 감명 깊었다. 복지관을 이용하는 이용자들에 얼굴이 밝은 것을 보면 기관의 이미지가 매우 좋다는 것이라는 판단이 섰고 그리고 ○○에 얼마 없는 종합사회복지관으로서의 역할을 잘하는 느낌을 받았다.

제 14 장 실습 중간단계 수행과제의 작성

학습목표

1. 기관방문분석 보고서를 작성요령에 따라 작성할 수 있다.
2. 중간평가서를 작성요령에 따라 작성할 수 있다.

사회복지현장실습 중간단계에서 실습생이 작성해야 하는 문서는 기관마다 상이하지만 보통 기관방문분석 보고서와 중간평가서를 공통적으로 작성한다. 이에 본 장에서는 기관방문분석 보고서의 작성목적과 작성방법, 중간평가서의 작성목적과 작성방법에 대해 구체적으로 살펴보고자 한다.

1. 기관방문분석 보고서 작성

1) 기관방문분석 보고서 작성목적

기관방문분석 보고서는 기관을 방문하여 특정 사실을 조사·분석하거나 업무를 진행하기 위해 작성한다. 기관방문분석 보고서의 형식은 한국사회복지사협회에서 제시하고 있으나 특정 분야나 내용에 관심을 가지고 방문을 추진한 경우에는 별도의 양식을 활용하거나 특정 내용만 선택하여 기록할 수도 있다.

2) 기관방문분석 보고서 작성방법

기관방문분석 보고서를 작성할 때는 실습생명, 방문기관명, 기관소재지, 기관소개자, 기관방문 목적, 기관방문을 위한 질의사항 및 응답정리, 기관방문을 통해 알게 된 지식 등의 내용을 기재한다.

(1) 기관방문 목적

실습생이 어떤 목적을 가지고 해당 기관을 선정하고 방문하였는지를 구체적으로 작성한다.

(2) 기관방문을 위한 질의사항 및 응답정리

기관방문을 위한 질의사항은 실습생이 사전과정(인터넷 자료 및 도서 검색, 선배의 경험 참조 등)을 통해 미리 마련을 하되 검토 후 꼭 필요한 질문을 간추려 준비하여 담당 실무자의 답변을 듣도록 한다. 이후 질의와 답변내용은 일대일 대응형식으로 정리하여 제시한다.

(3) 기관방문을 통해 알게 된 지식

기관방문을 통해 알게 된 지식은 기관 특성에 따라 상이하게 작성할 수 있다. 기관의 역사, 목적, 주요 사업 및 프로그램, 행정사항은 기관 홈페이지나 기관에서 제공하는 자료를 참고하여 작성할 수 있다. 다만 예산과 관련해서 홈페이지에서 확인할 수 없으므로 기관에 자료를 요청할 수 있다. 기관에 따라서는 세부예산은 공개하지 않는 곳도 있음을 감안해야 한다. 기관이 속한 지역사회, 물리적 환경의 특징과 사회복지기관으로서 지역 내 타 기관들과의 연계에 관한 내용은 담당 실무자와의 인터뷰 과정을 통해 직접 답변을 듣고 정리하는 것이 좋다. 마지막으로 기관의 특별한 면이나 전반적인 사항에 대한 인상이나 느낌은 실습생이 기관방문을 통해 경험한 인상이나 느낌에 대해 솔직하게 작성하도록 한다.

〈작성 예시〉

기관방문분석 보고서[1)]

실습생명	권○○	실습지도자명	주○○ 학교사회복지사
방문기관명	○○초 학교사회복지실	방문일	2005.11.14(월)
기관소재지	서울특별시 성동구 하왕십리2동 950-1 (전화: 02-2281-XXXX)		
기관소개자	임○○ (부서: 연구부 직책: 학교사회복지사)		

1. 기관방문 목적

○○시의 예산으로 운영되는 ○○중학교에서 학교사회복지실습을 하는 동안, 초등학교 학교사회복지의 현장은 어떠한가에 대하여 의문을 가지고 있었다. 특히 운영주체가 다른 학교사회복지실의 분위기는 ○○중학교와는 분명히 다를 것이라고 예상되었다. 따라서 이번 ○○초등학교의 기관방문(일일실습)을 통하여 중학교와 초등학교 학교사회복지실에 대한 비교분석과 함께 교육인적자원부 지정 사회복지사를 활용한 연구학교와 지자체의 예산으로 운영되는 학교사회복지의 경험을 비교해보고자 한다.

2. 담장자와의 질의사항 및 응답 정리

① 학교 내에서의 학교사회복지실의 인식 정도는 어떻습니까?
학생들은 90% 이상이 위치와 이용방법 등을 알고 있으며 자유롭게 이용하고 있습니다. 교사들의 인식은 그보다는 낮은 것으로 보입니다.

② 교사와의 관계 맺기는 어떻게 하고 있습니까?
공식적으로는 부장님과 주무 선생님, 교감·교장 선생님과 주로 많이 부딪치게 되며 학생을 의뢰하시거나 프로그램 진행 시 협조 등을 해주시고 계십니다.

③ 학생들과의 관계 맺기는 어떻게 하고 있습니까?
프로그램 등을 통해 관계를 맺는 학생들과 상담을 통해 학생들을 만나며 학교사회복지실을 이용하는 학생들과는 편안하게 얘기하는 관계입니다.

④ 일하시면서 어려운 점은 무엇입니까?
일의 전체적인 분량과 여러 측면을 신경써야 하는 것이 어렵다고 할 수 있겠지요. 과중한 업무와 홍보를 통해 인식을 이끌어 내는 것들이 어렵습니다.

⑤ ○○초 학교사회복지실이 타 학교 복지실(예: ○○중 학생복지실, 교육복지투자우선지역의 복지실과 비교하여)과 다른 점은 무엇이라고 생각하십니까?
각 학교마다 특성에 따라 다를 텐데, 우선 중학생과 초등학생의 차이로 인한 서비스의 주요 내용들이 달라질 것이고, 우선 주체가 다르고 쉼터가 따로 운영된다는 점 등이 다를 것 같네요.

⑥ 학교사회복지실의 활동들에 대한 효과성은 어떻습니까?
학생들의 프로그램 참여도와 만족도, 프로그램에 대한 도움 정도 평가를 통해 학생들에게 긍정적인 영향을 주고 있다고 나타나고 있고, 선생님들께는 서비스를 받고 도움을 받은 경우 그 필요성과 도움에 대해 인식하고 계십니다.

⑦ 학생들의 주된 욕구는 무엇입니까?
초등학생은 "놀이"입니다. 재미있고 즐거운 놀이요. 학생들 스스로의 욕구는 그렇고, 가장 고민하는 부분은 친구관계에서 가장 갈등이 많고 고학년의 경우 학습이나 진로에 대해서도 많은

1) 2005년 K중학교 학교사회복지 실습생 권○○이 작성한 기관방문분석 보고서를 일부 수정한 것임

관심을 가지고 있습니다.

⑧ 선생님이 생각하시는 학교사회복지사로서 특별히 요구되는 자질은 무엇이라고 생각하십니까?
- 교사와 학교 관계자들과 적절한 의사소통과 관계를 맺는 것
- 학교사회복지에 대한 신념
- 학생들에 대한 시각(교사와 상담사와는 다른)
- 다양한 업무수행능력이 필요한 것 같네요.

⑨ 약 2년 가까이 학교사회복지사로서 일하시면서 개인적으로 느끼신 점과 앞으로의 학교사회복지의 발전 방향에 대해서 한마디 해주신다면?

학교사회복지분야가 학교에 정착하기 위해서는 최소한의 과도기를 위한 시간이 필요하다는 것입니다. 서두르거나 급하게 가는 것이 아니라 자연스럽게 학교에 스며드는 과정이 필요한 것 같습니다. 학교사회복지가 관심을 가지고 학교에 적용된 지 약 10년 정도 되었다고 생각하는데 이제는 과거에 쌓아 왔던 것들을 기반으로 좀 더 지금 이 시기와 상황에 맞는 모델들을 만들어가는 것이 필요한 것 같습니다. 좋은 기반을 쌓고, 불필요한 것들은 과감히 버리고 절대 타협할 수 없는 부분에 대해서는 고수할 필요가 있습니다. 천천히 그렇지만 신념을 가지고 앞으로 나가는 많은 사람들의 협력이 중요한 것 같네요.

3. 학교의 연혁 및 교육목표

1) 학교연혁

- 1904.01.01. 사립 ○○학교로 개교
- 1915.09.01. ○○○고등보통학교로 승격(1회 12명 졸업)
- 1982.03.01. 90학급 편성
- 1984.06.07. 본관 준공
- 1993.09.25. 소방시설 보수
- 1993.11.12. 도시가스 난방 시설(80실)
- 1996.03.01. 서울○○국민학교를 초등학교로 교명 개칭
- 1997.09.01. 학교 급식 실시
- 1998.12.30. 체육교육 우수학교 표창(서울특별시 교육감)
- 2000.02.15. 교육정보화 시스템 구축
- 2000.10.30. 신관 9개 교실 준공
- 2000.11.20. 방송시설 보수 및 재설치
- 2001.02.16. 제85회 졸업식(296명 졸업)
- 2001.03.01. 61학급 편성(특수학급 2개)
- 2001.04.30. 전 교실 LAN 시설 완료
- 2001.10.29. 학교 녹화 사업 실시
- 2002.02.20. 제86회 졸업식(339명 졸업)
- 2002.08.20. 정보화 교실 3층 준공
- 2002.09.01. 정보관 9실 완공
- 2002.11.01. 도서실 도서 열람실 완비
- 2003.01.30. 식당 완공
- 2003.02.13. 제87회 졸업식
- 2003.03.01. 64학급 편성(특수 2학급 포함)
- 2003.03.13. 식당에서 급식 실시
- 2003.09.01. 장○○ 교감선생님 부임(서울○○초등학교에서)
- 2003.03.01. 학교경영 우수학교 표창(교육장)

- 2004.02.29. 김○○ 교장선생님 퇴임
- 2004.03.01. 65학급 편성
- 2004.03.01. 오○○ 교장선생님 부임(서울○○초등학교에서)
- 2004.03.03. 입학식(360명)
- 2004.05.03. 교육인적자원부 사회복지사 활용 연구학교 지정
- 2004.05.04. 임○○ 학교사회복지사 부임
- 2004.06.22. 학교사회복지실 개관
- 2005.05.01. 교육인적자원부 사회복지사 활용 연구학교 2차년도 지정
- 2005.10.08. 가을 대운동회 실시
- 2005.11.16. 연구학교 공개보고회 실시

2) 교육목표

실천목표

바른 인성과 창의성을 갖추고 자율성이 강한 어린이를 기른다.

실천목표

1. 이웃을 사랑하며 기본 질서를 잘 지키는 어린이 (예절인)	2. 자기 주도적 학습 능력을 갖춘 어린이 (자율인)	3. 능동적으로 행동하고 성실하게 실천하는 어린이 (실천인)	4. 몸과 마음이 튼튼하며 끈기 있는 굳센 어린이 (건강인)	5. 자기의 소질과 꿈을 키워가는 폭넓은 어린이 (창조인)

노력중점

1. 기본 질서·인성 교육 강화	2. 사고력 문제 해결력 강화	3. 실천적 활동 중심의 교육	4. 보건 체육 교육의 강화	5. 학부모·지역 공동체 형성
• 기본생활 습관화 (통행질서·언어) • 체험중심의 인성 교육 • 실습 위주의 예절교육의 강화 • 1일 1선 교육 • 경로 효친 교육 • 가정과 연계한 바른생활 교육	• 수업 방법 혁신 • 실험 실습을 통한 과학교육 • 자기주도적 학습 능력 개발 • 평가방법의 개선 • 진로지도의 강화 • 학습 부진아의 구제 • 특기·적성교육의 활성화	• 현장 체험 학습의 기회 확대 • 실천 위주의 재량 시간 활용 • 아동 주도의 학교 행사 • 다양한 시상제 기회 확대 • 학교시설을 이용한 학년·학급활동	• 보건 위생지도의 철저 • 바른 급식 습관 지도 • 기초 체력장제 실시 • 수련활동의 활성화 • 과정에 충실한 체육수업	• 무학통신의 지속 • 학부모 단체활동의 지원·협조강화 • 평생교육의 제공 • 학운위의 활성화로 교육여건의 조성 • 등꽃 축제를 통한 공동체 형성 • 학교 토론 문화 형성

4. 학교사회복지실의 운영 방향

(1) 학교가 속한 지역사회 및 환경의 특징

저소득 생계형 맞벌이 부부 가정이 많고 한부모 가정 등이 많다. 방과 후 등에 보호가 부족한 학생이 많으며 지역적으로 중하위 정도의 사회경제적 수준을 가지고 있다. 학교사회복지실은 상담실과 쉼터공간으로 분리되어 있고 학교시설 중에서는 비교적 쾌적한 공간이라고 할 수 있다.

(2) 운영목적

본 연구학교 운영의 목적은 학교사회복지사 인력을 활용하여 학생이 생활하는 학교 · 가정 · 지역사회환경에서 발생하는 다양한 문제를 예방하고 해결하는 데 있다. 또한 개개인의 잠재 능력을 향상시켜 궁극적으로 전인교육을 통한 자아실현의 학교교육 목적달성에 이바지하고자 한다. 나아가 다양한 학교사회복지 활동을 통하여 사회복지사의 학교사회복지 구현을 위한 적절한 역할관계를 모색함에 있다.

(3) 연구기간 및 대상

- 기간: 2004. 5. 1 ~2006. 4. 30 (2년)
- 대상: 서울○○초등학교 전교생, 전 교사 및 학부모

* 학생현황 (2005년 4월 1일 기준)

구분	1학년	2학년	3학년	4학년	5학년	6학년	계
남	182	163	180	179	205	201	1110
여	175	178	165	159	156	168	1001
계	357	341	345	338	356	369	2111

(4) 연구주제 및 실천과제

가. 연구주제

2004년도 "따뜻한 마음, 새로운 생각으로 함께 열어가는 교육복지"

- 방과후 요보호 학생을 위한 학교사회복지의 활용 -

2005년도 "학교생활적응력 향상을 위한 학교사회복지 지원체계 구축"

나. 2005년도 실천과제

과제1	부적응 및 소외학생을 위한 학교사회복지 프로그램을 개발 · 운영한다.

가. 학교 부적응 및 한부모 · 빈곤가정 등 소외학생의 실태조사 실시

나. 학생과 교사 일대일 멘토링을 통한 학생지원 프로그램 실시

다. 부적응 및 소외학생을 위한 사례관리와 학교사회복지 지원 시스템 마련

과제2	일반아동의 학교생활적응력 및 만족도 향상을 위한 다양한 학교사회복지를 실시한다.

가. 개별상담 및 집단상담

나. 예방 차원의 주제별 학급 프로그램 실시

다. 방과후 주제별 소집단 프로그램을 운영

라. 학교생활만족도 향상을 위한 문화 및 이벤트 프로그램

과제3	학생 복지 증진을 위한 학교 · 가정 · 지역사회가 연계하는 포괄적인 지원망을 구축한다.

가. 학부모 · 교사 연계 지원활동

나. 교사 연수 및 학부모 교육

다. 지역사회 안전망 구축활동

라. 지역사회 자원 개발 및 연계

(5) 기대되는 효과

가. 안정적인 학교생활을 지원

학교에 학교사회복지실을 설치하고 그에 따른 전문 상주인력이 배치됨에 따라 학교 내에서

발생하는 문제에 대해 보다 더 신속하고 전문적으로 활동할 수 있게 될 것이다. 다양한 문제를 보이는 학생들에게 전문적인 상담을 통해 그들의 필요와 욕구를 알고 그 문제에 대한 지원활동을 함으로써 학생들이 보다 더 안정적으로 학교생활을 할 수 있게 될 것이다.

나. 학교생활적응력이 향상

맞벌이 가정과 한부모 가정 등의 부모들이 여러 가지 어려움으로 인해 아동들에게 필요한 정서적 · 교육적 지지를 제공하지 못할 때 아동들은 신체적 · 정서적 · 교육적 어려움에 처할 위험에 놓이게 된다. 이러한 경우 아이들은 자신의 잠재력을 충분히 발휘할 수 있는 기회를 놓치게 되며 환경과 처지가 다름으로 발생하는 다양한 차별을 경험하게 된다. 이것은 학생들의 학교생활적응을 저해하는 요소로 학생에게 영향을 미칠 수 있다. 이러한 위기에 처한 학생들에게 다양한 학교사회복지 서비스를 제공함으로써 이들의 심리 · 정서적 · 경제적 어려움을 해결하도록 도울 수 있으며 나아가 학교생활적응력이 향상될 것이다.

다. 교육복지 증진의 모델을 제시

가정과 학교, 지역사회와의 연계로 학생들의 비행, 폭력의 예방에 학교와 지역 주민이 함께 참여하여 안전하고 즐거운 학교를 만들어 가는 데 보다 효과적으로 대처할 수 있게 되며 또한 지역사회 자원을 개발하고 활용하여 교육복지를 증진함으로써 학생들이 행복한 학교생활을 할 수 있을 것이다.

5. 학교사회복지실의 주요 활동내용 및 운영결과

1) 개별상담 및 집단활동

<table>
<tr><th>구분</th><th colspan="2">내용</th></tr>
<tr><td>개별상담</td><td colspan="2">• 자발적 신청학생
• 교사/학부모 의뢰 학생
• 사례관리</td></tr>
<tr><td rowspan="18">집단활동</td><td rowspan="4">• 학급 프로그램</td><td>• 학교폭력예방 “한번 더 생각해봐”</td></tr>
<tr><td>• 장애인식개선 “우리 사이 짱이야”</td></tr>
<tr><td>• 학급응집력향상 “우리반은 하나예요”</td></tr>
<tr><td>• 의사소통향상 프로그램</td></tr>
<tr><td rowspan="3">• 소집단 프로그램</td><td>• 또래관계향상 “참 좋은 친구되기”</td></tr>
<tr><td>• 학습능력향상 “공부야 놀자”</td></tr>
<tr><td>• 자신감향상 “난 할 수 있어”</td></tr>
<tr><td colspan="2">• 방학중 리더십 향상 프로그램
“나도 리더가 될 수 있다”</td></tr>
<tr><td rowspan="2">• 특별활동지원</td><td>• 수화교실</td></tr>
<tr><td>• 품성계발프로그램</td></tr>
<tr><td rowspan="5">• 꿈toU 멘토링</td><td>• 5월 문화체험(놀이동산/영화관람)</td></tr>
<tr><td>• 6월 문화체험(인라인/전쟁기념관)</td></tr>
<tr><td>• 여름 자원봉사 캠프(충남서천 동백꽃 마을)</td></tr>
<tr><td>• 7월 문화체험(영화관람)</td></tr>
<tr><td>• 8월 문화체험(뮤지컬 관람)</td></tr>
<tr><td colspan="2">• 고학년/저학년 멘토링(학습지원 및 학교생활지원) 11팀</td></tr>
<tr><td colspan="2">• 교사/학생 멘토링 활동(53개 팀)</td></tr>
</table>

2) 학생복지향상 프로그램 및 이벤트

구분	내용
학생복지향상 프로그램 및 이벤트	• 학생홍보방송(학생들이 직접 부르고 만든 복지송 율동)
	• 스승의 날 이벤트 "카드쓰기"
	• 학생자원봉사단 희망 두드림 2기 선발 및 활동(사전교육 포함)
	• 생일축하활동
	• 수요문화이벤트(영화상영 외)
	• 무료 바이올린 교실
	• 친구사랑 캠페인
	• 학교사회복지실 방문의 날(사회복지 이해)

3) 가정 · 교사 · 외부 연계활동 및 기타

구분	내용
가정연계활동	• 학부모 상담
	• 학부모 연수 "MBTI를 활용한 효과적인 자녀지도"
	• 가정방문
교사연계활동	• 교사 상담 · 의뢰 및 정보제공 • 교사연수(프로그램 운영 및 멘토링) • 연구학교 담당자 회의 • 연구학교 분과회의
외부연계활동 지역사회 기관조사 및 개발	• 화성영아원/간식지원 및 바이올린 지도 주 1회
	• 삼성생명공익재단 초등학생용 학교폭력예방프로그램 지원
	• 성동복지관 가족복지팀 장애통합주말프로그램
	• 성동고용안정센터
	• 리더스 다이제스트 정기후원
	• 높은뜻 숭의교회
	• 지역사회 상가 "○○수호천사" 재지정 및 신규지정 44곳
	• 서울시립동부아동상담소/아동학대예방센터
	• 국립서울정신병원 소아정신과
	• 정보화마을 아리랜드
	• 시립동부노인전문센터
	• 굿네이버스
	• 교보생명문화재단
	• 사회복지공동모금회
	• 청소년보호위원회
	• 성동종합사회복지관/장애인복지관
	• 성동청소년상담실
	• 한우리 독서치료연구소
	• 한국정보문화진흥원/인터넷중독예방센터
	• 하왕십리 동사무소/도선동사무소
	• 부스러기 사랑나눔회
	• 기타 연계활동
조사 · 연구활동 및 연수생교육	• 실습생 교육(주 1회 스텝회의 및 스터디/수퍼비전 등)

6. 기관의 행정사항

1) 기관의 조직구조

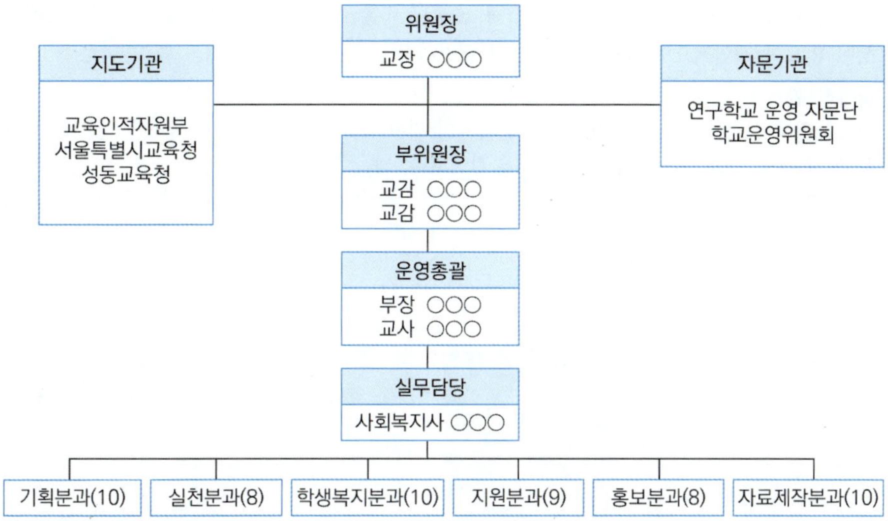

2) 예산: 1년 예산(2,000만원)

효과적이고 효율적으로 교육복지를 실천하고 학생문제를 예방 · 해결하기 위해서는 학교사회복지사 혼자만의 노력으로는 한계가 있다. 따라서 이를 위한 지원체계를 구축하는 것은 매우 중요하다. 필요한 지원체계는 다음과 같이 이루어진다. 교내협의체로 학교사회복지 운영위원회가 구성되어 연구사업의 제반사항을 협의하고, 문제예방과 해결을 위한 팀 접근을 실시한다. 또한 전문적이고 식견이 있는 자문단을 선정하여 신속한 자문을 받는다.

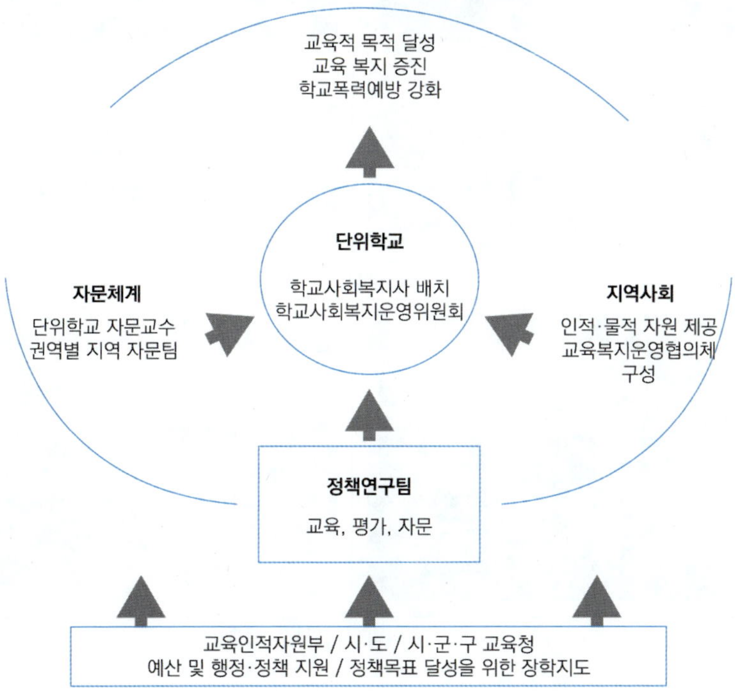

7. 기관이 속한 지역사회, 물리적 환경의 특징

1) 지역사회

저소득 생계형 맞벌이 부부 가정이 많고 한부모 가정 등이 많다. 방과 후 등에 보호가 부족한 학생이 많으며 지역적으로 중하위 정도의 사회경제적 수준을 가지고 있다.

2) 물리적 환경(시설, 공간 등)

학교사회복지실은 교무실, 일반교실과 분리되어 위치하였다. 학교사회복지실의 공간은 교실 하나를 생각할 수 있을 정도로 상당히 넓은 공간이었다. 넓은 공간 안에 서적 공간과 책상, 의자가 놓여 있어 쉼터로서의 역할도 하고 있었고, DDR기기를 들여놓고, 아이들이 마음껏 몸으로도 즐길 수 있는 공간이 마련되어 있었다. 이러한 쉼터와 상담실(사무실)은 분리되어 있어서 상담실, 사무실의 역할을 한다.

3) 학교사회복지실 사진

학교사회복지실 외부

내부-상담실 겸 사무실

내부-쉼터의 점심시간 모습

8. 기관의 특별한 면이나 전반적인 사항에 대한 인상이나 느낌

- 학교사회복지실은 전체적으로 낡고 오래된 건물에 위치하고 있었지만, 최근에 새로 지어진 건물에 교무실과 일반 교실과 분리된 곳에 자리잡고 있었다. 초등학교의 특성 때문인지 ○○중학교에 비해 훨씬 더 아기자기하고 깔끔하게 꾸며져 있었다. 학생복지실은 ○○중학교에 비해 더 넓고, 학생들이 편히 놀 수 있는 쉼터로 이용할 수 있는 공간이 상담실이나 사무실과 분리되어 있었다. 이용 가능한 공간에는 각종 보드게임, 탁자, 장난감, 컴퓨터, 책, DDR 기기 등이 많이 준비되어 있었다. 비좁은 공간에서 바닥에 앉아서 보드게임을 하는 ○○중학교 학생들을 생각하면서, ○○중학교에도 학생들의 제대로 된 쉼터를 위한 공간 확보가 이루어지기 위해 신경을 써야겠다는 생각을 했다. 학교라는 공간에 학생들을 위한 넓은 쉼터가 있다는 것은 이미 학교를 졸업한 나에게도 부러움을 느끼게 했다. 학생들이 학교가 공부만 하는 곳이라는 생각에서 벗어나, 편하게 친구들과 어울릴 수 있는 공간으로 생각하게 되어 좀 더 즐거운 학교생활을 하는 데 상당한 역할을 할 수 있을 것 같았다.

  일일 실습 중에는 연구보고회를 위해 제작된 판넬을 부착하는 작업을 했는데, 교육부에서 하는 연구학교라서 그런지 학교사회복지사가 아닌 학교 선생님의 주도로 작업이 이루어졌다. 이전의 ○○중 연구학교 보고회의 작업이 학생복지부의 일부에 속하는 것이라면, ○○초는 교육부가 지정한 연구학교여서 학교사회복지실을 위한 보고회 준비가 학교 선생님들과 함께 이루어지는 점이 많이 차이가 났다. 작업이 완료되지 않은 상태에서 ○○초 학교사회복지사 선생님의 배려로 타 기관 일일 실습은 5시를 조금 넘겨서 끝낼 수 있었다. 연구보고회 준비 때문일 수도 있겠지만, 이곳의 학교사회복지사나 실습생들도 과중한 업무로 힘들고 지친 것 같았다. 짧은 시간이었지만 일일 타 기관 실습을 통해 초등학교의 학교사회복지실을 경험해볼 수 있는 기회가 되었다. 연구보고회 준비의 바쁜 일정으로 학교사회복지사 선생님에게 직접 설명을 듣거나 진행되는 프로그램이나 상황들에 대한 자료를 볼 수 있는 시간은 주어지지 않아 아쉬웠다. 다음 번에 기회가 된다면 다시 방문하여 좀 더 생생한 이야기를 듣고 싶다.
- 역사가 오래된 학교이지만 최근 몇 년 안에 준공을 새롭게 하여 깨끗하게 지어진 새 건물 안에 학교사회복지실이 위치하고 있었다. 건물 1층에 학교사회복지실이 주변에 여러 교실들과 연결된 중심적 위치가 아니었고, 교수실과도 위치상으로 거리가 있어서 학교사회복지실을 홍보할 때나, 아이들이 복지실에 들러서 쉼터로의 기능을 다하는 데에는 어려움이 있지 않을까 하는 생각을 갖게 되었다.

  복지실은 굉장히 넓은 면적을 갖고 있었는데, 그곳에서는 아이들이 DDR을 하려고 줄지어 기다리고 서 있는 아이들이 많았다. 넓직한 공간이 인상적이었다. 보고회를 준비를 하는 도중에 방문하여서 선생님과 많은 이야기를 나누지 못한 채, 학교에 대한 자세한 상황을 질문할 겨를도 없이 바쁘게 보고회 준비 활동을 하였다.

  실습생들과의 대화나, 수퍼바이저 선생님과의 대화 없이 일만 수행하고 돌아오는 것이 힘든 일이었다. 보고회를 준비해야 한다는 것을 알고 방문하기는 하였으나, 조금 더 배움의 기회로 삼지 못한 채 보고회 준비를 하는 데만 시간을 보내고 와서 아쉬움이 많이 남는다. 그러나 보고회를 준비하는 과정을 체험할 수 있는 시간이었고, 이렇게 보고회를 준비하는 것이 학교사회복지실을 일반에 알리고 홍보하는 중요한 역할임을 다시 상기해 보는 계기가 되었다.

2. 중간평가서 작성

1) 중간평가서 작성목적

실습생은 실습 진행 기간 중반쯤에 자신의 실습과정 및 내용에 대해 평가하기 위해 중간평가서를 작성한다. 실습 초기에 설정한 실습목표에 따라 실습이 잘 진행되고 있는지 실습생 자신이 스스로 평가하며, 이를 토대로 실습지도자와 중간평가 회의를 진행한다. 실습내용 중 수정 및 보완할 부분이 있다면 합의하여 수정한 후, 설정된 실습목표가 실습종료 시까지 잘 수행될 수 있도록 노력한다.

실습 중간평가를 통해 실습생과 실습지도자는 실습의 촉진 혹은 방해가 되는 점을 발견할 수 있게 된다. 이를 통해 촉진되는 점은 계속 증진하고, 방해가 되는 점은 수정 및 보완할 수 있다. 또한 그동안 실습에서 어려웠던 점이나 건의할 점 등을 소통함으로써 실습에서 발생할 수 있는 어려움과 오해의 가능성을 최소화할 수 있고, 추후 실습생은 보다 적극적인 자세로 실습에 참여할 수 있다. 이 밖에도 실습의 중간 지점까지 수행한 실습생의 역할과 자세(태도)를 객관적으로 평가하고, 추후 더 필요한 지식과 기술을 정리해 봄으로써 남은 실습기간 동안 보다 질 높은 실습을 진행할 수 있는 기회가 될 수 있다.

2) 중간평가서 작성방법

실습생이 작성하는 중간평가서에는 실습목표에 관련된 실습내용 및 역할, 실습에 임한 자세 및 노력, 실습을 통해 배운 점, 앞으로 더 필요한 지식과 기술, 실습에서 어려웠던 점, 실습지도자에게 건의할 점 등이 포함된다. 각 부분에 대한 작성요령은 다음과 같다.

① 실습목표와 관련된 실습내용 요약 및 역할에 대한 평가

실습목표와 관련된 실습내용 요약 및 역할에 대한 평가는 크게 수행한 실습내용 및 역할의 요약, 평가, 앞으로의 계획으로 구분하여 작성한다. 수행한 실습내용 및 역할 요약 부분은 실습일자별 또는 주차별로 진행한 활동과 그 안에서의 역할을 적도록 한다. 평가는 전문적 발달 측면의 목표, 행정적 측면의 목표,

지역사회 연계 측면의 목표, 기본적 대인관계 기술 측면의 목표, 클라이언트 체계 개입 기술 측면의 목표를 중심으로 중간평가 내용을 작성한다. 앞으로의 계획은 지금까지의 실습 진행상황에서 이루지 못한 내용이나 미흡한 부분을 토대로 남은 기간 동안의 계획에 대한 내용을 작성하도록 한다.

② 실습에 임한 자세에 대한 평가

실습에 임한 자세에 대한 평가는 그동안 실습을 하는 과정에서 실습생이 어떠한 노력을 했는지 또는 기관의 직원 또는 동료 실습생과 어떤 관계가 있었는지에 대해 자세히 작성하도록 한다.

③ 실습을 통해 배운 점

실습을 통해 배운 점은 실습경험에 기초하여 배운 내용을 자세하게 작성한다.

④ 앞으로 더 필요한 지식과 기술

실습을 하는 데 있어서 앞으로 더 요구되는 지식이나 기술은 어떤 것이 있는지에 대해 자세히 작성한다.

⑤ 실습에서 어려웠던 점

실습에서 어려웠던 점은 실습하면서 실제로 어려웠던 내용을 솔직하게 작성한다.

⑥ 기관 및 실습지도자에게 건의하고 싶은 점

기관 및 실습지도자에게 건의하고 싶은 점에서는 특별히 건의할 내용이 없다고 하더라도 남은 실습일정을 통해 알고 싶은 내용 또는 경험하고 싶은 내용을 중심으로 작성한다.

〈실습중간평가서 작성 시 유의해야 할 사항〉

① 평가 시에는 실습 초기에 계획했던 목표 및 계획에 기초하여 객관적으로 평가해야 하며 실습생 자신의 느낌에 따라 주관적으로 장황하게 기술하지 않도록 주의한다.
② 실습생은 중간평가서의 세부항목에 따라 자신이 수행한 역할과 과업을 제시한 뒤 이를 평가하고 종결 시점까지 자신이 노력해야 하는 부분을 구체적으로 제시한다.

③ 실습내용 및 역할을 요약할 때에는 실습과정에 따라 자신이 수행한 실습내용과 그에 따른 자신의 역할을 명료하게 구체적으로 기록한다.
④ 기관 및 실습지도자에게 건의할 사항을 제시할 때에는 논리적으로 타당한 점에 대해 최대한 공손한 표현으로 기록한다.
⑤ 다 작성한 후에는 맞춤법, 오탈자 등을 반드시 확인한다.

출처: 이경아 · 서홍란(2011) 수정 및 보완.

〈중간평가서 작성 예시〉

실습중간평가서[2)]

실습생명	○ ○ ○	기관명	○○종합사회복지관
실습기간	2013.07.01.- 07.26	실습지도자	○ ○ ○
실습평가일	2013.07.12	실습지도교수	○ ○ ○

1. 실습목표와 관련된 실습내용 및 역할에 대한 평가

1) 수행한 실습내용 및 역할의 요약

① 1주차

본 복지관의 행정 및 각 사업팀 소개와 더불어 이와 관련된 교육들을 주로 받았다. 실내에서의 정적 활동(영화로 사회복지 이해하기 토론을 통해 사회복지사로서의 신념을 공유, 내부기안 작성실습, 문서화의 중요성 확인, 사회복지철학에 대한 교육 및 고민 등)이 주를 이루었으나 첫날의 지역사회라운딩, 1-2주차의 사례관리 가정방문 및 주민 만나기를 하면서 역동적인 활동들로 바뀌어가고 있다.

② 2주차

프로그램을 실제로 기획하고 실행하는 과정을 2주차에 들어서 시작하고 있으며, 문서를 만들어 보고 피드백을 지속적으로 받고 있다. 목적을 가지고 주민들을 만나는 외부활동들도 점차 많아지고 있기에 이제는 '계획(문서화)-활동-결과보고(문서화 및 성찰)'라는 복지관의 기본적인 업무과정 흐름을 파악하고 있는 중이다.

③ 평가

실습의 내용은 실습생의 자세와 태도, 사회구조에 대한 환경 차원의 거시적 고민, 사회복지사로서의 신념 등 작은 차원부터 큰 차원까지 고루 생각해볼 바가 제공되고 있다. 또한 목적을 깊게 생각하여 활동으로 옮기고 또 다시 반성하며 행동하는 미시적 사회복지활동들을 전개하고 있으므로 거시와 미시, 생각과 행동이라는 내용들이 균형적으로 채워지고 있고 이 과정을 충실히 이행하며 예비사회복지사로서 바람직한 기본 태도를 익히기 위해 노력하고 있다고 판단한다.

2) 이 예시는 2013년 성민종합사회복지관 하계방학 실습생 탁장한(서울대학교 사회복지학과 4학년)의 실습중간평가서임(출처: 보건복지부 · 한국사회복지사협회, 2013)

2) 평가

기안 작성법 등 사회복지를 현장에서 이루기 위해 행정과정을 배우고 실천하는 과정에서 만족스러운 평가를 받았다. 지역사회라운딩과 사례점검 가정방문, 주민만나기를 통해 삼성동, 서림동, 대학동 지역사회를 조망했고 그중에서도 주로 삼성동 지역 지역주민의 협력을 촉진하는 일체의 신뢰감이나 규범과 같은 사회적 자본을 지속적으로 질문하며 탐색 중이다. 특히 그것을 쉽게 풀어서 여쭙기 위해 삶을 살게끔 만드는 본인의 노하우가 무엇인지를 묻고 거기에 인적자본이나 사회적 자본이 어떠한 위상을 차지하고 있는지를 파악해내는 작업을 거치고 있다. 앞으로 더욱 다양한 어르신들 및 지역주민을 만나면서 구조화된 질문을 융통성 있게 던져 나가야 할 것이다.

사례점검을 통해 사례관리 기초조사서를 작성해본 활동을 수행했으나, 중간평가 직후 사례점검 피드백을 받게 되는 일정으로 인해 아직 수퍼비전은 받지 못한 상태이다. 받아야 할 피드백과 그에 따른 수정과정이 중요하다고 판단되어 아직은 활동 자체만 수행했다는 정도만 달성했다.

강점관점의 시각으로 지역주민의 삶을 바라보기 위해 의도적으로 민감하게 노력하고 있고, 열악한 상황 속에서도 사람들이 가지고 있는 자원을 보기 위해 주민들의 삶을 경청하고 있는 중이다. 주민 및 대상자들을 만나게 되는 일이 많았던 실습전반부에 강점관점을 실천현장에서 적용해보고자 행동했으므로 달성 정도는 낮지 않다고 평한다.

3) 앞으로의 계획

총 4주차 실습과정 중 1주차, 2주차 실습과정이 진행되었다. 향후 3주차에 프로그램 진행, 4주차에 프로그램 평가가 진행될 예정이다. 각 단계마다 사회복지사의 역할에 대해 주의 깊게 관찰하고 단계별 업무처리 절차에 대해 체계도 작성을 통해 정리를 해보고자 한다. 향후 이는 본 실습생에게 있어 사업별 진행 매뉴얼의 기초가 되리라 판단된다. 더불어 실습 4주 안에 실천기술을 모두 습득하겠다는 생각보다는 사회복지사로서 가져야 할 태도, 인식에 대해 선배들과 보다 적극적 대화 시간을 가져볼 계획이다.

2. 실습에 임한 자세 및 노력

① 업무관리(시간준수, 과제물 제출)

시간준수는 철저하게 지키고 있다. 물론 처음 사례점검을 하면서 어르신들의 이야기를 끊는 카리스마가 부족하여, 이야기의 주도권을 빼앗기고 그저 끌려감으로써 늦은 경우도 있었다. 이 부분에 대해서는 깊이 성찰하고 있으며 당당하게 할 말은 해야겠다는 생각을 한다. 과제물 제출은 현재까지 모두 수행했다. 미리 깊게 생각하고(그럼으로써 질적 내용을 담보하면서도) 효율적으로 일처리를 하려고 하는 편이라 평가한다.

② 직원 및 실습지도자와의 관계

실습참여 사회복지사와 원만한 관계유지를 위해 적극 인사를 하고 있다. 그러나 주로 만나 뵙는 사회복지사들이 여성 분들이셔서 남자 사회복지사로서 겪는 고충이나 어려움, 보람 등에 대해서 더 듣고 싶으나 적극적 태도로 소통하지 못한 아쉬움이 있다. 또한, 선배 사회복지사에게 존중하는 마음을 담아 예의를 갖추되 경직됨과 유연함 사이에 균형을 맞추기 위해 노력하고 있다.

③ 다른 실습생과의 관계

동료들에게 힘과 격려를 보내는 역할뿐 아니라 실습지가 거주지인 본 실습생이 가지고 있는 지역사회에 대한 지식들을 진지하게 알려주는 등 정보제공자의 역할도 하고 있다. 더불어 모든 시간에 적극적으로 참여함으로써 동료 실습생 태도에 긍정적 영향을 미치고 있다는 피드백을 받기도 하였다.

④ 실습생의 적극성 및 자발성

적극성과 자발성의 면에서는 부끄러움이 없다. 비록 내향적인 사람이지만, 활동적인 면이 많이 계발되었기 때문에 생각보다 태도의 측면에서는 그리 어렵지 않게 지내고 있다.

3. 실습을 통해 배운 점

① 행정적 측면의 경우, 행정문서인 내부기안 작성법을 익히고 실제 작성할 수 있었으며, 복지관 예산구성에 대한 이해를 도모할 수 있었다.

② 지역사회 측면의 경우, 사회적 자본에 대한 이해와 더불어 지역의 사회적 자본 탐색기회가 되어 지역주민들끼리의 협력을 촉진하는 일체의 신뢰감이나 규범과 같은 사회적 자본을 지속적으로 질문하며 탐색 중이다.

③ 기본적 대인관계 기술 측면의 경우, 지역주민들에게 사회복지사로서의 신뢰감을 주면서 친밀감을 나타내는 균형의 훈련을 하고 있다. 더불어 동료 실습생과 그룹 및 사회복지사와의 관계를 통해 사회 조직, 조직의 위계, 협력 · 친밀 · 예의의 균형에 대해 배우고 있다.

④ 클라이언트 체계 개입기술 측면의 경우, 강점관점의 시각으로 지역주민의 삶을 바라보기 위해 의도적으로 민감하게 노력하고 있고, 열악한 상황 속에서도 사람들이 가지고 있는 흔히 간과되고 있는 나름의 자원을 보기 위해 주민들의 삶을 경청하고 있는 중이다. 앞으로도 그리할 것이지만, 주민 및 대상자들을 만나게 되는 일이 많았던 실습전반부에 강점관점을 실천현장에서 적용해보고자 행동했으므로 달성 정도는 낮지 않다고 평한다.

4. 앞으로 더 필요한 지식과 기술

본 실습생의 경우 현장에서 실행 가능한 사업계획서 작성 기회가 좀 더 요구된다. 더불어 지역복지에 있어 주민조직화 실천 10단계를 경험, 관찰할 수 있는 기회가 필요하다. 2주차까지 진행된 과정에서는 실천가능 측면의 사업계획서 작성이 미진하고 주민만나기 활동이 어색하게 진행되었기 때문이다. 이에 따라 기관의 실제 다양한 사업계획서를 열람할 수 있는 기회와 주민조직 활동 참관 및 형성 과정에 대한 실제 사례를 질의응답 할 수 있는 시간이 있기를 바란다.

5. 실습에서 어려웠던 점

특별히 실습과정에 어려움은 없으나 묻고 싶은 질문이나 필요한 자료가 있을 시 사회복지사에게 질문을 하고자 하나 매우 분주한 가운데 업무를 하는 것 같아 쉽게 다가가지 못하는 부분이 있었다. 실습총괄 수퍼바이저에게 도움을 요청하며 본 실습생 또한 이러한 부분을 표현하는 적극적 자세를 갖는 노력이 필요하다.

6. 기관 및 실습지도자에게 건의할 점

실습 초기 오리엔테이션 때 배포된 실습 일정이 변경되어 진행되는 상황이 발생하고 계획된 일정이 지연되는 경우가 있었다. 사회복지현장의 특성상 긴급업무처리 요구, 분주한 일정 때문임이 충분히 이해되나 사회복지사들께서 실습생들에게 수퍼비전 해주신 것처럼 원칙을 지키면서 때때로 융통성을 발휘하는 것이었으면 한다. 그럼에도 현실적 이유라는 점이기 때문에, 오히려 실습생들을 위해 시간을 쏟는 것에 감사드리며 깊이 이해한다. 실습지도자에게 바라는 점은 지금처럼 계속하여 '생각해봐야 할 바'에 대해 직시하게끔 해주고, 더 나아가 그것을 같이 실제로 진지하게 생각해볼 수 있도록 이끌어주셨으면 좋겠다. 활동하고 일지를 쓰며 생각들이 정리되기도 한다. 그만큼 도전이 된다는 뜻이다. 내용을 곱씹고 되돌아볼 수 있도록 아낌없는 조언을 부탁드리며, 그 속에서도 실습생에 대한 인격적인 존중과 격려가 지속적으로 동반되기를 부탁드린다.

제 15 장 실습 종결 및 평가단계 수행과제의 작성

학습목표

1. 실습종결평가서를 작성요령에 따라 작성할 수 있다.
2. 사회복지현장실습확인서 작성에 대해 설명할 수 있다.

실습종결평가서는 실습 종결 및 평가단계에 실습생이 작성해야 하는 과제로 실습기간 동안 수행한 활동내용을 기준으로 작성한다. 작성한 실습종결보고서는 실습생 종결평가 보고회 진행 시 기초자료로 활용되기 때문에 작성양식에 맞게 구체적으로 잘 작성하는 것이 필요하다. 사회복지현장실습확인서는 사회복지기관에서 실습생이 현장실습을 진행하고 그 내용에 대해 확인하기 위해 작성하는 양식이다. 사회복지사 자격증 신청 시 필수적으로 제출해야 하는 서류이기 때문에 각 항목이 정확히 기재되어야 한다. 실습생이 직접 작성하는 서류는 아니지만 필요한 정보를 실습기관에 정확하게 전달하여야 제대로 작성될 수 있기에 관련 내용을 함께 살펴보도록 한다.

1. 종결평가서 작성

1) 실습종결평가서 작성목적

실습종결평가서는 실습생 자신이 수행한 실습과정의 전반을 총 평가하기 위해 작성한다. 실습생 스스로 실습내용에 대해 총평한 내용을 토대로 실습지도자, 동료 실습생 등과 더불어 실습생의 역할과 실습에 임한 자세, 실습내용, 실습을 통해 향상된 전문적 지식과 기술 등에 대해 최종 평가회의를 진행하기 때문에 매우 중요한 의미를 가지는 과제이다.

2) 실습종결평가서 작성방법

실습종결평가서에 포함되어야 할 핵심요소와 이에 대한 작성방법은 다음과 같다.

(1) 실습일정, 실습목표와 내용 및 역할에 대한 평가

현재까지 경험한 실습의 경험을 검토하는 부분이다. 일정에 따라 어떤 목표와 내용으로 실습이 진행되었는지 정리하고 각 일정에 따른 실습생의 역할을 정리, 평가해봄으로써 실습기간 동안 느꼈던 성취감과 만족감을 회상하고 클라이언트와의 상호작용을 돌이켜보는 기회를 갖는다.

(2) 서비스 실천과정에 대한 평가(혹은 정책 및 행정실습에 대한 평가)

전문가로서 실습생 자신이 수행한 사회복지서비스 실천의 전 과정을 단계별로 평가한다. 접수면접부터 종결까지 클라이언트를 위해 개입했던 서비스 실천과정에서 발생했던 상호작용과 역동, 실습생 자신의 개입 등을 서술하고 평가한다.

〈표 15-1〉 서비스 실천과정에 대한 평가작성 예시

서비스 실천과정 중 사례관리 실천에 대한 과정을 평가해 보도록 하겠다. ① 준비단계에서 사례관리를 하기 전 사례관리론의 이론적 내용을 다시 한 번 상기하며 내용을 확인하였고 전문가로서의 자세와 준비를 하려고 노력했다. ② 면접의 처음 과정에서 대상자와의 라포 형성이 잘 될 수 있도록 우선 순위를 두었고 자연스러운 대화 주제를 통해서 대상자의 면접 동기를 최대화시키려고 하였다. ③ 대상자의 정보를 수집하는 과정에서 가계도와 생태도를 사용하여 기록지를 작성하였고 가족관계뿐 아니라 사회관계까지 폭넓은 정보가 수집될 수 있도록 노력하였다. ④ 대상자가 원하는 서비스 목표를 정하기 위하여 변화하고자 하는 점 등을 질문하였고 모호한 답변에 대해서는 추가질문을 하며 서비스 목표를 구체화시키도록 하였다.

출처: 한국사회복지사협회(2017).

(3) 실습생의 자원 활용에 대한 평가(인적 · 물적자원)

실습생이 실습을 수행하기 위해 활용했던 자원을 인적자원과 물적자원으로 나누어 평가한다. 인적자원으로는 실습생 주변의 인적 네트워크를 떠올려 보며 실습에 도움을 주었던 사람들을 평가한다. 여기에는 수퍼바이저의 실습지도 및 교육기관에서의 실습교육 혹은 세미나 등이 포함된다. 물적자원으로는 실습을 수행하기 위해 활용한 서적, 장비 등 다양한 기자재 및 도구, 금전적 자원 등을 정리하고 평가한다.

〈표 15-2〉 실습생의 자원활용에 대한 평가작성 예시

① 기관 외의 자원활용 과제를 수행하기 위해 동료 실습생들과 브레인스토밍 기법을 활용한 자유로운 토론을 많이 하였다. 동료들을 통해 배울 수 있을 뿐 아니라 공통의 문제를 해결해 나가는 문제해결능력 또한 향상시킬 수 있었다. 또한 어르신과의 라포 형성을 위해 기존에 근무해 왔던 요양보호사 선생님이나 수퍼바이저의 노하우를 옆에서 지켜보며 모델링하려고 노력하였다. 나보다 경험이 많은 직원들의 근무태도를 통해 많은 것을 배울 수 있었다. ② 실습과 관련된 참고 서적의 활용: 아동복지론 교재를 다시 한 번 보면서 아동에 대한 특성을 공부하고 복습하였다. 그 밖에 인터넷 및 논문 등의 다양한 참고 서적을 활용하기도 했고, 관련 영상을 찾아보면서 특정한 이슈에 대해 이해하려고 노력하였다.

출처: 한국사회복지사협회(2017).

(4) 전문적 태도에 대한 평가

실습생이 클라이언트와의 상호작용에서, 수퍼바이저와의 관계에서, 동료 실습생과의 교류에서 전문가로서 어떠한 자세와 태도를 가지고 이들을 대하였는지 평가한다. 전문적 태도 중 실습생이 특별히 유용하게 사용했던 태도나 역할이 있었다면 이를 명시하고 그에 따른 상황을 묘사하면서 평가하는 방법도 바람직하다. 예를 들어, 아동들 간의 마찰이 있었을 때 중재자로서의 역할을 했다면 그 역할을 할 때 실습생은 중재자로서 어떠한 태도를 취하였는가를 평가하는 것이다. 실습은 사회복지현장을 보고, 배우고, 실천해보는 과정이기 때문에 사회복지의 지식이 증가하고 효과적인 실천기술이 향상되며 전문가로서의 가치가 명료화되는 경험을 하게 될 것이다. 따라서 여기에서는 습득한 지식과 기술, 가치를 실습 이전과 구체적으로 비교함으로써 성취한 전문적 태도를 평가한다(오혜경, 2015).

(5) 실습기간 중 가장 유익했던 내용과 가장 안 좋았던 내용

실습경험에 대한 긍정적 혹은 부정적 경험에 대해 회상하고 정리한다. 이 부분은 특히 실습의 긍정적인 경험만 강조하는 등 피상적인 수준에 머무르지 않도록 주의해야 하고(서진환, 2001), 안 좋았던 경험을 공유하는 자세에 있어서 실습

생과 기관, 수퍼바이저는 개방적이고 수용적인 자세를 가져야 한다. 덧붙여 안 좋았던 내용을 서술한 후에는 이에 대한 대안으로 실습기관, 실습지도자, 교육기관에 대한 건의사항을 포함시킨다.

〈작성 예시〉

실습종결평가서1)

실습생명	권 ○ ○	기관명	○○중학교 학생복지실
실습기간	2005.7.18 - 2005.12.31	실습지도자	주○○ 학교사회복지사
실습평가일	2005.12.12	실습지도교수	권 ○ ○

Ⅰ. 실습 중 배운 내용 및 역할

- 방학 중 인성교육프로그램 '비폭력 반편견'교육 주진행 및 보조진행
- 창의재량 수업 주진행 및 보조진행
- 자원연계시도
- 창의재량 수업 프로그램 일일평가서 및 활동보고서 작성 및 파일관리
- 개별사례개입을 위한 시도, 진행, 기록
- 프로그램 기획 및 진행
- 동료 실습생들과 학교폭력예방캠페인 계획 · 진행 · 평가
- 청양제(축제) 운영계획서 작성 및 준비 · 진행 · 평가
- 연구학교 운영보고회 준비작업
- 쉬는 시간 및 점심시간 교내순회를 통한 학교폭력예방
- 지역사회와의 자원연계과정 이해를 위한 스터디
- 학교조직에 대한 이해 교육
- 사례관리에 대한 이해 교육
- 학교교육의 문제점과 학교사회복지의 필요성 교육
- 타 기관 일일실습

Ⅱ. 실습에 대한 평가

1) 실습목표에 대한 평가(실습생의 목표)

실습목표는 전문적 발달 측면, 행정적 측면, 지역사회 · 정책 측면, 기본적 대인관계기술 측면, 클라이언트 체계 개입 측면에 따라 목표가 세워졌다. 이에 따른 목표달성을 위한 평가지표도 각각 세부적으로 세워졌다. 각각의 목표에 따른 달성도는 다음과 같다.

실습목표	목표달성을 위한 평가지표 /세부달성방법	목표달성의 평가방법	달성도
〈전문적 발달 측면〉 1. 학교사회복지 실천에 대해 설명할 수 있다.	1) 2권 이상의 서적을 읽고, 1권 이상의 서적에 대하여 서평을 작성하여 제출한다.	• 작성 여부	100%

1) 2005년 K중학교 학교사회복지 실습생 권○○이 작성한 실습종결평가서를 일부 수정한 것임

실습목표	목표달성을 위한 평가지표 /세부달성방법	목표달성의 평가방법	달성도
〈행정적 측면〉 2. 학교사회복지 행정 서류를 작성할 수 있다.	1) 월별보고서 작성을 해본다. 2) 상담파일 관리 등의 서류업무를 경험한다.	• 작성한 내용에 관하여 실습지도자와 논의	70%
〈지역사회, 정책 측면〉 3. 지역사회와의 자원연계 과정을 설명할 수 있다.	1) 지역사회자원에 대해 조사하여 목록을 작성한다. 2) 지역사회와의 자원연계를 1건 이상 시도한다.	• 자원목록 작성 여부 • 자원연계 시도 및 성공 여부	50%
〈기본적 대인관계 기술 측면〉 4. 실습지도자, 실습생, 직원과의 관계기술을 활용할 수 있다.	1) 동료 실습생과 함께 프로그램을 기획하여 진행하면서 상호지지적 관계가 될 수 있도록 노력한다.	• 프로그램 기획 및 진행 후 실습지도자와 논의	90%
〈클라이언트 체계 개입 측면〉 5. 프로그램을 계획, 실행, 평가하는 기술을 활용할 수 있다.	1) 프로그램을 1회 이상 계획한다. 2) 프로그램을 10회 이상 실행(관찰 혹은 진행)한다. 3) 프로그램의 일일평가와 과정평가를 10회 이상 기록한다.	• 계획서 제출 • 실제 실행 여부 • 일일 평가와 과정 평가 기록 여부	100%
6. 개별상담 기술을 활용할 수 있다.	1) 개별상담 사례를 1사례 이상 발굴한다. 2) 발굴한 사례로 실제 상담을 진행한다. 3) 상담내용을 기록한다.	• 발굴 여부 • 실제 진행 여부 • 상담내용기록 여부	100%

2) 실습내용에 대한 평가

① 실습기관에 대한 이해

학교조직의 이해에 관한 교육을 통하여 실습하고 있는 학교라는 조직에 대하여 이론적으로 알 수 있는 기회가 있었고, 실제로 실습을 하면서 학교라는 조직이 갖고 있는 여러 가지 특징들을 직접 느낄 수 있는 순간이 많았다. 아쉬운 점은 학교사회복지의 세팅 장소가 2차 세팅 이다보니, 학교 전체의 업무보다는 학생복지실을 실습기관으로 보고 학생복지실의 업무를 이해하는 것만이 어느 정도 이루어졌다. 하지만 실습기관을 ○○중학교로 보았을 때, 실습기관에 대한 이해는 시간적인 측면이나 질적인 측면에서 많이 부족했다.

② 프로그램(혹은 사례)에 대한 평가

실습 중 창의재량 수업시간을 통해 진행되는 프로그램에 10회 이상 보조진행자 또는 주진행자로서 참여하였다. 이 과정을 통하여 프로그램을 준비하는 요령과 프로그램 기획이나 진행시 필요한 것들에 대해서 좀 더 알 수 있는 시간이 되었다. 그리고 실제로 프로그램을 기획해 봄으로써 프로그램 계획서 작성을 함에 있어서, 이론과 실제 프로그램 구성을 어떻게 할 것인가에 대한 생각을 많이 하였다. 이것은 추후에 프로그램을 계획하고 진행하는 데 있어서 많은 도움이 될 것이라고 판단된다. 또한 개별사례 개입을 위한 발굴 · 시도 · 진행 · 기록의 과정을 경험하였다. 처음 어떤 학생을 어떻게 발굴할 것인가에 대한 고민, 대상 학생에게 첫 면접을 하기 위한 시도, 실제 상담진행과 기록의 과정을 통하여, 어떤 방법으로 어떻게 상담을 할 것인가에 대한 중요한 경험이 되었고, 약간의 자신감도 얻었다.

3) 실습생의 자원활용에 대한 평가

① 활용 가능한 자원에 대한 이해

실습을 하면서 활용 가능한 자원에 대한 리스트를 만들면 좋겠다고 생각은 하였으나, 실제로 실행하지 못했다. 다만, 캠페인과 학교축제를 준비하면서 연계 가능한 기관에 대한 이해의 폭을 넓힐 수 있었다.

② 자원활용에 대한 평가

축제를 준비하면서 기업체 등과의 자원연계에 대한 시도는 이루어졌으나, 성공하지는 못하였다. 실습지도자 선생님이 이미 연계를 진행해 놓은 상태에서 실습생들이 함께 참여하여 프로그램을 진행하는 정도의 자원활용만이 있었다. K복지재단에서 수급권 학생들에게 생일선물을 주는 프로그램을 실습지도자 선생님이 알려주었는데도 불구하고, 한번도 제대로 시도해보지 못했다. 자원활용에 대하여는 전체적으로 수동적으로 이루어진 것 같다.

4) 실습에 임한 자세에 대한 평가

① 실습지도자, 직원과의 관계에 대한 평가

학교사회복지현장에서 실습지도자 외의 직원인 교사, 행정직원, 교장, 교감 선생님들과의 관계에서는 특별한 관계를 갖지 못했다. 실습지도자 선생님과는 많은 이야기를 하려고 처음 실습 시작 당시에는 노력했지만, 실습지도자 선생님이 많이 바쁘신 관계로 그렇지 못했던 것 같다. 종결을 앞둔 현 시점에서 볼 때 좀 더 적극적으로 피드백을 받고자 노력하지 못했던 것 같다.

② 다른 실습생들과의 관계에 대한 평가

동료 실습생들과 함께 캠페인이나 청양제(축제) 준비, 연구보고회 준비를 함께 하면서 서로의 어려움과 즐거움을 함께 나눌 수 있었다. 또한 프로그램 계획이나 다른 과제들을 준비하면서도 서로에게 피드백을 주고받고 하면서 학문적인 교류와 함께 친밀감을 느낄 수 있는 시간을 가졌다.

③ 실습생 자신에 대한 평가

학교사회복지라는 2차 세팅에서의 교사와 학교사회복지 실습생이라는 지위가 처음에는 많이 낯설게 느껴졌었다. 또한 실습 시작 전에 생각했던 학교사회복지현장에서 실습생으로서의 역할이 너무나 힘들게 느껴져서 학교사회복지에 대한 많은 고민과 함께 실습이 진행되었다. 일주일에 2번이라는 시간과 그에 따른 과제 및 책임들이 권한에 비하여 너무 많은 것이 아닌가 하는 생각들로 처음 몇 달은 어렵고 힘들게 지난 것 같다. 실습을 종결할 지금에 와서 생각해보면, 힘든 시기에 했던 고민들이 결국은 실습생인 본인에게 이득이 되었던 것 같다.

5) 전문적 태도에 대한 평가

① 사회복지사로서 실습생 자신의 강점과 약점에 대한 인식

- 강점: 상대방을 대할 때 그 사람의 장점과 단점을 동시에 파악하지만, 단점보다는 장점을 더 많이 보려고 노력한다.
- 약점: 실습이 처음이었고, 아직은 제도화가 안 된 학교사회복지실습이어서 학교사회복지에 대한 정체성이 실습을 통하여 강화되기도 하였지만, 한편으로는 혼란스러웠던 경우도 많았다.

6) 관심분야의 확인

① 이번 실습내용 중 특히 관심 있었던 분야, 내용

개별사례 발굴 및 개입을 통하여 학생과 일대일로 만나서 상담하는 부분이 흥미로웠다. 개입이 늦게 이루어져 많은 횟수 동안 상담이 이루어지지는 못했지만 학생과 상담하는 과정을 통하여, 어떻게 상담을 하여야 할 것인가에 대한 고민이 많았다. 여러 책을 통하여 해결중심모델을 적용한 상담계획을 세워 상담에 적용하고, 학생의 변화를 관찰하는 것이 새롭고 관심이 갔다.

② 앞으로 실천기반으로서 활용계획

실습을 하면서 학교에서 배웠던 이론들을 현장과 연관시켜서 적용해보려는 노력을 많이 하였다. 해결중심모델과 같은 상담 모델들에 대한 공부를 더 많이 하여야겠다고 생각하였고, 앞으로 실천현장에서 해결중심모델이나 타 유용한 상담관련 기법에 관하여 적용시켜 보아야겠다고 생각했다.

7) 기관 및 프로그램에 대한 견해

실습을 하면서 함께 했던 교사들은 대체로 학교사회복지라는 것에 매우 호의적으로 보였다. 특히 청양제나 운영보고회를 준비하면서 학생복지실의 비중이 매우 크다는 것을 느낄 수 있었다. 하지만, 현재로서는 학생복지실이 주체가 되는 정규프로그램 시간(수업시간)은 마련되어 있지 않다. 창의재량수업 시간에 이루어지는 프로그램은 학생복지부장님이 담당하는 반을 학생복지실의 프로그램 개입시간으로 이용된다. 아직은 제도화가 되어 있지 않으므로 정규수업시간 확보에는 한계가 있을 수 있겠지만, 좀 더 효과적인 개입을 위하여 충분한 프로그램 시간 확보가 필요하다고 생각한다. 그리고 학교의 행사에 보조적인 역할로서 연구보고회나 학교축제지원도 좋지만, 개별학생에 대한 개입이 많이 부족한 것 같다. 학교의 행사가 학생복지실의 행사가 되겠지만, 개입이 필요한 학생의 발굴이나 실제 개입이 다른 일들로 인하여 부족하다고 느낀다.

Ⅲ. 실습에서 어려웠던 점, 기관 및 학교에 대한 건의사항

① 기관

현재는 학교사회복지가 제도화가 되어 있지 않아서 업무가 안정적이지 않고, 긴박하게 진행되는 경우가 많은 것은 사실입니다. 앞으로는 정기적이고 계획된 수퍼비전 시간이 보다 많았으면 좋겠습니다.

② 학교

실습과목을 수강할 학생들을 대상으로 실습 전에 오리엔테이션이 필요한 것 같습니다. 특히 방학 중 실습의 경우 모든 실습을 끝내고 수업에 참여하므로, 적절한 시간을 정하여 담당교수님과 인사도 하고, 실습을 하는 도중에 생기는 의문점에 대하여 실습지도자 외에 피드백을 받을 수 있으면 더욱 효과적인 실습이 될 수 있다고 생각합니다. 실습 시 실습지도자와 의논하기 힘든 부분을 쉽게 상담할 수 있도록 인터넷 카페의 게시판을 이용하는 것도 좋을 것 같습니다.

2. 사회복지현장실습확인서 작성

1) 사회복지현장실습확인서 발급절차

사회복지현장실습확인서는 사회복지현장실습 실시기관과 교육기관이 함께 작성하여 실습생에게 발급하는 서류이다. 실습생 인적사항을 포함한 기관실습에 관한 사항은 실습기관에서 작성하고 실습세미나에 관한 사항은 교육기관에서 작성한다. 구체적인 발급절차는 [그림 15-1]과 같다.

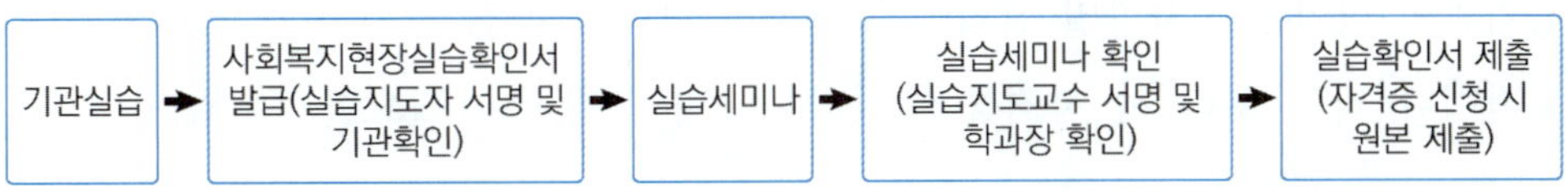

[그림 15-1] 사회복지현장실습확인서 발급절차

2) 사회복지현장실습확인서 작성방법

사회복지현장실습확인서의 작성방법은 다음과 같으며 제시한 사회복지현장실습확인서 뒷면(2면)에도 구체적인 작성방법이 제시되어 있다.

① 발급사항

사회복지현장실습확인서 신규발급 시 '신규발급'에 표시하고, 최초 발급 후 분실 등으로 인해 재발급 시 '재발급'에 표시한다.

② 실습생 인적사항

성명, 생년월일, 휴대전화번호, 학교명을 기재한다. 학교명은 실습생의 실습 진행 당시 소속 교육기관명으로 한다.

③ 실습기관 및 실습지도자

실습기관명, 실습기관 관리번호(실습기관 선정 시 부여받은 번호 기재), 기관주소, 전화번호, 실습지도자명, 사회복지사 자격번호(사회복지사 자격증 상단에 기재된 자격번호와 하단에 기재된 자격증 취득일자 기재)를 입력한다.

④ 실습기간

종전법 대상자는 120시간 이상, 개정법 대상자는 160시간 이상을 하여야 한다. 사회복지현장실습은 1일 4~8시간 진행됨에 따라 총 횟수와 1일 평균 실습시간 기재가 필요하다. 오기재 또는 미기재 시 재발급 및 추가 서류를 제출할 수 있으니 잘 작성하도록 한다.

⑤ 실습지도자 서명 및 실습기관 직인

실습지도자 서명 시 전자파일 삽입은 불가하며 직접 작성해야 한다. 또한 실습기관의 직인은 전자파일 삽입이 불가하며 담당자 직접 날인이 필요하다. 서명 누락이나 직인 누락 시 자격증 신청 보류 및 재발급이 필요할 수 있다.

⑥ 교육기관 및 세미나 교수

실습세미나 교육기관의 교육유형을 표시하되 교육기관의 유형과 실제 교육방식 유형이 상이할 경우 교육방식 유형(오프라인, 온라인) 표시가 필요하다. 실습세미나 교수명과 학과명 그리고 실습세미나 교수의 사회복지학 또는 사회사업학 취득학위를 표시하되 허위 기재 시 사회복지사 자격증 신청자의 자격증 취소 처리가 될 수 있다. 마지막으로 교육기관의 전화번호를 기재한다.

⑦ **실습세미나**

「사회복지사업법」 시행규칙에 따라 실습세미나는 회당 2시간 이상씩 총 15회 30시간 이상을 진행해야 한다. 실습세미나 횟수(시간) 기재 시 총 횟수는 15회 이상, 시간은 30시간 이상으로 기재되어야 한다. 대면방식 세미나 횟수도 기재하되 오프라인 교육기관은 15회 이상, 온라인 교육기관은 3회 이상 진행으로 기재가 필요하다. 이때 시간은 회당 2시간 이상씩으로 산정하여 기재한다.

⑧ **실습세미나 교수 서명 및 학과장 직인**

실습세미나 교수 서명 시 전자파일 삽입은 불가하며 직접 작성해야 한다. 실습세미나 진행 교육기관의 '학과장 직인'이 필요하며 역시 전자파일 삽입은 불가하다. 학과장이 없을 경우에는 총장 직인 또는 교육원장 직인 날인이 필요하다. 서명 누락이나 직인 누락 시 자격증 신청 보류 및 재발급이 필요할 수 있다.

⑨ **재발급 사유**

사회복지현장실습확인서 재발급 시 재발급 사유를 간단하게 기재한다.

〈2021.04.15.개정〉

사회복지 현장실습 확인서

[ ]신규발급, [ ]재발급 (앞쪽)

구분	항목	내용	항목	내용
실습생 인적사항	성 명		생년월일	※「주민등록번호」 앞자리 6자리를 기재 바랍니다
	휴대전화번호		학교명	※ 현재 소속중인 학교명을 기재 바랍니다.
실습기관 및 실습지도자	실습기관명		실습기관 관리번호	※ 실습기관 선정 시 부여된 등록번호 기재
	기관 주소	※「도로명 주소」로 기입해 주세요	전화번호	
	실습 지도자명	※ 실습생의 실습을 지도한 지도자명 기재	사회복지사자격번호 (취득일자)	제 - 호 (. . .)
실습기간	실습 기간	20 년 월 일 ~ 20 년 월 일		
	실습 시간	총 시간 (총 회, 1일 평균 시간)		

실습기관은「사회복지사업법 시행규칙」제3조 [별표1]의 규정에 따라 자격요건을 갖춘 실습기관과 실습지도자에 의해 기관 실습을 진행하였으며, 상기 실습생이 위와 같이 기관실습을 하였음을 확인합니다.

20 년 월 일

기관실습 지도자: **(서명 또는 인)** **기관실습 실시기관:** **(직인)**

구분	항목	내용	항목	내용
교육기관 및 세미나교수	교육기관 유형	[ ]오프라인 / [ ]온라인	교육기관명	※ 실습세미나 교육기관명을 기재 바랍니다.
	실습세미나 교수명		학 과 명	
	실습세미나 교수 취득학위 (사회복지학 또는 사회사업학)	[ ]학사, [ ]석사, [ ]박사	교육기관 전화번호	
실습세미나	실습세미나 기간	20 년 월 일 ~ 20 년 월 일		
	실습세미나 횟수(시간)	총 회(시간)	대면방식 세미나 횟수 (시간)	총 회(시간)

교육기관은「사회복지사업법 시행규칙」제3조 [별표1]의 규정에 따라 자격요건을 갖춘 실습세미나 지도교수에 의해 실습세미나를 진행하였으며, 상기 실습생은 위와 같이 실습세미나를 이수하였음을 확인합니다.

20 년 월 일

실습세미나 교수: **(서명 또는 인)** **학 과 장:** **(직인)**

한국사회복지사협회장 귀하

재발급 사유	※ 사회복지 현장실습 확인서 재발급 시 재발급 사유 기재 바랍니다.

[사회복지현장실습에 관한 기준] - 사회복지사업법 시행규칙[별표1] 사회복지관련 교과목 (제3조 관련)

① **기관실습 실시기관** : 보건복지부장관으로부터 선정된 사회복지사업을 수행하는 기관, 법인, 시설 또는 단체

② **기관실습 지도자** : 사회복지사 1급 자격증을 취득한 이후 3년 이상 또는 사회복지사 2급 자격증을 취득한 이후 5년 이상 사회복지사업의 실무경험이 있는 자로 기관실습이 실시되는 연도의 전년도에 8시간 이상의 보수교육을 받은 자

③ **기관실습 시간** : 160시간 이상으로 한다.(단, 시행일 2020.1.1. 기준일 2019.12.31. 사회복지학 전공교과목과 사회복지관련 교과목의 전부 또는 일부 이수하였거나 수강하고 있는 사람은 120시간 이상)

④ **실습세미나** : 1회당 2시간 이상의 실습세미나를 총 15회 이상 실시하며, 정보통신망을 이용한 온라인 교육을 실시하는 교육기관의 실습세미나에는 대면 방식의 세미나가 총 3회 이상 포함되어야 하며, 한 세미나에 참여하는 학생 수는 30명 이내일 것

⑤ **실습세미나 교수** : 학사, 석사 또는 박사 학위 중 2개 이상의 학위를 사회복지학 또는 사회사업학 전공으로 취득한 사람으로서 3년 이상의 사회복지학 교육경험 또는 3년 이상의 사회복지사업 실무경험이 있는 교수가 지도할 것

※ 법령이 정한 상기 기준은 모두 충족해야 하며, 미충족시 사회복지사자격증을 교부할 수 없습니다.

(뒤쪽)

[사회복지 현장실습 확인서 작성 방법]

[주의 사항]

○ 실습확인서에 기재할 내용은 정자로 기재 하거나 전자문서로 작성 가능합니다. 다만 전자문서로 작성 시 서명란은 직접 작성하여야 하며, 서명, 직인란에 전자파일의 삽입은 불가합니다.
○ 실습확인서 최초 발급 시 신규발급란에 체크하고, 재발급 시 재발급란에 체크 및 재발급 사유란에 사유를 작성합니다.
○ 사회복지현장실습 확인서는 원본을 원칙으로 하며, 자격증 신청 시 원본으로 제출하여야 합니다. (사본 제출 불가)
※ 사회복지 현장실습 확인서 내용을 허위 기재 및 위변조 시 이로 인해 발급된 사회복지사 자격은 취소될 수 있으며, 법적 제재를 받을 수 있습니다.
※ 사회복지현장실습 확인서는 자격증 신청 시 원본으로 제출되는 서류로 원본 관리에 유념하여야 합니다.

[실습생 인적사항]

○ 실습생 성명은 주민등록증에 등록된 이름으로 기재하며, 외국인의 경우 외국인등록증에 등록된 영문명으로 기재 하여야 합니다.
○ 실습생의 생년월일은 주민등록번호 앞 6자리를 기재하여야 합니다.
○ 실습생 휴대전화번호는 연락 가능한 번호를 기재하여야 합니다.
○ 실습생의 교육기관명은 실습생의 실습 진행 당시 소속 중인 교육기관명을 기재 하여야 합니다.

[실습기관 및 실습지도자 인적사항]

○ 실습기관명은 실습기관으로 선정 시 등록된 기관명으로 기재 하여야 하며, 기관명을 약칭으로 기재가 불가합니다.
○ 실습기관 관리번호는 실습기관으로 선정 시 부여된 '실습기관 관리번호'를 기재하시기 바랍니다. (사업자등록번호 및 기타 시설 신고증 번호 기재불가)
○ 기관주소는 도로명 주소로 기재 바라며, 전화번호는 연락 가능한 실습기관 전화번호를 기재 바랍니다.
○ 기관실습 지도자명에는 실습지도자로 등록된 지도자 중 실습생을 실제로 지도한 실습지도자를 기재 바랍니다.
○ 사회복지사 자격번호는 실습 지도한 실습지도자의 사회복지사 자격번호 (사회복지사 자격증 좌측 상단에 표시된 번호)를 기재하며, 취득 일자는 사회복지사 자격증에 기재된 발급 일자를 기재 바랍니다.

[실습기간 및 실습시간]

○ 실습기간은 실제 진행된 실습 기간 중 최초 시작일과 종료일을 기재 바랍니다. (실습기관별로 실습 O.T 등 실습시간에 포함되지 않는 기간은 기재하지 않아도 됨)
○ 실습시간은 총 실습시간과 횟수, 1일 평균 시간을 기재 바랍니다. (1일 4시간 이상 8시간 이하로 실습이 진행되어야 합니다.)

[실습세미나]

○ 학교 유형을 체크해 주시기 바랍니다. (오프라인, 온라인 구분하여 체크)
○ 학교명은 현재 실습세미나를 운영하고 있는 학교명을 기재 바랍니다.
○ 실습세미나 교수의 사회복지학 또는 사회사업학 학위 취득상황을 체크해 주시기 바랍니다. (학사, 석사, 박사 학위 중 2개 이상 학위를 사회복지학 또는 사회사업학으로 취득하여야 함)
○ 실습세미나 교육기간 및 교육 횟수, 운영 시간을 기재 바랍니다. (온라인 교육기관의 경우 대면 세미나를 주1회씩 총 3회 이상 진행하여야 함.)

[서명 및 직인]

○ 기관실습지도자, 실습세미나 교수는 서명 또는 도장을 찍어야 합니다. 서명의 경우 직접 작성을 원칙으로 하며, 도장 또는 서명을 전자 파일 형태로 삽입은 불가합니다.
○ 사회복지현장실습 확인서 재발급 시 실습지도자 및 실습세미나 교수 퇴사 등으로 직접 서명이 불가할 경우 실습기관장, 학과장의 이름 기재 후 재발급에 따른 대리 서명 사유와 실습기관장 또는 학과장 직인을 찍어 제출이 가능합니다. 이 경우 상단 재발급 표기란에 체크 바랍니다.
○ 기관실습 실시기관, 학과장의 경우 직인을 찍어야 하며, 전자 파일 형태로 삽입은 불가합니다.
○ 기관실습 확인 일자는 실습을 진행한 기간 보다 앞서 일자 기재가 불가하며, 실습세미나 확인 일자는 실습세미나 교육 기간보다 앞서 기재가 불가합니다.

[사회복지 현장실습 확인서 발급 절차]

기관 실습 → 사회복지현장실습확인서 발급 (실습지도자 서명 및 기관확인) → 실습 세미나 → 실습세미나 확인 (실습지도교수 서명 및 학과장 확인) → 실습확인서 제출 (자격증 신청시 원본 제출)

부록

부록 1

사회복지사 윤리강령[1)]

◎ 윤리강령 제정연혁

1982.01.15.	제정
1988.03.26.	1차 개정
1992.10.22.	2차 개정
2001.12.15.	3차 개정
2021.07.05.	4차 개정
2023.04.11.	5차 개정

◎ 전문

사회복지사는 인본주의 · 평등주의 사상에 기초하여, 모든 인간의 존엄성과 가치를 존중하고 천부의 자유권과 생존권의 보장 활동에 헌신한다.

특히 사회적 · 경제적 약자들의 편에 서서 사회정의와 평등 · 자유와 민주주의 가치를 실현하는 데 앞장선다. 또한, 도움을 필요로 하는 사람들의 사회적 지위와 기능을 향상시키기 위해 저들과 함께 일하며, 사회제도 개선과 관련된 제반 활동에 주도적으로 참여한다. 사회복지사는 개인의 주체성과 자기 결정권을 보장하는 데 최선을 다하고, 어떠한 여건에서도 개인이 부당하게 희생되는 일이 없도록 한다.

이러한 사명을 실천하기 위하여 전문적 지식과 기술을 개발하고, 사회적 가치를 실현하는 전문가로서의 능력과 품위를 유지하기 위해 노력한다. 이에 우리는 클라이언트 · 동료 · 기관 그리고, 지역사회 및 전체사회와 관련된 사회복지사의 행위와 활동을 판단 · 평가하며 인도하는 윤리기준을 다음과 같이 선언하고 이를 준수할 것을 다짐한다.

1) 출처: 한국사회복지사협회(https://www.welfare.net).

◎ 윤리강령의 목적

한국사회복지사 윤리강령은 사회복지 전문직의 가치와 윤리적 실천을 위한 기준을 안내하고, 윤리적 이해가 충돌할 때 고려해야 할 사항을 제시하고자 한다. 한국사회복지사 윤리강령의 목적은 다음과 같다.

1. 윤리강령은 사회복지 전문직의 사명과 사회복지 실천의 기반이 되는 핵심 가치를 제시한다.
2. 윤리강령은 사회복지 전문직의 핵심 가치를 실현하기 위한 윤리적 원칙을 제시하고, 사회복지 실천의 지침으로 사용될 윤리기준을 제시한다.
3. 윤리강령은 사회복지 실천 현장에서 발생하는 윤리적 갈등상황에서 의사결정에 필요한 사항을 확인하고 판단하는 데 필요한 윤리 기준을 제시한다.
4. 윤리강령은 사회복지사가 전문가로서 품위와 자질을 유지하고, 자기 관리를 통해 클라이언트를 보호할 수 있도록 안내한다.
5. 윤리강령은 사회복지의 전문성을 확보하고 외부 통제로부터 전문직을 보호할 수 있는 기준을 제공한다.
6. 윤리강령은 시민에게 전문가로서 사회복지사의 역할과 태도를 알리는 수단으로 작용한다.

◎ 윤리강령의 가치와 원칙

사회복지사는 인간 존엄성과 사회정의라는 사회복지의 핵심 가치에 기반을 두고 사회복지 전문직의 사명을 다하기 위해 노력해야 한다. 이러한 핵심 가치와 관련해 사회복지 전문직이 준수해야 할 윤리적 원칙을 제시한다.

핵심 가치 1. 인간 존엄성

- 윤리적 원칙: 사회복지사는 인간의 존엄성과 가치를 인정하고 존중한다.
  - 사회복지사는 개인적 · 사회적 · 문화적 · 정치적 · 종교적 다양성을 고려하며 개인의 인권을 보호하고 존중한다.
  - 사회복지사는 클라이언트의 자율성을 존중하고, 자기 결정을 지원한다.
  - 사회복지사는 클라이언트가 역량을 강화하고, 자신과 환경을 변화시킬 수 있도록 지원한다.
  - 사회복지사는 사회복지 실천 과정에서 클라이언트의 개입과 참여를 보장한다.

핵심 가치 2. 사회정의

- 윤리적 원칙: 사회복지사는 사회정의 실현을 위해 앞장선다.
  - 사회복지사는 개인적 · 집단적 · 사회적 · 문화적 · 정치적 · 종교적 차별에 도전하여 사회정의를 촉진한다.
  - 사회복지사는 개인, 가족, 집단, 지역사회의 다양성을 존중하는 포용적 지역사회를 만들기 위해 노력한다.
  - 사회복지사는 부적절하고 억압적이며 불공정한 사회제도와 관행을 변화시키기 위해 사회의 다양한 구성원들과 협력한다.
  - 사회복지사는 포용적이고 책임 있는 사회를 만들어 가기 위해 연대 활동을 한다.

◎ 사회복지사의 윤리기준

Ⅰ. 기본적 윤리기준

1. 전문가로서의 자세

1) 인간 존엄성 존중

가. 사회복지사는 모든 인간의 존엄, 자유, 평등을 위해 헌신해야 하며, 사회적 약자를 옹호하고 대변하는 일을 주도해야 한다.

나. 사회복지사는 모든 인간의 고유한 존엄성과 가치를 인정하고 존중하며, 이를 기반으로 사회복지를 실천한다.

다. 사회복지사는 클라이언트의 성, 연령, 정신 · 신체적 장애, 경제적 지위, 정치적 신념, 종교, 인종, 국적, 결혼상태, 임신 또는 출산, 가족 형태 또는 가족상황, 성적 지향, 젠더 정체성, 기타 개인적 선호 · 특징 · 조건 · 지위 등을 이유로 차별을 하지 않는다.

라. 사회복지사는 다양한 문화의 강점을 인식하고 존중하며, 문화적 역량을 바탕으로 사회복지를 실천한다.

마. 사회복지사는 문화적으로 민감한 실천을 제공하기 위해, 사회복지 실천 과정에서 자신의 개인적 · 사회적 · 문화적 · 정치적 · 종교적 가치, 신념과 편견이 클라이언트와 동료 사회복지사에게 미칠 수 있는 영향을 고려하여 자기 인식을 증진하기 위해 힘쓴다.

2) 사회정의 실현

가. 사회복지사는 사회정의 실현과 클라이언트의 복지 증진에 헌신하며, 이를

위한 국가와 사회의 환경 변화를 위해 노력한다.

나. 사회복지사는 사회, 경제, 환경, 정치적 자원에 대한 평등한 접근과 공평한 분배가 이루어지도록 노력한다.

다. 사회복지사는 개인적·집단적·사회적·문화적·정치적·종교적 특성에 근거해 개인이나 집단을 차별·억압하는 것을 인식하고, 이를 해결 또는 예방하기 위해 노력해야 한다.

2. 전문성 개발을 위한 노력

1) 직무 능력 개발

가. 사회복지사는 클라이언트에게 최상의 서비스를 제공하기 위해, 지식과 기술을 개발하는 데 최선을 다하며 이를 활용하고 공유할 책임이 있다.

나. 사회복지사는 사회적 다양성의 특징(성, 연령, 정신·신체적 장애, 경제적 지위, 정치적 신념, 종교, 인종, 국적, 결혼 상태, 임신 또는 출산, 가족 형태 또는 가족 상황, 성적 지향, 젠더 정체성, 기타 개인적 선호·특징·조건·지위 등), 차별, 억압 등에 대해 교육을 받고 이에 대한 이해를 증진하기 위해 노력한다.

다. 사회복지사는 변화하는 사회복지 관련 쟁점에 대응할 수 있도록 실천기술을 향상하고, 새로운 실천 기술이나 접근법을 적용하기 위해 적절한 교육, 훈련, 연수, 자문, 수퍼비전 등을 받도록 노력한다.

라. 사회복지사는 사회복지 실천에 필요한 정보통신 관련 지식과 기술을 습득하기 위해 노력하며, 이를 사용하는 과정에서 발생할 수 있는 윤리적 문제를 인식하고 정보통신 관련 지식과 기술을 활용하도록 한다.

2) 지식기반의 실천 증진

가. 사회복지사는 사회복지 실천 과정에서 평가와 연구 조사를 함으로써, 사회복지 실천의 지식 기반형성에 기여하고, 궁극적으로 사회복지 실천의 질적 향상을 위해 노력한다.

나. 사회복지사는 평가나 연구 조사를 할 때, 연구 참여자의 권리를 보장하기 위해, 연구 관련 사항을 충분히 안내하고 자발적인 동의를 얻어야 한다.

다. 사회복지사는 연구 과정에서 얻은 정보를 비밀 보장의 원칙에서 다루며, 비밀 보장의 한계, 비밀 보장을 위한 조치, 조사자료폐기 등을 연구 참여자에게 알려야 한다.

라. 사회복지사는 평가나 연구 조사를 할 때, 연구 참여자의 보호와 이익, 존엄

성, 자기 결정권, 자발적 동의, 비밀 보장 등을 고려하며, 「생명윤리 및 안전에 관한 법률」 등 관련 법령과 규정에 따라 연구윤리를 준수한다.

3. 전문가로서의 실천

1) 품위와 자질 유지

가. 사회복지사는 전문가로서의 품위와 자질을 유지하고, 자신이 맡고 있는 업무에 대해 책임을 진다.

나. 사회복지사는 자신의 이익을 위해 사회복지 전문직의 가치와 권위를 훼손해서는 안 된다.

다. 사회복지사는 전문가로서 성실하고 공정하게 업무를 수행한다.

라. 사회복지사는 부정직한 행위, 범죄행위, 사기, 기만행위, 차별, 학대, 따돌림, 괴롭힘 등 불법적이고 부당한 일을 행하거나 묵인해서는 안 된다.

마. 사회복지사는 자신의 소속, 전문 자격이나 역량 등을 클라이언트에게 정직하고 정확하게 알려야 한다.

바. 사회복지사는 클라이언트, 학생, 훈련생, 실습생, 수퍼바이지, 직장 내 위계적 권력 관계에 있는 동료와 성적 관계를 형성해서는 안 되며, 이들에게 성추행과 성희롱을 포함한 성폭력, 성적·인격적 수치심을 주는 행위를 해서는 안 된다.

사. 사회복지사는 한국사회복지사협회 등 전문가 단체의 활동에 적극적으로 참여하여, 사회정의 실현과 사회복지사의 권익 옹호를 위해 노력한다.

2) 자기 관리

가. 사회복지사는 정신적·신체적 건강 문제, 법적 문제 등이 사회복지 실천 과정에서의 전문적 판단이나 실천에 부정적 영향을 주거나 클라이언트의 이익을 저해하지 않도록, 동료, 기관과 함께 적절한 조치를 하도록 노력한다.

나. 사회복지사는 클라이언트에게 최상의 사회복지서비스를 제공하기 위해 사회복지사 자신의 정신적·신체적 건강, 안전을 유지·보호·관리하도록 노력한다.

3) 이해 충돌에 대한 대처

가. 사회복지사는 클라이언트의 이익을 우선으로 고려하고, 이해 충돌이 있을 때는 아동, 소수자 등 취약한 자의 이해와 권리를 우선시한다.

나. 사회복지사의 개인적 신념과 사회복지사로서 직업적 의무 사이에 이해 충

돌이 발생할 때 동료, 수퍼바이저와 논의하고, 부득이한 경우 클라이언트가 적절한 지원을 받을 수 있도록 클라이언트를 다른 사회복지사에게 의뢰하거나 다른 사회복지서비스로 연결한다.

다. 사회복지사는 전문적 가치와 판단에 따라 업무를 수행하는 과정에서, 기관 내외로부터 부당한 간섭이나 압력을 받아서는 안 된다.

4) 경제적 이득에 대한 실천

가. 사회복지사는 클라이언트의 지불 능력에 상관없이 복지 서비스를 제공해야 하며, 이를 이유로 차별해서는 안 된다.

나. 사회복지사는 필요한 경우에 제공된 서비스에 대해 공정하고 합리적으로 이용료를 책정할 수 있다.

다. 사회복지사는 업무와 관련해 정당하지 않은 방법으로 경제적 이득을 취해서는 안 된다.

Ⅱ. 클라이언트에 대한 윤리기준

1. 클라이언트의 권익옹호

사회복지사는 클라이언트의 이익을 최우선의 가치로 삼고 이를 실천하며, 클라이언트의 권리를 존중하고 옹호한다.

2. 클라이언트의 자기결정권 존중

1) 사회복지사는 사회복지실천 과정에서 클라이언트의 자기결정을 존중하고, 클라이언트를 사회복지실천의 주체로 인식하여 클라이언트가 자기결정권을 최대한 행사할 수 있도록 돕는다.

2) 사회복지사는 의사결정이 어려운 클라이언트에 대해서는 클라이언트의 이익과 권리를 보장하기 위한 적절한 조치를 취해야 한다.

3. 클라이언트의 사생활 보호 및 비밀 보장

사회복지사는 클라이언트의 사생활을 존중하고 보호하며, 전문적 관계에서 얻은 클라이언트 관련 정보에 대해 비밀을 유지한다. 그러나 클라이언트 자신과 타인에게 해를 입히거나 범죄행위와 관련된 경우에는 예외로 할 수 있다.

4. 정보에 입각한 동의

사회복지사는 클라이언트의 알 권리를 인정하고 동의를 얻어야 하며, 클라이언트가 받는 서비스의 목적과 내용, 범위, 합리적 대안, 위험, 서비스의 제한, 동의를 거절 또는 철회할 수 있는 클라이언트의 권리 등에 대해 정확하고 충분한 정보를 제공한다.

5. 기록·정보 관리

1) 클라이언트에 대한 사회복지 실천 기록은 사회복지사의 윤리적 실천의 근거이자 평가·점검의 도구이기 때문에 중립적이고 객관적으로 작성해야 한다.
2) 사회복지사는 클라이언트가 자신과 관련된 기록의 공개를 요구하면 정당한 비공개 사유가 없는 한 정보에 접근할 수 있도록 해야 한다.
3) 사회복지사는 클라이언트에 대한 문서 정보, 전자 정보, 기타 민감한 개인 정보를 보호해야 한다.
4) 사회복지사가 획득한 클라이언트 관련 정보나 기록을 법적 사유 또는 기타 사유로 제3자에게 공개할 때는 클라이언트에게 안내하고 동의를 얻어야 한다.

6. 직업적 경계 유지

1) 사회복지사는 클라이언트와의 전문적 관계를 자신의 개인적 이익을 위해 이용해서는 안 된다.
2) 사회복지사는 업무 외의 목적으로 정보통신기술을 사용해 클라이언트와 의사소통을 해서는 안 된다.
3) 사회복지사는 어떠한 상황에서도 클라이언트와 사적 금전 거래, 성적 관계 등 부적절한 행동을 해서는 안 된다.
4) 동료의 클라이언트를 의뢰받을 때는 기관 및 수퍼바이저와 논의하는 과정을 거쳐야 하며, 클라이언트에게 설명하고 동의를 얻은 후 서비스를 제공한다.
5) 사회복지사는 정보처리기술을 이용하는 것이 클라이언트의 권리를 침해할 위험성이 있다는 사실을 인식하고 직업적 범위 안에서 활용한다.

7. 서비스의 종결

1) 사회복지사는 클라이언트에게 제공되는 서비스가 더 이상 클라이언트의 이해나 욕구에 부합하지 않으면 업무상 관계와 서비스를 종결한다.
2) 사회복지사는 개인적 또는 직업적 이유로 클라이언트와의 전문적 관계를 중단하거나 종결할 때 사전에 클라이언트에게 충분히 설명하고, 다른 기관 또는 다른 전문가에게 의뢰하는 등 필요한 조치를 취한다.
3) 사회복지사는 클라이언트의 고의적·악의적·상습적 민원 제기에 대해 소속

기관, 수퍼바이저, 전문가 자문 등의 논의 과정을 거쳐 서비스를 중단하거나 거부권을 행사할 수 있다.

Ⅲ. 사회복지사의 동료에 대한 윤리기준

1. 동료

1) 사회복지사는 존중과 신뢰를 기반으로 동료를 대하며, 전문가로서의 지위와 인격을 훼손하는 언행을 하지 않는다.
2) 사회복지사는 사회복지 전문직의 권익 증진을 위해 동료와 다른 전문직 동료와도 협력하고 협업한다.
3) 사회복지사는 동료의 윤리적이고 전문적인 행위를 촉진해야 하며, 동료가 전문적인 판단과 실천이 미흡하여 문제를 발생시켰을 때 윤리강령과 제반 법령에 따라 대처한다.
4) 사회복지사는 다른 전문직의 동료가 행한 비윤리적 행위에 대한 윤리강령과 제반 법령에 따라 대처한다.
5) 사회복지사는 동료의 직무 가치와 내용을 인정하고 이해하며, 상호 간에 민주적인 직무 관계를 이루도록 노력해야 한다.
6) 사회복지사는 동료들에게 정보통신기술을 사용한 비윤리적 행위를 하지 않는다.
7) 사회복지사는 동료가 적법하게 업무를 수행하는 과정에서 부당한 조치를 당하면 동료를 변호하고 원조해 주어야 한다.
8) 사회복지사는 동료에게 행해지는 어떤 형태의 차별, 학대, 따돌림 또는 괴롭힘과 자신의 전문적 권위를 행사하는 다른 동료와의 부적절한 성적 행동에 가담하거나 이를 용인해서는 안 된다.
9) 사회복지사는 수퍼바이지, 학생, 훈련생, 실습생, 자신의 전문적 권위를 행사하는 다른 동료와의 성적 행위나 성적 접촉과 성적 관계에 관여해서는 안 된다.

2. 수퍼바이저

1) 수퍼바이저는 수퍼바이지가 전문적 업무수행을 할 수 있도록 지원하고 수퍼바이지는 수퍼바이저의 전문적 지도와 조언을 존중해야 한다.
2) 수퍼바이저는 전문적 기준에 따라 수퍼비전을 수행하며, 공정하게 평가하고 평가 결과를 수퍼바이지와 공유한다.
3) 수퍼바이저는 개인적인 이익 추구를 위해 자신의 지위를 이용해서는 안 된다.

4) 수퍼바이저는 사회복지사 수련생과 실습생에게 인격적 · 성적으로 수치심을 주는 행위를 해서는 안 된다.

Ⅳ. 기관에 대한 윤리기준

1) 사회복지사는 기관의 사명과 비전을 확인하고, 정책과 사업 목표를 달성하기 위해 노력해야 한다.
2) 사회복지사는 소속 기관의 활동에 적극적으로 참여함으로써 기관의 성장과 발전을 위해 노력해야 한다.
3) 사회복지사는 기관의 부당한 정책이나 요구에 대해 전문직의 가치와 지식을 근거로 대응하고, 제반 법령과 규정에 따라 해결하도록 노력해야 한다.

Ⅴ. 사회에 대한 윤리기준

1) 사회복지사는 자신이 일하는 지역사회를 이해하고, 클라이언트가 지역사회에서 서로 도우며 함께 살아가도록 지원해야 한다.
2) 사회복지사는 정치적 영역이 클라이언트의 권익과 사회복지 실천에 미치는 영향을 인식하여 사회정의 실현을 위한 사회정책의 수립과 법령 제 · 개정을 지원 · 옹호해야 한다.
3) 사회복지사는 사회재난과 국가 위급상황에서 문제를 해결하기 위해 적극적으로 활동해야 한다.
4) 사회복지사는 지역사회, 국가, 나아가 전 세계와 그 구성원의 복지 증진, 삶의 질 향상을 위해 적극적으로 노력해야 한다.
5) 사회복지사는 인간과 자연이 서로 떨어져 살 수 없음을 깨닫고, 인간과 자연환경, 생명 등 생태에 미칠 영향을 생각하며 실천해야 한다.

MEMO

부록 2 사업계획서 작성 안내[1)]

Ⅰ. 사업명

- 1개년 사업이라면 1년 동안의, 3개년 사업이라면 3년의 전체 기간 동안에 추진할 사업의 제목을 적는다.
- 사업명을 통해 그 사업이 누구에 대한 어떠한 목적으로 무엇을 하려는 사업인지 명확하게 알 수 있도록 한다.
- 사업명을 인상 깊게 슬로건으로 표현하고자 하는 경우에라도 사업명을 먼저 적고 그 아래에 슬로건은 부제(副題)로 병기하는 것이 좋다.

좋은 예시	**대상, 목적, 방법을 파악할 수 있는 사업명**
	• 성인 발달장애인의 자립생활을 지원하기 위한 식생활 개선 프로그램 - Rainbow 영양지원, 다양한 자립의 길! • 장애 · 비장애 청소년의 지역네트워크 형성을 통한 또래통합 프로그램
피해야 할 예시	**제목만으로는 누구에게 어떤 프로그램을 진행하는지 알 수 없는 경우**
	• 내 일을 잡(Job)아라! - 너의 손 안에 펼쳐질 세계가 있다. • 색다른 문화공감, Rainbow • 빼앗긴 보금자리에서 새 희망을 안고 가는 "Happy Van"

Ⅱ. 사업 내용 및 추진 전략

1. 사업참여자 모집 전략

◎ 사업참여자의 개념적 의의 및 종류

- 예전에는 사업참여자를 '사업대상자'라고 표기했으나 그들을 피동적인 '대상'으로 간주하기보다는 '주체적인 참여자'로 바라보고자 하는 의미에서 사업참여자로 표기방식이 바뀌었다.
- 사업참여자는 크게 두 종류로 구분된다.
  - 첫째는 '핵심참여자(Main Participants)'인데 핵심참여자는 성과목표 달성의

1) 출처: 사회복지공동모금회(2017) 일부 수정. 예산편성기준표는 2023년 기준.

주인공으로 성과목표 달성 여부와 직결되는 사람을 말한다.

- 둘째는 '주변참여자(Sub Participants)'인데 성과목표를 달성하는 데 또는 핵심참여자가 변화하는 데 매우 밀접하게 관여되는 중요한 주변인을 말한다.

예시	사업 참여자를 명확히 구분하여 제시
	• 핵심참여자: 손자녀를 양육하고 있는 조부모 10명 • 주변참여자: 손자녀의 어머니 10명(손자녀 1명당 어머니 1명)

- '손자녀에 대한 조부모의 양육기술향상 프로그램'에서 참여자는 앞선 예시와 같이 핵심참여자는 '조부모'이다. 그런데 이때 손자녀 부모의 매개적 역할이 필요하다면 사업내용 중에 손자녀 부모에 대한 세부 프로그램이 운영될 수 있고, 사업예산을 사용할 수 있다. 하지만 이 모든 것의 초점은 조부모에게 있다. 즉, 손자녀의 부모에 대한 프로그램 진행과 관련하여 산출목표가 설정될 수 있지만 성과목표는 최종적으로 '조부모의 양육기술이 향상되었는지'의 여부이다.

• 핵심참여자와 주변참여자를 구분함으로써 누가 주인공이며 성과목표 달성 여부를 점검하는 대상인지, 성과목표 달성 여부 측정대상이 아니라도 이 사업에 참여하여 최종적인 목표달성에 조력할 조연 역할은 누가하게 되는지를 알 수 있도록 하고 있다.

◎ 참여자 선정 기준

• 흔히 참여자 선정방법에 대해 저소득층, 국민기초생활수급자 우선 등 소득 기준을 매우 중요하게 생각한다. 하지만 사회서비스는 공적 부조 및 사회보험과 달리 욕구에 대한 대응이 중요하다. 즉, 욕구에 대한 고려 없이 소득 기준을 획일적으로 적용하는 선정방법은 적절하다고 볼 수 없다.

• 그러므로 사업의 성격을 고려하여 누구를 우선으로 이 사업에 참여시킬 것인지 생각해봐야 하며, 참여 희망자 수가 모집 상한 규모를 넘어서는 경우 누구에게 기회를 줄 것인지 그 기준을 명확히 해야 한다.

• 모집 기준을 설정할 때 고려해야 할 요소들은 아래 예시와 같다. 어느 쪽에 방점을 두든 사업내용이 분명하고 체계적으로 구성되어 있다면 의미 있는 사업으로 인정받게 된다.

> • 욕구의 크기 우선인가, 저소득층 우선인가?
> - 저소득층의 욕구가 큰 경우가 많지만 반드시 일치하지 않는다는 점을 유의
>   예) 도벽이 있는 아동에 대한 개입은 소득기준보다는 도벽 성향의 심각성에 초점

- 변화의 가능성이 어느 정도 엿보여야 하는가, 변화의 가능성을 발굴하는 쪽이어야 하는가?
  - 기관의 미션, 비전과 연계되는 요소로, 남들이 돌아보지 않는 심각한 경우에 초점을 둘 것인지, 개입을 통한 성과물로 사회적 환기를 통해 사업 확장을 의도하는 것인지를 판단
- 제도권에 있는가, 아니면 경계선급인가?
  - 제도권이라 하더라도 정부지원의 사각지대는 있고 급여 수준이 낮아서 이를 보충하는 개념인지, 아예 정부 지원 대상은 아니지만 현실에서 어려움을 겪고 있는 자들에 대한 대응인지 판단
    예) 장애인 또는 장애인은 아니지만 경계선급인 아동/수용자 또는 수용자의 가족

◎ 참여자 모집 방안

- 참여자는 프로그램 기획자의 마음대로 움직여 주지 않을 때가 많다. 제일 경계해야 할 것은 '종전에 내가 해 오던 방식대로 하면 되겠지'라는 생각이나 '예전의 성공해 본 경험이 있기 때문에 이번에도 좋은 결과가 있을 것'이라는 막연한 기대감을 갖는 것이다.
- 그보다는 이번에 참여하게 될 분들이 겪고 있는 어려움과 아픔, 살아가는 현실에 대한 보다 깊은 이해와 관심이 전제되어야 한다. 예전의 경험에 비추어 일반화해서는 안 되며, 잠재적인 사업참여자를 발굴하여 사업에 적극적으로 참여하도록 하는 방안이 무엇인지에 대해 고민해야 한다.
  - ① 지역사회 내 어디에 잠재적인 사업참여자가 있는지, ② 어떤 매력을 제시해야 잠재적인 사업참여자가 실제 참여하겠는지, ③ 사업에 참여할 때 배려해야 할 부분은 무엇인지 등에 대한 고민들이 드러나야 한다.
- 참여자 모집 방법은 사업의 성격과 지역에 따라 달라질 수 있다. 공개적으로 널리 홍보해야 할 때도 있고 때로는 눈덩이방식(Snowballing)으로 비슷한 처지에 있는 분들을 소개받아 모집할 때도 있다. 또 서로 간의 친밀감이 높은 지역사회와 익명성이 높은 지역사회에서의 접근방법이 달라진다.

- 흔히 작성자가 속한 기관을 이미 이용하고 있는 분들이 자연스럽게 참여하는 경우가 많은데 아래와 같은 장단점이 있으니 이에 대해 대안을 고민해 보면서 선택하기 바란다.
  - (장점) 기관과 참여자 간에 어느 정도의 라포(Rapport)가 형성되어 있고, 일정 정도 경험을 공유하고 있어 사업착수에 용이하다는 점, 기관 실무자가 어느 정도 참여자의 욕구를 알고 있기 때문에 사업을 통한 개입 지점 등을 상대적으로 잘 이해하고 있다는 점
  - (단점) 참여자 간의 기존의 영향력 관계가 그대로 적용되어 새로운 질서를 만드는 데 어려움을 겪을 수 있다는 점, 준비 시점에서 기관이용자에게 우선순위 부여 시 기관을 이용하지 않는 사람은 일부 참여하지 못하게 되어 형평성 시비가 일어날 수 있다는 점, 기존 멤버가 대다수를 차지하고 배타성을 보일 때 신규 멤버들과 갈등이 생길 수 있다는 점 등

2. 사업 내용 및 사업 집행 전략

◎ 주요 요소

- 하고자 하는 사업이 무엇인지 자유롭고 창의적으로 표현하되, 아래의 관점을 충족시킬 수 있도록 구성하여 작성하도록 한다.
  - (충분성) 문제의식을 사업에 충분히 반영해서 소기의 목표를 달성하는 데 충분하도록 내용을 구성해야 한다. 물론 예산과 시간의 제약이 있다. 주어진 예산과 시간 범위 내에서 사업을 수행해야 하기 때문에 한계를 지닐 수밖에 없다. 하지만 허용 가능한 범위 내에서 할 수 있는 핵심 사업을 포함시켜야 한다.
  - (세부 프로그램 간의 연계성) 사업내용은 몇 가지의 세부 프로그램으로 구성된다. 이러한 세부 프로그램은 상호 연결되어 있음을 설명해 줄 필요가 있다. 세부 프로그램들이 분절적이고, 마치 여러 가지를 단순히 나열한 것이라는 느낌을 주지 않도록 해야 한다. 이 모든 세부 프로그램이 설정하는 목표를 달성하는 데 유의미하게 기여할 수 있다고 설명해야 한다.

◎ 사업 내용 작성 방법

- 무엇을, 언제, 누구에게, 언제부터 언제까지 몇 회를, 누가 수행하는지와 함께 홍보 계획에 대해서는 적절한 방법으로 기술해야 한다.
  - 사업을 몇 개의 단위 사업으로 구분하고, 다음의 제시된 양식을 활용하여 표로 설명해도 되고 글로 표현해도 된다.

세부 사업명	활동 내용(수행방법)
	(시행방법, 시행 시기, 횟수 등 포함하여 작성)

  - 사업추진일정은 아래 표를 참고하여 음영으로 표기한다.

기간 / 내용		1월											
(세부 사업명)	(활동 내용)												

- (성과확산형 사업) 3년치 계획 전부에 대한 활동 내용을 세부적으로 설계하기 어렵다는 점을 감안하여 3개년 사업추진일정 작성을 생략하고, 1차년도 사업계획서에서만 추진일정을 제시한다.

3. 기관 연계 · 협력 전략

◎ 연계 · 협력의 필요성

- 사업을 수행함에 있어 많은 경우에 적극적인 형태로 또는 소극적인 형태로 지역사회 내 유관기관들과 연계 · 협력하는 것이 필요하다. 특히 사업의 아이디어는 좋은데 수행기관이 보유하고 있는 전문성이 부족한 경우에는 더불어 사업을 수행하는 방식을 강구하는 것이 좋다.
- 예를 들어, 종합사회복지관에서 재가장애인에게 영양교육 사업을 진행할 때, 관내 장애인 관련 시설 내 영양사 또는 보건소 직원 영양사와의 협력 없이 대학의 전문성(식품영양학과)만을 의존하여 사업을 수행한다는 것은 한계를 가질 수밖에 없다. 대학의 관련 학과가 기여할 수 있는 방법도 유용하겠지만, 기관들 간의 상호협력과 파트너십 정신은 결코 간과되어서는 안 된다.

◎ 연계 · 협력 방안 제시 방법

- 연계 및 협력의 방식은 사업의 내용과 성격에 따라 매우 다양하게 나타날 수 있다. 사업을 수행하는 기관이 중심 역할을 하면서 여러 기관들이 컨소시엄으로 사업을 수행하는 경우에는 대등한 관계에서의 파트너십이 필요한 경우도 있을 것이며, 사업을 수행하는 기관이 사업 진행과정에서 필요한 부분에 대해 협조를 받는 형태도 가능할 것이다.
- 네트워크가 구축된다는 것은 사업을 수행함에 있어서 우리 기관이 할 일이 무엇이고, 협력기관이 해야 할 일이 무엇인지, 그러한 순환적 관계를 어떻게 이루어나갈 것인지를 명확하게 한다는 것을 의미한다.
- 네트워크를 구축할 기관 · 단체가 많은 경우에는 어떤 기관들이 네트워크 구축 대상인지 간단하게 적어주고 네트워크 구축에서 핵심 파트너 기관 2~4개 기관에 대한 내용만 작성하도록 한다(아래 〈예시〉 참조).

<table>
<tr><td rowspan="3">예
시</td><th>협력 기관명</th><th>세부 사업명</th><th>협력 계획</th><th>비고</th></tr>
<tr><td>☆☆장애인
종합사회복지관</td><td>재가장애인
영양교육</td><td>• 본 기관: 참여자 발굴 협조 요청,
사업수행관련 자문 요청
• 협력 기관: 참여자 의뢰 및 정보제공,
사업수행관련 자문 제공,
본 기관과 공동모니터링</td><td></td></tr>
<tr><td>☆☆구
복지행정팀</td><td>긴급지원
기금 모금</td><td>• 본 기관: 사업 홍보 콘텐츠 제공 기금 및 후원자 관리
• 협력 기관: 본 기관과 공동모금행사 주관 ○○단지 입주기업 대상 사업 홍보</td><td>MOU
체결
예정</td></tr>
</table>

Ⅲ. 예산 편성

◎ 예산 편성 시 고려 사항

- (사업내용과의 연계성) 제시한 사업내용을 실제 구현하는 데 투입되는 자원을 돈으로 표현한 것이 예산이기 때문에 사업내용과 예산편성은 불가분의 관계에 있다. 작성한 사업을 충실히 이행하는 데 소요되는 예산을 빠짐 없이 적는다.
- (과대포장금지) 제시된 편성기준에 따라 작성하고 예산 삭감 등을 감안하여 처음부터 예산을 부풀려서 편성한다면 신청기관을 신뢰하지 못하게 되고 나아가 신청한 사업 전체에 대한 신뢰를 흔드는 결과를 초래하게 된다.
- (세부 사업 이해 도모) 편성된 예산을 보면 구성한 세부 사업의 짜임새나 구조 및 흐름을 쉽게 알 수 있다. 물론 세부 사업을 어려움 없이 이해할 수 있도록 산출근거나 총량을 쉽게 알 수 있도록 작성해야 한다.

◎ 예산 편성 방법

- (목) 아래의 항목을 참고하여 인건비, 사업비, 관리운영비를 분류하여 편성한다.

목	설명	해당 항목
인건비	해당 사업을 직접적으로 수행하는 인력에 투입되는 비용	프로그램담당자/보조담당자 인건비
사업비	프로그램의 수행에 필요한 직접비용 (실인원수에게 제공되는 서비스에 필요한 비용)	강사비, 자원봉사자 관리비, 자문비, 회의비, 행사진행비, 홍보물품 구입, 프로그램 준비물 구입 사업결과보고서/결과물 제작 등
관리 운영비	프로그램의 수행에 필요한 간접비용 (사업관리에 필요한 비용)	사무용품, 냉난방비, 우편료, 사업담당자 교통비 등

- (세목/세세목) 세목은 사업내용 작성 시 분류한 '세부 사업명' 단위로 기재하고 항목이 다양하거나 단위가 큰 경우에는 세세목으로 구분하여 작성한다.
- (산출근거) 구체적으로 어떠한 내역으로 예산을 지출할 것인지 실제 단가, 수량, 인원수, 건수, 횟수 등을 구체적으로 기록해야 한다. 예산편성기준표 예시(참고 1)를 참조하여 기재한다.
- (예산조달계획) 모금회에 신청하는 금액 및 자부담 금액을 기입한다. 자부담이 없는 경우에는 공란으로 비워둔다. 신청금액에 대한 비율은 신청금액 대비 각 항목이 차지하는 비율을, 자부담의 경우, 전체 자부담 대비 해당 자부담의 비율을 산출하여 기입한다. 자부담 재원은 자체예산/외부지원(지원처)/수익금(참가비 등) 등으로 구분하도록 한다.

- (비품/장비 구입 시) 프로그램 수행을 위해 직접적으로 필요한 비품/장비인 경우(장애인작업장 생산장비 구입, 컴퓨터 교실 운영을 위한 컴퓨터 구입 등) 사업비에 편성한다. 프로그램 사업에서는 간접적으로 필요한 비품/장비 지원은 지양하도록 하며, 그럼에도 불구하고 간접적으로 사업 운영에 도움이 되는 비품/장비는 관리운영비에 편성 가능하다.
- (성과확산형 사업) 3개년 예산서는 큰 흐름만 알 수 있도록 세목(세부 사업) 단위로 금액을 기재하고, 1차년도 사업계획서에서는 위의 내용을 참고하여 상세히 작성하면 된다.
  - 3개년 예산 편성표를 통해서 어떤 단위사업에 얼마의 예산을 사용할 예정이며, 각 목 간에 상대적인 비중이 어느 정도인지를 가늠할 수 있다. 또 크게는 사업비 내에서도 어떤 사업에서 어떤 사업으로 중심축이 이동하는지 등에 대해 파악하게 된다. 정확하게 기재하되, 전체적인 예산 흐름을 한눈에 알아보기 쉽도록 작성하면 된다.
  - 다음의 3개년 사업 예산 편성표 예시를 참고하여 작성한다.

(단위: 천원)

구분	1차년도			2차년도			3차년도		
목	세목	신청금액	자부담	세목	신청금액	자부담	세목	신청금액	자부담
	총 계	90,668	20,000	총 계	171,953	10,000	총 계	141,690	20,000
인건비	담당자급여	23,000		담당자급여	25,000		담당자급여	20,000	5,000
	소 계	23,000		소 계	25,000		소 계	20,000	5,000
사업비	심리정서지원	8,820		심리정서지원	6,780		심리정서지원	7,530	
	직업역량강화	52,128		직업역량강화	56,438		직업역량강화	60,350	
	인턴십센터 운영	2,100	20,000	인턴십센터 운영	80,815	10,000	인턴십센터 운영	50,890	15,000
	소 계	63,048	20,000	소 계	144,033	10,000	소 계	118,770	15,000
관리운영비	사무용품	1,900		사무용품	1,900		사무용품	1,900	
	출장비	720		출장비	1,020		출장비	1,020	
	집기비품	2,000		-	-		-	-	
	소 계	4,620		소 계	2,920		소 계	2,920	

Ⅳ. 문제 의식(사업 필요성)

- 이 사업이 왜 필요한가?'라는 질문에 대한 대답은 결국 그 사업이 해결되면 당면하고 있는 현실이 '어떤 상태가 되기를 바라는가?'와 결과적으로는 동일한 지점에 이르게 된다. '사업의 필요성'은 결국 '사업목적'과 크게 다르지 않다. 전자는

사업을 시작하기 전의 이야기라면, 후자는 사업을 수행해서 정해진 목표가 달성되면 어떤 상태에 이르고 싶은지에 대한 이야기이다.

- 그렇다면 '문제의식'은 사업내용과도 연결되어 있고, 또 이 사업이 지향하는 종국적인 목적과도 닿아 있음을 알 수 있다. '문제의식'과 '목적'이 실제 연결되도록 작성하는 것은 사업계획서의 일관성과 논리성을 담보하는 지름길이다.
- (성과확산형 사업) 성과확산형 사업은 타 사업 유형에 비해 좀 더 근본적인 변화를 꿈꾸면서 3년 뒤에 나타날 성과를 성취할 것임을 명확하게 인식하고 도전하는 취지가 드러나는 것이 좋다. 1차년도에는 무엇을 할 것이며, 2차년도에는 어떻게 연결시켜서 종국적인 성과와 사회적 영향력을 거둘 것인지를 깊이 있게 고민하여 '사업 필요성'에 대한 내용을 적시한다. 아울러 왜 다년도 사업이어야 하는지에 대한 작성자의 명확한 인식이 논리에 묻어나야 한다.

1. 사업 계획 배경

- '무엇을 어떻게 하겠다'라고 하는 사업 아이디어와 내용은 작성자나 신청기관의 문제의식에서 출발한다. 왜 이 사업을 기획하여 배분을 신청하는지에 대한 스토리(story)를 제시한다.
- 비슷한 스토리라 하더라도 문제상황을 어떤 시각에서 어떻게 바라보는가에 따라 접근방식이 달라진다. 그러므로 변화시키고자 하는 개입지점에 대해 작성자(기관)가 어떤 관점에서 바라보는지를 적어주도록 한다.

> '장애인에게 이런 교육을 받게 하면 훨씬 더 역량이 강화되고 취업이 쉬울 텐데...'라고 생각하게 되면 그 교육과정을 잘 구성하는 데 초점을 맞추어야 하고, '장애인이 아무리 노력해도 사회의 부정적인 인식과 태도 때문에 실업상태에 머물 수밖에 없다'라고 생각하면 대안은 자연스럽게 '사회와 기업이 장애인에 대한 이해와 수용 정도가 높아지도록 하는' 사업을 몰입하게 되듯이, 보는 시각에 따라 사업내용이 달라진다.

2. 기존 유사사업과의 차별성

- 작성자가 기획하는 사업이 해당 지역사회에서 발생하는 특수한 여건 때문인지, 아니면 보편적인 상황에서 신청기관이 좀 더 발 빠르게 대응하려고 하는 것인지에 대해 적어준다.
- 뿐만 아니라 다른 지역이나 기관에서 이미 충분히 해당 주제에 대하여 동일한 또는 유사한 사업을 많이 해 오고 있다면 그러한 경험치가 축적되어 있는데도 불구하고 배분신청을 하는 이유에 대해서 적어준다.

- 이 항목을 작성하는 이유는 다른 기관이 수행해 본 사업을 선정하지 않겠다는 취지가 아니라 동일한 또는 유사한 사업이 진행되었지만 신청기관이 처한 지역 여건이 동일하지 않다는 점과 유사한 주제라도 작성자에 따라서 얼마든지 달라질 수 있기 때문에 작성자가 구성한 사업 내용의 구체적인 배경이 타당한지에 대해 보다 깊이 살펴보기 위함이다.
- 그러므로 다른 기관의 사업을 그냥 벤치마킹하기보다는 그 사업의 장점과 성공적인 면, 그리고 감춰진 시행착오, 상황의 상이성 등을 고려하시고 아울러 새로운 관점 등을 생각하서 기관여건과 기획의도에 맞게 반영할 필요가 있다.

> 신청기관이 사업을 수행함으로써 새로운 사각지대를 메울 수 있는 좋은 기회인지, 기존의 접근방식과는 달리 새로운 시각에서 문제해결방안을 모색해 볼 수 있다든지, 최근 강조되고 있는 시각 또는 접근방법을 동원한 것이라든지 등등 이 사업에 대한 결과보고서가 나왔을 때 타 기관에게 귀감이 될 수 있는 부분이 나타나도록 적시해 주시면 좋겠습니다.

3. 신청기관의 강점

- 신청하는 사업이 단순히 아이디어 차원에서 구상 · 제시된 것이 아니라 체계적인 조사와 관련분야 수행 경험에 근거해서 구성되었음을 제시한다. 또한, 신청기관이 이 사업을 수행함에 있어서 가지는 다른 장점이 있다면, 그 논거를 보다 설득력 있게 제시한다.

V. 목표 및 평가

1. 산출목표

- 산출목표는 성과목표 달성에 기여하는 데 필요한 수단적 성격의 목표를 말한다. 산출목표로 설정될 수 있는 것은 ① 활동(Activities)에서 기재한 사업내용을 실제로 수행한 것이거나, ② 활동(Activities) 결과, 프로그램 공급자(기획자)가 마음대로 하기는 어렵지만 실제 성과목표를 달성하는데 반드시 필요한 목표치인 경우를 말한다. 이 두 가지 중에 보다 집중해야 할 것은 실제 수행한 활동보다는 성과목표 달성에 반드시 필요한 목표치이다.
- 산출목표는 아래의 요소를 고려하여 작성하며, 산출목표에 따른 모니터링 방법은 산출 목표 달성 여부에 대한 확인 또는 달성을 위한 관리방법을 기재한다.
  - (과대 설정 금지) 선정되기 위해서 과도하게 산출목표를 잡기보다는 사업의 규모와 성격에 맞게 필요한 것을 적정 수준으로 적어야 한다.

- (측정가능성) 산출목표는 달성 여부를 알 수 있도록 측정 가능해야 한다.

예시	세부 사업명	산출목표	모니터링 방법
예시	맹학교 학생에 대한 미술교육	3개 학교 6개 학급 총 30명에게 각 학급당 24회 미술교육 실시	• 교육 계획안, 결과보고 작성 • 출석부 확인

2. 성과목표 및 평가방법

◎ 성과목표

- 성과목표란 인적·물적 노력과 시간을 조직·투여하여 최종적으로 달성하고자 하는 목표를 말한다. 성과목표의 차원과 초점은 매우 다양하게 설정될 수 있다. 예를 들어 소년원에 있는 청소년들에게 코딩(coding) 교육을 시킨다고 한다면 코딩 실력의 향상이 성과가 될 수도 있고, 자살 시도 경험이 있는 사업 참여자와 상담 프로그램을 진행한다면 우울감 감소가 성과가 될 수도 있다.
- 성과목표는 사업참여자, 사업내용, 성과지표 등과 연결되어 있다. 사업을 수행한다는 것은 "누구를 어떤 개입을 통해서 어디까지 변화를 이끌어 낼 것인가"를 구체적으로 실행하는 것이다. 변화의 목표치는 변화의 대상, 변화의 수단을 함축하고 있다. 특히 성과목표는 사업참여자 중에서 핵심참여자에 대한 내용이다.
- 성과목표는 일반적으로 측정 가능해야 한다. 그렇기 때문에 성과지표와 연결되어 있다고 이야기하는 것이다. 하지만 성과목표가 반드시 측정 가능해야 하는 것은 아니다. 양적으로 측정하기 어려운 질적인 변화도 성과가 될 수 있기 때문이다. 너무 가시적인 성과에 편중되어 있으면, 감추어진 성과를 드러내는 데 관심을 덜 두게 되거나 의미 있는 변화를 드러내지 못하는 잘못을 범하게 된다.
- 그러나 양적으로 측정하지 못하면서 아울러 질적인 성과평가로도 연결되지 못하는 내용으로 성과목표를 기술해서는 안 된다. 또 양적으로 분명히 측정가능하고 또 의미도 있는 성과목표가 설정될 수 있음에도 이를 간과하고 질적 성과평가를 염두에 둔 성과목표 진술이어서도 곤란하다. 보다 자세한 내용은 목표설정 방법 안내(참고 3)을 참고하기 바란다.
- (성과확산형 사업) 3개년 사업계획서에서는 3년 동안의 사업을 추진한 이후에 달성할 목표를, 1차년도 사업계획서에서는 1차년도 사업 범위 내에서 고려할 수 있는 중간 과정의 성과목표를 제시한다.

	사업내용에 따른 궁극적인 성과가 제시되는 경우
좋은 예시	• 장애 자녀에 대한 이해 증진 및 부모 관계 개선 프로그램 - 장애 자녀에 대한 부모의 이해도 증진 - 장애 자녀의 부, 모 상호 간 관계 개선도 향상
	산출목표를 성과목표로 기재하는 경우
피해야 할 예시	• 장애 자녀에 대한 이해 증진 및 부모 관계 개선 프로그램 - 이해증진 프로그램 탈락률 5% 미만 - 상호 관계 개선 프로그램 출석률 90% 이상

◎ 평가방법

- 평가계획은 어떻게 성과를 평가할 것인지에 대한 틀(Framework)을 말한다. 평가 도구 및 방법에는 성과목표의 달성 여부를 측정할 수 있는 성과지표와 누구에게서 어떤 도구를 활용하여 자료를 수집할 것인지에 대해 기재하고, 측정시기는 언제 평가를 실시한 것인지에 대한 내용을 적어준다.
- 평가방법은 양적 평가방법과 질적 평가방법으로 나뉜다.
  - 양적 평가방법은 양적인 측정이 가능한 지표나 척도를 사용하여 설문조사를 하거나, 양적인 참여관찰을 하게 된다.
  - 질적 평가방법은 양적 측정이 어려운 경우에 질적인 변화 수준과 그 변화의 의미를 드러내는 것을 말한다. 주로 질적인 참여관찰이나 인터뷰를 통해 자료를 수집한다. 보다 자세한 내용은 평가방법 작성 안내(참고 4)를 참고하기 바란다.
- (성과확산형 사업) 3개년 사업계획서에서는 3년차에 완성될 성과목표에 대하여 이를 어떻게 평가할 것인지를 작성하고, 1차년도 사업계획서에서는 1차년도 사업 성과목표의 평가방법을 작성한다. 질적인 성과평가 또한 3차년도 사업계획서에서는 최종적인 사업참여자에 대한 질적인 인터뷰, 참여관찰, 문헌조사를 통해 이루어지도록 해야 한다.

	성과 목표	평가 도구 및 방법	측정 시기
양적 평가 예시	장애 자녀에 대한 부모의 이해도 증진	• 성과지표: 자녀 이해도 10% 증진 • 평가도구: 자녀 인식 척도 • 평가방법: 자녀 부모 중 주 양육자에게 자녀이해 설문지를 작성하도록 하여 사전, 사후 증진정도 확인	• 사업 시행 전(3월) • 사업 종료 후(9월)
	성과 목표	**평가 도구 및 방법**	**측정 시기**
질적 평가 예시	장애 자녀에 대한 이해 증진 및 상호 관계 개선	• 평가주체: 사업 담당자 • 평가방법: 자녀 부모 대상 인터뷰를 통해 성과목표 달성 여부와 삶의 질 개선 정도 확인	• 사업 종료 후(9월)

3. 성과목표 및 평가방법

- 과정평가는 성과확산형 사업의 경우에만 해당하는 항목으로 성과확산형 사업 일지라도 필수 항목은 아니며, 작성자의 필요에 따라 선택한다.
- 성과확산형 사업은 단년도에 그치는 것이 아니고 시계열적으로 장기간에 걸쳐서 수행되며, 최종적인 성과는 3년차가 종결될 시점에 나타나게 된다. 이런 점에서 어떤 과정을 통해 그러한 성과에 이르게 되었는지를 상세하게 기술하는 것이 필요할 수 있다. 그 이유는 타 기관에 사례를 전파하기 위해서는 단순한 사업 틀과 결과만으로는 부족할 수 있기 때문이다.
- 과정평가에 대한 자세한 내용은 평가방법 작성 안내(참고 4)를 참고하고 아래 사항을 충분히 고려하도록 한다.
  - 과정평가에서 중요한 것은 ① 어떠한 과정을 통해 사업이 진행되었는지, ② 당초 계획과 시행이 달라졌다면 그 이유가 무엇인지, ③ 주요 과정별로 얻은 교훈이 무엇인지, 다시 사업을 추진한다면 어떻게 할 것인지 등에 대해 가능한 한 자세하게 기록해야 한다. 이러한 내용을 어떻게 담아낼 것인지에 대한 계획을 적으면 된다. 이는 '전체 사업흐름 중에 어느 부분에 대해 보다 집중하여 과정평가를 할 것인지, 그 이유가 무엇인지, 어떻게 자료를 수집 · 관리 · 분석할 것인지' 등에 관한 내용이라고 할 수 있다.

예시	평가대상 내용	평가방법	측정 시기
예시	자녀 이해 교육 추진 과정	• 평가주체: 외부 평가위원 • 평가방법: 교육 참여 관찰 및 사업 담당자 인터뷰	• 참여관찰 - 매 회기 • 인터뷰 - 종료 후

VI. 사업 종료 후 지향점

1. 기대 효과 및 사업결과의 활용 계획

- 여기에서는 신청한 사업이 선정되어 지원금을 받은 후 신청사업을 성공적으로 수행한다면 기대되는 효과는 무엇인지 작성하면 된다. 기대 효과는 '사업의 목적'과 연계된다고 이해하면 된다.
- 또한 사업수행을 통해 얻게 되는 지식과 지혜, 경험을 토대로 무엇을 앞으로 계획하고 있는지, 수행한 사업결과를 어떻게 활용할 것인지에 대한 내용을 적어준다. 사업결과 활용 계획은 종국적으로 이 사업이 지향하는 방향 및 가치와 연결되어 있다.

2. 사업 지속 유지 전략

- 사업 지속 유지 전략은 성과확산형 사업의 경우에만 해당하는 항목으로, 신청 사업에 대한 지원이 종료된 이후에 재정적인 부분을 포함하여 계속 사업을 수행할 수 있는 능력을 어떻게 갖출 것인지에 대한 전략을 말한다.
- 재정 확보를 위한 전략은 내부전략과 외부전략이 있다.
  - 내부적인 전략은 사업수행기관이 운영주체(법인, 단체, 조합 등)로부터 안정적인 예산을 지원받거나 수익사업을 통해 안정적인 수입원을 확보하는 것이다.
  - 외부전략은 크게 3가지로 나뉜다. ① 국가 또는 지방자치단체 사업으로 설정되고 정부보조금을 받는 경우, ② 사업 지속추진의 필요성 및 우수성을 인정받아 다른 민간재단으로부터 지원을 받아 사업을 계속 수행하는 경우, ③ 불특정 다수로부터 후원을 받아 사업소요재원을 확보하는 경우 등이 있다.
- 여러 방법 중에 사업신청기관이 가장 적합하다고 생각하는 전략을 정하고 이에 대한 추진방법을 적어준다.

> • 사업 지속 유지 전략은 기재 의무사항은 아니다. 또한, 사업을 지속해야 할 필요가 있는 사업임에도 지속 유지 전략을 수립하고 실현시키기 어려운 경우도 있다. 다만, 동일한 규모로 유지할 수 없더라도 지속 유지하기 위한 기관의 노력은 긍정적인 평가로 이어질 수 있다.
> • 지속 유지 전략 마련이 어려운 경우에는 왜 어려운지 또는 적용되기 어려운 경우에는 왜 그러한지를 적어준다.
> - 예를 들어 3개년에 걸쳐 지표를 개발하는 사업의 경우 굳이 지속 유지 전략이 필요한 것은 아닐 수 있다.

[참고 1]

예산편성기준표 예시(2023년 기준)

<table>
<tr><th colspan="2">항목</th><th>기준</th><th>사용한도</th><th>비고</th></tr>
<tr><td rowspan="8">강사비</td><td>특별 강사</td><td>• 전/현직 장/차관(급) 이상
• 전/현직 대학총장(급)
• 전/현직 국회의원
• 대기업 총수(회장) 또는 국영기업체장
• 활동경력 30년 이상의 문화예술, 시민단체, 기업교육 등 전문직 종사자
• 기타 이에 준하는 사회저명인사로 모금회가 인정하는 자</td><td>• 1시간 350,000원
• 초과 매시간당 150,000원</td><td rowspan="8">* 유급내부직원에게는 지급 불가(동일법인이라도 사업장의 위치가 다르고 독립회계를 하는 타 기관의 직원인 경우에는 지급 가능)
* 강사에 필요한 교재에 원고료, 교통비(실비)는 필요사유에 따라 별도 지급 가능</td></tr>
<tr><td>1급 강사</td><td>• 대학 조교수 이상, 전문대학 부교수 이상
• 인간문화재, 유명예술인 및 종교인
• 정부출연 연구기관장
• 기업/기관 등의 책임급 연구원, 중역
• 판/검사, 변호사 등 전문자격증 소지자
• 전·현직 3급 이상 공무원 및 박사학위를 소지한 전·현직4/5급 공무원
• 사회복지 기관·시설장
• 활동경력 20년 이상의 문화예술, 시민단체, 기업교육 등 전문직 종사자
• 기타 모금회가 인정하는 자</td><td>• 시간 250,000원
• 초과 매시간당 150,000원</td></tr>
<tr><td>2급 강사</td><td>• 대학 전임강사 및 전문대학 조교수
• 전·현직 4/5급 공무원
• 중소기업체 임원급
• 기업·기관·단체의 부장급
• 체육, 레크리에이션 등 전문강사
• 인간문화재·유명예술인 등 보조출연자
• 통계이론, SAS, SPSS 등의 전문가
• 박사학위 소지자
• 특별강사, 일반 1급 및 일반 3급을 제외한 자
• 사회복지 기관·시설 중간관리자로서 관련 분야 석사 이상 학위를 소지한 자
• 활동경력 10년 이상의 문화예술, 시민단체, 기업교육 등 전문직 종사자
• 기타 모금회가 인정하는 자</td><td>• 1시간 230,000원
• 초과 매시간당 120,000원</td></tr>
<tr><td>3급 강사</td><td>• 전·현직 6급 이하 공무원
• 전임이외의 외래시간 강사
• 외국어/전산 등 학원강사
• 사회복지 기관·시설 중간관리자로서 관련 분야 석사학위가 없는 자
• 활동경력 5년 이상의 문화예술, 시민단체, 기업교육 등 전문직 종사자
• 기타 모금회가 인정하는 자</td><td>• 1시간 170,000원
• 초과 매시간당 100,000원</td></tr>
<tr><td>보조 강사</td><td>• 각종 실기실습 보조요원</td><td>• 1시간 50,000원
• 초과 매시간당 30,000원</td></tr>
<tr><td rowspan="2">다수인 출강</td><td>• 2시간 이하</td><td>• 5인 이하 33만원
• 6~10인 45만원
• 11인 이상 66만원</td></tr>
<tr><td>• 2시간 초과</td><td>• 5인 이하 38만원
• 6~10인 55만원
• 11인 이상 80만원</td></tr>
</table>

<table>
<tr><th colspan="2">항목</th><th colspan="2">기준</th><th>사용한도</th><th>비고</th></tr>
<tr><td colspan="2" rowspan="2">회의 참석비</td><td colspan="2">• 2시간 이하</td><td>• 100,000원</td><td rowspan="5"></td></tr>
<tr><td colspan="2">• 2시간 초과 시 (1일 1회에 한함)</td><td>• 130,000원</td></tr>
<tr><td colspan="2">단순 인건비</td><td colspan="2">• 1인/1일(1일 8시간 기준/ 중식비 포함)
※ 월 60시간, 1개월 이상 근무시 4대 보험 가입 필수</td><td>• 단순인건비 80,780원 (중식비 7,500원 포함)
• 주휴수당 73,280원
※ 2023년 최저임금에 따라 변경</td></tr>
<tr><td colspan="2">자원봉사자 활동비</td><td colspan="2">• 자원봉사자에게 지급되는 교통비, 식사비 등의 활동비(1회 기준, 예산한도 내 실비 지급)</td><td>• 30,000원 이하</td></tr>
<tr><td colspan="2">원고료</td><td colspan="2">• A4용지 1매 기준
- 글자크기 13p, 줄간격 160%, 상하여백 15, 좌우여백 25, 머리말 · 꼬리말 15, 또는 300단어
- 파워포인트로 작성한 경우에는 슬라이드 3면을 A4 1면으로 산정
- 원고지로 작성한 경우에는 200자 원고지 3.5매를 A4 1면으로 산정</td><td>• 12,000원
* 시간당 6매까지만 인정 최대 30만원까지 지원</td></tr>
<tr><td colspan="2" rowspan="5">출장여비</td><td colspan="2">• 시내여비</td><td>• 실비</td><td rowspan="5">* 일비, 식비는 해당 시 · 도를 벗어나는 출장에 적용
* 특별시와 광역시를 포함한 동일 시와 군 및 섬(제주특별자치도 제외) 밖으로의 출장이며, 왕복 거리가 12km 이상인 출장에 대해 시외출장 적용. 단, 육로 120km (왕복) 또는 수로 60km (왕복) 미만의 출장에 있어서는 일비의 전액과 식비의 3분의 1만을 지급
* 기관차량 이용 시 일비 1/2 적용</td></tr>
<tr><td rowspan="4">• 시외 여비</td><td>교통비(KTX일반, 고속버스, 전세버스 등)</td><td>• 실비</td></tr>
<tr><td>일비(1인 1일)</td><td>• 20,000원</td></tr>
<tr><td>식비(1인 1일)</td><td>• 25,000원</td></tr>
<tr><td>숙박비(1인 1실)</td><td>• 실비(상한액 40,000원)</td></tr>
<tr><td colspan="2">워크숍</td><td colspan="2">• 1인 기준</td><td>• 120,000원</td><td>* 1박2일 기준(숙박비, 식비)
* 진행비(교통비, 대관료 등) 실비 적용하여 별도 편성
※ 사용한도 초과가 불가피한 경우, 모금회의 사전 승인 필요</td></tr>
<tr><td colspan="2">식사비</td><td colspan="2">• 1인 1식 기준</td><td>• 15,000원</td><td></td></tr>
<tr><td colspan="2">다과비</td><td colspan="2">• 1인 기준</td><td>• 7,500원</td><td></td></tr>
<tr><td colspan="2" rowspan="4">자문비</td><td colspan="2">• 2시간 이하 1회</td><td>• 100,000원</td><td rowspan="4">* 수퍼비전기록 필히 비치
* 내부직원 지급 불가
* 시외의 경우, 교통비 실비지급 가능
* 1일 상한액 20만원까지 지급</td></tr>
<tr><td colspan="2">• 2시간 초과 1회</td><td>• 130,000원</td></tr>
<tr><td colspan="2">• (공식) 서면자문 1회</td><td>• 100,000원</td></tr>
<tr><td colspan="3">• 공통사항: 자문내용 기본 form
A4 용지 80 columns × 20 lines, 글씨크기 13 point
문단간격 160%, 상하 여백 15, 좌우 여백 25, 머리말·꼬리말 15</td></tr>
<tr><td rowspan="4">세미나, 토론회 등</td><td rowspan="2">토론</td><td colspan="2">• 1시간 이하 1회</td><td>• 100,000원</td><td rowspan="4">* 유급의 내부직원에게는 지급 불가 (동일법인이라도 사업장 위치가 다르고 독립회계를 하는 타 기관의 직원인 경우 지급 가능)
* 강사 교통비(실비)는 필요사유에 따라 별도 지급 가능</td></tr>
<tr><td colspan="2">• 1시간 초과 1회</td><td>• 130,000원</td></tr>
<tr><td rowspan="2">기조연설, 발제, 사회</td><td colspan="2">• 1시간 이하 1회</td><td>• 200,000원</td></tr>
<tr><td colspan="2">• 1시간 초과 1회</td><td>• 300,000원</td></tr>
<tr><td colspan="2">번역료</td><td colspan="3">• 한국외대 통역번역센터 요율표 기준
(매해 발표되는 기준 참조, 시행시점 가장 최근 자료 이용)
※ 단, 전문기관 등에게 의뢰하여 작성된 원고 및 통 · 번역자료에 대해서는 별도계약에 따라 지급할 수 있다.</td><td></td></tr>
<tr><td colspan="2">수어 통역</td><td colspan="2">• 1인 1시간 기준</td><td>• 100,000원</td><td>* 개인으로 활동하는 수어통역사 기준이며, 수어통역 관련 단체(업체)를 통하는 경우 해당 단체(업체)의 단가 적용</td></tr>
</table>

[참고 2]

표준 심사기준

※ 제시된 심사기준은 표준심사양식으로 사업의 특성이나 내용에 따라 일부 항목이 가감되어 사용될 수 있음을 안내드립니다.

<table>
<tr><th colspan="3">구분</th><th>주요 내용</th></tr>
<tr><td rowspan="11">심사</td><td rowspan="2">기관 평가</td><td>기관신뢰성</td><td>• 신청 기관/시설의 주요 사업 및 활동
• 모금회 사업수행 경험 및 결과
• 기관 예산/직원체계/이사회 및 운영위원회 구성</td></tr>
<tr><td>사업수행 능력</td><td>• 유사/동일사업 수행 경험
• 신청한 사업내용의 수행을 위한 조직, 인력, 예산 투입 정도</td></tr>
<tr><td rowspan="6">사업 평가</td><td>사업내용</td><td>• 참여자 및 참여자의 선정 기준, 모집 방안이 적절성
• 목표 달성을 위한 사업 시행 방법의 적합성
• 사업진행을 위한 연계 협력 전략의 적절성</td></tr>
<tr><td>사업필요성</td><td>• 신청기관의 해당 사업 수행 필요성
• 경험적 근거에 기반한 문제의식의 명확성</td></tr>
<tr><td>목표설정</td><td>• 사업주제와 성과목표의 부합성
• 성과목표의 실현 가능성</td></tr>
<tr><td>평가체계</td><td>• 성과목표 측정을 위한 평가지표의 타당성
• 평가 계획의 적절성 및 실현 가능성</td></tr>
<tr><td>예산편성</td><td>• 사업 내용과 예산 내역의 일치 여부
• 사업비 및 인건비 구성과 투입 비용 수준의 적절성
• 예산 항목 각 요소의 구체성</td></tr>
<tr><td>향후 계획</td><td>• 사업의 기대 효과 및 활용 계획의 구체성
• 사업 지속 유지 전략 등 향후 운영 계획의 합리성</td></tr>
<tr><td>기타 평가</td><td>사업계획의 적정성</td><td>• 전반적인 일관성 및 체계성
• 사업 내용의 구체성 및 실현 가능성</td></tr>
</table>

[참고 3]

목표설정 방법 안내

1. 목표란?

- 목표를 설정하는 방법은 매우 다양하지만 여기에서는 산출목표와 성과목표로 설명하고자 한다.
- 흔히 목표라 하면 성과목표를 이야기하는 경우가 많은데 "사업수행을 통해 달성하거나 변화시키고자 하는 바를 어느 정도까지 달성 또는 변화시킬 것인지를 적시한 것"을 의미한다.
- 사업수행을 통해 달성하거나 변화시키고자 하는 바를 어느 정도까지 달성 또는 변화시킬 것인지를 적시한 것을 의미한다.

  [예시] 학교 밖 청소년의 자살충동을 10%p 감소시킨다.
- 이는 사업대상에 대해 인적·물적자원과 시간비용을 투여하여 성취하고자 하는 바를 말한다.

  [예시] 자살충동 감소 프로그램에서 사회복지사와 심리치료사가 협동으로 주 1회 집단 프로그램을 4개월 동안 운영하여 참여 청소년의 자살충동 정도의 평균을 낮춘다.

2. 산출목표란?

- 산출목표는 성과목표 달성에 기여하는 데 필요한 수단적 성격의 목표를 말한다.

3. 산출목표로 설정될 수 있는 것은?

1) 활동(Activities)에서 기재한 사업내용을 실제로 수행한 것

- 예를 들어 주 2회 A 프로그램을 실시하겠다는 것은 활동내용이지만, 실제 주 2회 실시한 것은 산출로 간주될 수 있다.

2) 활동(Activities) 결과, 프로그램 공급자(기획자)가 마음대로 하기는 어렵지만 실제 성과목표를 달성하는 데 반드시 필요한 목표치인 경우

- 예를 들어 A 프로그램의 출석유지율을 90% 이상 유지한다는 목표는 공급자가 임의로 조작할 수 없고 참석자가 꾸준히 A 프로그램에 나와야 가능한 것이다. 아울러 출석률이 낮으면 출석한 사람이 아무리 A 프로그램으로 인해 긍정적인 변화가 있었다 하더라도 이는 참여인원의 일부에 불과한 것이므로 의미가 반감되고 이로 인해 성과목표를 충분히 달성했다고 보기 어렵기 때문에 출석유지율은 매우 중요한 산출목표로서 다루어질 수 있다.

3) 실제 쓰임새

- 첫 번째의 예로는 "A 프로그램 주 2회 실시"를 들 수 있으며, 두 번째의 예로는 프로그램 탈락률, 프로그램 출석률 등을 들 수 있다.
- 하지만 첫 번째의 경우는 활동(Activities)에서 정한 내용을 큰 외부적 영향이 없으면 보통 그대로 시행하므로 주요한 산출목표로 정하지 않고 대부분 두 번째를 주요한 산출목표로 설정하게 된다.

4. 성과목표란?

- 성과목표란 인적·물적 노력과 시간을 조직·투여하여 최종적으로 달성하고자 하는 목표를 말한다.

5. 성과목표로 설정될 수 있는 것은?

- '어떤 성과목표를 설정할 것인가'는 전적으로 그 사업이 지향하는 가치와 대상, 사업내용과 밀접하게 관련되어 있다.
  - 그러므로 '목표설정은 이래야 한다, 저래야 한다'라고 말하는 것은 매우 위험하다. 이를 감안하면서 여기에서 배분신청서 작성자가 목표를 설정하는 데 따른 막연함을 덜어줄 목적으로 몇 가지 기준을 이야기하면 아래와 같다.
- 성과목표의 차원과 초점은 매우 다양하게 설정될 수 있다.[1)]

분류	초점	예시	비고
개인 차원	내적기능 향상	• 자아존중감 향상 • 우울 감소 등	척도 사용
	인식	• 차별에 대한 인식 • 요양보호사의 전문성 인식 • 제도적 환경변화에 대한 사회복지관의 인식[2)] • 인식에 대한 다양한 질적 연구[3)]	척도 사용 인터뷰 실시
	태도	• 성역할 태도변화 • 어머니의 양육태도 등	척도 사용
	행동	• 아동의 공격행동 변화 • 문제행동 변화 • 사회적 행동변화 • 건강행동 변화 • 노인의 운동행동 변화 등	척도 사용

1) 위의 표는 김상곤 외. 2012. 「사회복지 프로그램 개발과 평가」의 내용을 참조하여 재구성하였음

2) 조미형. 2011. "제도적 환경변화에 대한 사회복지관의 인식과 대응에 관한 연구". 『한국사회복지행정학』, 13(1), 103-132. 동 논문에서 인식을 파악하기 위해 사회복지관의 관리자 100여 명

분류	초점	예시	비고
사회 차원	사회적 인식	• 지역사회 인식변화	
	지역사회	• 지역주민의 응집력 • 네트워크 강화 • 지역사회빈곤율 변화	과정평가 척도 사용 네트워크 분석

※ 아래로 내려갈수록 개인 내부에서 개인 외부로, 집단 및 지역사회로 확장

6. 목표를 설정함에 있어 고려해야 할 점은?

1) 목표 진술은 사업대상(사업참여자)과 사업내용이 연결되어 있다.

- 변화치는 사업대상에게 일어나는 것이며, 그러한 변화치는 사업을 실행한 결과로 나타나는 것이므로 사업내용은 목표에 대해 수단적 성격을 갖는다.

  [예시] 누구(사업대상)의 변화인가?, 무엇을 통한 변화인가?(= 어떻게 개입할 것인가? = 어떤 내용의 프로그램을 동원할 것인가? ☜ 왜 A 프로그램이 아니고 B 프로그램을 활용하는가?)

2) 흔히 SMART를 이야기한다.

- SMART란 목표는 구체적으로(Specific), 측정 가능하고(Measurable), 성취 가능한 것으로(Achievable) 설정되어야 하며, Result-Oreineted(결과지향적이고), Time-Bounded(시간제약적) 속성을 띤다.
- 하지만 이 모든 것의 최정점에는 '최종적인 결과로서 측정 가능해야 한다(Measurable)'는 것이 위치한다.
  - 구체적이지 않으면 달성 여부를 측정하기 어렵고, 성취 가능한 목표가 아니면 달성할 수가 없으며, 최종적인 결과가 아니면 중간단계에서의 달성치를 측정하게 되고 시간제한은 어떤 프로그램이든지 간에 사업기간이 설정되어 있고 아울러 사업기간 외의 의미 있는 성과는 평가결과보고서에 담을 수 없기 때문이다.

7. 물론 목표설정을 둘러싸고 다양한 의견이 존재한다.

1) 어디가 최종적인 결과치인가?

- 각 성과는 단계적으로 나타나는데 어디를 최종적인 결과로 설정해야 하는지 애매할 경우가 있다. 이는 더군다나 시간제약성을 고려하면 내용상으로는

에 대해 설문조사 실시

3) 김주현, 2015. "한국 고령자의 연령차별 경험과 노년기 인식 질적 연구". 『한국인구학』, 38(1), 69-104.

중간단계의 성과이지만 시간제약성 때문에 불가피하게 최종적인 결과로 내세우는 경우도 있다.

[예시] 취업에 필요한 요리기술을 습득한다 → 한식조리자격증을 취득한다 → 요식업에 취업한다

- 어디까지를 목표로 설정할 것인지가 늘 논란이 된다. 하지만 이것은 프로그램 종료 전까지 달성할 목표치를 의미한다고 보면 종국적인 목표치라기보다는 사업기간 범위 내에서 달성할 수 있는 실질적인 목표치이어야 한다.

2) 산출목표인가, 성과목표인가?

〈사업 예시〉

- 중학생 10명에 대한 진로성숙도를 향상시키는 프로그램에서 사업담당자는 직업탐색, 진로탐색 등 다양한 세부프로그램을 기획하지만 이에 덧붙여 '학생에 대한 부모의 이해도 증진이 진로성숙도에 영향을 미친다'는 점에 착안하여 부모에 대한 세부프로그램도 기획하였다고 한다면,

〈목표의 성격은?〉

- 이때 핵심참여자는 중학생 10명이며, 그 중학생의 부모는 주변참여자로 간주될 수 있다.
- 그런데 자녀에 대한 부모의 이해도 증진이 산출목표인지, 성과목표인지 궁금해진다.
  - 최종적인 성과목표는 진로성숙도 향상이기 때문에 부모의 이해도 증진은 최종적인 성과목표로 보기는 어렵다. 진로성숙도 향상에 기여하는 중간목표(매개목표)이기 때문이다.
  - 그렇다고 하여 부모의 이해도 향상은 통상 이야기하는 세부프로그램 시행횟수, 참여율이나 탈락률과는 다소 차원을 달리하는 것처럼 보이기 때문에 이들과 동급의 산출목표로 간주하기도 어색하다.

- 만약 부모의 자녀에 대한 이해도 증진을 산출목표로 간주하면 아래와 같다.

세부 사업내용	산출목표
1. 자기이해와 진로주체성 향상	1-1. 자기이해와 진로주체성 프로그램 총 10회기 진행
	1-2. 동 프로그램 탈락률 5% 미만
2. 진로탐색 및 진로계획 설계	2-1. 자신의 주도적 활동에 따른 탐색활동 15회기 진행
	2-2. 진로계획 수립하기
3. 부모의 자녀이해 증진	3-1. 개별상담 5회기 및 집단프로그램 5회기 진행
	3-2. 부모의 자녀에 대한 이해도 증진(10%p 증가)

↓

성과목표
참여학생의 진로성숙도를 향상시킨다.

- 만약 부모의 자녀에 대한 이해도 증진을 하위성과목표로 간주하면 다음과 같다.

세부 사업내용	산출목표
1. 자기이해와 진로주체성 향상	1-1. 자기이해와 진로주체성 프로그램 총 10회기 진행
	1-2. 동 프로그램 탈락률 5% 미만
2. 진로탐색 및 진로계획 설계	2-1. 자신의 주도적 활동에 따른 탐색활동 15회기 진행
	2-2. 진로계획 수립하기
3. 부모의 자녀이해 증진	3-1. 개별상담 5회기 및 집단프로그램 5회기 진행
	3-2. 동 프로그램 참여율 90% 이상 유지

↓

최종 성과목표	하위성과목표
참여학생의 진로성숙도를 향상시킨다.	1. 참여학생의 진로주체성을 향상시킨다.
	2. 참여학생의 진로 및 직업탐색 능력을 향상시킨다.
	3. 부모의 자녀에 대한 이해를 증진시킨다.

3) 반드시 측정 가능해야 하는가?

- 측정 가능한 성과목표만 제시할 수 있게 되면 측정하기 어려운 많은 내용들이 여기에 표현되지 않을 경우 목표 수가 적거나 누락되는 경우가 발생한다.
- 특히 사업 기간 내에는 최종적인 목표치까지 도달하기 어렵고 목표치에 도달하는 과정, 변화의 과정에 놓이게 되는 경우 측정 가능한 양적 목표를 고집하게 되면 목표로 설정하기 어렵고, 변화의 정도라도 보여주는 것이 허용된다면 질적 평가를 통해 어느 정도 가시화될 수 있다.

[예시] 중학생에 대한 진로탐색 지원 프로그램을 운영한 후 진로탐색과 관련한 자신의 상태 변화를 가장 잘 나타낼 수 있는 전후 사진을 대조하고 이에 대한 자기설명을 덧붙이게 한 경우

[참고 4]

평가방법 작성 안내

성과평가

1. 성과평가란?

- 기 제시된 성과목표가 사업수행을 통해 실제로 어느 정도 달성되었는지, 그 성과의 의미가 무엇인지를 평가하는 것을 말한다. 성과평가가 이루어지기 위해서는 성과목표-성과지표-성과평가가 유기적으로 잘 연결되어야 한다.

2. 성과평가의 종류

1) 양적 성과평가

- 양적 성과평가는 성과평가의 결과를 구체적인 수치로 나타내는 것을 말한다.
- 주로 척도를 사용하여 사업시행 전후를 비교하거나 주관적인 변화 정도를 나타낸다.
  - 자녀 양육기술 척도를 통해 자녀 양육기술 증진 프로그램을 시행하기 전후를 측정하여 그 변화치가 의미 있는지를 살펴보는 것, 또는 시행 후에 자신이 자녀양육기술이 얼마나 증진했는지를 4점 척도(매우 그렇다, 그렇다, 그렇지 않다, 전혀 그렇지 않다) 또는 5점 척도(매우 그렇다, 그렇다, 보통이다, 그렇지 않다, 전혀 그렇지 않다)로 나타낸다.
- 양적 성과평가는 제3자로 하여금 그 프로그램 시행이 효과적인지, 그 효과가 어느 정도인지를 객관적이고 쉽게 알 수 있게 해 준다.

2) 질적 성과평가

- 질적 성과평가는 두 가지가 있다.
  - 양적인 변화를 보여주기 어려운 경우
  - 양적 성과평가를 통해 보여주는 수치의 변화가 무엇을 의미하는지, 그 수치의 변화가 담고 있는 내용이 무엇인지를 보여주는 경우(예: 자녀양육기술 척도 변화가 0.8이고 그것이 의미 있는 변화라고 한다 하더라도 실제 무엇이 변화하였는지는 숫자 0.8을 통해 알 길이 없다. 즉, 양육기술이 변화하였는데 실제 아이를 양육하면서 어떤 스킬이 생활상에서 나타났는지는 사업 참여자의 이야기를 듣거나 실제 양육의 현장을 관찰해야만 알 수 있다. 그럴 경우 인터뷰나 참여관찰을 통해 그 내용을 포착할 수 있을 것이다)

3. 양적 성과평가 작성방법

1) 양적 성과평가 기술방법

- 양적 성과평가 방법을 서술할 때는 아래 사항에 유념해야 한다.
  - 성과지표(평가 도구)는 성과목표의 진술을 점검하는 수단이다.
  - 성과지표에 따라 이의 달성 여부와 정도를 측정함에 있어 관련되는 자료를 누구에게서, 언제 어떻게 수집할 것인지를 명확하게 해야 한다.

2) 세부 내용 설명

(1) 성과지표

- 성과지표는 성과목표의 내용에서부터 도출된다.
- 성과지표는 여러 척도집을 검색해서 가장 적절한 것을 찾거나 적절한 지표를 자체적으로 설정할 수 있다.
  - 예를 들어 지역아동센터에서의 '학교숙제 완성률 20%p 증가'가 성과목표인 경우 학교숙제 완성률이 성과지표가 된다. 기존의 각종 척도집에 존재하는 척도가 아니라 사업내용과 성격에 맞추어 지표를 새롭게 설정하게 되면 먼저 분모와 분자가 무엇인지를 사전에 결정해야 한다.
  - 분모: 학교숙제를 부여받은 횟수
  - 분자: 학교숙제를 완성한 횟수
  - 학교숙제완성률이라는 지표는 [(학교숙제를 완성한 횟수/학교숙제를 부여받은 횟수)×100]이 된다.
  - 학교숙제완성률의 초기값이 50%이고 프로그램 진행 후 지표값이 70%이라면 프로그램 시행에 따라 20p%가 증가한 것이 된다.
- 성과지표는 이후 어떻게 측정할 것인지에 대한 방법과 연결되어야 한다. 자료원, 자료수집시기, 자료수집방법을 통해 실제 성과지표를 측정할 수 있어야 한다.
- 성과목표를 측정할 수 있는 적절한 성과지표가 없다면 성과목표를 측정할 수 있는 적절한 질문지를 자체 제작할 수도 있다.
  - 하지만 제작과정에서 객관성을 가지기 위해 자신이 만들고 동료의 피드백을 받고 기관의 자문교수로부터 자문을 얻는 것이 좋다.

(2) 자료수집 대상

- 성과지표를 통해 의미 있는 내용을 응답하는 사람 또는 장소를 말한다.

- 손자녀를 양육하는 조부모를 대상으로 한 프로그램이었다면 자녀양육 기술척도에 대해 대답을 하는 조부모가 자료수집 대상이 된다.

• 자료수집 대상은 자료를 수집하는 사람을 의미하는 것이 아니다.
  - 설문조사를 실시하는 직원 A는 자료수집 대상이 아니다.

(3) 자료수집 방법

• 자료수집 방법에는 '누가' 수집할 것인가와 '무엇을 통해' 자료를 수집할 것인가가 포함된다.

• '누가' 수집할 것인가에서 중요한 점은 사업시행자가 할 것인지, 제3자가 자료를 수집할 것인가의 문제이다.
  - 담당자가 이 사업을 제일 잘 알지만 응답자가 왜곡된 응답을 할 수 있는 가능성을 배제하기 어렵다는 한계가 있다.
  - 제3자는 공정하게 자료를 수집할 수 있는 장점이 있는 반면, 사업의 맥락을 모르는 상태에서 자료를 수집할 때 깊이 있게 내용을 끄집어내기 어려운 점이 있다.

• '무엇을 통해' 자료를 수집할 것인가에서 중요한 점은 아래와 같다.
  - 설문지를 배포해서 응답자가 자기 스스로 응답하게 할 것인지(자기기입식 설문조사), 질문지를 하나하나 읽어주고 설명해 주면 응답자가 이야기한 것을 적을 것인지(대면식 설문조사) 등과 어느 기간 동안의 자료를 대상으로 할 것인가를 결정해야 한다는 것이다.
  - 예를 들어 학교숙제 완성률 증가에서 학교숙제 수행 횟수를 어느 기간 동안에 학교에서 내준 숙제를 대상으로 할 것인지, 또 숙제의 범위가 무엇인지를 획정해야 한다. 국어, 영어, 수학, 사회, 과학에 한정할 것인지, 특별활동의 숙제까지 포함할 것인지 등이다.

(4) 측정 시기

• 측정 시기는 언제 자료를 수집할 것인가이다.
  - 이때 가장 중요한 것은 사전 사후 검사를 할 것인가이다.
  - 만약 초기값 설정을 위해 사전에 검사를 한다면 사업을 본격적으로 시행하기 전에 사업 참여자에게 반드시 사전검사를 실시하는 것이 필요하다. 사업을 하다 보면 사전검사 없이 바로 프로그램을 시행해서 초기값을 잡아내지 못하는 경우가 많기 때문이다.

4. 질적 성과평가

• 질적인 방법을 통해 성과 달성 정도 또는 성과의 의미를 평가하는 것을 말한다.

5. 질적 성과평가의 종류

1) 양적인 성과의 의미를 드러내는 경우

• 양적인 성과평가에 따른 결과는 간단한 수치로 나타난다. 예를 들어 자녀양육기술척도에서 사전 사후 검사결과 변화치가 0.8로 나타났고 이는 유의미한 변화 정도를 나타내는 것으로 해석할 수 있어 수행한 사업이 의미 있었다고 평가내릴 수 있다.

• 하지만 수행사업이 성공적이었다, 유의미한 변화가 있었다라고 하더라도 '도대체 무엇이 어떻게 변화되었는가'라는 질문에 대해서는 대답하기가 곤란하다. 즉, 0.8점의 의미가 무엇인가라는 질문에 대해서는 속수무책인 셈이다.

- 0.8점은 당사자의 삶에서 어떤 변화가 일어났다는 것인데, 그 변화가 어떤 변화인지는 모른다는 것이다. 또 15년 전에 똑같은 사업을 수행하고 똑같은 척도로 평가했을 때에도 변화치가 0.8점이 나왔다 하더라도 그 0.8점이 무엇을 의미하는지는 15년 전과 지금이 다를 수밖에 없다. 자녀양육환경도 변했고 자녀들이 쓰는 말투, 사용하는 컴퓨터 프로그램, 관계 맺는 양상이 똑같지 않기 때문이다. 즉, 점수는 같아도 점수가 의미하는 바는 다르다는 점이다. 또 이 사업에 참여한 사람 또한 그 변화치라는 것은 실제 삶에서 나타나는 것이지, 숫자 그 자체가 삶의 내용을 설명해 주지 않는다는 점에 유의할 필요가 있다.

• 그러므로 질적 성과평가를 통해 실제 당사자에게 어떤 삶의 변화가 나타났는지, 그 삶의 변화가 자신에게 어떤 의미로 다가오는지 등에 대한 내용을 이끌어 내어 제3자에게 보여줄 필요가 있다.

2) 양적 성과평가가 어려운 경우

• 점수로 나타내거나 '예, 아니오'로 대변되는 양적 성과평가 방식으로는 사업의 성과를 정확하게 보여주기 어려울 때에는 질적인 방법으로 성과를 평가하기도 한다.

- 예를 들어 중학생에 대한 진로탐색 지원 프로그램을 운영한 후 진로를 설정했는지에 대한 여부를 물어볼 때 10명 중 2명만 진로를 설정하고 8명은 아직 진로를 설정하지 못했으면 이 프로그램은 실패한 프로그램인가? 라

는 문제를 제기할 수 있다. 즉, 진로설정 여부에 따른 진로설정 청소년 수를 따진다면 그리 성공적이라고 보기 어렵다. 하지만 나머지 8명이 어떤 상태에 있는지를 질적으로 평가한다면 그 평가결과는 달라질 수 있다. 즉, 8명에 대해 자신의 상태변화를 가장 잘 나타낼 수 있는 전후 사진을 대조하고 이에 대한 자기설명을 덧붙이게 한 Photo Voice 방법을 동원한 질적 평가에서 많은 청소년들이 자신이 아직 진로를 설정하지는 않았지만 이 프로그램에 참여하기 전에는 자신이 무엇을 하고 살아야 하는지, 진로에 대해 전혀 생각이 없다가 이제는 이에 대한 고민이 그 어느 때보다도 치열하게 이루어지고 있는 과정에 있다면 이 프로그램이 성과가 없다고 단정적으로 이야기하기 어렵다는 것이다.

- 그러므로 질적 성과평가에서는 양적으로 평가하기 어려운 대상(예를 들어 지적장애인)이나 사업내용(진로탐색)에 대해 질적으로 그 변화내용을 측정함으로써 보이지 않던 성과를 잡아내는 것을 말한다.
  - 이러한 작업은 기존의 양적으로 나타나는 것만 전통적인 성과로 간주하는 편협한 시각에서 벗어나 성과를 보다 넓은 의미로 확장해석하려는 움직임과 그 맥을 같이 한다.

6. 질적 성과평가 수행방법

1) 인터뷰

- 사업 참여자에 대하여 인터뷰를 실시하여 프로그램 참여를 통해 실제 자신의 달라진 삶에 대해 이야기를 듣는 것이다.

2) 참여관찰

- 프로그램이 진행되는 사회복지 실천현장에 참여관찰을 통해 보고자 하는 바를 살펴 이를 종합적으로 드러내는 것이다.

3) Photo Voice(포토 보이스)

- 시각적 이미지를 통해 사업 참여자의 욕구와 어려움을 나타내고 집단토론을 통해 삶의 경험을 소통하도록 하는 방법을 말한다. 시각적 이미지를 사용하기 때문에 장애나 문화의 차이 등으로 소통이 어려워 소외되기 쉬운 집단이 사업과정에 대한 이야기를 드러내는 데 참여할 수 있고 그동안 억눌렸던 목소리를 낼 수 있게 하여 역량강화의 기회를 제공하기도 한다.

▢ 과정평가

1. 과정평가란?

- 투입과 활동이 당초 계획에 따라 적절하게 진행되었는지를 평가하는 것을 말한다.

2. 과정평가의 중요성

- 일반적으로 배분사업은 수행사업의 성공적인 결과만 보여주는 경우가 많다. 하지만 사업수행과정에 대한 상세한 기록과 비판적 검토를 통해 어떤 과정을 통해 본 사업을 수행했는지, 수행과정 중 뼈저린 경험에서 얻은 교훈이 무엇인지 등을 상세하게 기록하는 것도 매우 중요하다.
  - 사업수행기관이 앞만 보고 나아가는 것이 아니라 사업수행의 과정을 반추하면서 변화·발전을 모색하고 아울러 타 기관이 벤치마킹하거나 교훈을 얻을 수 있는 교사 및 반면교사의 역할을 수행하기 위해서는 과정기록이 매우 중요하다.

3. 과정평가에서의 평가 대상

1) 과정별 대상

- 과정평가에서의 평가 대상은 사업전체 수행과정 전반이 된다.
  - 배분신청서 - 홍보 - 대상자 모집 - 세부 프로그램 시행 - 중간모니터링 - 이후 사업
  - 종결단계 등 각 단계별로 모두 포함된다.

2) 관점별 대상

- 과정평가를 통해 관심을 가져야 할 관점에 따라 아래와 같이 대별할 수 있다.
  - 계획에 따라 잘 진행되지 않은 것(예: 당초 3월에 사업참여자를 모집완료하기로 되어 있었는데 4월에도 다 모집이 안 된 것, 현수막을 붙여놓으면 모집이 잘될 것이라고 기대했는데 현수막을 보고 왔다는 사람은 거의 없을 때)
  - 정보 부족으로 계획할 때 미처 생각하지 못한 것(예: 정부방침에 따라 초등학교 돌봄교실이 이미 확대되었는데 이를 고려하지 않아 A 방과후 프로그램이 잘 진행되지 않은 경우)
  - 생각하지 않은 것들이 발생하는 것(예: 조류 AI, 지진 때문에 현지 방문이 어려워진 경우)

3) 평가방법별 대상

- 양적 과정평가
  - '과정'을 성과와 대비하는 관점에서 본다면 결국 과정평가는 투입 또는 활동에 대한 평가를 의미한다고 볼 수 있으므로 계획 당시 설정했던 투입과 활동에 대한 집행결과에 대해 양적으로 평가할 수도 있다.
- 질적 과정평가
  - 사업수행과정의 흐름이 어떻게 이어져 왔는지를 질적으로 평가할 수 있다. 이러한 질적 과정평가는 사업담당자가 '만약에 내가 이 사업을 처음부터 다시 시작한다면 어떻게 하겠다고 할 것인가?'라는 관점에서 이 사업을 벤치마킹하고 싶은 사람에게 소중한 이야기를 들려준다는 심정으로 기술하는 것이 필요하다.

4. 평가방법

1) 1단계: 평가의 초점을 분명히 한다.

- 모든 사업의 과정을 평가한다는 것은 현실적으로 불가능하다. 또 모든 세부 프로그램의 과정을 평가하는 것도 쉽지 않다. 그러므로 무엇을 중점적으로 평가할 것인지를 설정해야 한다.
- 그러므로 어느 단계 또는 어떤 세부 프로그램의 과정을 면밀히 살필 것인지를 결정해야 한다.
  - 예를 들어 이번 사업에서는 홍보 및 사업 참여자 모집과정과 핵심사업인 B 프로그램의 진행과정에 대해 과정평가를 한다고 설정하는 것이다.

2) 2단계: 무엇을 언제 기록할 것인지를 명확히 한다.

- 사업의 진행과정을 그 당시에는 잘 기억할지는 몰라도 시간이 흐를수록 잊히게 마련이다. 그러므로 적어도 1~2달에 한 번은 지난 기간 동안에 벌어진 일들을 기록해야 한다.
- 무엇을 기록할 것인지는 각 사업의 내용에 따라 달라지는데 기본적인 질문은 아래와 같다.

> 1. 무엇이 진행되었고, 무엇이 진행되지 못하였나?
> 2. 성공적이었다고, 긍정적인 의미가 있다고 자평할 수 있는 것은? 그 근거는?
> 3. 무엇이 아쉬운가?
> 4. 다시 그 과정을 진행한다면 어떤 점을 어떻게 바꾸겠는가?

3) 3단계: 매월 또는 2달에 한 번씩 진행한 사업을 기록한다.

- 기록하기로 한 바에 대하여 정해진 기간 내에 상세하게 관련 내용을 기록해야 한다.
- 때에 따라서는 사업참여자들의 경험이나 의견, 요구사항들에 대해 정리할 필요가 있다.

〈질문을 통해 담아야 하는 내용〉
- 인터뷰를 위한 Tip에서의 관련 질문들을 해당 사업에 맞게 구성하여 진행
- 필요에 따라 추가적으로 해당 사업에서 중요한 내용들을 질문

4) 4단계: 기록된 내용을 시계열적으로 살펴 그 과정을 평가한다.

- 4~8회 기록된 내용을 전체적인 흐름을 고찰하여 얼마나 어떻게 진행되었는지, 그렇게 진행되게 된 맥락이 무엇인지, 다시 진행한다면 어떤 부분들에 대해 좀 더 세심하게 배려할 것인지, 이 사업을 벤치마킹하려는 기관에게 해줄 이야기가 무엇인지 등에 대해 자세하게 기록한다.

□ 평가 시 유의사항

1) 사업을 미화(美化)하려는 나 자신의 모습을 읽어라

- 누구든 자기가 수행한 사업이 잘못되기를 바라는 사람은 아무도 없다. 또 설사 잘못되었다 하더라도 그렇게 된 이유를 객관적으로 보기 어렵다. 아전인수(我田引水) - 인지상정(人之常情)이다. 하지만 그것이 바람직한 것은 아니다. 오히려 실패한 경험에서 소중한 보석이 발견된다. 내 실패가 다른 사람들에게 혜안을 가져다줄 수 있으면 그것은 더 이상 실패가 아니다. 소중한 자원이 되고 교훈이 된다.

2) 기관 책임자의 이해가 필요하다

- 실무자가 아무리 솔직하려고 하여도 기관 책임자가 그러한 자세와 마인드를 이해하지 못하면 제대로 된 평가가 어렵다. 물론 집행과정에서의 시행착오와 어려움을 기술한 보고서가 기관 책임자의 입장에서 볼 때는 마음이 불편한 것도 사실이다. 그러나 자신의 기관이나 수행한 사업이 아무런 문제가 없다, 귀책사유가 없다고 하는 자세 때문에 더 이상의 발전 또한 가로막게 된다는 사실을 솔직히 인정할 필요가 있다. 그러므로 사업결과에 대해 보다 솔직해지고 냉정하게 직면할 때 또 다른 발전의 출발점이 될 수 있을 것이다.

3) 기관 감독(평가)기관은 사업결과에 대해 색안경을 끼고 보지 말라

- 결국 솔직했더니 돌아오는 것은 불이익이라고 한다면 더 이상 시행착오, 실패라는 부정적 결과를 보이지 않으려고 할 것이다. 불이익은 대부분 기관 감독(평가)기관의 업무수행과정에서 출발한다. 좁게는 사업자금을 배분한 공동모금회가, 넓게는 지도감독기관인 행정기관과 평가기관에서 사업수행결과에 대해 집착하게 되면 또 그로 인해 부정적인 감독·평가결과가 도출된다면 현장에서부터 솔직해지려는 움직임을 가로막는 결과를 초래하게 된다.
- 물론 사업수행기관의 중과실이나 도덕적 해이로 인해 사업이 훼손된 경우에는 엄중 책임을 물어야 할 것이다. 그러나 그렇지 않은 사안에 대해서는 자체 보고서의 내용이 부정적이라 하여 감독이나 평가까지 부정적이어야 할 이유는 없다. 오히려 얼마든지 감출 수 있었는데도 그러지 않은 용기를 높게 평가해야 한다. 이러한 사업결과를 기초로 어떻게 이후 사업에 그러한 내용을 반영했는지, 타 기관들에게는 어떻게 그러한 내용을 전파했는지가 격려되고 긍정적으로 평가되어야 할 것이다.

부 3 록

사회복지현장실습 서식

〈교육기관 1〉

실습의뢰 공문(실습의뢰서)

고신대학교
KOSIN UNIVERSITY

"직인생략"

협 조 문

CORAM DEO
하 나 님 앞 에 서

수　신
(경 유)
제　목 사회복지현장실습 의뢰

1. 귀 기관의 무궁한 발전을 기원합니다.
2. ______년도 _______학기에 귀 기관에서의 실습교육을 의뢰드리고자 합니다. 첨부된 <실습신청서>와 <실습생 프로파일>을 참고하시어 귀 기관에서 실습이 가능한지 검토해 주시기 바랍니다. 실습 가능 여부는 첨부된 <실습생 결정통보서> 양식을 사용하여 공문으로 회신(FAX)해 주시면 감사하겠습니다.

붙임 1. 실습신청서 1부.
　　2. 실습생 프로파일 1부.
　　3. 실습생 결정통보서 1부. 끝.

아　동　복　지　학　과　장

행정조교A　김○○　　학과장　주○○

협조자

수신

수신

시행　아동복지학과-　(　202XX.X.X　)　접수　(　　)
우　606-701　부산 영도구 와치로 194 희망관 XXXX호　/　http://www.kosin.ac.kr
전화　051)990-XXXX　전송　051)990-XXXX　/　XXXXXXX@kosin.ac.kr　/

〈교육기관 2-1〉

실습신청서

실습교육기관: ________________________________

1. 실습생 인적사항

이름		생년월일			
소 속		학과/ 전공		학년/ 학기	
현주소					
전화번호	집:			휴대폰:	
E-Mail					

2. 실습 의뢰내용

실습부서	
실습분야	
실습내용	
실습기간	

* 상기 내용으로 귀 기관에 실습신청을 의뢰하며 실습생 프로파일을 동봉합니다.

신청인(학생명): ________________ 인

실습지도교수: ________________ 인

학 과 장: ________________ 인

〈교육기관 2-2〉

사회복지현장실습 계획서

성　　명		학 번	
학　　부		개인전화	
기관명칭			
기관주소			
전화번호	기관전화:	팩스:	
실습기간	200 년 월 일부터 월 일까지(일간)		
실습지도자			

실습목표

실습지 선택 이유

실습을 통해 배우고 싶은 것

실습지 및 학교 실습지도자에게 바라는 점

〈교육기관 3〉

실습생 프로파일

1. 인적사항

<table>
<tr><td rowspan="4">(사진)</td><td>실습생명</td><td></td><td>성별</td><td></td><td>생년월일</td><td></td></tr>
<tr><td>소속</td><td colspan="5">대학교(원) 전공 학년(학기)</td></tr>
<tr><td>현주소</td><td colspan="5"></td></tr>
<tr><td>전화번호</td><td colspan="2">집: 핸드폰:</td><td>E-mail</td><td colspan="2"></td></tr>
</table>

2. 이수 전공과목

교과목명	이수 완료	현재 이수	교과목명	이수 완료	현재 이수	교과목명	이수 완료	현재 이수
사회복지학개론			사회복지법제와 실천			사회복지실천기술론		
사회복지실천론			사회복지정책론			사회복지조사론		
사회복지행정론			인간행동과 사회환경			지역사회복지론		
사회복지현장실습			프로그램개발과 평가			사례관리론		
가족복지론			가족상담 및 가족치료			교정복지론		
국제사회복지론			노인복지론			복지국가론		
빈곤론			사회문제론			사회보장론		
사회복지역사			사회복지와 문화다양성			사회복지와 인권		
사회복지윤리와 철학			사회복지자료분석론			사회복지지도감독론		
산업복지론			아동복지론			여성복지론		
의료사회복지론			자원봉사론			장애인복지론		
정신건강론			정신건강사회복지론			청소년복지론		
학교사회복지론								

3. 경력

구분 (취업, 실습, 봉사)	기관	기간	내용

4. 사회복지를 전공하게 된 동기

5. 실습기관 선택 이유

6. 실습을 통해서 성취하고자 하는 목표

7. 실습을 마친 후 목표달성 정도를 파악할 수 있는 기준

8. 사회복지를 실천하는 데 있어 자신의 강점과 약점

1) 사회복지 지식 및 기술의 측면	2) 개인적인 특성 측면

9. 취미 및 특기

10. 실습기관, 실습지도자 및 실습지도교수에게 바라는 점

〈교육기관 4〉

실습생 결정통보서

수 신: 발 신 일:

참 조:

발 신:

제 목: 실습생 결정통보

---

1. 귀 대학의 실습교육 의뢰에 대하여 다음과 같이 결정되었음을 알려드립니다.

• **학생명**: ____________

• **결정내용**: 1) 실습의뢰 수락( )

• **배치부서(예정)**:

• **결정내용**: 2) 실습의뢰 거절( )

• **사유**:(예, 관련 과목 이수하지 않았음, 해당 분야 경험 부족 등)

기 관 장: ____________ 인

〈교육기관 5〉

실습기관 기초조사서

<table>
<tr><td>기관명</td><td colspan="4"></td></tr>
<tr><td>주 소</td><td colspan="4"></td></tr>
<tr><td>전화번호</td><td colspan="2"></td><td>Home Page
E-mail</td><td></td></tr>
<tr><td>업무시간</td><td colspan="2"></td><td>Fax.</td><td></td></tr>
<tr><td>운영법인</td><td colspan="2"></td><td>설립연도</td><td></td></tr>
<tr><td>설립자</td><td colspan="2"></td><td>책임자</td><td></td></tr>
<tr><td>이사회구성</td><td colspan="2"></td><td>직원수</td><td></td></tr>
<tr><td>시설규모</td><td>대지/건평</td><td>평/ 평</td><td>사회복지사 수</td><td></td></tr>
<tr><td>설립목적</td><td colspan="4"></td></tr>
<tr><td>기관의
조직도</td><td colspan="4"></td></tr>
</table>

〈실습기관 1〉

실습신청의뢰서

수　신:　　　　　　　　　　　　**발 신 일:**

참　조:

발　신:

제　목:

---

1. 사회복지교육 및 연구 활동을 통하여 사회복지발전에 전력을 다하시는 귀하와 귀교의 무궁한 발전을 기원합니다.
2. 아래와 같이 실습교육이 가능하오니 관심 있는 학생들이 참여할 수 있도록 협조를 부탁드립니다.

------- 아　래 -------

1. **실습부서/분야:**
2. **실습구분** (□일반실습, □심화실습 I, □심화실습 II)
3. **실습지도자:**
4. **대학별 배정가능 실습생수:**
5. **실습담당직원:**　　　　　　　　(연락처: ☎　　　　　　)
6. **실습비:**

별첨1 실습지도계획서

별첨2 실습지도자 프로파일

기관장(직인)

〈실습기관 2〉

실습지도계획서

실습지도자:

1. 실습목적:

2. 실습목표:

3. 실습분야:

4. 실습기간:

5. 실습대상:

6. 교육계획

단위시간	내용	담당	비고

7. 실습지도방법
   - 개별실습지도 계획:
   - 집단실습지도 계획:
   - 기타 계획:

8. 실습생의 책임과 과제

구체적 내용	실습생의 역할 및 책임	과제물(기한)
1) 전문적 발달을 위한 측면		
2) 행정적 측면		
3) 지역사회 및 정책적 측면		
4) 기본적 대인관계 기술 측면		
5) 클라이언트 체계 개입을 위한 기술 측면		

9. 실습일정

주	월/일	시간	실습내용	담당	과제물

10. 참고도서

〈실습기관 3〉

실습지도자 프로파일

1. 인적사항

성 명		성 별	
기관명/부서		직 책	
담당 업무		전 화	
이 메 일		팩 스	
최종학력		최종학력의 전공	
사회복지사 자격번호		사회복지 총 실무경험기간	년 개월

2. 실습지도 및 실습분야 관련 주요 교육배경

교육명	주관단체	기간	수료/자격여부

3. 사회복지분야 근무경력

기관명	기간	직책	담당업무

4. 본인의 전공분야(현재 자신의 관심분야, 실천모델, 실천기술과 기법)

5. 실습지도자로서의 자신의 특성(강 · 약점)

6. 실습생에게 바라는 점

〈실습기관 4〉

실습의뢰에 대한 회신

귀 대학의 실습생의 실습의뢰를 수락합니다.

실습생명		소속대학	

기관명			
기관주소		전화번호	
실습지도자	직위: 부서: 성명:	연락처	전화: 팩스 :
		E-mail	

실습기간	년 월 일 - 년 월 일 (오리엔테이션 일정: 년 월 일 시)
필요서류	다음 서류를 실습개시일 ( )일 전까지 우송바랍니다. - 실습생 프로파일 1부 - 실습비 (원) (실습개시일 납부요망) - 기타 필요한 서류 ( )
실습을 위한 기타 준비사항	- 참고문헌 - 사전 과제물
대학에 대한 의견	

실습지도자 ________________ (인)

기 관 장 ________________ (인)

〈실습기관 5-1〉

실습생 출근부

성명: **긴급연락처:** **전자우편:**

월일	출근 시간	퇴근 시간	실습생 확인	실습 지도자 확인	지각, 조퇴, 결근 여부	사유

* 기입요령: 출근시간, 퇴근시간 표시, 퇴근 시 실습생 및 실습지도자가 확인함
지각, 조퇴, 결근 시 그 사유를 함께 기록함

〈실습기관 5-2〉

실습생 출근부

성명: 긴급연락처: 전자우편:

일 자	월 일	월 일	월 일	월 일	월 일	월 일	월 일	월 일	월 일
서 명									
담당자 서 명									
출 근									
퇴 근									
일 자	월 일	월 일	월 일	월 일	월 일	월 일	월 일	월 일	월 일
서 명									
담당자 서 명									
출 근									
퇴 근									
일 자	월 일	월 일	월 일	월 일	월 일	월 일	월 일	월 일	월 일
서 명									
담당자 서 명									
출 근									
퇴 근									
일 자	월 일	월 일	월 일	월 일	월 일	월 일	월 일	월 일	월 일
서 명									
담당자 서 명									
출 근									
퇴 근									
일 자	월 일	월 일	월 일	월 일	월 일	월 일	월 일	월 일	월 일
서 명									
담당자 서 명									
출 근									
퇴 근									

〈실습기관 6〉

실습지도 기록서

- 실습지도자:
- 실　습　생:

일시	실습지도 내용	비고

〈실습기관 7〉

실습평가서(교육기관 발송용)

기관명		실습지도자	
실습부서		실습지도교수	
실습기간			
실습생		평 가 일 시	

* 출석상황

□ 무단결석 없음 □ 무단결석 1회 □ 무단결석 2회 □ 무단결석 3회 이상

* 다음은 실습생에 관한 평가입니다. 실습생이 실습지도기간 동안 보여주었던 태도와 행동을 기준으로 아래 항목에 솔직하게 평가해 주기 바랍니다. 실습내용에 포함되어 있는 사항에 관해서만 평가하여 주시고, 평균에는 평가항목 총점을 평가항목 개수로 나눈 점수를 기입하면 됩니다.

(1점: 매우 그렇지 못하다.~5점: 매우 그렇다.)

항목	내용	1	2	3	4	5
실습 지도에 대한 태도	1. 실습지도 시간을 엄수한다.					
	2. 적극적이고 긍정적인 자세로 실습지도에 참여한다.					
	3. 실습지도에서 지적된 내용을 수용한다.					
	4. 배우는 입장에서 진지하게 노력하고 발전하려는 태도를 갖는다.					
	5. 실습지도자와 실습생으로서 공식적 관계를 형성한다.					
기관 이해 및 관계 유지	6. 동료 실습생과 긍정적이고 원만한 협력 관계를 유지한다.					
	7. 기관의 목적, 정책, 규칙, 사업내용을 이해한다.					
	8. 기관 내에서 실습생으로서의 권한과 한계를 알고 일한다.					
	9. 기관 내 타 직원과 협조적인 대인관계를 형성, 유지하여 업무를 처리한다.					
기본적 태도와 자질	10. 일의 우선순위를 결정하는 능력이 있다.					
	11. 할당된 시간 안에 일을 계획하고 수행한다.					
	12. 자신의 장점과 단점을 잘 인식하고 대응한다.					
	13. 사회복지실천 지식을 실습내용에 적용한다.					
	14. 사회복지실천의 가치와 윤리를 갖고 임한다.					
	15. 전문가로서의 편견, 선입견, 고정관념을 인식하고 객관성을 유지한다.					
	16. 실습지도 내용을 실행에 옮긴다.					
	17. 실습과정을 책임감 있게 수행한다.					
기 록	18. 기록, 보고서 등을 정해진 일시에 제출한다.					
	19. 실습내용을 사실에 근거하여 정확하게 기록한다.					
	20. 실습내용을 체계적이고 구체적으로 기록한다.					
	21. 클라이언트와의 상호작용 및 실습생의 사고와 감정을 기록한다.					
	22. 실습지도를 통해 지적된 사항 및 배운 것을 정확히 기록한다.					

항목	내용	1	2	3	4	5
전문적 태도와 관계 형성	23. 클라이언트와 전문적 관계를 형성하고 활용한다.					
	24. 전문적 관계형성에서 동정과 감정이입을 구별하여 적용한다.					
	25. 주변의 자원을 파악하고 그것을 활용하려고 노력한다.					
	26. 비심판적이며 경청과 수용의 태도를 갖는다.					
	27. 클라이언트의 능력과 동기의 한계를 수용한다.					
	28. 실습지도자가 지시한 것을 잘 파악하여 실행에 옮긴다.					
개인에 대한 개입	29. 클라이언트가 표현한 의사소통과 암시적인 의사소통을 이해한다.					
	30. 실습생이 의도한 바를 클라이언트에게 명확하게 전달한다.					
	31. 클라이언트의 문제와 상황에 관련된 정확한 자료를 수집한다.					
	32. 수집된 자료를 체계적으로 종합하고 이론에 기초하여 사정한다.					
	33. 클라이언트 가족 등 주변의 지지자원을 활용한다.					
	34. 클라이언트와 환경의 상호역동성의 이해 아래 개입목표와 전략을 수립한다.					
	35. 개입목표에 따라 클라이언트의 긍정적인 변화를 유도한다.					
가족에 대한 개입	36. 가족의 역동성을 파악하고 가족상황에 관련된 정확한 자료를 수집한다.					
	37. 가족의 구조를 명확히 이해하여 필요한 가족개입의 기술을 활용한다.					
	38. 가족의 상호역동성의 이해 아래 개입목표와 전략을 수립한다.					
	39. 가족 구성원을 개별화하고 성원들이 긍정적으로 변화하도록 유도한다.					
집단에 대한 개입	40. 집단 역동을 파악하여 의미 있는 개입으로 집단을 지도한다.					
	41. 집단에서 주 진행자와 보조 진행자의 의미와 역할을 알고 실천한다.					
	42. 집단의 구조를 명확히 하고 필요한 집단지도의 기술을 활용한다.					
	43. 집단성원을 개별화하고 성원 간 의미 있는 관계를 형성하도록 한다.					
	44. 집단의 목적에 대해 정확히 사정한다.					
	45. 정확한 사정에 입각하여 적절한 프로그램을 계획하고 실행한다.					
	46. 집단의 상호작용이 목적지향적이고 성원들이 긍정적으로 변화하도록 한다.					
지역 사회에 대한 개입	47. 지역주민들이 지역사회의 요구와 문제를 파악하도록 돕는다.					
	48. 파악된 지역사회요구를 사회행동으로 계획하고 실행한다.					
	49. 지역사회구조와 권력에 대해 이해하고 그 지역사회 상황을 정확히 파악한다.					
	50. 지역사회자원을 정확히 파악하고 접근한다.					
정책 및 행정 분야	51. 정책형성 및 개선과 관련된 이해집단들의 문제 상황 및 요구와 정책발의자들 및 집행자들의 이해관계를 정확하고 객관적으로 이해한다.					
	52. 정책형성 및 개선과 관련된 이해집단과 건설적이고 전문적인 관계를 맺는다.					
	53. 문제 상황에 적합한 정책대안을 개발하는 데 적극적으로 참여한다.					
	54. 기본정보를 정확히 사용하며 실증적인 자료분석의 지식을 갖고 문제를 분석한다.					
	55. 사회복지행정체계 및 전달체계에 대해 정확하게 이해한다.					
기관 고유 항목*	56.					
	57.					
	58.					
	59.					
	60.					

* 기관 고유 항목에는 기관의 특성과 실습상황에 맞는 평가항목을 실습지도자가 추가적으로 직접 기입하고 평가할 수 있습니다.

<table>
<tr><td>총평</td><td colspan="5">(실습생의 실천가로서의 장단점 및 대학에 대한 건의)</td></tr>
<tr><td>평가문항
개수</td><td colspan="2"></td><td>총점</td><td colspan="2"></td></tr>
<tr><td>평균
(총점÷평가문항개수)</td><td colspan="5">(기록 후 테이프 부착 후 실습지도자 서명 요망)</td></tr>
<tr><td rowspan="4">평점부여</td><td colspan="5">여기에 부여하는 평점은 실습생이 받게 되는 성적표상의 최종 평점은 아닙니다.
대학실습지도점수와 더불어 사회복지현장실습 평점 부여 시 주요 고려사항이 됩니다.</td></tr>
<tr><td>□A^{+}</td><td>□B^{+}</td><td>□C^{+}</td><td>□D^{+}</td><td rowspan="3">□F</td></tr>
<tr><td>□A^{0}</td><td>□B^{0}</td><td>□C^{0}</td><td>□D^{0}</td></tr>
<tr><td>□A^{-}</td><td>□B^{-}</td><td>□C^{-}</td><td>□D^{-}</td></tr>
</table>

실습지도자: ____________________ 인

기 관 장: ____________________ 인

☞Tip 점수 기준: 평가항목 중 해당되는 항목을 평가하여 평가한 문항으로 나누면 5점 만점 중 학생의 점수 평점이 됨. 5~4.5점 사이는 A대의 점수 부여, 4.4~4.0점 사이는 B점수대, 3.9~3.5점 사이는 C점수대, 3.4~3점 사이는 D점수대 2.9점 이하는 F./ 각 점수대의 +, 0, -는 점수범위의 분포에 따라 적절히 부여할 수 있음

〈실습기관 8〉

사회복지현장실습 교육 수료증

수료번호: ○○○○(연도)-○○(번호)

○○대학 성명: ○○○(학번)

상기 학생은 아래의 과정을 수료하였으므로 사회복지현장실습 교육 수료증을 발급합니다.

- 아 래 -

실습지도자:

실습교육기관:

실습기관:

실습분야:

년 월 일

〈실습기관 9〉

현장실습비 납입 영수증

<table>
<tr><td align="center">영 수 증</td></tr>
<tr><td align="center">일금: ______________________ 원정
(₩ ______________________)

내역: 사회복지 현장실습비

상기 금액을 정히 영수합니다.

200 년 월 일

영수인: (인)</td></tr>
<tr><td>영수기관
사회복지실습기관:
주소:</td></tr>
</table>

〈실습생 1〉

실습생 서약서

본인은 ○○기관의 실습생으로서 다음의 사항을 준수할 것을 서약합니다.

1. 사회복지사 윤리강령

2. 클라이언트와 기관에 대한 비밀유지

3. 실습교육기관 및 실습지도자의 요구사항

년 월 일

실습생: (인)

○○기관 귀중

〈실습생 2〉

실습계약서

실습생명		소속 대학	
기관명		주소/전화번호	
실습지도자		실습지도교수	

1. 일반적 사항

(1) 실습기간: _______년 _______월 _______일부터

_______년 _______월 _______일부터까지 총 _____일

(2) 업무시간: 주 _____ 일 근무; _______시부터 _______시까지

(3) 대학 실습세미나 시간: _______요일, _______시부터 _______까지

(4) 결석에 대한 조치

2. 실습의 목적과 목표

(1) 목적:

(2) 목표:

실습목표	목표달성을 위한 평가지표/세부달성방법	목표달성의 평가방법
〈전문적 발달 측면〉		
〈행정적 측면〉		
〈지역사회, 정책 측면〉		
〈기본적 대인관계 기술 측면〉		
〈클라이언트 체계 개입 측면〉		

3. 실습생의 의무와 책임

4. 실습지도자의 의무와 책임

5. 실습지도교수의 의무와 책임

상기 사항을 성실하게 이행하여 실습을 진행하도록 하겠습니다.

__________년_________월_________일

실 습 생 ________________ 인
실습지도자 ________________ 인
실습지도교수 ________________ 인

〈참조〉 실습목표에 주로 나오는 내용 제시

내용	세부목표	목표성취 전략	평가
전문적 발달	• 사회복지사로서의 정체감 형성, 개인적, 전문적 성장 • 자기인식 • 사회복지의 가치 및 철학 형성 • 윤리적 사명감	• 사회복지사로서 나의 강점과 약점을 파악한다. • 나의 편견과 고정관념에 대한 항목을 작성한다. • 실습기간 동안 학습한 부분에 대하여 평가서를 작성한다.	• 작성 여부 • 작성한 내용에 관하여 실습지도자와 논의
행정적 측면	• 기관 구조의 이해 • 전체 프로그램의 이해	• 기관분석보고서를 작성한다. • 사업계획서를 읽고 각 사업의 특성을 비교 · 분석한다. • 사업을 담당하는 사회복지사와의 면담을 통해서 사업현황과 문제점을 파악한다.	• 작성 여부 • 작성한 내용에 관하여 실습지도자와 논의
지역 사회 · 정책	• 지역사회에 대한 이해 • 지역사회복지서비스 전달체계의 이해 • 사회복지정책 이해	• 지역사회분석보고서를 작성한다. • 지역사회의 사용 가능한 자원 목록을 작성한다. • 기관에 영향을 미치는 사회복지 정책에 대해서 학습한다.	• 작성 여부 • 작성한 내용에 관하여 실습지도자와 논의
기본적 대인 관계	• 대인인관계적 의사소통 기술 습득 • 실습지도자, 동료, 직원과의 관계 기술 습득	• 집단과제를 실시한다. • 티타임을 가짐으로써 그날의 일들에 관해 토론하고 어려운 점을 나눈다.	• 실시여부
클라이언트 체계 개입	• 계획, 실행, 평가 기술 습득 • 인간행동과 다양성에 관한 지식 습득 • 면접 및 사정 기술 습득 • 의뢰, 사례관리, 옹호 기술의 습득	• 사회복지실천론 책을 읽고 요약한다. • 면담과정을 관찰한다. • 클라이언트를 가정방문 한다. • 집단활동 프로그램을 계획, 실행, 평가한다.	• 작성 여부 • 작성한 내용에 관하여 실습지도자와 논의

〈실습생 3-1〉

실습일지

<table>
<tr><td>성명</td><td colspan="2"></td><td rowspan="2">날짜</td><td rowspan="2">제 주
200 년 월 일
(요일)</td><td rowspan="2">결재</td><td>실습지도자</td><td>기관장</td></tr>
<tr><td>소속</td><td colspan="2"></td><td></td><td></td></tr>
<tr><td colspan="2">실습목표
(금일목표)</td><td colspan="6"></td></tr>
<tr><td colspan="2">진행내용
(시간, 내용 등을 중심으로 기록)</td><td colspan="6"></td></tr>
<tr><td colspan="2">소감 및 느낌
(배운 점, 의문사항, 건의 등 포함)</td><td colspan="6"></td></tr>
<tr><td colspan="2">실습지도자
지도내용</td><td colspan="6"></td></tr>
</table>

〈실습생 3-2〉

실습일지

<table>
<tr><td>성명</td><td colspan="2"></td><td rowspan="2">날짜</td><td rowspan="2">제 주
200 년 월 일
(요일)</td><td rowspan="2">결재</td><td>실습지도자</td><td>기관장</td></tr>
<tr><td>소속</td><td colspan="2"></td><td></td><td></td></tr>
<tr><td>시간</td><td colspan="3">일정</td><td colspan="4">실습내용</td></tr>
<tr><td></td><td colspan="3"></td><td colspan="4"></td></tr>
<tr><td colspan="8">실습 일정과 내용에 대한 평가 및 의견</td></tr>
<tr><td colspan="8"></td></tr>
<tr><td colspan="8">실습지도자의 지도내용</td></tr>
<tr><td colspan="8"></td></tr>
</table>

〈실습생 4〉

실습기관 분석 보고서

실습생명		기관명	
기관주소	(전화:)		
기관소개자	(부서: 직책:)		

1. 기관의 역사
(1) 기관 설립동기 및 설립목적
(2) 기관 사업의 역사적 변천
(3) 기관 역사에 대한 실습생의 평가

2. 기관의 목적

3. 기관의 주요 사업 및 프로그램
(1) 클라이언트 및 대상 지역
(2) 주요 사업
(3) 서비스 전달체계
(4) 기관의 대상층 및 주요 사업에 대한 실습생의 평가

4. 기관의 행정사항
(1) 기관의 조직구조
(2) 예산, 후원 및 지원사항
(3) 기관의 행정구조와 예산 사용 및 후원에 대한 실습생의 평가

5. 기관이 속한 지역사회, 물리적 환경의 특징
(1) 지역사회
(2) 물리적 환경(시설, 공간 등)

6. 사회복지기관으로서 지역 내 타 기관들과의 연계
(1) 관계유형 및 내용
(2) 기관의 타 기관과의 관계유지에 대한 실습생의 평가

7. 기관의 특별한 면이나 전반적인 사항에 대한 인상이나 느낌

〈실습생 5-1〉

사례관리 계획서

실습생명:

클라이언트명		성 별		조사일	
주 소		전화번호		작성일	
직 업		학력		연령	
의뢰경위		경제상태	□ 일반 □ 저소득 □ 수급자		

1. **일반적인 사항**
   - 가족상황, 경제상황, 건강상황, 일상생활 및 주거상황, 사회심리적 상황, 자원활용상황

2. **클라이언트에 관한 사항**
   - 신체, 인지, 정서, 행동기능면 / 클라이언트의 강·약점

3. **욕구진술**

4. **개입계획**

욕구	결과목표	세부목표	표적체계	개입전략 및 수행방법	비고 (역할분담 등)

5. **서비스 일정표**

날짜	담당	서비스 목표	서비스 내용	준비물	비고

〈실습생 5-2〉

사례관리 진행일지(　　　회)

클라이언트명		실습생명	
일　　시		장　　소	

1. 목표 및 내용

결과목표	하위목표	서비스목표	서비스내용

2. 과정기록

3. 평가

1) 목표달성 및 서비스 평가

2) 클라이언트에 대한 평가

3) 사례개입에 대한 자신의 역할 평가

4. 계획

〈실습생 5-3〉

사례관리 종결 기록서

클라이언트명	
실습생명	
서비스제공기간	

1. 제공된 서비스

2. 사례관리 목표 달성 정도

3. 사후지도 계획

〈실습생 6-1〉

집단지도 계획서(소집단용)

집 단 명		집단지도자(실습생)명	
대 상		성원 수	
기 간		장 소	

1. 실시 배경

2. 목적

3. 목표

결과목표 1		결과목표 2	
하위목표 1-1		하위목표 2-1	
하위목표 1-2		하위목표 2-2	

4. 목표관련 지도내용 및 구체적 수행방법

결과목표	하위목표	지도내용	수행방법	비 고

5. 평가계획

평가지표	
평가도구	
평가방법	

6. 회기별 일정표

횟수	일시	목표	내용	준비물

7. 예산

〈실습생 6-2〉

집단과정 일지(소집단용)

집단지도자(실습생)명		집단명	
집단진행 날짜		집단활동 장소	
참석자(　　명)명단			
결석자(　　명)명단			

1. 목표 및 세부목표

1. 목표:

2. 세부목표:
   2-1.
   2-2.

2. 집단진행요약

시간	프로그램 내용	사회복지사의 역할

3. 과정 기록

1) 모임 전 단계(자리 위치 표시)

2) 모임 단계

3) 모임 후 단계

4. 평가

1) 목표달성 및 프로그램 평가

2) 집단의 역동성(성원-성원, 성원-지도자)

3) 성원의 개별 평가(개인의 변화, 참여도, 지도자 · 타 회원과의 관계)

4) 지도자 자신에 대한 평가(역할 및 의도적 개입)

5. 다음 집단모임 계획

〈실습생 6-3〉

집단의 개별회원 분석표(소집단용)[1]

회원명		집단명	
회원수		집단지도자(실습생)	

집단의 목표	
개인의 목표	

회기	날짜	참석여부 /참석인원	개인의 변화 정도 및 내용	참여도	지도자와의 관계	타 회원과의 관계
1		/				
2		/				
3		/				
4		/				
5		/				
6		/				
7		/				
8		/				

종합평가

1) 모든 집단지도 상황에서 활용되어야 하는 것은 아니며, 집단과정에서 개인의 변화를 민감하게 기록할 필요가 있을 경우에 활용할 수 있음

〈실습생 6-4〉

집단 종결 기록서(소집단용)

집단명		집단지도자(실습생)명	
집단진행 날짜		집단활동 장소	
전체 진행 회기 수		출석률	
주요 진행사항			

1. **회원의 평가**
   1) 운영면
      (1) 프로그램 진행평가
      (2) 집단 참여 태도
   2) 프로그램 내용
   3) 목표달성
   4) 다음 프로그램에 대한 의견
   5) 지도자에 대한 평가

2. **지도자(실습생)의 평가**
   1) 집단의 특징
   2) 회원의 참여도
   3) 집단성원에 대한 개별화의 정도
   4) 집단역동의 활용 정도
   5) 집단에 대한 발달단계 분석

	초기	중기	말기
참여도			
개인의 변화			
지도자와의 관계			
타 회원과의 관계			
기타(　　　　)			
기타(　　　　)			

〈실습생 7-1〉

프로그램 계획서(대집단 및 지역사회복지)

프로그램명		지도자(실습생)명	
대 상		참여자 수	
기 간		장 소	

1. 프로그램 실시 배경

2. 프로그램 목적

3. 프로그램 목표

결과목표 1		결과목표 2	
하위목표 1-1		하위목표 2-1	
하위목표 1-2		하위목표 2-2	

4. 프로그램 내용 및 구체적 수행방법

결과목표	하위목표	프로그램 내용	수행방법	비 고

5. 평가계획

평가지표	
평가도구	
평가방법	

6. 프로그램 일정표

횟수	일시	프로그램 목표	내용	준비물

7. 예산

〈실습생 7-2〉

프로그램 평가서

프로그램명		지도자(실습생)명	
대 상		참여자 수	
기 간		장 소	

1. 프로그램 목적 및 목표달성 평가

결과목표	하위목표	달성 정도	평가 근거	의의

2. 프로그램 과정 평가

1) 준비과정

2) 진행과정

3) 종결 및 정리과정

3. 프로그램 만족도 평가

4. 예산평가

5. 추후 프로그램을 위한 제언

〈실습생 8〉

사회복지정책 분석 보고서

분석자(실습생)명:

정 책 명	
관련법규/지침	
주무부서	

1. 문제제기 및 분석목적

2. 분석한 정책의 주요 내용

3. 자료수집 및 분석방법

4. 분석결과 논의

4.1. 정책목표분석

4.2. 정책이 추구하는 가치 분석

4.3. 급여대상 분석

4.4. 급여의 적절성 분석

4.5. 급여의 전달체계 분석

4.6. 재정 분석

5. 관련정책과 관련한 주요 이해당사자의 입장 분석

6. 분석한 정책의 개선방향 및 전망

7. 총평

〈실습생 9〉

사회행동, 옹호활동 보고서

분석자(실습생)명:

구분	요약 제시
사회행동명	
활동 목적	
참여자	
대상 집단	
옹호 대상	

1. **문제제기 및 활동목적**

2. **참여자의 특성**

3. **대상 집단의 특성**

4. **옹호집단의 특성**

5. **주요 활동경과**

6. **활동전략분석**
   5.1 대상 집단을 이기기 위한 힘을 얻기 위한 전략
   5.2 합법성을 확보하기 위한 전략 (법적 행동 포함)
   5.3 타 조직과 협력하는 전략
   5.4 전술을 연결시키는 전략
   5.5 협상을 전개하는 전략
   5.6 홍보 및 언론활용 전략

7. **향후 행동 전략 제안**

〈실습생 10〉

사회복지기관(사업) 홍보 기획서

기획자(실습생)명:

1. **상품(홍보하려는 기관이나 사업)의 특성 분석**
   (상품의 내용, 경쟁기관이나 사업의 존재 여부 등)

2. **유치하려는 소비자 집단의 특성별 구분**

3. **대상별 소비자에게 호소하기 위한 전략**
   (담당, 장소, 방법 등을 일목요연하게 자세히 제시)

4. **홍보일정**

5. **홍보예산**

7. **첨부**(보도 자료, 광고전단, 안내지 자료, 홈페이지 자료 등)

〈실습생 11〉

개별면접 일지

실습생명		면접날짜와 시간	
클라이언트		면접 장소	

1. 면접 준비과정

2. 면접목표

1.

2.

3. 과정기록 및 분석

면접내용	실습생 분석	실습지도 내용

* 주요한 면접장면에 대해서는 대화체의 기록을 직접 인용하는 것이 권장됨.
* 면접자의 의도적인 개입, 언어적 · 비언어적 의사소통 모두에 주의하여 기록할 것.
* 상기 내용이 포함된다면, 기관 상황과 면접 상황에 맞추어 별도의 양식을 활용해도 무방함.

4. 면접목표 달성에 대한 평가

5. 실습생 의견

6. 다음 면접 계획

〈실습생 12〉

가족상담 기록서

클라이언트 (IP)		성별		연령	
날짜		장소		총 회수/시간	
실습생명				실습지도자	

1. **의뢰과정**

2. **문제 상황에 대한 가족의 정의**

3. **가계도**

4. **가족생태도:** 가족의 하위체계 간 관계 등 기록

5. **가족의 사회자원망**

6. **가족생활주기**

7. **가족사정 및 이론적 근거**

8. **개입 목표와 개입 전략**

9. **개입 내용 정리**

회기	내용	주요 질문과 내담자의 반응

10. **평가 및 사후관리계획**

〈실습생 13-1〉

사회조사 계획서

조 사 주 제	
조사/분석일	
조사자(실습생)명	

1. 문제제기 및 조사문제의 제시

1.1. 문제의 기술

2.2. 검토될 조사문제에 대한 진술

2.3. 문제의 중요성과 조사 필요성 제시

2. 조사와 관련한 문헌자료 검토

2.1. 이론적 역사적 관점

2.2. 문헌에서 파악된 차이점들 검토

3. 조사방법 제시

3.1. 조사설계와 자료수집절차

3.2. 표집설계

3.3. 대상에 대한 기술

3.4. 측정방법 기술

3.5. 자료분석 절차

4. 예산

5. 기타 필요한 사항

6. **부록**(관련 참고문헌, 설문지 등 필요한 자료를 첨부할 수 있음)

〈실습생 13-2〉

사회조사 진행일지

조 사 주 제	
진 행 일	
조사자(실습생)명	

1. 조사 진행 단계 기록

2. 조사과정에서 보완되어야 할 사항 기록

3. 추후 조사 진행 계획

〈실습생 13-3〉

사회조사 분석 평가서

조 사 주 제	
조사/분석일	
조사자(실습생)명	

1. 문제제기 및 조사문제의 제시

1.1. 문제의 기술

2.2. 검토될 조사문제에 대한 진술

2.3. 문제의 중요성과 조사 필요성 제시

2. 조사와 관련한 문헌자료 검토

2.1. 이론적 역사적 관점

2.2. 문헌에서 파악된 차이점들 검토

3. 조사방법 제시

3.1. 조사설계와 자료수집절차

3.2. 표집설계

3.3. 대상에 대한 기술

3.4. 측정방법 기술

3.5. 자료분석 절차

4. 조사결과 제시

4.1. 기술적 분석

4.2. 인과적 분석

5. 논의점

5.1. 밝혀진 사항에 대한 설명

5.2. 실천에의 함의

5.3. 평가의 한계와 약점

6. 참고문헌

7. 부록(설문지 외 조사와 관련된 주요 자료 첨부)

〈실습생 14〉

기관방문분석 보고서

* 특정 분야나 내용에 관심을 가지고 방문을 추진한 경우에는 별도의 양식을 활용하거나, 특정 내용만 선택하여 기록할 수 있습니다.

실습생명		방문기관명	
기관소재지	(전화:)		
기관소개자	(부서: 직책:)		

1. 기관방문목적

2. 기관방문을 위한 질의사항 및 응답 정리

3. 기관방문을 통해 알게 된 지식

〈검토할 사항 예시〉

1. 기관의 역사
   (1) 기관 설립동기 및 설립목적
   (2) 기관 사업의 역사적 변천
   (3) 기관 역사에 대한 실습생의 평가
2. 기관의 목적
3. 기관의 주요 사업 및 프로그램
   (1) 클라이언트 및 대상 지역
   (2) 주요 사업
   (3) 서비스 전달체계
   (4) 기관의 대상층 및 주요 사업에 대한 실습생의 평가
4. 기관의 행정사항
   (1) 기관의 조직구조
   (2) 예산, 후원 및 지원사항
   (3) 기관의 행정구조와 예산 사용 및 후원에 대한 실습생의 평가
5. 기관이 속한 지역사회, 물리적 환경의 특징
   (1) 지역사회
   (2) 물리적 환경(시설, 공간 등)
6. 사회복지기관으로서 지역 내 타 기관들과의 연계
   (1) 관계유형 및 내용
   (2) 기관의 타 기관과의 관계유지에 대한 실습생의 평가
7. 기관의 특별한 면이나 전반적인 사항에 대한 인상이나 느낌

〈실습생 15〉

지역탐방 보고서

조사자(실습생)명: 지역소개자:

1. 탐방지역

2. 지역의 주요 사회지표 제시

3. 지역의 인구사회학적 특성

4. 지역의 사회경제학적 특성

5. 지역의 사회복지기관 및 자원 탐색

6. 필요하거나 보완되어야 할 사회복지서비스 제안

7. 결론

8. **첨부**(관련 지도를 비롯한 탐방보고서 작성에 참조한 자료를 첨부할 수 있음)

〈실습생 16〉

실습중간평가서

* 본 평가서는 실습지침서를 참고하여 중간평가와 종결평가 내용을 실습생 본인이 작성합니다. 서술양식으로 작성한 뒤 실습지도자와 평가회를 갖는 것을 추천함.

실습생명		기관명	
실습기간		실습지도자	
실습평가일		실습지도교수	

1. 실습목표와 관련된 실습내용 및 역할에 대한 평가

1.1. 수행한 실습내용 및 역할의 요약

1.2. 평가

1.3. 앞으로의 계획

2. 실습에 임한 자세 및 노력

3. 실습을 통해 배운 점

4. 앞으로 더 필요한 지식과 기술

5. 실습에서 어려웠던 점

6. 기관 및 실습지도자에게 건의할 점

〈실습생 17〉

실습종합평가서

* 본 평가서는 실습지침서를 참고하여 중간평가와 종결평가 내용을 실습생 본인이 작성합니다. 서술양식으로 작성한 뒤 실습지도자와 평가회를 갖는 것을 추천함.

실습생명		기관명	
실습기간		실습지도자	
실습평가일		실습지도교수	

1. 실습일정에 대한 평가

2. 실습내용 및 역할에 대한 평가

3. 실습목표에 대한 평가(실습계약서에 의거)

1) 구체적이고 적절한 목표 설정 여부

2) 목표의 달성 여부

4. 서비스 실천과정에 대한 평가 / 정책 및 행정 실습에 대한 평가

1) 문제 파악 및 자료수집 능력 / 문제 인식 능력

2) 문제 사정 능력 / 문제 분석 능력

3) 개입 기술 / 문제해결을 위한 대안 제시 능력

4) 면접 기술 / 기존지식과 정보의 사용능력

5) 기록 기술 / 기록 기술

6) 클라이언트와의 전문적인 관계 형성 / 유관 기관 및 관련된 사람들과 전문적인 관계 형성

5. 실습생의 자원활용에 대한 평가(인적 · 물적자원)

1) 기관 외의 자원활용

2) 실습과 관련된 참고서적의 활용

6. 실습에 임하는 자세에 대한 평가

1) 업무관리

(1) 시간 준수, 과제제출

(2) 주어진 일에 대한 업무조절 능력

2) 직원과의 관계(실습지도자, 타 직원, 타 전문직 직원)

3) 다른 실습생과의 관계

4) 실습에 있어서의 적극성 및 자발성

7. 전문적 태도에 대한 평가

1) 사회복지사로서 실습생 자신의 장·단점에 대한 인식

2) 전문가로서 윤리 및 가치관의 이행

8. 실습지도 활용 정도에 대한 평가

1) 실습생 자신의 실습지도 활용 정도에 대한 평가

(1) 기관 실습지도

(2) 대학 실습지도

2) 실습지도 자체에 대한 평가

(1) 기관 실습지도

(2) 대학 실습지도

9. 기관 이해도에 대한 평가

1) 실습생의 과업과 관련된 기관의 목적, 정책, 행정 절차에 대한 이해

2) 실습생으로서의 기관 내의 권한과 한계에 대한 인식

10. 실습기간 중 가장 유익했던 내용

11. 실습기간 중 가장 안 좋았던 내용

12. 실습기관, 실습지도자, 대학에 대한 건의사항

13. 기타, 하고 싶은 말

〈실습생 18〉

〈2021.04.15.개정〉

사회복지현장실습확인서

[ ]신규발급, [ ]재발급

(앞쪽)

구분	항목	내용	항목	내용
실습생 인적사항	성 명		생년월일	※「주민등록번호」 앞자리 6자리를 기재 바랍니다
	휴대전화번호		학 교 명	※ 현재 소속중인 학교명을 기재 바랍니다.
실습기관 및 실습지도자	실습기관명		실습기관 관리번호	※ 실습기관 선정 시 부여된 등록번호 기재
	기관 주소	※「도로명 주소」로 기입해 주세요	전화번호	
	실습 지도자명	※ 실습생의 실습을 지도한 지도자명 기재	사회복지사자격번호 (취득일자)	제 - 호 (. . .)
실습기간	실습 기간	20 년 월 일 ~ 20 년 월 일		
	실습 시간	총 시간(총 회, 1일 평균 시간)		

실습기관은「사회복지사업법 시행규칙」제3조 [별표1]의 규정에 따라 자격요건을 갖춘 실습기관과 실습지도자에 의해 기관 실습을 진행하였으며, 상기 실습생이 위와 같이 기관실습을 하였음을 확인합니다.

20 년 월 일

기관실습 지도자: (서명 또는 인) 기관실습 실시기관: (직인)

구분	항목	내용	항목	내용
교육기관 및 세미나교수	교육기관 유형	[ ]오프라인/[ ]온라인	교육기관명	※ 실습세미나 교육기관명을 기재 바랍니다.
	실습세미나 교수명		학 과 명	
	실습세미나 교수 취득학위 (사회복지학 또는 사회사업학)	[ ]학사, [ ]석사, [ ]박사	교육기관 전화번호	
실습세미나	실습세미나 기간	20 년 월 일 ~ 20 년 월 일		
	실습세미나 횟수(시간)	총 회(시간)	대면방식 세미나 횟수 (시간)	총 회(시간)

교육기관은「사회복지사업법 시행규칙」제3조 [별표1]의 규정에 따라 자격요건을 갖춘 실습세미나 지도교수에 의해 실습세미나를 진행하였으며, 상기 실습생은 위와 같이 실습세미나를 이수하였음을 확인합니다.

20 년 월 일

실습세미나 교수 : (서명 또는 인) 학과장 : (직인)

한국사회복지사협회장 귀하

재발급 사유	※ 사회복지 현장실습 확인서 재발급 시 재발급 사유 기재 바랍니다.

[사회복지현장실습에 관한 기준] - 사회복지사업법 시행규칙[별표1] 사회복지 관련 교과목 (제3조 관련)

① 기관실습 실시기관: 보건복지부장관으로부터 선정된 사회복지사업을 수행하는 기관, 법인, 시설 또는 단체

② 기관실습 지도자: 사회복지사 1급 자격증을 취득한 이후 3년 이상 또는 사회복지사 2급 자격증을 취득한 이후 5년 이상 사회복지사업의 실무경험이 있는 자로 기관실습이 실시되는 연도의 전년도에 8시간 이상의 보수교육을 받은 자

③ 기관실습 시간: 160시간 이상으로 한다.(단, 시행일 2020.1.1. 기준일 2019.12.31. 사회복지학 전공교과목과 사회복지 관련 교과목의 전부 또는 일부 이수하였거나 수강하고 있는 사람은 120시간 이상)

④ 실습세미나: 1회당 2시간 이상의 실습세미나를 총 15회 이상 실시하며, 정보통신망을 이용한 온라인 교육을 실시하는 교육기관의 실습세미나에는 대면 방식의 세미나가 총 3회 이상 포함되어야 하며, 한 세미나에 참여하는 학생 수는 30명 이내일 것

⑤ 실습세미나 교수: 학사, 석사 또는 박사 학위 중 2개 이상의 학위를 사회복지학 또는 사회사업학 전공으로 취득한 사람으로서 3년 이상의 사회복지학 교육경험 또는 3년 이상의 사회복지사업 실무경험이 있는 교수가 지도할 것

※ 법령이 정한 상기 기준은 모두 충족해야 하며, 미충족시 사회복지사자격증을 교부할 수 없습니다.

〈실습생 19〉

실습종결보고서

* 다음은 실습을 종결하면서 한 학기 동안 실습한 내용을 요약·정리하고 목표달성 정도와 소감을 간략히 정리하는 보고서입니다. 이 종결보고서는 파일에 정리되어 사무실에 비치되며 다음 실습을 준비하는 학생에게 실습지 선정의 지침이 되는 자료로 활용될 것입니다.

실습기관		실습지도자	
실습부서		실습지도교수	
실습기간			
실습생		종결 일시	

1. **실습기관 소개**
2. **실습기간 및 시간**
3. **실습목표**
   1) 실습생의 목표
   2) 실습기관의 목표
4. **실습내용 소개**
   1) 실습일정
   2) 교육, 참관사항
   3) 담당업무
5. **실습목표와 달성 정도**
6. **실습지도자와 실습지도 내용 소개**
7. **실습소감**
   1) 힘들었던 것
   2) 제기되었던 질문들
   3) 배운 것
8. **향후 실습을 위한 제언**
9. **기타 꼭 하고 싶은 이야기**
10. **실습지도자와 기관에 대한 감사의 내용**

〈실습생 20〉

실습지도자 평가척도

점수	평가기준
1점	수퍼비전을 제대로 제공하지 못하여 수퍼비전을 위한 학습이 절대적으로 요구됨
2점	수퍼비전을 제공하는 영역에 대한 지식도 부족하고 수퍼비전을 제공할 능력도 부족함
3점	수퍼비전을 제공하는 영역에 대한 기본지식을 갖추고 있으며, 수퍼비전을 제공하는 능력이 있음
4점	수퍼비전을 제공하는 영역에 대한 정확한 지식을 갖추고 있으며, 수퍼비전을 체계적으로 정확하게 제공함
5점	수퍼비전을 제공하는 영역에 대한 정확한 지식을 갖추고 있으며, 수퍼비전을 체계적으로 정확하게 제공하는 우수한 전문가 위상을 갖추고 있음

영역	내용	점수				
		1	2	3	4	5
1. 지식	1.1 수퍼비전의 목적을 이해한다.					
	1.2 수퍼비전의 경계를 명확히 알고 있다.					
	1.3 다음 요소를 이해한다. 행정적 / 교육적 / 지지적					
	1.4 다양한 수퍼비전 계약의 유형을 알고 있다.					
2. 수퍼비전 관리기술	2.1 수퍼비전 목적을 수퍼바이지에게 설명할 수 있다.					
	2.2 서로가 동의하고 명확한 계약을 협상해 낼 수 있다.					
	2.3 적절한 경계를 유지할 수 있다.					
	2.4 다음과 같은 수퍼비전 분위기를 형성할 수 있다. 공감적 / 진실한 / 적합한 / 신뢰할 수 있는 / 직접적					
	2.5 행정적 · 교육적 · 지지적 기능 간의 균형을 유지할 수 있다.					
	2.6 정각에 적절하게 회기를 끝낼 수 있다.					
3. 수퍼비전 개입기술	3.1 다음의 개입유형을 사용할 수 있다. 규범적 / 지식을 주는 / 대립적 / 촉매적 / 카타르시스적 / 지지적					
	3.2 다음과 같은 방법으로 피드백을 줄 수 있다. 명확한 / 인정한 / 균형이 맞는 / 구체적					
	3.3 다음에 유용하게 초점을 맞출 수 있다. 보고된 내용 / 수퍼바이지의 개입 / 수퍼바이지 - 클라이언트 관계 / 수퍼바이지의 역전이 / 수퍼비전 관계 / 자신의 역전이 / 좀 더 넓은 맥락					
	3.4 자신의 일하는 방법을 묘사할 수 있다.					
	3.5 자신의 경험을 적절하게 제공할 수 있다.					
	3.6 수퍼바이지에게 자신의 수퍼비전 기술을 전개할 수 있다.					

영역	내용	점수				
		1	2	3	4	5
4. 특성 또는 특질	4.1 수퍼바이저 역할에 대한 헌신한다.					
	4.2 수퍼바이저 역할 고유의 권위에 대해 편안하다.					
	4.3 격려하고 동기를 부여하며 적절한 낙관주의를 줄 수 있다.					
	4.4 수퍼바이지의 욕구에 대해 민감하다.					
	4.5 다음과 같은 개인의 차이를 인식하고 적응할 수 있다. 성 / 연령 / 문화적 · 인종적 배경 / 계층 / 성적 오리엔테이션 / 성격 / 전문적 훈련					
	4.6 유머감각이 있다.					
5. 지속적 발전에 대한 헌신	5.1 자신의 적절한 수퍼비전에 대해 책임져 왔다.					
	5.2 자신의 실천가 및 수퍼바이저로서의 기술과 지식을 업데이트하기 위해 노력했다.					
	5.3 수퍼바이저로서 자신의 강점과 단점을 파악하고 자신의 한계를 인정한다.					
	5.4 다음과 같은 사람들로부터 정기적 피드백을 받는다. 수퍼바이지 / 동료 / 자신의 수퍼바이저 또는 상사					
6. 집단 수퍼바이저	6.1 집단역동에 대한 지식을 가지고 있다.					
	6.2 수퍼비전 과정을 돕기 위해 집단과정을 사용할 수 있다.					
	6.3 집단 내의 경쟁력을 조정할 수 있다.					
7. 시니어 조직 수퍼바이저	7.1 전문가 간의 이슈를 감독할 수 있다.					
	7.2 조직의 이슈를 감독할 수 있다.					
	7.3 팀 내의 활동범위와 조직발달에 대한 지식을 가지고 있다.					
	7.4 기초가 되는 팀 또는 조직문화를 '표면화'할 수 있다.					
	7.5 조직의 변화를 촉진할 수 있다.					
	7.6 수퍼비전이 활발하게 이루어지는 학습적 문화를 조성할 수 있다.					

〈실습생 21〉

실습지도 평가척도

점수	평가기준
1점	위험이 없는 상태로, 현재의 실천이 적절하여 수정이 필요하지 않은 상태
2점	약간의 위기상태로, 현재의 실천은 적절하지만 약간의 수정이 필요한 상태
3점	중간 정도의 위기가 있는 상태로, 현재의 실천은 문제가 있고 그래서 위기를 최소화하기 위한 수정이 필요한 상태
4점	높은 위기상태로 현재의 실천은 심각하게 문제가 있으며 수정이 매우 필요한 상태

1	수퍼바이저는 수퍼바이지가 고지된 동의를 하도록 정보를 제공하는가	①	②	③	④
2	수퍼바이저는 철저한 치료와 개입계획을 발전시키고 실행하려는 수퍼바이지의 노력을 관찰하는가	①	②	③	④
3	수퍼바이저는 정보의 부적절한 노출과 같은 클라이언트와의 모든 접촉에서 수퍼바이지의 실수를 지적하고 반응하는가	①	②	③	④
4	수퍼바이저는 수퍼바이지의 클라이언트가 언제 다른 곳으로 의뢰되어야 하는지, 치료의 종결은 언제해야 하는지 등에 관해 알고 있는가	①	②	③	④
5	수퍼바이저는 수퍼바이지가 언제 자문을 구해야 하는지를 알고 있는가	①	②	③	④
6	수퍼바이저는 수퍼바이지의 역량이 부족하고, 잘못을 저지르고 비윤리적 행위를 했다는 것을 수퍼바이지가 기꺼이 말할 수 있도록 그 능력과 자발성을 모니터링하는가	①	②	③	④
7	수퍼바이저는 수퍼바이지가 자신의 클라이언트와 적절한 경계를 유지하는지 모니터링하는가	①	②	③	④
8	수퍼바이저는 신체적인 위험으로부터 제삼자를 보호하는가	①	②	③	④
9	수퍼바이저는 필요 이상으로 길게 진행되는 치료와 태만한 치료계획을 감지하거나 중지하는가	①	②	③	④
10	수퍼바이저는 특정 클라이언트의 치료를 위해서는 외부 전문가를 활용하는가	①	②	③	④
11	수퍼바이저는 수퍼바이지와 정기적으로 만나는가	①	②	③	④
12	수퍼바이저는 수퍼바이지의 기록, 결정, 행동을 검토하고 인정하는가	①	②	③	④
13	수퍼바이저는 수퍼바이지의 결근에 적절한 반응을 보이는가	①	②	③	④
14	수퍼바이저는 수퍼비전 제공에 대해 문서화하는가	①	②	③	④
15	수퍼바이저는 수퍼바이지와의 관계에서 적절한 경계를 유지하는가	①	②	③	④
16	수퍼바이저는 수퍼바이지에게 시기적절하고 도움이 되는 성과평가와 피드백을 제공하는가	①	②	③	④
17	수퍼바이저는 수퍼비전 동의서를 문서화하는가	①	②	③	④
18	수퍼바이저는 수퍼바이지의 윤리적 관심과 윤리적 쟁점의 민감성을 높이기 위한 수퍼바이지의 노력에 반응하는가	①	②	③	④
19	수퍼바이저는 수퍼바이지가 그들의 전문적 책임성을 충족시킬 수 있도록 하는 충분한 시간과 적절한 업무량을 제시하는가	①	②	③	④
20	수퍼바이저는 적절한 수퍼비전을 제공하기 위하여 그들의 업무에 있어 충분한 시간을 제공하는가	①	②	③	④

〈실습생 22〉

실습기관평가서

<table>
<tr><td>기관명</td><td colspan="2"></td><td>분야</td><td colspan="3"></td></tr>
<tr><td rowspan="3">주 소</td><td colspan="2" rowspan="3">(우 -)</td><td rowspan="3">연락처
(담당자)</td><td colspan="3">전화)</td></tr>
<tr><td colspan="3">팩스)</td></tr>
<tr><td colspan="3">홈페이지)</td></tr>
<tr><td colspan="3">주요 실습활동 내용</td><td>담당자</td><td colspan="2">만족도
(1~5점)</td><td>비고</td></tr>
<tr><td colspan="3"></td><td></td><td colspan="2"></td><td></td></tr>
<tr><td colspan="3"></td><td></td><td colspan="2"></td><td></td></tr>
<tr><td colspan="3"></td><td></td><td colspan="2"></td><td></td></tr>
<tr><td colspan="3"></td><td></td><td colspan="2"></td><td></td></tr>
<tr><td colspan="3"></td><td></td><td colspan="2"></td><td></td></tr>
<tr><td rowspan="6">기관 평가</td><td colspan="4">접근용이성</td><td colspan="2">☆ ☆ ☆ ☆ ☆</td></tr>
<tr><td colspan="4">실습교육내용의 만족도</td><td colspan="2">☆ ☆ ☆ ☆ ☆</td></tr>
<tr><td colspan="4">실습기관(자)의 만족도</td><td colspan="2">☆ ☆ ☆ ☆ ☆</td></tr>
<tr><td colspan="4">실습비용수준</td><td colspan="2">☆ ☆ ☆ ☆ ☆</td></tr>
<tr><td colspan="4">기관의 관심 및 지원</td><td colspan="2">☆ ☆ ☆ ☆ ☆</td></tr>
<tr><td colspan="4">전체만족도</td><td colspan="2">☆ ☆ ☆ ☆ ☆</td></tr>
<tr><td>찾아가는
방법</td><td colspan="6"></td></tr>
<tr><td>실습에
대한
종합평가</td><td colspan="6"></td></tr>
</table>

참고문헌

가바사와 시온. 2019. 『아웃풋 트레이닝』. 전경아 역. 서울: 토마토출판사.

강병로. 2008. 『사회복지 욕구구조사와 프로그램 평가』. 서울: 나눔의집.

강철희 · 최소연. 2005. "지역사회복지관 사회복지현장실습의 현황과 방향에 관한 연구." 『한국사회복지교육』, 1(2), 51-79.

고신대학교 아동복지학과. 2012. 『2012년도 사회복지현장실습 지도』.

과천문원중학교. 2006. 『2004~2006 과천문원중학교 학교사회복지 운영보고서』.

권진숙 · 김상곤 · 김성천 · 박지영 · 유명이 · 유서구 · 이기연 · 조현순. 2009. 『인천광역시복지(기)관 사례관리 실천을 위한 매뉴얼 연구보고서』. 인천광역시복지(기)관협회 · 사례관리연구회.

권현진. 2004. "사회복지전공 학부생의 실습성과에 관한 연구". 서울여자대학교 대학원 박사학위논문.

김기덕. 2002. 『사회복지윤리학』. 서울: 나눔의집.

김미옥 · 장수미 · 정익중 · 전종설 · 심정원. 2014. "오래된 문제, 또 한번의 시도-사회복지실천론과 기술론 교육에 관한 교수 및 현장전문가의 인식." 『사회복지연구』, 45(4), 89-118.

김상곤 · 최승희 · 안정선. 2012. 『사회복지 프로그램 개발과 평가』. 서울: 학지사.

김선희 · 조휘일. 2000. 『사회복지실습』. 서울: 양서원.

김영호 · 오정옥 · 이은경. 2001. 『사회복지현장실습의 이해』. 서울: 양서원.

김윤나. 2012. 『사회복지현장실습 가이드북』. 서울: 신정.

김융일 · 양옥경, 2004. 『사회복지수퍼비전론』. 서울: 양서원.

김정자. 1993. "사회복지실천의 윤리적 숙고". 양옥경 편, 『사회복지실천과 윤리』, 13-24. 서울: 한울아카데미.

김주현. 2015. "한국 고령자의 연령차별 경험과 노년기 인식 질적 연구". 『한국인구학』, 38(1), 69-104.

김형모. 2004. 『사회복지 실습매뉴얼』. 서울: 청목출판사.

김희성 · 나용성. 2008. 『사회복지현장실습 매뉴얼』. 서울: 양서원.

남일재 · 문영주. 2019. 『지역사회복지론(제2판)』. 파주: 양서원.

박미정. 2000. "지역사회복지관의 실습지도 과정 및 내용에 관한 연구." 서울여자대학교 대학원 석사학위논문.

보건복지부. 2024. 『2024 사회복지시설 관리안내』.

보건복지부 · 지역아동센터중앙지원단. 2014. 『2014년도 지역아동센터 운영매뉴얼』.

보건복지부 · 한국사회복지사협회. 2013. 『표준실습교육매뉴얼(종합사회복지관)』.

보건복지부 · 한국사회복지사협회. 2017. 『사회복지현장실습 매뉴얼』.

보건복지부 · 한국사회복지사협회. 2021. 『2021년 사회복지사 자격관리 지침』.

사회복지공동모금회. 2015. 『2016 배분사업안내』.

사회복지공동모금회. 2017. 『2018 배분사업 안내』.

사회복지교육연구센터. 2013. 『사회복지실천기술론』. 서울: 나눔의집.

서진환. 2001. 『사회복지실습의 길잡이』. 서울: 학지사.

서울시사회복지관협회. 2005. 『지역사회복지관 사회복지현장실습이해: 실습지도자를 위한 지침』.

송유미. 2008. "사회복지사의 전문성과 윤리적 책임행동 간의 관계를 통한 사회복지실천적 함의". 『한국지역사회복지학』, 27, 195-210.

신민선 · 김남식 · 김옥례 · 변호순 · 엄미아 · 임봉호 · 조영선. 2020. 『사회복지현장실습: 실습생을 위한 매뉴얼』. 파주: 양서원.

신민선 · 변호순 · 박지영 · 이수춘 · 김남식. 2013. 『사회복지현장실습: 실습생을 위한 매뉴얼』. 파주: 양서원.

심경순. 2017. "사례관리론 1장 강의안."

양옥경 · 김미원 · 김정자 · 김현숙 · 박영희 · 박인선 · 서명선 · 신혜령 · 안혜영 · 윤현숙 · 이은주 · 최인숙. 1993. 『사회복지실천과 윤리』. 서울: 한울아카데미.

양옥경 · 김정진 · 서미경 · 김미옥 · 김소희. 2005. 『사회복지실천론(개정 3판)』. 서울: 나남출판.

양옥경 · 최소연 · 이기연. 2007. 『사회복지 현장실습 슈퍼비전』. 파주: 양서원.

양옥경 외. 2007. 『사회복지 윤리와 철학』. 서울: 나눔의집.

엄명용 · 김성천 · 윤혜미. 2001. 『사회복지실천의 이해』. 서울: 학지사.

엄명용 · 김성천 · 윤혜미. 2011. 『사회복지실천의 이해(제3판)』. 서울: 학지사.

엄명용 · 노충래 · 김용석. 2015. 『사회복지실천기술의 이해(제3판)』. 서울: 학지사.

오미옥 · 이수경. 2012. 『사회복지현장실습의 이론과 실제』. 고양: 공동체.

오세영. 2015. 『사회복지행정론(제3판)』. 서울: 신정.

오정수 · 류진석. 2016. 『지역사회복지론』. 서울: 학지사.

오혜경. 2004. "사회복지실천의 가치와 윤리에 관한 연구". 『사회복지리뷰』, 9, 115-143.

오혜경 · 하지영. 2007. 『사회복지현장실습 매뉴얼』. 파주: 양서원.

유동철 · 홍재봉. 2016. 『실천가를 위한 지역사회복지론』. 파주: 양서원.

윤정혜 · 이명자. 2014. 『2014 표준실습교육매뉴얼: 장애인복지관』. 서울: 한국사회복지사협회.

윤철수 · 김정진. 2010. 『예비사회복지사를 위한 현장실습 길라잡이』. 서울: 학지사.

윤현숙 · 김기환 · 김성천 · 이영분 · 이은주 · 최현민 · 홍금자. 2001. 『사회복지실천기술론』. 서울: 동인.

이경아 · 서홍란. 2011. 『사회복지현장실습』. 고양: 공동체.

이봉주 · 김기덕 · 신원우. 2019. 『사회복지 프로그램 개발과 평가』. 서울: 신정.

이순민. 2016. 『사회복지 윤리와 철학』. 서울: 학지사.

이영실 · 조미숙 · 이미선 · 강윤경. 2010. 『사회복지현장실습』. 서울: 창지사.

이원식 · 김성준. 2021. 『사회복지현장실습 이론과 실제』. 서울: 신정.

이정미 · 이해경. 2016. 『사회복지현장실습 이론과 실제』. 파주: 정민사.

이창호. 1991. "사회복지서비스 프로그램의 계량화 : 프로그램 평가 및 책임성 계획의 과학적 모델을 중심으로". 『사회복지연구』, 3, 169-200.

이팔환 외 15인 공역. 2001. 『사회복지실천이론의 토대』. 서울: 나눔의집.

임상록 · 오미희 · 노길희 · 박일연 · 이승현. 2009. 『사회복지현장실습 매뉴얼』. 고양: 양서원.

장인협. 1999. 『사회복지실천론 中』. 서울: 서울대학교출판부.

정무성 · 정진모, 2001. 『사회복지 프로그램 개발과 평가』. 서울: 양서원.

정종진. 2009. 『나를 찾아 떠나는 심리여행』. 서울: 시그마북스.

조미형. 2011. "제도적 환경변화에 대한 사회복지관의 인식과 대응에 관한 연구". 『한국사회복지행정학』, 13(1), 103-132.

조성우 · 안정선 · 최승희 · 김상곤. 2018. 『사회복지 프로그램 개발과 평가』. 서울: 학지사.

주석진. 2019. "지역아동센터 프로그램 개발 및 운영". 『2019 신규 생활복지사 의무교육 자료집』. 부산: 지역아동센터 부산지원단.

주석진. 2022. 『인간관계론(제2판)』. 고양: 공동체.

최세영. 2021. 『사회복지실천론』. 고양: 어가.

최세영 · 박경수. 2021. 『사회복지현장실습세미나』. 고양: 어가.

최원희. 2006. "사회복지기관 실습수퍼비전 체계개발: 사회복지현장실습 지침서에 준한 기관용 매뉴얼". 『사회복지실천』, 6, 49-74.

태화기독교사회복지관. 2003. 『사회복지실습지도: 이론과 실제』. 경기: 양서원.

한국보건복지인력개발원. 2023. "보건복지 종사자를 위한 공문서 작성 기술 교안."

한국사례관리학회. 2016. 『사회복지 사례관리 표준지침』.

한국사회복지교육협의회. 2006. 『사회복지학 교과목 지침서』.

한국사회복지교육협의회, 2012. 『사회복지학 교과목 지침서』.

한국사회복지교육협의회. 2020. 『사회복지학 교과목 지침서』.

한국사회복지교육협의회. 2022. 『사회복지학 교과목 지침서』.

한국사회복지사협회. 2005. 『사회복지현장실습 교육지침서』.

한국사회복지사협회. 2010. 『사회복지현장실습 실태조사 및 지침서』.

한국사회복지사협회. 2013. 『표준실습교육매뉴얼: 종합사회복지관』.

한국사회복지사협회. 2015. 『표준실습교육매뉴얼』.

한국사회복지사협회. 2022.4.18. “사회복지현장실습 적용기준.”

한국사회복지사협회 · 한국사례관리학회, 2015. 『사례관리 전문가 교육 실무자 기초과정 자료집』.

한인영 · 박인선 · 김미옥. 2002. 『사회복지 실습』. 서울: 이화여자대학교출판문화원.

황성철. 1996. “사회사업가의 윤리적 갈등과 의사결정에 관한 연구: 의료사회사업가의 윤리적 갈등상황에 대한 반응과 의사결정을 중심으로”. 『한국사회복지학』, 29, 218-240.

황성철 · 정무성 · 강철희 · 최재성. 2010. 『사회복지행정론』. 경기: 학현사.

Barker, R. L. 2003. *The Social Work Dictionary*(5th Ed.). Washington: NASW Press.

Barsky, A. E. 2005. 『갈등해결의 기법』. 한인영 · 이용하 역. 서울: 시그마프레스.

Bartlett, H. 1971. *The common base of social work practice*. New York: NASW Press.

Berg-Weger, M., & Birkenmaier, J. 2000. *The practicum companion for social work: Intergrating class and field work*. Boston: Allyn and Bacon.

Biestek, F. P. 1957. *The Casework Relationship*. Chicago: Loyola University Press.

Blanchard, K., Lacinak, T., Tompkins, C. & Ballard, J. 2003. 『칭찬은 고래도 춤추게 한다』. 조천제 역. 서울: 21세기북스.

Bogo, M. 2004. *The practice of field instruction in social work: Theory & process*(2nd Ed.). University of Toronto Press Inc.

Carroll, M. 1996. *Counselling supervision: Theory, skills and practice*. Sage Publications.

Collins, D. Jordan, C. & Coleman, H. 2001 『가족복지실천론』. 이화여자대학교 사회복지연구회 역. 서울: 나눔의집.

Congress, E. P. 1999. *Social work values and ethics: Identifying and resolving professional dilemmas*. Belmont: Wadsworth Group/Thomson Learning.

Fortune, A. E. 1994. Field education in Reamer(Ed.). *The foundation of social work knowledge*. NY: Columbia University Press.

Frankel, A. J. & Gelman, S. R. 2004. *Case management: An introduction to concepts and skills*(2nd Ed.). Lyceum Books.

Hamilton, G. 1940. *Theory and practice of social case work*. Columbia University Press.

Healy. L. M. 2007. Universalism and cultural relativism in social work ehics. *International Social Work*, 50(1), 11-26.

Hepworth, D. H., Rooney, R. H., & Larsen, J. A. 2004. 『사회복지실천이론과 기술』. 허남순 외 3인 역. 서울: 나눔의집.

Hugman, R. 2005. Exploring the paradox of teaching ethics for social work practice. *Social Work Education*, 24(5), 535-545.

Johnson, R. 1958. *The nature of values*. New York: Philosophical Library.

Kadushin, A. 1992. *Supervision in social work*. New York: Columbia University Press.

Kagle & Kopels, 2010 『사회복지기록』. 홍순혜 · 한인영 공역. 서울: 시그마프레스.

Karls, J. M. & Weil, M. 1985. *Case management in human service practice: A systematic approach to mobilizing resources for clients*. San Francisco: Jossey-Bass.

Knight, C. 2001. The process of field instruction: BSW and MSW students' views of effective field supervision. *Journal of Social work Education*, 37(2), 357-379.

Levy, C. S. 1973. The value base of social work. *Journal of Education for Social Work, 9*, 34-42.

Lewis, C. C. Scott, K. E., & Hendricks, K. E. 2014. A model and guide for evaluating supervision outcomes in cognitive-behavioral therapy-focused training programs. *Traning and Education in Professinal Psychology*, 8(3), 165-173.

Loewenberg, F. M., & Dolgoff, R. 1996. *Ethical decisions for social work practice*. Illinois: F. E. Peacock Publishers.

Munson, C. E. 1983. *An introduction to clinical social work supervision*. New York: Haworth Press.

Munson, C. E. 1993. *Handbook of clinical social work supervision*(3rd ed.). New York: Haworth Social Work Practice Press, Inc.

NASW. 1996. *NASW Standards for Social Work Case Management*.

NASW. 2008. Code of Ethics of the National Association of Social Workers.

NASW. 2010. Certified social work case manager(C-SWCM) and certified advanced social work case manager(C-ASWCM).

Peter, H., & Robin, S. 2012. *Supervision in the Helping Professions*. McGraw-Hill Education.

Reamer, F. G. 1983. Ethical dilemmas in social work practice. *Social Work*, 28(1), 31-35.

Reamer, F. G. 1995. *Social work values and ethics*. New York: Colombia University Press.

Reamer, F. G. 2001. *Ethics Education in Social Work*. Alexandria, VA: Council on Social Work Education.

Rifkin, J. 2010. 『공감의 시대』. 이경남 역. 서울: 민음사.

Rosenblum, A. & Raphael, T. 1983. The role and function of the faculty laison. *Journal of Education for Social Work,* 19(1), 67-74.

Rothman, J. 1991. A model of case management: Toward empirically based practice. *Social Work*, 36(6), 520-528.

Saxon, C., Jacinto, G. A., & Dziegielewski, S. F. 2006. Self-determination and confidentiality: The ambiguous nature of decision making in social work practice. *Journal of Human Behavior in the Social Environment*, 13(4), 55-72.

Sheafor, B. W., & Horejsi, C. R. 2006. *Techniques and guidelines for social work practice*(7th ed.). Boston, MA: Allyn & Bacon.

Smith, M. K. 2005. The functions of supervision. *The encyclopedia of pedagogy and informal education*. https://infed.org/mobi/the-functions-of-supervision

Toseland, R. W. & Rivas, R. F. 2005. *An introduction to group work practice*. Boston, MA: Allyn & Bacon.

Tsui, M. 2004. *Social work supervision: Contexts and cocepts*. Sage Publications.

Weil, M. & Karls, J. 1985. *Case Management in Human Service Practice: A Systematic Approach to Mobilizing Resources for Clients*. San Francisco: Jossey-Bass.

Yalorm, I. D. 1995. *The theory and practice of group psychotherapy*(4th Ed.). Basic Books.

〈참고영상〉

2005 교육인적자원부 지정 사회복지사활용 연구학교 합동 보고회(초등학교) 영상.

〈참고사이트〉

한국사회복지사협회 카페 https://cafe.naver.com/licpt

한국사회복지사협회 https://www.welfare.net/

한국사회복지사협회 윤리강령 https://www.welfare.net/welfare/cm/cntnts/cntntsView.do?mi=1036&cntntsId=1044

국가법령정보센터 https://www.law.go.kr/

Daum 영화 https://movie.daum.net/moviedb/main?movieId=47845

찾아보기

[인명]

[내용]

〔기타〕

저/자/소/개

주석진(朱碩珍, Seok Jin Ju)
E-mail: juseokjin@kosin.ac.kr

숭실대학교 대학원 사회복지학과 졸업(사회복지학 박사)

전) 과천문원중학교 학교사회복지사
중독전문사회복지사 자격관리위원회 위원 및 수퍼바이저
한국정신건강사회복지학회 중독분과 학회장
학교사회복지사 자격시험 출제위원
학교사회복지사 자격관리위원회 위원장
한국학교사회복지학회 학회장

현) 고신대학교 아동복지학과 교수

[주요 저서 및 논문]

"블랜디드 러닝 형식의 문제기반학습(PBL)을 적용한 사회복지실천기술론 수업 운영효과에 관한 연구"(단독연구)

"플립러닝을 활용한 대학생 전공 진로지도 교과목의 효과분석"(단독연구)

"학교사회복지사의 직무능력표준 개발을 위한 탐색적 연구"(주저자)

"학교사회복지사의 수련제도 도입에 인식과 수련교육 요구분석"(주저자)

"학교사회복지사의 수퍼비전 경험에 관한 질적분석연구: Middleman과 Rhodes가 제시한 수퍼비전 기능의 관점에서"(교신저자)

『인간관계론』(단독), 『학교사회복지론』, 『청소년복지론』, 『진로취업멘토링』(공저) 외 다수

성공적인 실습을 위한
사회복지현장실습과 세미나

1판 1쇄 발행 2024년 1월 30일
1판 3쇄 발행 2025년 2월 28일

저 자 | 주석진
발 행 인 | 박철용
발 행 처 | 양서원
주 소 | 경기도 파주시 직지길 522
전 화 | 031-955-8000(代)
팩 스 | 031-955-8005
홈페이지 | www.yswpub.co.kr
이 메 일 | yswgroup@naver.com
출판등록 | 1987년 11월 24일 제 406-2003-037 호

ISBN 978-89-994-1435-0

정가 22,000원